KB181571

젠더와 발전의 정치경제

페미니즘 관점에서 본 민족주의와 지구화

젠더와 발전의 정치경제
페미니즘 관점에서 본 민족주의와 지구화

1판 1쇄. 2014년 7월 28일
지은이. 시린 M. 라이
옮긴이. 이진옥

펴낸이. 박상훈
주간. 정민용
편집장. 안중철
책임편집. 이진실
편집. 윤상훈, 최미정, 장윤미(영업)
업무 지원. 김재선

펴낸 곳. 후마니타스(주)
등록. 2002년 2월 19일 제300-2003-108호
주소. 서울 마포구 독막로 23(합정동), 1층(121-883)
편집. 02-739-9929, 9930
제작·영업. 02-722-9960
팩스. 0505-333-9960
홈페이지. www.humanitasbook.co.kr

인쇄. 천일 031-955-8083
제본. 일진제책 031-908-1407

**Gender and the Political Economy
of Development**

by Shirin M. Rai
Copyrights © 2002 by Shirin M. Rai
All Rights reserved.

Korean translated edition copyright
© 2014 Humanitas
The edition is published by arrangement with
Polity Press Ltd., Cambridge.
Through Bestun Korea Agency, Seoul, Korea
All Rights reserved.

값 25,000원
ISBN 978-89-6437-210-4 93300

이 도서의 국립중앙도서관 출판시도서목록(CIP)은
e-CIP홈페이지(http://www.nl.go.kr/ecip)와
국가자료공동목록시스템(http://www.nl.go.kr/kolisnet)에서
이용하실 수 있습니다(CIP제어번호: CIP2014020819).

젠더와 발전의 정치경제

페미니즘 관점에서 본 민족주의와 지구화

시린 M. 라이 지음

이진옥 옮김

후마니타스

차례

일러두기

1. 한글 전용을 원칙으로 했다. 고유명사의 우리말 표기는 국립국어원의 외래어 표기법을 따랐다. 그러나 관행적으로 굳어진 표기는 그대로 사용했으며, 필요한 경우 한자나 원어를 병기했다.

2. 인용문을 제외한 본문의 대괄호([ ])는 옮긴이의 첨언으로 동일한 단어를 중의적으로 읽어야 하는 경우나 옮긴이의 설명을 덧붙일 때 사용했다. 각주로 처리된 옮긴이 첨언의 경우 [옮긴이]를 병기했다.

3. 본문에서 지은이가 인용한 인용문들은 한국어 번역본이 존재할 경우, 이를 참조해 옮긴이가 수정했다. 해당 번역본의 쪽수는 대괄호 안에 병기했으며, 서지 사항은 참고문헌의 해당 문헌에 대괄호를 이용해 병기했다. 인용된 도서의 제목 표기는 가급적 한국어 관본을 따랐으나 원제에 더 충실한 제목으로 표기한 경우도 있다.

4. 단행본·전집·정기간행물에는 겹낫표(『 』)를, 팸플릿·영상물·음반물·공연물에는 가랑이표(〈 〉)를, 그리고 논문·기고문·단편·미술 등에는 큰따옴표를 사용했다.

5. 본문 내 영문 약어 표기는 다음과 같은 원칙을 따랐다.

__ 익숙한 영문 약어는 처음 등장할 때 영문 약자를 병기한 후 그 뒤에는 영문 약자로만 쓴다.

　　예: 국제통화기금(IMF)→IMF

__ 생소한 영문 약어라 하더라도 이 책에서 반복적으로 언급되고 있는 경우 위와 마찬가지로 처음 등장할 때 영문 약자를 병기한 후 그 뒤에는 영문 약자로만 쓴다. 예: 발전과 여성(Women in Development, WID)→WID

__ 영문 약어의 합성된 발음이 익숙한 경우 처음 등장할 때 발음의 한글 표기어와 괄호 안 영문 약자로 적은 후 그 뒤에는 한글로만 쓴다. 예: 유엔(UN)→유엔

__ 나머지 약어는 처음 등장할 때 한글 표기와 괄호 안 영문 약자로 적은 후 그 뒤에는 한글로만 쓴다.

　　예: 수출자유지역(EPZ)→수출자유지역

한국어판 서문

이 책이 출판된 지도 벌써 십여 년이 지났다. 그동안 세계 곳곳의 여성들에게 많은 변화가 있었고, 한편으로는 여전히 변하지 않은 것도 많다. 세계가 지구화되면서, 여성과 남성이 직면하고 있는 도전 또한 지구화되었다.

정치적인 권리의 관점에서 보자면 이제 대부분의 국가에서 여성은 모든 수준의 정부 구성에 투표할 권리와 출마할 권리를 갖게 되었다. 여성의 투쟁의 결과이자 할당제로 인해 1945년과 1995년 사이에 의회 내 여성 비율은 4배가량 증가했고, 2007년에는 17퍼센트를 넘어섰다. 한국의 경우 [19대 국회 298명의 의원 가운데] 여성 국회의원은 [46명으로] 15.7퍼센트를 차지했다. 40여 개 국가에서 의회 내 여성을 위한 일종의 할당제가 실시되고 있으며, 한국의 2000년 정당법 제31조 제4항은 '정당은 비례대표 선거구 국회의원 선거 후보자와 비례대표 선거구 시도의회 의원 선거 후보자 중 30퍼센트 이상을 여성으로 추천해야 한다'라고 규정해 비례대표 여성 할당제를 처음 도입했으며, 몇 차례 개정을 통해 지역구 공천에 최소 30퍼센트의 여성을 포함해야 한다고 권장하고 있다.[1] 그리고 위반시 등록 무효 및 수리 불허와 같은 강제이행 조치까지 입법화되었다. 1985년부터 여성 지위 향상을 위한 국가기구나 정책 기구 또는 젠더 불/평등의 문제를 제기할 수 있는 상대적으로 공식적이지 않은 거버넌스 체계가 설립되기 시작해 한국을 포함한 전 세계 90퍼센트의 국가에 이런 기구나 체계가 마련되었다. 또한 한국을 포함한 185개 국가들은, 조건부이긴 했지만, '여성차별철폐협약'Convention for the Elimination of All forms of Discrimination against Women, CEDAW을 비준했다. 이는 법적으로 규약들을 실천하도록 의무화하고 있으며, 조약을 통해 취한 조치들에 대한 보고서를 최소 4년마다 제출할 것을 요구한다. 그러나 "세계 여성에 대한 2010년 유엔 보고서"UN Report on the Status of the World's Women 2010를 보면, 국가 의회에서 여성은 여전히 상당히 저대표되고 있다. 평균적으로 83퍼센트의 의석을 남성이 점유하고 있고, 각료 내 남성 비율도 이와 유사하게 나타난다. 최고위직의 경우 이런 상황은 더욱 심각해진다. 전 세계에서 선출직 국가수반 150명 가운데 143명이 남성이며, 행정부 수반 192명 가운데 181명이 남성이다.

이런 복잡한 그림은 사회경제 대차대조표에서도 마찬가지다. 젠더와 관련된 경제적 불평등의 지표들은 여전할 뿐더러, 일부 지표들의 경우 오히려 불평등이 심화되고 있음을 보여 준다. "세계 여성에 대한 2010년 유엔 보고서"는 다음과 같이 기록한다. 전 지구적으로 여성의 노동시장 참가율은 1990년부터 2010년까지 약 52퍼센트대로 꾸준하게 유지되고 있

---

1 http://www.quotaproject.org/uid/countryview.cfm?CountryCode=KR

다. 이와 대조적으로 남성의 경제활동 참가율은 같은 기간 지속적으로 감소해 81퍼센트에서 77퍼센트로 떨어졌다. 한국에서는 1997년 아시아 경제 위기가 영향을 미쳤다. 기업들이 채무불이행을 선언하면서 파산했고, 국제은행들이 일반적인 신용거래를 허용하지 않으면서 통화가치 절하로 채무 상환이 어렵게 되었다. 이 시기 여성들은 노동시장 내 저임금 불안정 직종에 몰려들었고, 김대중 정부가 출범했음에도 불구하고 여성의 돌봄 노동에 대한 국가의 지원은 거의 전무했다. 2012년 세계개발보고서에 따르면, 전 세계 노동인구의 40퍼센트가 여성이지만, 모든 개발도상국에서, 외관상 숙련도의 차이를 고려하더라도, 여성은 여전히 남성보다 약 22퍼센트 덜 벌고 있다. 한국에서 여성의 임금은 남성보다 평균적으로 39퍼센트 낮은데, 이는 한국이 2010년 OECD 국가들 가운데 남녀 소득 격차가 가장 크다는 것을 의미한다.[2] 더 나아가 "2012년 젠더 평등과 발전에 대한 세계개발보고서"The 2012 World Development Report on Gender Equality and Development는 다음과 같이 밝히고 있다. "여성은 계속해서 대부분의 가사일을 책임지고 있다. …… 전 세계 모든 지역에서 여성은 남자들이 무급 가사 노동에 사용하는 시간보다 최소한 두 배 이상의 시간을 쓴다. 직장이 있는 여성은 유급 노동과 가족에 대한 책임이라는 이중 부담에 지나치게 많은 시간을 쏟는다. 무급 노동을 고려한다면 세계 모든 지역에서 여성의 총 노동시간은 남성보다 길다." 페미니스트 학자들과 활동가들은 사회적 재생산이 생산으로 계산되어야 한다고 오랫동안 주장해 왔지만, 아

2 http://www.oecd.org/std/37964069.pdf

직도 사회적 재생산이 유엔 국민계정체계systems of national accounts, SNA에 포함될 조짐은 보이지 않는다(Waring 1988; Picchio 1990; Elson 1998b). 사회적 재생산 노동을 설명함으로써 이 노동을 가시화하기 위한 투쟁은 여전히 계속되고 있다. 특히 문제가 되는 것은 경제 위기 시기에 사회적 재생산은 공공복지와 시장의 민간 공급 사이의 격차를 메꾼다는 점이다. 베이징 선언 및 행동강령Beijing Declaration and Platform for Action(1995)에서는 남성과 여성 간 유급 노동과 무급 노동의 불평등한 분배에 맞서는 것이 젠더 평등을 위한 필수적인 단계로서 중요하다는 점이 강조된 바 있다. 그러나 극빈과 인권에 관한 유엔 특별보고관인 세풀베다Magdalena Sepúlveda는 무급 돌봄 노동에 대한 보고서에서 이 문제는 최소한의 진척밖에 이루지 못했다고 언급하며, 무급 돌봄 노동을 주요 인권 문제로 간주한다(UN 2013).

세계경제가 점차 통합되어 가면서 젠더 불평등 문제 또한 지구적인 모양새를 갖게 되었다. 민족국가들은 계속해서 거버넌스의 접점으로 중요한 기능을 하고 있고, 전 지구적 제도와 운동 및 담론들은 평등을 위한 투쟁들을 만들어 내고 있다. 그러나 이런 투쟁들의 결과는 다양하게 나타났다. 우리가 경제 및 정치 무대에서 여성과 남성의 위치성situatedness을 연구할 때 계급, 카스트, 종교, 장애, 섹슈얼리티의 차이의 문제들은 중요하다. 이런 관점에서 우리는 한국의 발전을 좀 더 폭넓은 국제적인 맥락에서 이해할 필요가 있다.

우리는 또한 국제정치경제와 정치적 대표성 및 정치 참여 사이의 지점들과 제도적 관행과 담론적 실천 사이의 지점들을 연결해야 한다(Rai 2013). 이 작업이 중요한 이유는 국제정치경제 연구에서 논의의 초점이 되었던 시장과 국가는, (성별화된) 사회적 관계에 대한 페미니스트 연구에서 확인할 수 있듯이, 분리된 영역이 아니다. 비록 그 둘이 왕왕 분리되어 있는 것처럼 보인다 할지라도 말이다. 또한 그 둘은 서로를 구성한다. 이런 연결 고리들을 주목하지 않는다면, 우리는 단지 우리가 살고 있는 일상 세계의 부분적이고 왜곡된 그림만을 보게 될 것이다. 예컨대 국가/민족의 정치 경제에서 이 제도들이 갖는 배태성embeddedness의 문제들을 제기하지 않은 채 정치적 제도에만 분석의 초점을 맞추게 되면, 이는 이 제도 안에서 일하는 사람들이 마주하는 도전과 기회들을 전체적으로 설명할 수 없게 된다. 그 도전과 기회들을 가능하게 하거나 제한하는 자원에 대한 고려 없이 정치적 제도의 성공과 실패를 평가하는 것은 피상적 논의일 뿐이다. 이와 유사하게 경제적 결정들은 이 제도들 속에서 일하는 사람들에 의해 이루어진다. 이 사람들이 누구인지, 왜 (다른 사람들이 아닌) 그들이 정책 결정 역할을 담당하는지, 왜 (다른 정책이 아닌) 특정 정책을 선택하는지, 그들이 누구를 대표하고 대변하는지 등을 이해해야만 실제 정책 결정 과정뿐만 아니라 이미 결정된 정책이 좀 더 넓은 사회적 맥락에서 정당한 것으로 볼 수 있는지 조명해 볼 수 있을 것이다. 이런 배태성의 문제는 일부 페미니스트 연구에서 강조해 왔지만, 나는 이런 측면에서 이 문제가 젠더와 정치학 문헌에서 좀 더 다루어져야 한다고 생각한다. 이 책은 이런 정치 경제적 분석을 확장하는 데 기여하고자 쓴 것이다.

이 책의 목적은 식민주의와 국가 주도적 자본주의 및 신자유주의의 역사를 통해 이런 관계들을 살펴보고, 이를 바탕으로 전 세계적인 젠더 평등을 위한 투쟁을 좀 더 나은 방향으로 이끄는 데 있었다. 세계가 다시금 또 다른 경제 위기에서 허우적대고 있는 만큼, 지금이 아마도 앞을 내다보기 위해 뒤를 돌아볼 좋은 시점일 것이다.

마지막으로 이 기회를 빌어 특유의 인내심과 분석적 엄격함, 근면함으로 이 책을 번역하는 중책을 떠맡은 이진옥에게 진심으로 감사를 표하고 싶다.

2014년 3월

레밍턴 스파에서

● 〈표 2-1〉은 제인 L. 파파트와 M. 패트리샤 코넬리, V. 유딘-바리토의 허락으로 재구성되었고, 〈표 4-3〉은 엘스비어 출판사의 허락으로 재구성되었다. 모든 저작권 소유자들을 찾고자 노력했지만, 만약 부주의하게 간과된 것이 있다면 폴리티 출판사는 기회가 닿는 대로 필요한 절차를 기꺼이 밟을 것이다.

감사의 말

이 책은 다양한 시기에 다양한 방식으로 많은 사람들의 도움을 받은 덕분에 처음보다 훨씬 나은 모습으로 세상에 나올 수 있게 되었다. 내가 쓴 글을 내 스스로 비판적으로 바라보는 동시에 연민의 시선으로 바라보는 것이 이 책을 쓰는 작업에 매우 중요했지만, 그만큼 그 과정은 고통스러웠다. 이런 나의 불안감에 개의치 않고 나를 인내해 주고 나의 혼란스러움을 이해하고 지지해 준 친구들이 더없이 소중했다. 학생, 동료, 그리고 가족과 나눈 대화들은 헤아릴 수 없을 만큼 이 작업을 진행하는 데 큰 버팀목이 되었다. 나를 도와 준 이들을 모두 열거한다고 해서 그들과 나눈 우정과 그들이 보내 준 성원을 이루 다 표현할 수는 없겠지만, 이를 통해서나마 부채 의식을 덜고 싶은 이기적인 마음으로 그들의 이름들을 나열해 보겠다. 우선 워릭 대학의 정치국제학부에 큰 감사를 표하고 싶다. 그들의 배려 덕분에 이 책을 수정하는 데 필요한 귀중한 시간을 낼 수 있었다. 그리고 어려운 상황에도 불구하고 이 책이 완성될 수 있을 것이라는 자신감을 보여 준 폴리티 출판사의 동료들 — 린 던롭과 저스틴 다이어, 앤서니 기든스, 데이비드 헬드, 루이스 나이트 — 에게 감사드린다. 그리고 완벽한 논평을 해준 익명의 심사위원 두 분 덕분에 이 원고의 완성도를 높일 수 있었다. 이 원고의 전부 혹은 일부를 읽고 논평을 해준 이들과 나를 격려해 주었던 동료들, 너그러운 친구들에게도 감사의 말을 전하고 싶다. 몰리 앤드루스, 스테파니 배리엔토스, 피터 번햄, 로빈 코언, 레베카 얼, 앤서니 기든스, 캐서린 호스킨스, 제인 파파트, 루스 피어슨, 진디 페트먼, 얀 아르트 숄테, 헤이절 스미스, 매튜 스미스, 캐슬린 슈타우트, 캐롤린 라이트, 그리고 특히 남편 제러미 로체에게 고마움을 표하고 싶다. 그는 내가 쓴 것을 모두 다 읽고, 항상 날카롭지만 따뜻한 논평을 해주었다. 그의 도움 없이 이 책은 완성될 수 없었을 것이다. 남편과 함께 매우 개인적인 차원에서 내가 지탱할 수 있게 그리고 내 손길이 전혀 필요하지 않도록 아량을 베풀어 주신 부모님, 사티야 라이와 라지파트 라이께 감사드린다. 마지막으로 이 프로젝트가 끝났을 때 '엄마 잘 했어!'라며 뛸 듯이 기뻐한 두 아들, 아준과 선에게 고마움을 표하고 싶다.

물론 이 책의 부족함은 온전히 나의 것이다.

2001년 6월
레밍턴 스파에서

서론

이 책은 발전development[1]의 정치경제학이 지닌 성별화된 특성을 분석한다. 따라서 이 연구는 젠더와 정치경제학에 대한 특정한 가정들을 바탕으로 한다. 우선 나는 많은 페미니스트 학자들이 쌓은 연구 업적을 바탕으로 정치경제학이 성별화된 영역이라는 점에서 출발한다. 이 가정은 정치경제학에서 여성과 남성이 다르게 위치지어진다는 것, 곧 여성과 남성은 이용할 수 있는 자원이 다르기에 그들이 서로 다른 이해관계를 갖는다는 것은 말할 것도 없고 공통된 이해관계마저도 상이한 방식으로 표출하고

---

1 [옮긴이] 볼프강 작스의 『반자본 발전 사전』(2010, 아카이브)의 옮긴이 이희재가 밝히듯이, development는 한국에서 통상 '개발'로 번역되고 있지만, 긍정적인 의미가 퇴색된 측면이 많으며, 이 책에서 제시하는, 삶의 개선과 향상까지 포함하는 광의의 development 개념을 포괄하기에는 협소하다. 따라서 이 책에서는 development를 '개발'보다 넓은 의미의 '발전'으로 번역한다. 그러나 인간개발보고서, 개발도상국 등 이미 '개발'로 굳어진 고유명사와 관용어들의 경우 그대로 '개발'로 옮겼다.

동원한다는 것을 의미한다. 다음으로 이 책은 여성과 남성 간의 차이만큼이나 여성 내부에 존재하는 차이에도 관심을 쏟는다. '차이'는 페미니즘 연구에서 숱하게 이론화되어 온 개념이다. 이 책 역시 앞선 연구에 기반해 여성 내부의 차이가 실질적인 정치 조건에서 어떤 의미를 지니는가에 대한 질문을 던진다. 예컨대 민족주의와 계급, 카스트 등이 여성 내부의 단결 구도를 위협할 때, 여성 내부의 차이는 어떤 의미를 가지는가? 또는 여성이 서로 다른 지리적인 맥락에서 상이한 사회적·정치적 위치에 처해 있다는 것을 고려하지 않은 채, 어떻게 구조 조정 정책Structural adjustment policies, SAPs[2]이 여성에게 미친 영향을 분석할 수 있는가? 구조 조정 정책의 성별 대차 대조표는 여성과 남성의 차이뿐만 아니라 여성 내부의 차이도 고려되어야 한다는 점을 여실히 보여 준다. 마지막으로, 이 책은 구조와 행위성agency 간의 관계를 핵심적으로 다룬다. 이와 관련해 나는 젠더의 관점에서 경제적·정치적 권력 구조가 어떻게 여성과 남성의 위치를 구성하고, 이런 성별화된 위상화positioning가 여성과 남성이 정치적 행위자로 개입하는 데 어떤 영향을 미치는지 분석한다. 발전에 대한 담론적·정책적 의제들은 정치경제학이 지니는 기존의 구조적 한계 내에서 변화해 왔다는 측면에서 고려되어야 한다. 이런 관점에서 나는 변화하는 정치·경제적 맥락에서 여성의 지속적인 정치적 개입을 옹호하면서도, 동시에 이런 개입이 어떤 구조적 제약 아래에서 가능할 수 있을지 고찰해 볼 것이

2 [옮긴이] 세계은행과 국제금융기구가 개발도상국에 차관을 제공할 때 요구하는 정책 일반을 의미한다. 산업 규제, 농산물 가격 및 노동시장 규제, 민영화 등의 경제정책뿐만 아니라, 민주주의, 정부의 분권화 등과 같은 정치적 조건까지 요구하는 추세다.

다. 또한 이를 통해 여성과 남성의 참여participation/개입engagement이 어떻게 구체화될 수 있을지에 대해 조심스럽게 접근할 것이다.

이 책은 '젠더와 발전'에 대한 많은 이들의 연구와 여성과 정치에 대한 페미니스트의 이론에 상당한 빚을 지고 있다. 사적인 것과 공적인 것 사이의 경계는 정치를 정의하는 (또는 그 정의에서 배제하는) 경계를 이루었고, 여성운동과 페미니스트의 이론화 작업이 지속적으로 해온 가장 큰 기여 가운데 하나는 이런 경계에 도전해 왔다는 점이다. 페미니스트들은 정치의 정의를 공사 영역 모두를 아우를 수 있도록 확장하고, 그 두 영역이 실제로는 상호적으로 구성되어 있다고 주장해 왔다. 이를 통해 페미니스트들은 여성이 정치 영역에서 결코 부재하는 것이 아니라, 오히려 그 '부재'를 통해 분명히 존재한다는 것을 보여 주었다. 다시 말해, 공적인 영역에서 여성의 배제는 남성적인 이해관계가 지배적이 되기 위해서나, 사적인 것과 공적인 것을 남성적인 권력이 지배하도록 하기 위해 필수적인 것이었다. 또한 페미니스트들은 '경험'이 지식의 중요한 출발점이라는 것을 역설함으로써, 정치의 근간 자체를 맥락화하고자 노력해 왔다(Scott 1992). 이런 식으로 페미니스트들은 자신들의 통찰력을 바탕으로 정치를 분석했고, 정치와 관련된 용어와 조직을 개념화하면서 그 경계들을 확장시켰다. 그들은 성sex의 사회적 구성물로서의 젠더가 여성과 남성이 수행할 수 있는 정치적 역할에 반영되어 있으며, 정치에 대한 의미 자체를 형성하고, 그럼으로써 자연스럽게 정치를 구성하지 않는 것을 정의한다고 주장했다. 한편, 정치에 대한 식민주의적·탈식민주의적 이해는 젠더와 정치를 연구하는 데 심화된 통찰력을 제공했다. 민족주의 운동과 근대성의 결합은 "토착적인 가부장적 규범과 [식민] 행정관이 지닌 규범 사이의 경쟁과 공모라는 복잡한 상호 관계"의 형태를 취했는데, "[이는] 농업 관계에 대한 식민주의적 통제에서 가시화되었다"(Sangari and Vaid 1993, 7). 여러 사회적 요소들 가운데 계급과 인종race, 종족ethnicity, 종교, 섹슈얼리티, 장애, 그리고 정치에 기반한 여성 내부의 차이는 다음과 같은 질문을 제기한다. 상이한 집단의 여성들이 어떻게 자신들을 '여성'이라는 범주로 인지할 수 있으며, 그들의 이해관계는 정치적인 영역에서 어떻게 대표될 수 있을 것인가? 또한 정치를 구성하는 가부장적 구조를 분명히 인식하기 위해서 반드시 여성 내부의 유사성을 명백하게 만들어 내야만 하는 것일까? 여성운동 세력과 여성학자들에게는 변화의 전략을 짜기 위해서 이런 차이의 문제를 이해하고 연구하는 것이 여전히 해결해야 할 과제로 남아 있다. 성별화된 정치에 대한 나의 생각은 바로 이런 논의들을 검토하고 이 논의들에 참여함으로써 형성되었다.

개인적인 것이 정치적인 것이다

이 책을 쓰는 데는 꽤 오랜 시간이 걸렸다. 처음에는 젠더와 발전에 대한 개론서로 출발했지만, 막상 쓰기 시작하면서 이 책은 다른 모습을 갖게 되었다. 때로는 종이 위의 단어들이 제멋대로 움직여 내가 예상하지 못한 무늬를 그리는 것처럼 보였다. 이 책이 현재의 모습을 갖추게 된 이유 가운데 하나는 아마도 나 자신의 개인적·정치적 역사와 관계가 있을 것이다.

나는 이른바 '발전의 황금기'라 불렸던 1960년대(Hewitt, Johnson and Wield 1992), 인도의 뉴델리에서 태어났다. 발전과 민족주의는 학교와 대학 수업에서뿐만 아니라 집에서 정치에 대해 일상적인 대화를 나눌 때조차 대화의 소재가 되었던 서로 밀접히 관련되어 있는 주제였다. 내가 태어날 당시 인도의 수상은 자와할랄 네루Jawaharlal Nehru였는데, 그는 인도의 발전 궤도의 윤곽을 그리는 데 결정적인 영향을 미쳤다. 네루는 상당히 자연스럽게, 하지만 의도적으로, 발전과 민족주의를 결합했다. 곧 영국의 인도 통치British Raj[3]에 맞선 민족적 투쟁은 인도의 '후진성'에 대한 투쟁이기도 했으며, 인도의 근대화는 인도 독립의 존재 이유가 되었다. 따라서 네루의 세계관에 대한 지지자든 반대자든 간에 이런 근대화의 전망에 대응해야만 했다.

나의 부모는 1930~40년대 민족 해방운동에 참여했다. 그들은 '근대적'이긴 했지만 공공연히 민족주의적이지는 않았다. 내 부모는 그 당시 많은 젊은이들이 그랬던 것처럼, 영국 통치에 맞선 민족주의 투쟁을 제국주의에 저항하고 자본주의에 비판적인, 따라서 사회주의와 강하게 결속한 민족주의로 무장된, '인민'의 투쟁으로 여겼다. 그들은 발전을 마르크스주의의 관점에 따라 인식했다. 그러므로 내가 아주 어릴 적부터 민족주의와 발전에 대한 다양한 접근법의 차이를 인식하게 된 것은 자연스러운 일이었다. 이 책을 민족주의에 대한 탐구로 시작하는 것도 이런 이

---

3 [옮긴이] 이는 1858년에서 1947년 사이의 남아시아 내 영국의 식민 지배를 뜻하는 말이자, 통치권을 의미하기도 하며, 영국 통치 아래 있던 지역을 가리키기도 한다.

유에서일 것이다. 즉, 이 책은 민족주의가 어떻게 발전 담론을 형성했는지, 그리고 탈식민화된 민족국가들의 구성에서 민족주의가 어떻게 정책 결정과 특정 규범의 제도화를 통해 여성의 물질적인 삶에 영향을 미쳤는지를 탐구한다.

나의 이런 개인사는 젠더와 발전을 하나의 학문 분과로 택하도록 하는 데도 특별한 영향을 미쳤다. 어릴 적 학교에 다니던 시절의 기억 가운데 하나는 내가 힌두 고전인 『라마야나』Ramayana⁴에서 왕비 시타Sita에게 부여된 위치에 상당한 반감을 가지고 있었다는 것이다. 나는 왜 그녀의 남편 라마가 아닌 시타가 끔찍한 시련 끝에 순결을 증명하도록 요구받았는지에 대해 선생님과 논쟁을 벌였다. 그것은 선생님이 학교에서 갖는 권위에 대해 도전하는 것이었을 뿐만 아니라, 양성 간의 가시적인 사회적 불평등에 대한 본능적인 저항이었다. 여기서도 나의 가정환경은 중요한 역할을 했다. 여자 아이에 대한 일반적인 사회적 편견 속에서도 내 부모님은 본인들이 그토록 강하게 지지했던 평등 윤리에 따라 나를 길렀다. 소년과 소녀가 비록 현재 평등하지는 않더라도 평등하게 대우받아야 한다는 것, 소녀에 대한 교육이 중요하다는 것, 그리고 정치가 중요하다

4 [옮긴이] '라마 왕의 일대기'라는 뜻으로, 산스크리트어로 된 고대 인도의 대서사시다. 이 작품의 성립은 기원전 11세기까지 거슬러 올라가며, 오늘날 전하는 것과 같은 모습을 갖춘 것은 기원전 2세기경으로 추정된다. 코살라국의 왕자인 라마의 파란만장한 무용담을 주제로 삼고 있으며, 정절의 화신이라 할 왕자비 시타의 수난, 동생 바라타의 지극한 효성, 원왕(猿王) 하누마트의 활약, 악귀 라바나의 포악함 등이 어우러져 서사시를 구성한다. 라마의 왕비 시타는 랑카를 지배하던 왕 라바나에게 납치되는데, 라마는 원숭이 왕국과 연대해 랑카로 가는 거대한 다리를 건설해 라바나를 죽이고 왕비를 되찾는다. 그러나 납치됐을 당시 다른 이와 기거한 시타는 순결을 의심받고 숲으로 추방되어 두 아들을 키운다.

는 것은 분명한 사실로 내게 각인되었다.

1970년대에 성장했다는 것이 어쩌면 1960년대에 성장한 것만큼 흥미진진한 일은 아닐 수도 있겠지만, 젊은 여성으로서 나는 인도에서 성장하고 있던 여성운동을 목격 — 방관적 입장에서 그리고 때로는 잘못 알고 무시하는 태도라 하더라도 — 할 수 있는 기회를 가졌다. 대학의 강당은 지참금 살인이나 길거리의 여학생에 대한 인신 공격성 발언, 남편의 폭력을 신고하러 간 여성에 대한 경찰의 희롱 등에 대항하는 여성 시위자들로 가득 차곤 했다. 젠더 관계가 남성과 여성 간의 체계적이고 구조적인 불평등을 반영하는 것임을 내가 인지하기 시작했을 때, 그 기억들은 중요한 발걸음을 내딛는 계기가 되었다. 델리에서의 대학 시절에 나는 발전학Development Studies[5]에 매료되어 있었다. 교과과정에는 그 분야 주류 학문의 관심이 반영되어 있었지만, 보세럽Ester Boserup[6]의 이론을 다루는 수업은 포함되어 있지 않았다. 학제 과정으로서 발전학은 탈식민화된 제3세계에서의 경제적·정치적 발전에 대한 전후 관심사의 산물이다.

---

5 [옮긴이] 학문 분과로서 발전학은 20세기 중반 탈식민화 이후 제3세계의 경제적 전망에 대한 관심이 증가하고, 경제학만으로는 개발도상국 내의 다양한 이슈들을 다룰 수 없다고 생각한 발전경제학자들이 정치학과 경제학의 통합을 꾀하는 과정에서 등장했다. 영국과 같은 식민 통치의 역사를 지닌 국가와 제3세계 국가들에서 활발한 연구가 이루어지고 있으며, 최근에는 정치학과 경제학뿐만 아니라 생태학, 여성학, 교육학, 인류학, 사회학, 지리학, 인구학 등 다양한 학문 분과를 넘나들며 정책 생산과 발전 의제들을 발굴하는 실용 학문으로 자리 잡고 있다.

6 [옮긴이] 보세럽(1910~99)은 덴마크 출신 경제학자로 맬서스의 인구론을 뒤집어 인구가 농업 수단을 결정한다고 밝힌 연구로 유명하다. 그녀의 책 『경제 발전에서 여성의 역할』(*Woman's Role in Economic Development*)(1970)은 여성과 발전 논의를 국제사회에서 쟁점화하는 데 선구적인 역할을 했다(자세한 내용은 이 책의 2장 참조).

그러나 나일라 카비르가 지적하듯, "자유 시장 중심적 경제성장 모델은 발전 계획을 위한 광범위한 준거들을 세웠으며, 이에 따라 발전 과정에서 자원을 배분하는 대안적 행위자로서 시장, 국가, 비정부기구들이 갖는 중요성은 변화를 거듭했다"(Kabeer 1994, 13). 경제학, 정치학, 그리고 나중에는 사회학의 학제적 경계가 공고화되고 경제적 영역은 우위를 점하게 되었던 반면, 고전적인 정치경제학적 관점은 주변화되었다. 하지만 내가 다니던 델리 대학의 정치학과 교과과정은 정치적인 것에 대한 초점을 견지했다. 국내적·국제적 사안에 대한 이런 정치적 관점은 발전에 대한 나의 고민에서 줄곧 중요한 위치를 차지하게 되었다. 이와 같이 정치적인 것이 경제학 및 발전학과 밀접히 연관되어 있다고 보는 관점은 내가 박사과정에서 중국 정치학을 전공하기로 했을 때 더욱 강화되었다.

나는 1987년 중국에서 현장 연구를 하면서, 젠더 문제가 대학 캠퍼스의 일상에서 부딪히는 사람들의 삶을 이해하는 데 결정적이라는 사실을 서서히 깨닫기 시작했다. 중국에서는 마르크스주의와 민족주의가 결합해 한편으로는 평등 담론을, 다른 한편으로는 체계적인 불평등 담론을 강력하게 형성하고 있었다. 나는 직업 할당을 책임지는 당 간부들이 여학생들은 일반적으로 초등학교 선생님, 간호사, 보조직 등의 업무로 배치하는 반면, 남학생들은 좀 더 도전적이고 지위가 높은 직업으로 배치한다는 사실을 여학생들로부터 끊임없이 전해 들었다. 내가 접한 이런 불평들은 내가 젠더와 발전이라는 쟁점을 본격적으로 연구하게 된 핵심적인 계기가 되었다. 마르크스와 마찬가지로 아마르티아 센은 여성의 역량 강화에서 관건은 여성의 고용이라는 점을 강조한 바 있다(Drèze and Sen 1990a; Sen 1995). 그러나 내가 중국인 여자 친구들로부터 배운 점은 고용에 대한 단순한 관점이 사회의 젠더 편견을 반영하고 있을 뿐만 아니라, 그 편견들을 구성하고 있다는 사실이었다. 이 점에서 정치제도의 중요성이 명백하게 드러났다. 나는 중국정치학을 공부하면서, 중국 학생들은 정책이 명백하게 자신들의 이해와 상반되는 것이라고 인지하면서도 그에 대해 반대를 표명할 수 있는 선택지들이 제한되어 있음을 알게 되었다. 내가 후기구조주의에 관심을 가지게 된 것도 바로 이 시점이었다. 비록 그 시기에 내가 그리기 시작한 지적인 지도는 내가 몸담고 있던 세계의 복잡성을 설명하기에는 턱없이 부족했지만 말이다.

중국에서 젠더 관계에 대한 내 관심이 촉발되었다면, 영국의 워릭 대학University of Warwick 여성과젠더연구센터Centre for the Study of Women and Gender 동료들 덕분에 나는 그에 대한 관심을 유지하고 발전시킬 수 있었다. 이 기착지에서 경험한 다양한 학술회의와 세미나를 통해 페미니스트 학문의 세계가 내게 열렸으며, 석사과정 학생들과 이후 학부생을 위해 개설된 젠더와 발전 수업은 내 생각을 심화시킬 수 있는 공간을 제공해 주었다. 지금도 마찬가지지만, 두 개의 다른 학제를 넘나드는 일이 쉽지만은 않아서, 도전 의식을 불러일으키는 동시에 그에 따른 보람도 컸다. '여성학' 문헌들의 미로를 통과하는 지난한 여정 속에서 나는 '차이'의 문제에 대해 숙독하고 토론하며, 배우고 가르치면서, 확신을 갖지 못했던 생각들을 주의 깊고 조심스럽게 다듬을 수 있었다. 그리고 그 과정에서 여성 공동체, 즉 내 가까이에 있거나 세계 각지에 있는 학자들과 활동가들, 동료들과 학생들의 힘을 깨닫게 되었다.

그러나 항상 그렇듯, '계몽'과 '절망'은 같이 왔다. 페미니스트 문헌에 대한 탐구가 상당한 이해를 북돋았지만, 동시에 중요하지만 풀지 못한 많은 문제들이 여전히 남아 있었다. 이 책을 쓰면서, 그 문제들은 점점 더 중요하게 다가왔다. 나는 그 문제들이 이 책에 반영되어 있다고 생각한다. 여성 내부의 차이에 대한 문제는 이런 혼란의 핵심에 있다. 소저너 트루스Sojourner Truth가 제기한 '난 여성이 아닌가?'라는 상투적인 질문은 흑인됨에 대한 것이자 젠더에 대한 것이지만, 근본적으로 이는 노예제와 그것에 대항하는 투쟁에 대한 물음이기도 하다. 구조와 개인, 제도와 행위자가 중요하듯이, 그와 마찬가지로 그들 사이의 관계 역시 중요하다. 여성들 간의 차이에 대한 논쟁을 읽고 거기에 참여하면서, 나는 불편한 감정을 지울 수 없었다(Liddle and Rai 1993, 1998). 이런 논쟁들은 여전히 문화적이고 인종적인 차이와 사회적이고 언어적인 경계들, 그리고 몸과 섹슈얼리티에 초점을 맞추고 있는 것처럼 보인다. 차이를 정면으로 다루고자 하는 노력에도 불구하고, 거기에는 조심스럽고 민감하게, 심지어는 파편적으로나마 '여성'은 '여성'으로 호명될 수 있다는 근본적인 가정이 존재한다. 이는 특히 1980년대와 1990년대 초에 이루어진 여성 내부의 차이에 대한 논쟁이 권력의 일부 구조에만 초점을 두고 다른 구조에는 관심을 두지 않았기 때문이 아닐까? 안나 폴럿이 묻고 있듯이, "이런 이유로 후기구조주의적 파편화의 조류 속에서도 '가부장제'라는 '거대 서사'가 생존하는 것은 아닐까?"(Pollert 1996, 641). 이 때문에 페미니스트는 일부 권력관계는 매우 정확하게 검토할 수 있었으면서도 다른 권력관계에 대해서는 그럴 수 없었던 것이 아닐까? 무엇보다 이들은 페미니즘(들)의 변혁적 충동을 어디에서 찾을 수 있다고 보는 것일까? 사실상 우리가 '변혁적'이라는 단어를 계속 사용할 수 있기나 한 것일까? 예를 들어, 구조조정 정책이라 불리는 일련의 정책들과 그것이 제3세계 국가들의 여성과 남성에게 미친 영향에 대해 연구할 때, 국가들 간에 그리고 사회적 계급들 간에 벌어지는 이해관계의 갈등이 젠더 관계에 대한 생각에 영향을 미치지 않을 수 있을까? 이는 후기구조주의가 제공하는 통찰력이 타당하지 않다는 것을 의미하는 것일까? 나는 후기구조주의적 통찰력이 굉장히 유용하다고 생각해 왔지만, 그 통찰력은 후기구조주의의 논의와 우리의 삶을 둘러싼 권력 구조에 대한 해석 사이의 긴장을 충분히 인식하고 이해했을 때, 가장 빛났던 것 같다. 물론, 내가 이런 질문들을 던진 유일한 사람은 아니지만, 이것들이 내가 던지고 싶은 질문들이었다. 여기서 나는 젠더 관계가 권력관계를 반영하는 것일지라도, 권력 개념이 항상 문자 그대로 젠더에 대한 것은 아니라는 조앤 스콧Joan Scott의 지각 있는 관점을 따랐다(Monteón 1995, 45에서 재인용).

개인적인 것과 정치적인 것에 대해 곰곰이 생각해 볼 때, 나는 또한 독자를 위해 다음과 같은 경고성 말을 덧붙여야겠다. 이 책에서 나는 논증을 위해 그에 적절한 세계 각지의 사례들과 연구물들을 사용했지만, 여전히 '아시아적' 관점에 치우쳐 있다는 점이다. 이는 내가 중국학 연구에 학문적 뿌리를 두고 있기 때문이기도 하지만, 상당 부분 나의 개인적인 뿌리가 인도에 있다는 점 때문이기도 하다. 이런 점에 대해 나는 고작 양해를 구할 수 있을 뿐이지만, 폭넓은 견지에서 볼 때 이런 편중된 관점이 근본적으로는 내 주장의 요점에 영향을 미치지 않는다고 생각한다.

페미니스트적 변혁에 대한 새로운 접근법

21세기 초반에 전 세계 거의 모든 국가들의 실질적인 모든 삶의 영역에서, 여성들이 큰 획을 그었다는 점은 아무도 부정할 수 없을 것이다. 이 사실은 "발전에서의 여성 역할에 대한 유엔 세계 조사"UN World Survey on the Role of Women in Development에서 명백히 드러난다(DAW 1999). 여성의 임노동과 관련된 수치를 보면, 1950년대 중반 54퍼센트에서 2000년도 70퍼센트를 약간 밑도는 수치로 가파르게 증가했음을 알 수 있다. "사실상, 유일하게 아프리카를 제외하고, 여성의 고용은 1980년대 이후로 남성의 고용보다 실질적으로 빠르게 증가했다"(8). 그러나 이런 긍정적인 지표 뒤에는 성sex에 의한 직종 분리가 증가한 것과 같은 부정적인 측면도 존재한다. 그리고 이와 같은 차별의 정도는 정치적 요소들뿐만 아니라 문화적·역사적 요소들도 중요하게 작용해 결정된다(16-17). 예를 들어, 농촌 지역에서는 매매 가능한 현금 작물의 도입으로 인해 가구 내 자원 관리에서 성별화된 변화가 초래되었다. 여성은 점점 더 자급용 작물 생산에 집중하게 된 반면, 남성은 현금 작물의 생산에 집중하게 되었다. 특히 노동 집약적 지역에서 여성은 현금 작물의 생산에 기여할 것을 요구받으면서 동시에 이전과 마찬가지로 남성의 도움 없이 자급용 작물 생산도 꾸려 나가고 있다.

기술과 세계화는 노동시장의 '유연화'를 가져왔고, 이는 비공식 부문의 노동뿐만 아니라 시간제 노동의 급격한 증가를 포함했다. 이 두 영역에서 여성의 존재가 특별히 두드러졌으며, 동시에 계급과 교육에 따른 차이들 또한 생겨났다. 즉, 도시와 농촌에서 자영업에 종사하는 빈민 여성들이 증가한 한편, 다른 한편으로는 기업에 최첨단 서비스를 공급하는 높은 수준의 교육과 임금을 받는 전문직 여성들도 늘어났다. 이주는 지구화를 통해 나타난 여성 고용의 또 다른 중요한 특징이다. 그러나 "대부분의 여성 이주 노동자들은 전통적으로 여성적인 일이라고 간주되는 서비스 영역의 직업군에 종사하게 된다"(DAW 1999, 31). 이처럼 21세기 여성의 경제적 삶은 복합적인 그림으로 나타나고 있다.

여성의 건강, 교육, 훈련 등과 같은 사회적인 지표들을 살펴보면, 이 그림은 훨씬 더 복잡해진다. 민족국가들은 세계경제로부터 압력을 받아왔다. 거시 경제적 정책에서 통화 수축의 편의는 정부가 도입하는 정책들에 상당한 영향을 미친다. 정부는 공공 부문의 지출을 삭감하라는 요구를 받았고, 이는 빈곤층 남녀 모두의 사회적 지표에 전반적으로 부정적인 영향을 미쳤다. 그러나 우리는 이런 정책들이 실행되는 방식에서 성별화된 차이점들을 다시 한 번 목격하게 된다. 성장하는 분야에서 여성의 고용이 증가하더라도, 경제가 하향 곡선을 그릴 때는 남성의 고용보다 여성의 고용이 상대적으로 더 취약하다는 것을 확인할 수 있다. 그리고 사회 지출의 감소는 여성이 자녀 양육과 노인 부양에 대해서 더 큰 짐을 떠안게 되고, 건강과 교육에 대한 공적 자금의 축소로 인해 여성이 남성보다 더 큰 고통을 겪게 된다는 것을 의미한다(DAW 1999, xviii을 보라).

이런 도전들에 여성들은 어떻게 반응해 왔을까? 페미니스트 운동은 세계 각지에서 성장해 왔다. 이런 페미니스트 운동의 성장에는 여성에 대한 새로운 경제적 기회의 창출, 소련의 몰락, 다양한 영역에서 여성의 정치적 조직화, 국제기구들의 페미니즘적 의제 채택 등 여러 이유들이 존재한다. 위에서 본 것처럼 여성은 경제 영역에서 성과를 보였을 뿐만 아니라, 정책 결정과 제도 정치 영역에서도 큰 성취를 이루었다. 비록 전 세계 국가 수장들 가운데 4.7퍼센트만이 여성이지만, 민주적인 국가들의 의회에서 여성 의원들의 수치는 현재 13.4퍼센트에 달한다(DAW 2000b). 물론 아직 갈 길은 멀고, 진보적 청사진은 일부만 달성되었을 뿐이다. 그러나 대체로 그것은 희망적이라 할 수 있다. 그런 희망에도 불구하고, 위에 언급한 것처럼 여성의 사회경제적 복지를 나타내는 지표들이 염려스럽게 나타나는 상황에서, 정치적인 영역에서 여성의 성공은 그런 부정적인 지표들과 성공의 간극에 대한 쉽지 않은 문제들을 제기한다. 수백만 명의 여성이 생존을 위한 투쟁에 삶의 에너지를 쏟고 있을 때, 성주류화 gender mainstreaming와 정치적 제도 내의 여성 할당제를 주장하고 '여성을 위한, 여성에 의한 시민사회의 활성화'를 이야기하는 것은 과연 아무런 문제가 없는 것일까?

탈식민화 과정은 다양한 나라들에서 상이한 형태로 진행되었다. 이는 이데올로기, 문화, 사회의 역사, 제국주의의 제도와 국제적인 맥락 등의 모든 요소들이 민족주의와 발전 개념에 영향을 미쳤기 때문이다. 따라서 1장에서는 [탈식민화 과정에서 생겨나는] 긴장들과 이 긴장들로 인해 만들어진 성별화된 탈식민지 체제들의 차이를 탐구한다. 또한 발전에 대해 제기되는 문제들이 어떤 맥락에서 발생하고, 이 문제들이 어떻게 발전 과정이 전개되는 방식에 근본적인 영향을 미쳤는지 살펴본다. 여기서 나는 탈식민화의 맥락에서 민족주의가 발전의 우선순위에 일정한 경계를 설정했다는 점을 지적하고자 한다. 민족주의에 영향을 받은 발전의 우선순위는 젠더, 계급, 종족 그리고 여타의 것들 사이에 위계질서를 형성했으며, 그 결과 일부에게는 새로운 공간이 열렸지만 다른 일부에게는 열리지 않았던 것이다. 민족주의적 엘리트에 의해 세워진 경제적·정치적 의제들과 그것들을 둘러싸고 다양한 여성운동들이 벌인 협상과 도전을 고려하지 않는다면, 발전 담론 내에서 여성이 차지한 위치는 제대로 이해될 수 없다.

2장에서는 젠더와 발전에 관한 논쟁 및 발전학이 전개되어 온 과정을 다룬다. 이 장은 민족주의와 탈식민주의적 발전에 대한 나의 관심을 바탕으로, 좀 더 확장된 국제정치적인 맥락에서 발전학과 발전 담론의 성장을 살펴보면서 다음과 같은 질문들을 던진다. 과연 인도와 중국의 탈식민화 과정을 설명하면서 소련과 미국 사이의 냉전을 언급하지 않을 수 있는가? [냉전과 같은 국제 정세에서 부각된] 위협의 언어가 발전 정책을 위계화하는 데 영향을 미치지는 않았는가? 탈식민화된 국가 내의 반대 세력들은 공산주의나 제국주의 혹은 자본주의에 대항해 단결해야 한다는 미명 아래 억압받지 않았는가? 발전학의 전개 과정은 평등, 성장, 발전, 근대화의 의미를 둘러싼 투쟁들을 논의하지 않고는 연구할 수 없을 것이다. 그리고 이런 의미들은 냉전의 그늘에서 형성되었기에, 발전의 정치학을 이해하기 위해서는 국제 관계에 대한 이해가 선행되어야 한다. 나의 이런 신념은 지구화에 대한 문헌들을 두루 섭렵하면서 더욱더 강고해졌다.

3장의 대부분은 지구화를 둘러싼 논쟁을 다루는 데 할애한다. 특히 신생 민족국가와 구舊 민족국가의 변형 방식을 둘러싼 논쟁들을 논의하면서, 지구화를 후기 근대성late modernity이나 탈근대성postmodernity의 결과라기보다는 하나의 과정으로 바라볼 것이다. 지구화는 정치적인 과정이며, 자본주의에 배태되어 있는 과정이다. 지구화 과정은 자본주의적인 관계에 배태되어 있으므로 매우 경쟁적일 수밖에 없다. 기술의 진보로 인해 자본주의적 관계는 국가와 지역 경제에 이전보다 훨씬 더 깊게 침투했다. 그리고 일종의 행위자로서의 역할을 수행한 지구화 담론은 매우 많은 문제점을 가진 지구화 과정을 '자연화'naturalization하는 데 일조했다. 내가 문제 삼고 있는 것은, 지구화를 전 지구적 시장이라는 보이지 않는 손의 산물로 보거나 탈정치화시키면서 그 불가피성을 설파하는 담론들에 깔려 있는 관점과 그런 담론들이 유포하고 있는 이미지다. 그렇지만 나는 기술 변화 및 그 변화가 우리의 사회적·정치적 삶에 미친 영향의 중요성을 인정하기에, 성별화된 세계를 형성하는 새로운 형태들의 사회적 저항과 네트워크 및 쟁점들을 고려하면서 지구화 과정을 신중하게 살펴볼 것이다.

4장에서는 전 지구적 구조 조정이 사람들의 삶에 영향을 미치는 다양한 방식들에 중점을 두고, 새로운 정치경제 내에서 노동의 본질과 여성의 지위가 어떻게 변화하고 있는지 분석할 것이다. 이 분석을 통해 나는 전 지구적인 구조 조정 체제가 전개되는 과정과 그 과정이 여성과 남성의 삶, 그리고 여성과 남성이 참여하고 있는 투쟁들에 미친 영향을 살펴볼 것이다. 이를 위해 우선 구조 조정 정책과 그것이 가져온 성차별적인 결과를 평가하는 것으로 시작할 것이다. 그리고 페미니스트 경제학자들이 구조 조정 정책의 영향을 분석하면서 신자유주의 경제학에 대해 제기한 비판들을 이론적 수준에서 탐구하고, 이런 페미니스트 비판에 대해 조심스럽게 문제를 제기할 것이다. 나는 결론적으로 전 지구적 구조 조정이 북반구 여성들과 남반구 여성들 사이의 격차를 확대시킨 한편, 여성 내부의 계급적 격차도 커지게 만들었다는 점을 지적하고자 한다. 이런 쟁점을 제기하는 것은, 이 문제가 전 지구적 구조 조정 과정의 기저를 이루고 있는 신자유주의 경제학에 대한 페미니즘적 비판의 정당성을 확보하는 데 중요한 부분으로 남아 있기 때문이다.

5장에서는 전 지구적, 일국적, 그리고 광역적 수준에서 이루어지는 새로운 형태의 거버넌스governance에 대한 다차원적 분석을 통해 여성의 삶에 가해진 지구화의 압력에 대응하는 다양한 반응들을 살펴볼 것이다. 여기서 나는 여성에게 연대의 조건이자 조직화의 결과로 나타나는 여성 내부의 차이를 강조할 것이다. 그리고 페미니스트 정치의 새로운 영역들을 형성하는 데 시민권의 정치와 심의 민주주의가 유용하게 활용된 방식을 간략하게 논의할 것이다. 끝으로 여성 세력화 담론의 분석을 통해 이 장의 결론을 맺으면서, 나는 구조적·담론적 관점의 권력 개념을 강조하지 않는다면 여성의 세력화는 불완전할 수밖에 없으며, 따라서 여성운동은 차이의 인정과 경제적·사회적 자원의 재분배 사이의 고리를 다시 연결해야 한다고 주장할 것이다.

마지막 6장에서는 지구화의 압력에 저항하고 동시에 대응하기 위해 채택된 성별화된 전략들을 살펴볼 것이다. 나는 여기서 지역적인 공간들을 찬양하는 관점과 중앙집권화된 민족국가에 대한 향수를 자극하는 관점 모두에 신중하게 접근해야 한다고 주장할 것이다. 대신 나는 여성운동이 경제적·정치적 제도들에 지속적으로 개입하는 것을 옹호하면서도, 그것은 자기 성찰적이며 자신의 한계를 인지하고 있는 비판적 개입이어야 한다고 제안할 것이다. 마지막으로, 여성운동이 젠더 정의를 향한 투쟁을 강화하기 위해서는 다른 해방적인 운동들과 연대함으로써 여성운동의 투쟁과 성과를 진척시켜 나가야 한다고 주장할 것이다.

결론

나는 '패배주의자'라는 용어나 피해자를 이야기하는 은유를 사용하고 싶지 않다. 그럼에도 불구하고 나는 지구화 과정에서 남반구의 빈곤한 여성의 삶은 빈곤한 남성의 삶과 마찬가지로 매우 심각한 곤경에 처해 있다고 생각한다. 지구화로 인해 여성은 그 이전에 존재하지 않았던 유급직업의 창출과 같은 새로운 기회들을 갖게 되었지만, 이 기회들은 세계화된 자본주의의 논리에 따라 발생하는 경제적·사회적 위기의 심화 과정을 동반하고 있다. 온갖 종류의 여성 단체들이 있지만 페미니스트 운동은, 여성 일반이 표면적으로는 차이를 아우르고 국경을 가로질러 관계의 망을 맺으며 연대하고 조직할 수 있을 때조차, 여성 내부의 경제적 차이가 계급과 남·북 분리의 궤도에 따라 증가하고 있다는 사실을 인지해야 한다. 나는 지금이, 특히 지구화 과정에서 세계를 가로지르는 여성운동이 성취한 성과들을 돌아보고, 어떻게 페미니스트 운동과 논쟁이 '인정의 정치'에서 '자원의 재분배를 요구하는 정치'로 이동할 수 있을 것인가라는 어려운 질문을 던질 수 있는 좋은 시점이라고 본다.

1장

민족주의의 두 얼굴
민족국가의 발전 담론에 대한 페미니스트 비판

인민과 민족의 관계, 민족과 국가의 관계 등
민족주의가 최종적으로 해결했다고 하는 관계들은
실상 지속적으로 논쟁의 여지가 있는 관계이며,
따라서 전부 협상을 재개할 수 있는 관계이다.
—
파르타 차테르지
『민족과 그 파편들』 *The Nation and Its Fragments*

1. 서론

'발전'[1]은 역사적으로 민족주의적 기획이었다. 18세기 반反식민 민족주의
는 성별화된gendered 권력의 이데올로기였을 뿐만 아니라 저항의 이데올
로기였고, 여기 포함된 '발전' 개념은 과학, 기술, 자본, 시장뿐만 아니라
종교, 문화, 전통에 의해 지속되는 진보와 문명화를 의미했다. 민족국가
와 '그 특유의 의미 세계'의 창출 — 다시 말해 '민족 건설' — 은 이른바
'발전 국가'의 출발점이었다. 이 장에서 나는 민족주의와 민족주의적 투
쟁들이 어떻게 발전 담론과 전략들을 고안해 왔는지 살펴보면서, 탈식민
지적 맥락에서 엘리트들의 발전 의제가 민족주의 이데올로기의 영향 아
래서 고안되었다고 주장할 것이다.[2] 여기에는 탈식민 시대 엘리트들이

---

1 '발전'이라는 용어는 제2차 세계대전 이후에 본격적으로 유행하기 시작했다. 특히 경제적인
면에서 발전은 '근대'와 자주 혼용되었으며, 따라서 산업화와 도시화, 그리고 1970년대에는 대
의 민주주의 정치 체계와 연동되어 사용되곤 했다(Huntington 1968, 2장; Rostow 1979를 보
라). 식민 시기 동안 발전에 핵심적이었던 많은 관념들이 '진보'와의 연관 속에서 제시되었고,
이는 경제적인 동시에 사회문화적 측면에서의 근대성에 대한 이해를 포괄했다.

지닌 젠더, 계급, 종족적 편견들이 반영되었고, 이에 따라 일부 의제들은 우선시되었지만 다른 의제들은 부차적인 것으로 간과되었다. 이데올로기와 종교 및 민족국가의 형상화는 탈식민화된 국가들에서 발전 의제가 자리 잡는 데 핵심적인 역할을 했다.[3] 민족 건설 과정에서, '경제적 인간'은 발전 담론의 중심적인 행위자였으며, 그와 한 쌍을 이루는 '정치적 인간'은 시민이었다. '시민'의 이해관계는 보편주의적 언어로 표상되었으나, 그 보편주의적 언어는 단지 경제 발전의 특정 사안들만을 부각시켰다.[4] 여성들과 '하위 주체' 남성들 — 하층계급이나 카스트에 속한 남성들과 힘이 약한 종족 집단의 남성들 — 은 자신들의 이해관계에 따라 주체적으로 지역적 투쟁들을 계속했음에도 불구하고, 엘리트의 민족주의적

2 자유화나 좀 더 넓게 보자면 세계화라고 느슨하게 개념화된 정책을 장려하는 데 민족주의가 꾸준하게 중요한 역할을 했다는 점은 이 책의 후반부에서 다뤄질 것이다. 사실 Crafts(2000, 51)와 같은 이들은 자유화가 제3세계 국가들의 성장률을 견인하지 못한다면(그리고 그렇지 못할 가능성이 크다면), 세계화에 대항한 민족주의의 역습이 일어날 가능성을 배제할 수 없다고 주장해 온 바 있다.

3 여기서 나는 O'Hanlon and Washbrook(1991)이 인도 문화에 대한 접근 방식들을 연구하면서 제시한 것과 조금 다른 논점을 주장하고자 한다. 그들은 '정치경제적' 접근이 문화를 이해하는 데 중요하다고 주장한다. 하지만 내 생각으로는 [발전에 대한 연구를] 문화적·역사적 영역으로 확장할 경우, 국가 발전에 대한 중요한 동기와 출발점 가운데 일부를 명료히 이해할 수 있기에 발전에 대한 '정치경제적' 접근 방식은 [문화사를 접합함으로써] 혜택을 볼 수 있을 것이다. 이처럼 어느 한쪽에 지나치게 편중되지 않는 이론적 틀은 문화와 발전의 의제들을 좀 더 탈신비화할 수 있을 것이다.

4 예를 들어, 다부르와 이셰이가 『민족주의 리더』(*The Nationalism Reader*)를 1995년에 처음 출간했을 때, 놀랍게도 '민족주의에 대한 동시대의 논쟁'을 다루고 있는 장에서마저 페미니스트의 글이 단 한 편도 실리지 않았다. 여기에는 단 한 명의 여성 논자의 글이 실려 있는데, 그녀는 바로 로자 룩셈부르크였다(Dahbour and Ishay 1995).

계획에 포섭되었다(Guha 1982, 1-7). 민족주의는 여성들이 스스로를 조직할 수 있는 새로운 공간을 제공했다. 여성들은 심지어 특수한 맥락에서는 '시민'이라는 보편적 구성물을 이용하고 지지할 수 있게 되었다. 그러나 동시에 그런 공간은 민족주의에 의해 표현되고, 일정한 방식의 수사와 언어로 미화되었다. 또한 많은 여성들이 민족 엘리트의 일부 구성원으로서 민족주의적 상상imaginings 및 계획을 수립하는 데 참여했고, 그 결과 일부 여성은 민족 건설에 포섭되었지만, 다수의 많은 여성은 그 과정에서 배제되었다(Bereswill and Wagner 1998, 233을 보라). 그러므로 발전 담론의 성별화된 본질을 이해하기 위해서는 탈식민국가 건설 과정과 민족주의 엘리트에 의해 결정된 사회적·경제적 궤도, 그리고 이것들에 대항한 여성운동의 투쟁과 더불어 그 안에 존재하는 공모의 양상까지 고려해야 한다.

젠더와 민족주의

페미니스트 학자들은 민족주의 연구에 중요한 공헌을 해왔다(Jayawardena 1986; Anthias and Yuval Davis 1989; Enloe 1989; Sangari and Vaid 1993; Kandiyoti 1991b; Hall 1992; McClintock 1993). 그들의 주장에 따르면, 여성은 종족 집단 구성원의 생물학적 재생산자로서, 종족적·민족적 집단의 경계를 재생산하는 존재로서, 집단의 이데올로기를 재생산하는 핵심 참여자로서, 그리고 그 문화의 전달자로서 민족주의 담론을 구성하는 데 중심적인 역할을 한다.[5] 여성은 또한 민족주의에서 종족적·민족적 차이의 기표로 서도 중요하다. 이데올로기적 담론들은 보통 종족적·민족주의적 범주들을 구성하고 재생산하며 전달하는 (상징적인) 여성을 부각시킨다. 마지막으로 여성은 주체로서, 다시 말해 민족의 경제적·정치적·군사적 투쟁들의 참여 자로서 지속적으로 중요한 존재가 된다. 여성이 수행하는 이렇게 다양한 역할들은 "민족주의적 페미니스트로서 사는 것이 오늘날 세계에서 가장 어 려운 정치적 과제 가운데 하나임"을 시사한다(Enloe 1989, 46).

이렇게 젠더 관계는 민족주의적 실천들의 뼈대로서 중요한 역할을 하 고, 이데올로기로서 민족주의는 민족적 공간 내에서 젠더 관계를 형성하 는 데 중요한 역할을 한다. 생물학과 문화는 새로운 정치적 공간과 여성 의 세력화에 대한 새로운 담론들을 형성하는 데 핵심적인 요소로 작동한 다. 그렇지만 월비의 지적처럼, 민족주의가 여성의 삶에 미친 경제적 결 과에 대해서는 좀 더 많은 연구가 필요하다. 일례로, 노동 분업은 단순히 "생물학과 문화가 빚어낸 결과"가 아니라 국가 발전의 공적 영역이 가시 화되어 드러난 결과이다(Walby 1997, 182-183). 나는 월비의 주장을 발전 시켜, 민족주의의 성별화된 이데올로기로 인해 여성 노동을 위치짓고 인 정하고 평가하고 보상하는 방식들이 고안되었다고 주장하고자 한다. '(식

---

5 홉스봄은 민족이 이론화된 초기(1830~80)에는 인민이 민족으로 인정받을 수 있는 세 가지 기준이 있었다고 이야기한다. 그 기준은 현재 국가나 멀지 않은 과거와의 역사적 연관성, 기성 문화 엘리트의 존재와 문학작품 및 행정적 토착어, 입증된 정복 능력이다(Hobsbawm 1991, 37[58-59쪽]). 그에 따르면, 이후 민족에 대한 이론에서는 더 이상 정복 능력이 민족성에 대한 확신을 갖기 위해 필수적이라고 보지 않고, 오히려 문화적·역사적 자본이 민족과 국민의 자기 정체성을 형성하려는 열망에 필요한 것이라고 강조한다.

민화된) 여성'은 구원해야 할 희생자로서 그리고 보호하고 소중하게 여겨야 할 가정의 중심으로 형상화되었다. 이는 식민주의의 맥락에서 처음에는 식민 지배자에 의해 그 이후에는 식민화된 엘리트 남성에 의해 형성되었으며, 그들의 남성적인 자부심이나 굴욕감에 기반하고 있었다. 이와 같이 여성은 남성에게 특정 종류의 자기 인식을 형성시킬 수 있는 연결점node을 제공했고, 이런 이유로 공적 공간에서 여성은 특수한 방식으로 가시화되었다. 아래에서 자세히 논의하겠지만, 탈식민화된 민족국가에서 생산된 정책은 이런 복합성들을 부정하고 단지 그 일부만 수용했다.

여성의 노동과 시민권은 바로 이런 혼돈을 나타내는 징표로, 자유주의적인 민족주의 담론에서뿐만 아니라 마르크스주의적인 민족주의 담론에서도 반복해서 나타난다. 인구정책이나 인권, 고용 조건이나 일부일처제 가족 구조의 승인 등 사안을 막론하고, 민족국가는 민족주의 담론과 발전의 담론을 여성의 삶을 제한하는 데 이용했다. 하지만 식민 지배의 역사를 거치면서 전개된 공동체, 문화, 가족과 같은 관념에 대한 투쟁이 여성에게 안겨 준 고통으로 말미암아, 대체로 민족주의 엘리트 남성과 같은 타인들이 만든, 혹은 여성들 자신의 이름을 내걸고 만들어진, 여성을 둘러싸고 있는 경계들에 여성들이 반대하기란 실로 어려운 일이었다. 이런 식으로 발전에서 여성이 차지하는 역할을 민족의 재생산자로서, 혹은 문화적 경계의 징표로서, 또는 경제적 삶의 참여자로서 구조화하는 데 민족주의 담론의 힘이 체계적으로 사용되었다.[6]

----

6 이는 18세기 민족주의의 탄생 이후 민족주의가 국가에서 여성의 역할을 틀 짓는 데 사용된 것

쟁점

민족주의는 발전과 마찬가지로 상당히 이론화되어 있는 개념이다. 페미니스트 연구는 후기구조주의적 방식의 개입을 통해 민족주의 개념에 대한 성별화된 비판을 제공함으로써, 발전학 내에서 작동하는 민족국가의 경제적 의제 설정에 발휘되는 민족주의적 담론의 힘을 검토할 수 있는 새로운 공간을 열었다(Crush 1995; Escobar 1995a; Marchand and Parpart 1995; Sylvester 1999). 페미니스트 연구와 발전학 문헌들을 바탕으로, 나는 발전 의제를 구축하는 데 민족주의 언어가 수행한 역할의 중요성을 조명하고, 거기서 여성을 가족과 사회 내에 특정한 방식으로 위상화하는 것이 핵심적이었다는 점을 밝히고자 한다. 민족주의를 통해 식민 지배 엘리트 남성과 민족주의 엘리트 남성 사이에 발전에 대한 대화가 가능해졌지만, 여성은 대개 이 대화에서 배제되었다. 이는 그 대화 자체가 매우 상이한 권력의 맥락에서 발생했기 때문이다. 그러나 나는 이 대화가 여성에게 배타적일지라도, 여성으로부터 완전히 분리된 것은 아니었다는 점을 강조하고 싶다. 반대로 오히려 그 대화가 혼란스럽고 모순적이었기 때문에, 그 안에서 여성이 활용할 수 있는 논쟁의 공간이 허용되었다. 이런 대화의 편파성과 배제의 관행들은 탈식민국가들에서 전개 중인 발전 서사에서도 다시금 등장했다. 이는 민족주의와 발전이 '민족 건설' 계획에 여성을 동원하는 동시에 배제하는 '야누스의 얼굴을 한'(Nairn 1981) 존재

과 유사하다.

임을 확인시켜 주는 것이다.

이 장에서는 식민 지배 엘리트와 민족주의 엘리트들의 지배적인, 그러나 불안정한 젠더 담론들을 살펴본 후, 여성 활동가들이 민족주의 운동과 민족 건설에 연관된 사업들에 기여한 바와 여성이 민족주의 운동과 민족주의 담론 내부에서 창출할 수 있었던 공간들 및 그들이 민족주의 운동과 민족 건설 담론에 참여하면서 직면했던 딜레마에 대해 탐구하고자 한다. 내가 주장하고 싶은 바는, 상이한 민족주의 운동들과 다양한 정치 체계에 참여해 온 여성들의 궤적이 그 운동들과 체계가 여성에게 제공했던 시민권의 유형들과 공적 영역에서 능동적으로 활동할 수 있는 그들의 역량에 심대한 영향을 미쳤다는 점이다. 여기서 민족주의와 민족, 그리고 민족 발전은 본질적으로 진화하는 것이라는 점을 유념해야 한다. 정치적·경제적 맥락의 특수성은 "민족국가가 노정한 '일련의 재구조화'"(Walby 1997, 190)를 낳았으며, 진화한 사회적 관계는 여성과 남성에게 각기 다른 쟁점을 제기했다.

이런 논의에 입각해서 볼 때 민족주의 투쟁에서 탄생한 민족주의와 민족국가는 여성에게 특별한 난관이 되었다고 결론 내릴 수 있다. 여성은 '민족 건설'의 기획에서 핵심적인 존재였음에도 불구하고, 시민권과 경제 발전의 보편화된 담론을 통해 '비가시화'되었다. 새로운 시민권으로 인해 개인으로서의 여성은 민족의 정치적 공간 내에 그 위치를 인정받았음에도 불구하고, 여성의 역할이 지닌 양가성은 여전히 여성들이 개별화되기 힘든 환경을 조성했다. 즉, '여성'에 대한 공고한 사회적 상징으로 인해 여성의 시민적 권리는 계속해서 위태로운 상태에 놓이게 되었다. 여성에게 민족주의 투쟁의 산물인 민족국가는 여전히 분절화된 문제적 지형으로 남아 있었다. 이런 지형에 기반해 발전은 진보적인 사회와 경제의 수단이자 목표, 그리고 새로운 민족국가의 정당성을 나타내는 상징물로 그려졌다. 이렇게 여성은 민족적 정체성을 구성하는 데 지속적으로 핵심적인 역할을 했음에도, 새로운 발전 담론에서는 주변화되었다는 것이 나의 주장이다.

민족주의 담론은 1940년대부터 1960년대까지의 탈식민화 과정이 진행되는 와중에도 사라지지 않았다. 탈냉전 시기에도 민족주의 담론들은 인종과 종족, 종교, 경제의 기반 위에 민족성을 모색하는 과정에서 복합적이고 동시대적인 형태로 존재한다.[7] 특정한 공동체와 주민, 집단들의 '타자화' 과정들은 동유럽과 일부 아프리카 및 아시아 내의 발전 의제를 형성하는 데 지속적으로 영향을 미치고 있다. 이런 새로운 민족주의의 물결에서 여성은 값비싼 대가를 치러야 했다. 즉, 여성은 강간, 전쟁, 보금자리의 상실homelessness, 불안insecurity 등 반反식민 투쟁 시기 동안 그들이 겪었던 문제들과 매우 유사한 문제들에 봉착했고, 그들의 동의 없이 만들어지는 새로운 민족과 민족 정체성의 상징이 되거나 그에 대한 위협으로 구성되는 문제에 직면하게 되었다.

이 장은 세 부분으로 구성된다. 우선 2절에서는 정치·경제 엘리트들에 의한 '민족의 형상화'로부터 생겨나는 문제들을 살펴보고, 3절은 이런 형상화가 식민주의와 민족주의를 활용하는 데 적용된 방식들을 검토하는

---

7 실제로, 혹자는 지구화 세력들에 직면해서도 여전히 민족국가가 중요하다는 증거로 이렇게 부활하는 민족주의를 내세운다(2000년 10월 9일, 기든스의 워릭 대학 '제3의 길' 강연회 중).

데 주안점을 두며, 마지막 4절에서는 페미니스트와 여성 단체들이 민족주의의 전개 및 그로 인한 결과들과 어떻게 상호 작용했는지를 탐구한다.

2. 민족의 형상화

기억하기와 망각하기

"모든 민족주의는 …… 정치적 권력관계와 폭력의 기술을 재현한다는 점에서 …… 성별화되었고, 만들어진 것이며, 위험하다"(McClintock 1993, 61; Hobsbawm 1991도 참조하라). 이 인용문은 몇 가지 중요한 문제를 제기한다. 민족주의에 대한 광대한 문헌들에서 그 개념이 지닌 성별화된 본질은 인정되지도 분석되지도 않는다. 겔너Ernest Gellner는 "인간men은 같은 민족에서 태어난 존재로서 서로를 인정할 때만 같은 민족에 속한다"라고 말한다(McClintock 1993, 62에서 인용). 그는 남성의 복수형인 '인간'men을 사용해 '남성과 여성'을 표기함으로써, 젠더 분석이 연구하는 (여성과 남성 사이의) 차이를 묵살하고 젠더를 논의할 수 있는 가능성을 제거한다. 성별화된 민족은 민족 건설에서 중요한 역할을 하는데도 불구하고, 여전히 그것은 인정되지 않고 있다. 예를 들어, 인간들이 서로 만나서 그들 모두에게 고향으로 상상될 수 있는 민족을 식별 가능한 지표로 필요로 하는 곳은 바로 공적 공간이다(그러나 여성에게는 이런 공적 공간에 대한 접근권이 자동적으로 주어지지 않으며, 이 사실은 민족주의의 본질 자체에 영향을 미친다). 또한 공적 공간은 그들이 인정할 수 없는 인간이나 혹은 인정할 수 있는 자아에게 위협이 되는 요소를 만나게 되는 장소이기도 하다. 이는 민족의 발명에서 위험이 중요한 모티프가 되기 때문이다 ― 민족을 식별할 수 있는 일체로 자연화함으로써, 이 일체에 대한 위협이 민족 개념 그 자체에 핵심적인 것이 될 수 있다.

이 위협은 민족의 경계를 침범하는 물리적 폭력일 수도 있고, 민족을 지배하는 남성 엘리트가 모두에게 중요한 규범적인 가치라고 간주하는 것에 도전하는 심리적 폭력일 수도 있으며, 민족국가의 제도에 대항하는 사회적·정치적 폭력이 될 수도 있다. 이처럼 민족 앞에 도사리고 있는 위험은 민족을 방어하기 위해 민족 성원men을 하나로 결속시켜 주는 핵심 요인이라 할 수 있다. 위험은 민족 형성의 초기나 동원이 필요하다고 판단될 때 민족의식을 고양시켜 주기 위해 주로 발명되기 때문에, 민족 건설에도 핵심적이다. 정치적 수사는 이런 위험들을 관습, 풍습, 종교에 연결시킬 때 중요한 역할을 하게 된다. 왜냐하면 이런 것들은 분리된 한 민족의 정치적 경계들 내에서만 안전할 수 있기 때문이다. 정치적 수사는 역사적 증거의 힘을 이용할 수 있을 때 가장 효과적이다. 그리스 역사학자인 파파리고풀로스Konstantinos Paparrigopoulos가 말했듯이, "역사는 단지 과학이 아니다. 역사는 현재의 복음서이며 동시에 조국fatherland의 미래이다"(Bens-Amos 1997, 129에서 재인용). 복음서로서 역사는 "공유하고 있는 기억이라는 풍부한 유산에 대한 이야기를 제공할 뿐만 아니라 그것을 정당화한다"(Renan, Bens-Amos 1997, 129에서 재인용). 1885년 인도국민회의Indian National Congress 창립 멤버 가운데 한 명인 바네르지Surendranath Banerjea는 이를 다음과 같이 표현한 바 있다. "우리나라의 역사 연구는 최고의 애국심을 고양시킬 수 있는 가장 강력한 자극제를 제공한다. …… 우리의 과거는 가장 영광스러운 과거였기 때문이다"(Kedouries 1970, 235에서 재인용).

이런 맥락에서 다른 방식으로 쓰인/다른 이들의another/'s 역사는 그 민족의 단결에 위협이 될 수 있다. "망각과 역사적인 오류조차도 민족의 창조에 핵심적이다"(Renan, Bens-Amos 1997, 129에서 재인용). 이렇게 기억과 민족주의는 밀접하게 연관되어 있으며, 역사는 집단적인 기억의 고증과 삭제, 그리고 인지 가능한 공통점을 기억하고 망각하는 데 결정적인 역할을 한다. 민족은 바로 이와 같은 역사의 집필 과정이나 편찬 과정을 통해 발명되고, 동시에 위험에 처하게 된다. 여성이 있어야 할 공간을 결정하기 위한 다양한 남성 엘리트들 사이의 가부장적 타협의 뿌리 또한 (남성이) 공통적으로 수용하는 역사를 창조하기 위한 필요에 있다. 이처럼 정치적 자결권은 자기 정체성을 표명하는 데 관건이 된다. 예컨대 라틴아메리카에서 공화주의는, 민족주의자들의 정치적인 열망에 정통성을 부여하려는 목적으로 과거로부터 발굴된 '인디언'들의 이미지가 지닌 의미들을 둘러싼 투쟁과 함께 성장했다. 그러나 얼(Earle 2001)이 지적하는 것처럼, 1850년에 일단 그 목적이 달성되고 나자, "모든 정치적 분파들은 자신들이야말로 인디언의 계승자라는 점을 내세울 권리가 있다고 싸웠던 짧은 시기를 사실상 삭제해 버렸다. …… '영웅적인 인디언은 …… 문명화를 위한 어떤 역량도 갖추지 못한 야생 동물로 둔갑하고 말았다'." 민족의 기억과 망각이 반복되고, 민족이 처한 위험과 이를 극복하려는 민족주의가 표현되는 가운데, 성별화된 민족주의적 자아는 순수와 진정성의 개념에 속박된 채 남겨진다. 그리고 이는 결정적으로 가정 안의 여성이라는 어슴푸레

한 형체에 엉겨 붙는다. 이와 같이 민족주의는 그것의 심리적·정치적 형성 과정에서 여성에게 의미심장한 문제를 남겨 주었다.

식민주의자, 민족주의자, 페미니스트의 수사법

민족적 여성이 정의되는 과정에는 세 개의 다른 담론이 존재하는데, 첫째는 식민주의, 둘째는 민족주의, 셋째는 페미니즘 또는 여권 운동 담론이다. 많은 측면에서 이 세 가지 담론들이 완전히 구별되지는 않으며, 타자에 대한 지적 앙금과 역사적 지식들이 그런 담론들 위에 덧씌워졌다. 그러나 그 담론들은 권력의 맥락 속에서 형성되고 쇠퇴했는데, 이는 식민주의적 담론이 식민주의에 대한 저항 속에서조차 강력하게 남아 있다는 것을 의미했다. 이는 민족주의적 엘리트들이 그들 자신의 문화적 역사에 대해 자긍심을 갖고 있지 않은데다, [식민주의] 권력과 이데올로기의 지배적 구조 안에서 인정받고 싶은 욕구를 가지고 있었기 때문이었다(Fanon 1990; Said 1978; Nandy 1983). 역사적·정치경제적·국제정치적 맥락은 이런 담론들이 발전하는 데 중요한 역할을 했으며, 이 담론들은 '타자'에 대해 선택적으로 관여해 왔다. 새로운 기준점을 세우고, 이미 존재하거나 새로이 부상하는 정치적 세력들에 도전하고, 미래의 발전상을 만드는 과정을 통해, 민족주의는 탈식민화 시기에 지배적인 담론으로 부상한다.

후그벨트가 지적하듯이, "식민지의 필요성은 …… [모국 내의 고용을 창출하기 위한 무역 증가와 같은] 경제적인 관점에서만 주장되었던 것이 아니라,

실제 그 자체가 중대한 국익이 된다고 자주 설파되었다"(Hoogvelt 1997, 19). 정복을 위한 경주에서 유럽의 식민 권력들 사이의 경쟁은 사실 민족들 간의 경쟁이었다.[8] 이 경주에서 지는 것은 민족의 생존에 대한 위협으로 보였다. 어떤 경우에도 국가의 엄청난 경제적 투자를 정당화하는 데 경제적 이유만으로는 충분치 않은 법이다. 따라서 조지프 체임벌린Joseph Chamberlain 과 세실 로즈Cecil Rhodes 같은 정치가들이 식민지 범위를 전례 없이 확장시키기 위해 제시한 근거는 영국의 민족 보전이 위협받을 수 있다는 것이었다. 그들은 연설과 저술을 통해 "만약 대영제국이 '단지' 영연방United Kingdom으로 줄어들게 된다면 …… 영국의 인구 절반이 굶어 죽을 것이라고 주장했다"(Hoogvelt 1997, 19). 위협과 관련해 식민 담론이 가진 또 다른 측면은 식민지의 야만성에 관한 것이었다. 영국의 사회철학자 벤저민 키드Benjamin Kidd는 18세기의 전환기에 다음과 같이 쓴 바 있다. "인류의 열등한 인종을 먼 거리에서 통치하는 일은 가장 어려운 과제 가운데 하나가 될 것이다. …… 그러나 문명화된 세계가 지구의 천연자원에 대한 경제적 정복을 지속할 수 있다는 희망을 포기하지 않으려면, 이런 어려움은 반드시 직시되고 극복되어야 할 것이다"(Hoogvelt 1997, 20에서 재인용). 즉, 야만적인 민족들에 대한 '원거리 통치라는 과업'은 경제적인 필요성에 비롯된 것이지만, 기독교를 믿는 민족들이 담당해야 할 '문명화 과업'으로 그려졌다. 그것은 식민지 확장에 대한 문화적 수사였던 것이다. 이

---

8 서구 유럽 국가들은 영국의 전체 부보다 많은 자원을 식민지와 반(半)식민국가들에 투자했다 (Cairncross 1975, 3).

처럼 종교와 민족주의 모두 식민국의 경제적 이익을 정당화하는 역할을
했다.

제3세계 민족국가들은 제국주의와 조우하면서 탄생했다. 이 만남은
해당 국가의 문화적·경제적·정치적 자원들을 둘러싼 투쟁을 동반했으
며, 극단적으로 격렬한 싸움으로 번졌다. 민족주의는 새로운 민족들의 산
파였다. 민족주의적 수사법으로는 크게 세 가지를 들 수 있다. 첫 번째 수
사법은 근대성에 대한 제국주의적 언명[9] 및 그에 대한 민족주의적 대응과
관련되어 있다. 이는 정치경제적 결과 — 신생 국가들의 (국제 자본주의 내
에서 혹은 제2차 세계대전 이후 사회주의적 계획경제의 틀 내에서 기능하도록 요구한)
세계경제로의 편입 — 이자 ('전통문화'라는 번데기로부터 빠져나와 근대 세계에
서 존재를 인정받은 신생 국가들의) 근대화의 결과였다. '민족 건설'은 이런 맥
락에서 이해되어야 한다. 즉, 그것은 탈식민화 시기 동안 광범위하게 사
용되었던 의식적인 근대적 정치 용어였다. 민족은 형상화된 만큼 상상되
고, 망각된 만큼 기억되고, 근대적이자 동시에 전통적이었다. 그리고 민
족은 영광스러운, 그러나 소멸된 과거를 재건하고자 하는 전망으로 고취
된 민족주의적 엘리트들의 주도 아래 동원된 '대중'의 노력을 통해 건설되
어야 했다. 이것이 민족주의의 두 번째 수사법이다. 이처럼 민족 건설은
헌법과 법적 질서를 통해 헤게모니적인 문화 담론을 강화하고, 동시에 경

---

9 두베에 따르면, 근대성은 '서유럽과 북아메리카의 도시, 산업, 문자 해독, 참여적 사회들과 역
사적으로 연관되어 있는 공동의 행위 체계'로 이해될 수 있다. 그 체계는 새로운 세계관과 부상
하는 기술주의적 에토스가 내리는 명령어를 지속적으로 받아들이는 사회제도들과 더불어 합
리적이고 과학적인 세계관, 성장, 꾸준히 증가하는 과학과 기술의 응용으로 특징지어진다
(Dube 1988, 17).

제적·군사적 하부 구조를 건설함으로써 흩어진 인구를 독립적인 민족국 가라는 하나의 안정적인 정치적 실체 아래 긴밀하게 결합시키려는 기획 이었다. 이것이 바로 민족주의의 세 번째 수사법이다.

페미니스트 담론은 [보편주의와 특수주의라는] 두 가지 충동 사이에 갇혀 있었으며, 민족주의 운동이 전개되면서 균열은 심화되었다. 페미니스트 담론이 보여 준 한 충동은 보편주의적 충동으로 전 지구적 가부장제를 인 정할 것을 촉구했는데, 이는 마요Catherine Mayo나 래스본Eleanor Rathbone 같은 식민 시대 많은 서구 페미니스트 글에서 확인될 수 있다(Ware 1992; Liddle and Rai 1998을 보라). 다른 한편 페미니스트 담론에는 전통문화 안에서 살 아가는 여성의 삶에 대한 특수주의적이고 내밀한 서사 역시 나타났지만, 이는 '백인 남성의 짐'이었던 '문명화 과업'의 메시지를 강화하려는 제국 주의적 미디어에 의해 자주 포섭되었다. 민족주의 운동 안에 있는 여성 들은 대체로 그들 자신을 그런 '제국적 모성주의' 담론으로부터 분리시켰 다(Liddle and Rai 1993을 보라). 하지만 그들 역시 시민권의 보편주의적 언 어와 그 여성들이 일하고 살았던 특수한 문화와 역사의 경계 사이에 갇 혀 버렸다(Agnihotri and Mazumadar 1995; Geiger 1997).

이와 같이 '역사의 재구성'(Sangari and Vaid 1993)은 세 가지 담론들 각 각의 내부에서 공격과 경쟁을 위한 강력한 수단이었다. 식민주의와 민족 주의 양자에서 정통성에 대한 질문은 문명화와 시민 의식civility에 대한 질 문과 얽혀 있었으며, 이는 다시 젠더와 젠더 관계의 견고한 구성에 의존 했다.

식민주의 이데올로기와 젠더의 구성

식민지 문명을 다양한 형태로 공격한 식민주의는 어떻게 남성과 여성 사이의 관계 자체가 식민지 사회의 퇴화를 드러내는 징후가 되는지 보여주었다. 예를 들어, 아프가니스탄인들이나 시크교도들처럼 아리아 인종에 속하는 식민지 남성은 상투적으로 '호전적'이거나 거칠고 공격적이라고 분류되었다. 하지만 이런 묘사는 "너무나 야만적이고 미개해서 도저히 문명화될 수 없다"고 그려진 아프리카 남성에 대한 묘사와는 매우 달랐다(Hegel, Bayart 1993, 3에서 재인용). 다른 이들, 특히 중국이나 동아시아 남성은 그들의 (작은) 몸집과 우생학적으로 '약한' 체질을 강조함으로써 '여성화'되어 그려졌다(Ling 1997). 식민 본국의 의사들이 수행한 '과학적' 연구들은 식민지 남성에 대한 인종적인 묘사들로 가득 차 있었다(Engels 1989). 모든 부류의 식민지 남성은 여성에게 잔인하며, 따라서 야만적인 존재로 그려졌다. 예를 들어, 『인도의 역사』 *History of India*에서 J. S. 밀J. S. Mill은 다음과 같이 말한다. "여성이 처한 조건은 그 민족을 특징짓는 가장 주목할 만한 환경 가운데 하나이다. 야만적인 사람들 사이에서 여성은 통상 비하되는 반면, 문명화된 사람들 사이에서는 여성이 찬미된다"(Kumar 1989에서 재인용). 나아가 식민지 개척 사업은, 국가권력과 근대적 담론을 정당화하는 힘 모두를 소유한 식민지 외부의 권위를 통해, 식민지 지역사회 남성들로부터 식민지 여성들을 구제하는 것을 포함하고 있었다. 식민주의 담론은 여성과 남성의 관계를 '서양과 동양의 관계를 조절하는 수단'으로 이용했다(Liddle and Rai 1998). 여성은 '문명화된 국민'의 사회적 구성에 핵심적이었으며, 여성을 둘러싸고 그려진 경계들은 시민 의식의 표지가 되었다. 이렇게 식민지 여성은 식민주의를 정당화하는 데 핵심적인 역할을 수행한다.

식민 강대국들은 문명에 대한 관념들을 근대성의 틀과 결합함으로써 합리화했다. 합리적인 남성man의 진취성에 의해 추동되는 자본주의적 발전이 안정적인 궤도에 들어선 유럽에서 계몽주의는 민족주의의 배경을 이루었다. 근대적 사회관계들이 개별화individuation와 같은 자본주의적 규범들과 동시에 사람들의 입에 오르내렸다. 자본주의는 수렵 사회, 유목 사회, 정착된 농경 사회, 노예 봉건 시대로 전개된 인간 활동의 일련의 단계를 거쳐 등장한 것으로서, 진보와 유사한 말이 되었다. 식민화된 나라에 진보의 수단을 전달하는 것은 식민주의의 역사적 과업이었다. 이런 '진보의 공유'는 두 가지 방식으로 이루어졌다. 그 하나는 오리엔탈리스트들이 인도의 식민지 경영에 요구했던 것처럼 고대 문명의 토착적 관습을 인정한 후 새로운 헌법을 만드는 데 그 관습들을 이용하는 방식이었고, 다른 방식은 완전히 새로운 질서를 세우는 것이었다. 바야르가 지적하는 것처럼, "아프리카 사회 역시 의당 역사적인 정치적 실체라는 사실을 인정하기를 주저했던 것과 노예무역 시기부터 식민화 시기까지 서구에 의한 아프리카 사회의 예속 사이에는 어떤 연관성이 존재한다"(Bayart 1993, 2). 일례로, 아메리카에서 식민 이전의 문명은 전혀 인정되지 않았으며, 오로지 식민화 과정을 통해서만 토착 사회의 경제적·사회적 쇄신이 이루어질 수 있다는 점이 강조되었다(Cowen and Shenton 1995, 42-59; Earle 2001). 근대적 경제 관계의 형성은, 그와는 다른 차원인 남성들 사이의 공적 권력관계뿐만 아니라 식민 본국의 남성과 토착 엘리트 남성 사이의 상징적 권력관계에도 심대한 영향을 미쳤다. 지배적인 식민주의 남성 질서는 다양한 방식으로 의욕적인 민족주의 남성 엘리트들에게 굴욕감을 줄 수 있었는데, 식민지 남성과 여성 사이의 사회적 관계를 개조하는 것이 그 가운데 가장 강력한 방식이었다.

식민지 정복의 첫 번째 단계에서는 식민지 남성에게 직접적으로 굴욕감을 심어 주는 일들이 자행되었다. 스톨케는 라틴아메리카 정복과 관련해 다음과 같이 지적한다. "절대 다수의 토착민 여성에게 정복은 물질적·정치적·의례적 특권의 상실과 노동 착취를 뜻했을 뿐만 아니라, 침략군은 물론이고 영혼을 구해 준다며 침대에서 그들을 범한 신부들이 저지른 성적 학대를 의미했다"(Stolcke 1994, 8). 많은 나라와 문화에서 정복자들에게 성적 학대를 당한 여성들의 남성 친척들은 종종 '명예'와 '순결'의 이름으로 그녀들을 거부했다(Rai 1996; Butalia 1998). 식민지 남성의 이런 거부는 그들이 겪어야 했던 수치에 대응하는 하나의 방법이었다.[10] 이렇게 거부당한 여성들은 종종 군인들의 성적 욕구를 해소해 주는 '봉사자'가 됨으로써 그들 자신의 나라를 식민화한 식민 전쟁이 빚어 놓은 정치경제의 일부가 되었다. 생존을 위한 성매매 때문에 그 여성들은 취약하고 잊혀진, 그리고 지속적으로 학대당하는 사회의 회색 영역으로 내쳐졌으며, 이에 대해서는 아무도 책임지지 않았다. 그러나 식민 강대국이 '행정적 합리성'을 갖추었을 때, 1864년 영국 식민 본국에 의한 전염병령Contagious Diseases Acts이 입법화되고 실행되는 과정에서 확인할 수 있는 것처럼, 성매매 여

---

10 이와 달리 스페인령 아메리카와 같은 문화에서는 순결에 관한 강조가 덜 분명하게 나타난다. 실제로, 가톨릭 신부들은 그 문화권에 여성의 성적 순결과 관련된 명예 개념이 결핍되어 있어 빈번히 당혹스러워 했다고 한다.

성은 규제의 대상이자 제한된 착취의 대상이 되었다. 성매매 여성이 반드시 민족주의 엘리트 남성들의 즉각적인 관심 대상이 되지 않았던 것은, 그 여성들이 대개 하층계급이나 신분 출신이었기 때문이라는 점을 지적하는 것이 중요하다.[11] 아마도 그 여성들에 대해 그들이 보인 관심은 민족적 정서의 형성 과정을 나타내는 징표일 수 있을 것이다.

또한 여성과 남성의 관계를 다스리는 관습적인 사회적·법적 관행들이 선별적으로 개조됨으로써 식민지 남성의 사회질서는 굴욕을 겪었다. 이렇게 개조된 젠더 관계는 재산권의 규제나 특정한 형태의 사회적 노동단체의 비합법화와 같은 경제적인 것은 물론 결혼이나 교육과 같은 사회적인 것도 포괄했으며, 식민 본국의 엘리트 남성과 식민지 엘리트 남성 사이의 권력관계를 강조했다. 매클린톡이 주장하는 것처럼, "남성적 민족주의 안에서 여성과 남성 사이의 젠더 차이는 너무나 자주 남성들 간의 민족적 차이와 권력의 한계를 상징적으로 정의하는 구실을 한다"(McClintock 1993, 62). 페미니스트 분석이 주는 통찰력에 도움을 받지는 않았지만, 겔너(Gellner 1997)는 이와 동일한 점을 지적한다. 그는 한 민족 공동체의 남성이 지배적인 민족 공동체의 남성과 소통의 평등을 이루지 못하면서 경험하는 굴욕이 바로 민족주의적 열정을 생성하는 기제가 된다고 주장한다.

그러나 민족주의 운동이 젠더 관계에 대한 식민주의 담론에 언제나 도전한 것은 아니라는 점을 기억해야 한다. 그 가운데 일부는 식민주의

---

11 사실 인도에서 민족주의적 성향을 지닌 국회의원들은 상위 카스트/계급 여성과 그들의 친척 남성들의 감성을 자극하지 않기 위해서 정치적 행진에서 성매매 여성과 '의회에 계신 높으신 여성'을 서로 떼어놓으려고 노력했다(Desai 1989).

담론에 흡수되거나 합리화되어, 젠더 관계에 대한 민족주의적 사고방식의 토대가 되었다(Metcalf 1995, xi; Parpart and Staudt 1990를 보라). 특히 식민 본국에 의해 바뀐 재산과 결혼 관계는 탈식민 민족국가에서도 거의 훼손되지 않았다. 아래에서도 살펴보겠지만, 실제로 인도를 비롯한 많은 나라에서 민족주의적 리더십은 이런 식으로 젠더 관계를 개조하는 과정에 참여했다. 식민 본국의 엘리트와 식민지의 민족주의적 엘리트 양자 모두가 인정하는 근대성의 표식으로 인해 상속에 관한 가부장적 관계가 합리화되고 '미개한' 모계 중심의 결혼 체계는 종식되었다.

식민주의 아래서 근대적인 자본주의적 관계는 재산 관계의 '합리적' 체계화를 요구했다. 식민지 국가들을 세계경제로 편입시키기 위해서는 쉽게 알아볼 수 있는 소유관계가 필요했고, 이 과제는 '소외되고 미개한' 사회적 관계를 해체해야만 달성될 수 있었기 때문이다. 예를 들어, 영국령 인도에서 전통적인 지주이자 징세 관리자인 자민다르zamindar는 1793년 영구정주법Permanent Settlement Act의 제정으로 재산권을 부여받았다.[12] 자민다르가 갖게 된 지위와 책임은 영국적 맥락에서 만들어진 '개량 지주'improving landlord[13] 모델에 그 연원을 두고 있었다. 이를 통해 전통적인 봉건적 나와

---

12 [옮긴이] 전통적으로 벵갈에서는 지주이자 정부의 대리인인 자민다르와 실제 경작자 사이에 토지세가 불문율로 형성되었고, 토지 소유 권한도 경작자, 자민다르, 정부가 공동으로 갖고 있었다. 하지만 이런 제도에서는 토지세를 제대로 징수하기 어렵다고 판단한 동인도 회사는 토지세를 정액제로 고정시키고, 세금 징수를 책임지던 자민다르에게 그들이 징세하는 토지의 소유권을 부여했다. 과거 10년간의 세금을 평균으로 계산해 책정된다고 했던 토지세는 실제로는 평균 세액이 아닌 최고치를 기준으로 책정됐으며, 결국 과도한 세금으로 소작농으로 전락한 농민은 대지주와 대상인들의 고리 대금업에 의존한 채 빈곤한 삶을 영위할 수밖에 없게 되었다.

브_{nawabs}[14]에 의존하고 있었던 자민다르의 지위가 변화했지만, 영국 식민 당국은 오히려 그 법이 '인도의 제도를 복원하는 것'이라고 주장했다. 그러나 자민다르가 토지 개량에 시간과 돈을 투자하는 데 관심이 없고 계속해서 소규모 자작농들과 그들의 세금에만 기대어 사는 새로운 지대 수취 계급이 되자, 영국 당국조차 이내 자신이 제정한 정주법에 환멸을 느끼게 되었다. 그럼에도 불구하고, 식민 정부는 그 법안을 공식적으로 부인하지 않았다. 그 법안이 "[자민다르에게 토지 개량의 책임을 떠넘김으로써] 유럽인과 휘그당이 사회의 올바른 질서를 수립할 책무를 지고 있다는 개념을 은폐해 버렸으며, …… 19세기 대영제국의 통치 아래 있던 인도에서 사회의 올바른 질서를 정의하는 데 핵심적이었던 재산과 '개량'에 대한 관념이 그 법안을 통해 규정되고 있었기" 때문이었다(Metcalf 1995, 21). 그로 인해 발생한 인도 농업의 상업화는 농촌의 사회적 관계들을 극심하게 변형시켰고, 이는 경제 영역에서 여성을 배제하는 결과를 낳았다. 공유지는 몰수되었고, 이로 인해 경제적 생존의 중요한 수단에 대한 여성의 접근은 제한되었다. 영구정주법하에서는 현물 대신 현금으로 세금을 내게

---

13 [옮긴이] 자신의 토지를 개선하는 데 애쓰는 지주를 의미한다. 당시 벵골 지역에는 배수나 관개 시설의 개선, 길과 다리의 건설 등 토지 개량이 필요했는데, 영구정주법은 지대를 고정시킴으로써 벵골 지역 지주들이 토지 개량으로 창출되는 이익에 대한 세금 걱정 없이 토지에 투자할 수 있도록 했다.

14 [옮긴이] 남아시아 번왕국(藩王國)을 다스리던 준자율적인 이슬람 통치자들에게 무굴 제국의 황제가 부여했던 존칭이다. 18세기 무렵 무굴 제국이 약화되면서 사실상의 지방 군주로서 독립적인 지위를 갖게 된 이들은 이 무렵 인도에 진출한 영국을 비롯한 유럽 국가들과 직접적인 교섭을 가졌다.

되었다. 현금 작물의 생산은 농업 생산양식의 변화뿐만 아니라 현금 작물의 생산과 자급용 작물 생산 사이에서 이루어지는 가족 노동 분업의 변화를 수반했다(Sarkar 1983; Desai 1989; Shiva 1989; Mackenzie 1995를 보라). 따라서 여성의 노동은 점차 가족을 위한 음식 마련에 집중되게 되면서 새로운 금융 질서에서 사라져 버렸다. 대신 가족 임금에 대한 남성의 공헌은 더욱 가시화되었다.

인도와 마찬가지로 아프리카에서도 상업 자본의 확장은 여성에게 부정적인 영향을 미쳤다. 특히 토지 보유제와 사용제가 식민주의적으로 제도화됨으로써 여성은 토지에 귀속되었고, 농촌에서 도시로 이주할 수 있는 혜택의 기회에서 제외되었으며, 토지 자원에 대한 통제권도 상실하게 되었다(Chazan 1990, 187). 잠비아에서는 "남성을 농부로, 여성을 아내와 어머니로 취급하는 식민주의적으로 성별화된 고정관념을 이유로 식민지 관리들이 남성 농부들에게만 농업 교육과 신용 대출을 제공하도록 함으로써 이런 젠더 불평등은 더욱 악화되었다"(Munachonga 1990, 130).[15] 게다가 남성 연장자들의 지위는 관습적인 혼인법이 성문화됨으로써 더욱 강화되었고, 그 결과 노동력의 재생산이 여성의 핵심적인 역할로 강조되었으며, 재생산의 자원인 여성에 대한 통제권을 유지할 필요성이 부각되었다(Lovett 1990; Geiger 1997, 25). 또한 농촌에서 도시로의 이주에서 여성

15 그러나 아프리카에서 식민지 국가가 전통적인 사회적 관계에 대항하는 시위를 참여할 수 있는 기회를 여성에게 제공했다는 점도 기억하는 것이 중요하다. 바야르가 말하듯, "'여성'과 '미성년자'가 연장자 법에 수동적으로 복종하지는 않았다. …… 여성은 마술적인 힘을 가진 두려움의 대상이었다." 그러나 "그들의 행동이 '혁명적'이지는 않았는데, 그들은 집단적이었던 만큼이나 개인적이었다"(Bayart 1993, 112-113).

은 거의 전적으로 배제되었다. 가이거는 이런 이주에서 여성의 배제가, 식민 본국이 아프리카 여성의 섹슈얼리티와 재생산력에 대한 통제권을 선점하기 위해서였다고 주장한다. 예를 들어, 탕가니카Tanganyika[16]에서 식민 관료는 "부양자들에 대한 남성의 권리와 필요needs 및 책임"의 관점에서만 "여성의 문제"를 제기했다(Geiger 1997, 23).

근대 자본주의는 자원을 비축하고 좁은 범위의 시장경제를 식민지로 확장하면서, 국가 권한의 확대 또한 필요로 했다. 우선 그것은 자원의 착취를 의미했다. 식민주의가 점차 본궤도에 올라가면서 대지 조성과 벌채, 관개 사업이 광범위하게 진행되었다. 매켄지가 지적하듯이, 유럽인들이 땅을 차지할 수 있도록 토지 양도 정책을 장려하기 위해 택한 정치적 술수는 아프리카 농업을 "뒤처지고" "비효율적"인 것으로 개념화하는 것이었다. 동시에 그런 개념화에는 서구 경험에 기반을 둔 환경적 지식의 특권화가 포함되어 있었다(Mackenzie 1995, 102). 농업에 자본주의적 관계를 도입하는 것은 소유관계를 변화시키고 국가의 개입을 늘임으로써 토지 '개량'에 대한 감각을 향상시켰다. 토지 생산성을 높이려는 국가 개입의 확대는 종종 서구의 과학적 지식에 의거한 '자연 관리'와 같은 자연의 보존과 기반 시설 확충을 병행하는 사업의 형태를 띠었는데, 대체로 이런 대규모 기반 시설 확충 사업은 식민지 남성과 여성의 강제 노동을 통해 진행되고 유지되었다. 이런 노동 착취에 대해 광범위한 저항이 일어났으

---

16 [옮긴이] 1961년 영국으로부터 독립하며 탄생한 신생국으로 1964년에 당시 독립 공화국이었던 잔지바르(Zanzibar) 섬과 합병하며 지금의 탄자니아가 되었다.

며, 이런 저항 또한 성별화된 형태로 나타났다. 인도의 칩코Chipko 운동[17]이나 탕가니카에서 전통적인 마텡고 경작법Matengo pit system[18]의 사용을 둘러싼 재협상 과정에서 볼 수 있는 것처럼, "성별화된 지식의 경계는 …… 권력관계의 변화하는 맥락에 따라 달라졌다"(Mackenzie 1995, 105; Shiva 1989 또한 참고하라).

재산 관계와 토지 관리의 재편은 소작인과 지주 사이의 관계를 바꾸었을 뿐만 아니라 농경 사회 내에서 차지하는 여성의 지위에 변화를 가져왔으며, 이런 새로운 사회적 현실들은 법의 구조에 반영되었다. 예컨대 영국인은 자신들이 펼치는 '법의 통치'가 식민지를 '향상'시키는 데 기여할 것이라는 신념을 절대로 굽히지 않았다. 특히 영국령 식민지 국가들은 법의 성문화를 통해 자본주의적 관계를 신성시하는 자유주의 철학의 공리주의적 원칙과 '전통적이고' 신성화된 교리를 결합시켰고, 이로써

---

17 [옮긴이] 힌두어로 '나무 껴안기'라는 의미를 지닌 칩코 안돌란(Chipco Andolan) 운동의 준말로, 산림 파괴에 맞선 비폭력 저항 투쟁이다. 근대적 칩코 운동은 1973년 5월 우타르 프라데시 주(Uttar Pradesh)의 히말라야 지역에서 시작되었다. 이 지역의 벌목 산업은 영국 식민 통치 시기부터 시작되었는데, 독립 이후 벌목 허가의 남발로 무자비하게 산림이 파괴되면서 자연재해가 빈번했고 마을 주민들의 생존권이 위협받게 되었다. 이런 상황에서 특히 전통적인 성별 분업에 따라 땔감을 구해 와야 하는 여성들의 주도로 칩코 운동이 전개되었다. 1980년대에는 인도 전역으로 확장되었으며 인도의 산림 정책이 주민 친화적으로 변화하는 결과를 낳았다.

18 [옮긴이] 마텡고 경작법은 탄자니아 남쪽에 위치한 마텡고 고원에서 18세기 무렵부터 마텡고 종족에 의해 행해지던 '구덩이 경작 시스템'을 일컫는다. 고원지대의 가파른 경사에 반경 1미터 깊이 30센티미터 정도의 구덩이를 파서 농사를 짓는데, 강력한 성별 분업에 의해 이루어진다. 남자가 나무를 베고 흙을 파놓고 나면, 여자는 씨를 뿌리고 거둬들이는데, 여기서 남성은 한 평당 40시간의 노동을 수행하는 반면, 여성은 125시간을 노동한다고 추정된다. 그러나 1960년대 이후 인구가 급증하고 상당수의 마텡고 인들이 다른 곳으로 이주하면서 이 경작 방식은 쇠퇴했다.

경제적 관계가 급진적으로 변화할 때 발생할 수 있는 혼란은, 전통적인 사회적 위계 구조의 뒷받침을 통해 어느 정도 식별 가능한 사회적 틀 안에서 억제되었다(Liddle and Joshi 1986; Parpart and Staudt 1990a; Mackenzie 1995, 108를 보라).

민족주의적 대응

낸디는 그의 책 『친밀한 적』The Intimate Enemy에서, 그보다 앞선 파농Frantz Fanon과 마찬가지로, 식민주의는 식민지의 정치경제는 물론이고 그 정치 엘리트들이 표현했던 것과 같이 식민지의 문화와 자기 정체성의 구성mappings까지도 포함한다고 주장했다. 그는 다음과 같이 말한 바 있다. "식민주의는, 식민 지배자나 피식민지인 양자 모두 공유하는 사회적 의식의 초기 형태에 연원을 두고 있는, 일종의 심리적 상태이기도 하다. 그것은 일종의 문화적 연속성을 재현하며, 특정한 문화적 의미를 담고 있다"(Nandy 1983, 2). 사르트르(Sartre 1990)가 도발적으로 지적하듯이, 정치적인 측면에서 식민주의는 "토착 엘리트를 만들어 내려는" 식민 지배자들의 시도로 풀이될 수 있다. "식민 지배자들은 유망한 젊은이들을 발탁해 붉게 달궈진 낙철로 그들의 이마에 서구 문화의 낙인을 찍고, 그들의 입에는 끈적끈적한 점액질의 미사여구를 가득 채워 재갈을 물렸다. …… 급기야, 생생하게 꾸며진 거짓말 말고는, 식민 지배자들에게 세뇌된 젊은이들이 그들의 형제들에게 말할 수 있는 것은 아무 것도 남아 있지 않았다"고 사르트르는 신랄하게 쓰고 있다. 하지만 무릇 "모든 모방은 또한 재전유의 과정이자 재창조의 행위이다"(Bayart 1993, 27). 한편으로는 식민지 남성 엘리트들이 식민화 과정과 식민지 운영을 통해 그들의 자기 정체성이 침해받은 경험은 "식민주의가 그 희생자들에게 저지른 궁극적인 폭력을 인정하지 않으려는 …… 내적인 저항감을 낳았다. 요컨대 그런 내적인 저항은 피지배자들이 지배자들과 싸우더라도 지배자들이 만들어 놓은 심리적인 한계 내에서 싸울 것을 지속적으로 조장하는 문화를 창출한다"(Nandy 1983, 3). 이런 한계를 벗어나는 경우 종종 민족주의적 정치과정에서 주변화되어 버리는 처벌을 받게 된다. 다른 한편으로는, 시민 의식의 지배적인 양식이 식민주의적으로 구성되었기 때문에 민족주의 엘리트들과 민족주의 운동은 어려운 문제에 봉착했다. 차테르지는 이런 엘리트의 민족주의를 '조정調停의 기획'이라고 칭한다(Chatterjee 1993a, 72). '조정의 기획'은 아래에서 볼 것처럼 대중적인 것을 전용轉用하는데, 이는 다음의 세 단계를 거친다. 우선 '민족문화의 변치 않는 진리'에 단단히 뿌리박고 있는 순수하고 현명한 '보통 사람'common man을 창조한 후, '전통의 경전화'를 시도하는데 이는 식민 지배로 인해 훼손된 것을 회복시키는 데서 시작해 문화를 법률적으로 고정시킴으로써 완성된다. 그리고 마지막 단계로 "민족주의의 패권적 영역을 구축해 …… 식민화된 중간 계층의 종속을 극복하고자 한다"(Chatterjee 1993a, 72-75).

민족주의와 '사회적 개혁'은 식민지 국가의 엘리트들에게 특히 골치아픈 의제였으며, 따라서 이에 대한 반응은 결코 단일하게 나타나지 않았다(Parpart and Staudt 1990a; Uberoi 1996). 탈식민 발전의 궤도에 나름의 영향력을 행사하고자 했던 이들 엘리트는, 사회적 개혁의 문제를 두고 분열되었다. 그 가운데 한 그룹은 사회적 개혁의 요구를 자신들이 지닌 근대적 신념과 결부시켰다. 곧 그들이 보기에, 한 나라가 독립을 쟁취하고 세계 속에 자신의 위치를 재확보하기 위해서는 '앞을 향해' — 서구 쪽으로 — 내다보아야 하며, 옛 관습은 수정되거나 때로 근대적 민족국가가 제대로 모양새를 갖추기 위해 필요하다면 폐기되어야 할 것이었다. 자유주의적 근대주의자들은 민족주의 운동의 초기 단계에는 마르크스주의자들과 많은 점을 공유했고, 그 공유점으로 인해 많은 식민지 국가들에서 일종의 단선적인 구조주의가 지배적인 관점이 되었다. 이와 같이 상이한 두 관점의 연합은 특히 20세기 초반에 가시화되었는데, 이 시기는 마르크스 이론에 대한 레닌주의적 수정의 결과로 나타난 '민족자결'의 수사법이 민족주의적 투쟁의 정당성을 확보해 주던 시기였다. 홉스봄이 지적하듯, "민족주의는 반反파시스트 투쟁의 시기에 좌파와 강력한 제휴 관계에 있었고, 그 이후 이 관계는 식민지 국가에서 벌어진 반제국주의 투쟁의 경험을 통해 더욱 강화되었다"(Hobsbawm 1991, 148[191쪽]; Bianco 1971; Sarkar 1983 또한 참조하라). 다른 민족주의 그룹은 사회적 개혁을 식민주의 담론의 일부로 받아들였다. 즉, 그들이 보기에 식민주의는 한편으로 낡은 전통을 공격했고, 다른 한편으로 식민지 국가의 인민들이 자국의 사회적·정치적 체계를 그들 마음대로 자유롭게 바꿀 수 없다는 사실을 상기시켜 주었다. 그들이 상정한 의제의 위계질서에서 사회적 관습을 재검토할 필요성보다 독립이 더욱 중요했다. 따라서 사회적 개혁은 식민 지배나 내부 압력의 문제를 공개적으로 드러내는 방식이 아니라, 가정과 민족의 공간 속에서 은밀한 방식으로 착수되어야 했다(Kandiyoti 1991b).

'무례한 문화들'에 관한 식민주의적 공격에 대한 민족주의적 엘리트 남성들의 대응이 단일하지는 않았으나, 그렇다 하더라도 모든 그룹들은 공통적으로 민족이 민족주의를 통해 구체화된다고 여겼다. 민족주의는 민족의 역량 강화는 물론 포섭과 배제에 대한 본질주의적 담론이었다. 민족이 민족의 경계 안에서 그 안전을 확보하기 위해서는 '자아'와 '타자'의 경계가 유지되어야 했고, 그런 경계란 식민지와 식민 본국의 만남에서 핵심을 이루었던 것이기도 했다. 유발-데이비스는 민족주의의 다양한 유형, 곧 문화적·종족적·공민적civic 민족주의를 구분해야 한다고 강조했는데, 이는 "젠더 관계의 다양한 측면이 이런 각각의 유형의 민족주의 사업에서 중요한 역할을 할 뿐만 아니라, 그 각각의 유형에 적합한 이론화에도 결정적이기 때문이다"(Davis 1997, 21). 나는 이런 구분이 민족주의적 엘리트들의 정치적 사업들을 이해하는 데 매우 중요하다는 점에 동의하면서도, 그런 민족주의의 다양한 형태와 상관없이 '타자화' 과정이야말로 민족주의에 핵심적이라는 점을 주장하고자 한다(Giddens 1987, 117[144쪽]). 민족주의적 '자아'를 만들어 내기 위해서는 자기 결정과 평등이라는 보편주의적 언어가 요구되었고, 이를 통해 민족주의적 엘리트는 자유에 대한 권리를 주장할 수 있었다. 이처럼 민족주의가 반反식민주의 엘리트에게 불어넣을 수 있었던 이상은, 지난 과거의 영광과 모멸스러운 현재에 대한 복합적인 인정과 함께 민족의 소생과 자결에 대한 약속에 기반을 두고 있었다(Said 1978).

　이상주의의 언어는 형성 과정에 있는 민족을 묘사하는 데 상당히 자주 사용되었으며, 이런 묘사는 왕왕 고결함과 신성함을 내포한 개념들로 가득 차 있었다. 터키의 민족주의자 고칼프Ziya Gokalp는 다음과 같이 역설한 바 있다. "이런 신성함은, 심지어 그것이 의식에 도달하기 이전에도, 사회

집단의 심리적인 유대감 속에 무의식적인 상태로 존재한다. 그때까지 그
것은 숨겨진 보물로 남아 있을 테지만, …… 고결성의 후광을 온전히 간
직하고 있을 터이다. …… 민족에 대한 이상의 출현은 그것이 잠재의식
에서 의식의 차원으로 부상한 것을 의미한다"(Kedourie 1970, 199에서 재인
용). 고칼프는 과거에 정통성을 부여하는 '숨겨진 보물'에 관해 말하면서
동시에 신성한 모국이라는 이상주의적 전망으로 고취된 민족주의자들의
조직화를 통해 회복의 과정이 가능하다고 확신한다. 민족을 '조국'fatherland
이나 좀 더 일반적으로 '모국'motherland으로 호명하면서 민족을 위해 피 흘
린 이들을 기리는 가운데, 민족은 그 자체로 가족 관계의 상징이 되었다.
고칼프는 이렇게 묻는다. "왜 다른 모든 땅을 제외한, 조국이라고 불리는
곳만이 신성하겠는가?" 민족을 가족처럼 여김으로써, 가정은 민족주의 담
론에 결정적 요소가 된다. 그러나 가정이라는 단일 관념을 지지하는 사람
들로 이루어진 공동체란 상상된 것에 불과하다. 파파넥이 지적했듯이, "이
상적인 사회를 이루기 위해서는 여성다움womanhood에 대한 특정한 관념들
이 필수적으로 동반된다. 이런 이상들은 여성의 개인적 행동, 의상, 성생
활, 동반자의 선택, 재생산 등에 적용된다. …… 특히 사회가 급속하게 변
화하는 시기에 여성은 '전통의 전달자'이자 '가족의 중심'이 된다"(Papanek
1994, 46-47). 그러나 이런 위기의 시기에는 또한 "여성의 행동거지와 외모
가 남성보다 느리게 변하거나 전혀 변하지 않은 것처럼 보여야 하며,
…… 여성은 그 집단 전체의 목표 지향에 걸맞은, 집합적 정체성을 규정
하는 규범들에 순응하도록 요구받는다"(47). 이런 맥락에서 사회의 이상
은 여성의 적절한 행동 방식에 대한 개념과 결부된다. 그리고 사회질서의
복구는 갈등을 초래하거나 갈등으로부터 발생한 구조적 문제들을 해결하

기보다는 여성을 엄격하게 통제하는 과정이 된다.

리들과 조시(Liddle and Joshi 1986)가 인도 사례에서 밝혔듯이, 이상적 가정과 가정 안에 이상적인 여성에 대한 개념은 상위 카스트나 계급이 지닌 가족 공간 및 가족 관계에 대한 관념과 매우 부합하는 것이었다. 상층계급을 지탱했던 사회적 상호작용 체계는 사회적 관계에 대한 '민족적' 이해理解를 기반으로 만들어졌는데, 이는 지배적인 민족주의적 엘리트들이 그 체계를 식민주의적으로 수용하고 활용함으로써 이루어졌다. 그리하여 제한적이고 경쟁적인 사회적 관계들의 영역에 속했던 것들이 나중에는 법률과 헌법 체계를 통해 규범으로 변모되었다. 모가담은, 앤더슨의 논의와 유사하게, 민족주의를 단순히 이데올로기가 아니라 친족 관계나 종교와 흡사한 것으로 간주하게 되었을 때, 이런 변화가 가능하게 되었다고 주장한다(Moghadam 1994a, 4). 앤더슨에 따르면, 민족주의는 개인의 죽음을 민족의 연속으로 전화시키는 죽음의 세속적 변형을 가능하게 했다. 그런 연속성은 계몽주의의 합리적 추동력 이전에 오로지 종교적인 담론을 통해서만 표현되었던 것이다(Anderson 1991, 10-11[30-32쪽]). 민족의 연속성을 위해서는 민족 인구 자체의 재생산뿐만 아니라 민족의 미래세대들, 민족적·문화적 가치, 그리고 안정적인 사회적 형태의 재생산 역시 요구되었다. 이에 따라 가족은 민족의 이런 새로운 세속적 표현에 결정적인 위상을 차지하게 되었고, 민족에 대한 관념은 가족으로 상징화되어 나타났다.

이렇게 상상된 가정/민족은 안전, 친밀함, 전통과 같은 많은 것들을 상징했다. 그것은 엘리트 남성의 영역으로 남아 있는 공간이자, 공적 생활을 너무나 무자비하게 구축했던 식민 지배자의 손길이 거의 닿지 않은 공간이었다. 사실 식민지 국가는 반反식민주의적 저항이 수그러들기를 바라는 의도에서 가부장이 가정 내에서 갖는 자율성을 용인했다. 차녹Martin Chanock이 로디지아Rhodesia/잠비아Zambia 북부와 니아살랜드Nyasaland/말라위Malawi 사례를 분석하면서 주장한 바와 같이, 연장자 남성은 작위적으로 고안된 '관습법'을 통해 여성에 대한 통제권을 다시금 확보하고자 자발적으로 식민 지배자들과 연합했다(Parpart and Staudt 1990b, 7; Mackenzie 1995). 영국의 인도 식민 통치에 대한 가장 격렬한 반대 가운데 일부는, 식민지 국가가 결혼 승낙 연령과 사티sati[19]에 대한 입법을 통해 인도의 지배적인 가족 관계를 개조하려 했을 때, 발 강가다르 틸라크Bal Gangādhar Tilak 같은 민족주의자들의 주도 아래 발생한 것이었다. 그와 반대로, 근대적인 민족주의자들은 식민지 국가의 이런 개입을 지지했는데, 인도의 전통적인 가족 관계가 현재 인도 사회가 보여 주고 있는 퇴보의 원인이 되며 따라서 세속적인 민족주의 혁명을 통해 소생되어야 할 필요성을 보여 준다는 이유에서였다(Sarkar 1983; Uberoi 1996). 이처럼 가정 내의 관계는 민족주의 담론에서 매우 중요한 부분을 차지한다. 가정/민족이야말로 진정한 공간이지만, 그 공간은 위협받고 있었다. 그 위협은 식민지 국가, 즉 외부에서 가해진 것일 뿐만 아니라, 변화를 반대하기에 미래를 위태롭게 하는 전통주의자들이나, 공간의 개조를 주장하지만 그 결과로 진정한 문

---

19 [옮긴이] 인도의 몇몇 지역에서 남편의 장례식에 부인을 같이 순장하던 풍습을 지칭한다. 수티(suttee)라고도 하는데, 남편 시바가 자신의 아버지에게 모욕을 당하자 이를 참지 못하고 분신했다는 여신의 이름으로부터 유래한다. 최근에 사티는 '정절을 지키는 여성'으로 해석되기도 한다. 영국 통치 시기인 1829년에 금지되었다.

화가 오염되는 것에는 그다지 개의치 않는 근대주의자들, 즉 내부로부터 가해지는 것이기도 했다. 이에 더해 이런 문화의 진정성은 가정/민족 안에서 여성의 몸에 단단히 밀착되었다(Mani 1993; Kandiyoti 1991b).

가정 안의 여성에 대한 묘사는 매우 특별하다. 예컨대 "오직 우리 민족의 여성만이 아름답다. 다른 남성/민족/국가의 여성은 …… '우리 가정/민족의 여성만큼 아름답지' 않다"(Pettman 1996, 51). 민족의 정체성은 경계, 순수, 순결에 대한 개념과 분리될 수 없으며, 가정/민족의 경계 안에서 여성의 역할이 위태로워지게 되면 그런 민족 정체성도 위협 받았다. 여성은 미래 세대를 창조하고, 그녀 자신이 본보기가 되어 사회적으로 올바른 처신을 함으로써 그리고 그녀의 자녀들을 종교적·문화적으로 교육함으로써 문화적 전통의 연속성을 보증했다. 이처럼 여성은 변화의 시기에도 변치 않는 안정적인 존재로 간주되었다. 엘리트 남성들은 여성의 외관이 변해야 할 필요가 있다고 주장했지만, 그에 반해 여성의 내적인 본질에 대해서는 모든 민족주의 분파들이 순결하고 변치 않는 것이라 여겼으며, 이는 그들이 민족에 대해 가지고 있던 관념과 같은 것이었다. 여성상을 상상하는 이런 이중성으로 인해, 여성은 근대성 담론에 포섭되었지만, 동시에 가정의 경계 안에서는 예전과 다름없는 상태로 남게 되었다. 민족주의적 야누스는 '여성 문제'를 이런 식으로 해결했다. 정체성/문화와 근대성 사이의 긴장은 과학/기술적인 것과 문화/전통 사이의 고전적인 구분을 형성하고 승인함으로써 해소되었다. 예를 들어, 18세기 중국의 근대화론자들은 체용體用[사물의 본체와 그 작용, 또는 원리와 그 응용] — 생각하는 것과 행동하는 것, 철학적인 것과 기계적인 것 — 을 구별함으로써 이런 긴장을 조성했다(Grieder 1981).[20] 한편 아프리카의 맥락에서 세네갈의 대통령이자 시인인 레오폴 세다르 상고르는 다음과 같이 썼다. "우리 아프리카 흑인들이 지닌 합리성은 전통적으로 변증법적이어서, 이미 동일률이나 모순율 및 '배중률'排中律의 원리를 넘어서고 있다. 그러므로 마르크스주의의 편협한 결정론이나 추상적 관념에 빠져 길을 잃지 않도록 …… 주의하도록 하자"(Senghors 1995, 269). 경제적 영역에서는 서구의 과학이 필요했던 반면, 전통적인 민족의 가치들은 새로운 민족의 안정성에 매우 중요한 진정한 '자아'를 유지하는 데 핵심적이었다. 이런 설명에 의하면, 새로운 민족의 소생을 위해서는 서구 과학의 활용도 필요했지만, 역사에 의해 확인되고 스스로를 민족주의자라고 칭하는 이들 모두가 공통적으로 인정할 수 있는 '전통적인' 규범과 가치의 보존 또한 요구되었다. 주디스 스테이시(Stacey 1983)는 중국 공산주의 운동을 비판하면서, 중국의 공산주의는 [과학·기술적인 것과 문화·전통 사이의] 이런 구분에 의거해 공산당 엘리트와 농민 계급이 '여성 문제'를 가지고 타협할 수 있었다고 역설한 바 있다. 그런 타협의 결과, 공산주의자들은 농민 계급의 지지를 얻으며 민족 건설 사업을 추진해 나갈 수 있었고, 가부장적인 사회관계들은 공산주의 체제에서 재구성된 공간에서도 안정적으로 남아있게 되었다. 이런 식으로 근대적 담론은 민족주의 운동 내부에서 끊임없이 분열되었다.

인쇄 자본주의가 확산되고 지방어로 쓰인 신문이 성장해 그 결과로 엘

---

20 인도에서는 '안과 밖'을 의미하는 '가르(ghare)와 바르(baare)'라는 문화적 표현이 동일한 목적을 수행했다(Chatterjee 1993b).

리트들이 본래 사용하던 행정 언어가 퇴조하게 되면서, 더 많은 식민지 사람들은 새로운 민족의 특질과 그 민족 범주 내에서 일어나는 젠더 관계의 변화에 대한 논쟁들을 좀 더 쉽게 접할 수 있게 되었다(Hobsbawm 1991, 141; Anderson 1991, 44[73-74쪽]). 지방어 신문들은 식민지 영토 전반에 민족주의적 메시지를 전파했으며, "의사소통과 교류의 통일된 공간을 창조했다"(Anderson 1991, 44[73쪽]). 이런 의사소통에서 중요하게 통용되는 내용 가운데 하나는 여성에 대한 서술이었다. 여성은 근대적인 여성이거나 전통적인 여성, 가정에 충실한 여성이거나 민족주의 투쟁에 참여하는 여성, 진정한 가치의 담지자로서의 여성이거나 전통적으로 물려받은 것이든 외국에서 수입된 것이든 자신들을 둘러싼 경계와 스스로의 위상에 도전하는 여성으로 구분되어 묘사되었다. 이렇듯 민족주의적 투쟁을 다루는 지방어 신문들은 여성의 몸을 둘러싼 의미들에 대한 투쟁으로 가득 차 있었다. 하지만 지방어 신문은 또한 여성 스스로의 목소리를 처음으로 전달했고, 여성의 사회적 지위에 대한 식민주의적 묘사와 민족주의적·가부장적 묘사 모두에 대해 반기를 들었던 최초의 페미니스트적 표현 수단이기도 했다(Talwar 1993; Geiger 1997). 민족 공동체 및 그 공동체 내에서 여성이 차지하는 위상을 바라보는 민족주의적 엘리트들의 관점에 대항한 이런 페미니스트의 도전이 지닌 유의미성은 나라마다 크게 차이가 났다. 그러나 민족주의 담론 내에서 남성들이 제기한 의제들에 견주어 볼 때, 페미니스트의 목소리는 그 어디에서도 평등하게 취급되지 못했다고 말하는 게 타당할 것이다. 민족주의 엘리트만큼이나 페미니스트도 '여성'을 인지 가능하고 안정적인 실체로 확립할 필요가 있었다는 점이 그 한 이유라 할 수 있다. 이 단계에서 다양성의 인정은 페미니스트 도전 과제의 일부가 되지 않았다. 그들의 투쟁은 이미 구축되어 있는 여성상과 여성이 점유한 공간에 집중되었다. 내부의 공간에 대한 투쟁은 상당 부분 그 공간에 핵심적인 여성상과 더불어 사회적 관계들의 윤곽을 공격하는 투쟁이었다. 그렇지만 여성의 목소리는 인쇄 자본주의를 통해서야 전달될 수 있었고, 많은 경우 그들의 목소리는 민족주의적 대의에 헌신하도록 동원되었다. 하지만 이런 동원은, 그 전제가 무엇이든, 여성이 그들 자신의 명확한 이해관계를 최초로 요구할 수 있었던 기초가 되었다.

민족주의적 운동 내에서 여성의 위치와 역할이 지닌 의미를 둘러싸고 벌어진 투쟁들은, 민족주의적 엘리트들이 제안했던 탈식민주의적 발전의 대안적 전망을 이해하는 데 중요하다. 또한 이런 논쟁들은 이들 민족주의 엘리트가 그때까지 식민 강대국들이 독점하고 있던 근대성이라는 강력한 수사를 받아들이고 있었다는 것을 의미한다. 이런 근대성의 수용과 새로운 민족을 향한 대안적인 근대적 전망의 수립은 또한 민족주의적 엘리트들이 새로운 정통성을 건설하는 근간이 되었다. 민족주의 엘리트들이 처음에는 식민 본국의 중앙에 주권을 자신들에게 돌려줄 것을 요구하고, 다음에는 자국 인민들의 신뢰를 얻으며, 발전 과정에서 정치적 엘리트가 지닌 중요성을 인정받고자 노력하는 모든 과정은, 근대성의 규범을 받아들임으로써 이루어졌다.[21] 이 문제는 다음 장에서 다시 살펴보겠다.

---

21 한 예로 케냐의 경우에는 모든 아프리카는 단일한 전통문화, 즉 "공동체주의(communalism)의 전통"을 갖고 있다는 전제 위에서 민족주의와 아프리카 사회주의 사이의 연대가 성립되었다. "그들의 주장에 따르면, 공통의 식민 경험으로 인해 아프리카의 공동체주의는 억압되었고, 아프리카의 자원은 비(非)아프리카인의 이득을 위해 착취되었다. 탈식민주의적인 경제성장 또는 진보를 달성하기 위해서는, 자원의 합리적 계획이 필요할 것이었다"(Cowen and Shenton

20세기에 대부분의 나라에서 자유주의적 민족주의 부르주아 엘리트들이 민족주의 투쟁에서 지배적인 위치를 점하게 되었다.[22] 그 결과, 새로운 민족국가에서 '여성의 위치'는 그 엘리트들의 상상에 의해 좌우되었다. 자야와르데나가 말하듯, 그런 상상에 의거해서, "소작농 여성은 …… 프롤레타리아화되었고, 부르주아 여성은 당시 부상하는 부르주아 이데올로기에 순응해 새로운 사회적 역할들을 받아들이도록 훈육 받았다"(Jayawardena 1986, 9). 여성의 평등을 법률적으로 확립하고, 명백하게 차별적인 관행을 폐기하며, 투표할 권리와 교육받을 권리를 비롯해 대개의 경우 여성에게도 해당되는 재산권을 쟁취하고, 여성에 대한 폭력을 금지하는 법을 제정하는 등 탈식민 시기에 제기된 헌정적인 개혁 과제들은 대개 정치적인 문제로 남았다.[23] 아래의 사례가 보여 주듯이, 민족주의적인 정치적 담론을 통해서 그리고 이후 탈식민 시기 헌법과 법률의 기제를 통해서 정상화되었던 새로운 사회적 관계들의 안정성은, 계급과 젠더의 문제로 인해 교란되었다.

인도가 독립을 쟁취하기 몇 해 전인 1938년, 인도국민회의는 국가기획위원회National Planning Committee를 설립했다. 이 위원회는 네루를 의장으로

1995, 316). 이처럼 국가 엘리트들의 역할은 아프리카 사회주의의 기획에서 계속해서 핵심적인 위상을 차지하고 있었다.

22 마르크스주의를 따르는 체제 분석은 이하 본문의 내용을 참고하라. 탈식민화된 라틴아메리카의 정치적 상황은 또 달랐다.

23 대항 엘리트 대부분이 마르크스주의를 받아들였던 중국과 같은 국가에서는 계급 정치가 여성의 경제적 권리를 포괄했다. 하지만 정치적 의제는 위에서 개괄한 나라들과 유사했다(Evans 1997).

해 새로운 인도의 발전상을 세우고자 했다. 국가기획위원회에 설립된 9개의 하부 위원회 가운데 하나는 '경제 계획에서 여성의 역할'에 대한 것이었다(Chaudhuri 1996, 211). 그 하부 위원회는 여성의 평등한 기회와 권리, 그리고 경제적 생산의 영역에 여성이 접근할 수 있는 기회 — 이는 여성의 불평등한 지위를 해소할 수 있는 핵심적인 방안으로 간주되었다 — 와 같은 의제들을 중점적으로 다루었다(213). 개인으로서의 여성이 그 위원회의 중심 주제가 되었던 반면, '사회적인 것'은 대개 여성 개개인이 '쓸모 있는 시민'으로서 새로운 민족의 삶에 참여하는 것을 가로막는, 관습이라는 형태의 장애물로 표상되었다(219). 위원회 내에서 오갔던 논쟁들은 공히, 민족이야말로 인도 여성을 해방시킬 수 있는 유일한 사회적 단위이며, 또한 인도 여성의 해방은 근대화된 인도 민족이 세계 질서 내에서 제 역할을 하는 데 중요하다고 주장했다(223). 그러나 위원회의 논의 과정에서는 처음부터 긴장감이 팽배했다. 다음과 같은 언급에서 볼 수 있듯이, 위원회는 한편으로 관습으로서의 '사회적인 것'은 문제시하면서도, 다른 한편으로 풍습과 '전통'의 유지를 중시했다. "우리는 어떤 식으로든 전통이 폄하되는 것을 바라지 않는다. 과거 우리의 전통은 여성 개개인의 행복과 발전에 기여했으며, 인도의 여성다움이 지닌 자존감과 미를 격상시키고 인도 민족의 정신적 특성을 보존하는 수단이 되어 왔다"(WRPE 1947, 32-33, 강조는 원문; Rai 1998b). 이 문서에는 인도 여성의 여성다움과 인도 민족의 정신적 민족성을 통합하려는 시도가 나타나고 있는데, 이는 인도를 근대화하고자 하는 엘리트들이 착수했던 기획이 지닌 문제적인 성격을 드러낸다. 나는 다른 글에서 다음과 같이 주장한 바 있다. "이렇게 만들어진 통합을 고수하고자 여성의 몸에 대한 사회적·역사적인 지도가 계속해서 다시 그려졌다. 하지만 근대화 과정에서 발생하는 긴장과 고유한 문화에 대한 긍정을 조화시키려는 시도는 불가능한 기획이었다"(Rai 1999, 243).[24] 이처럼 민족주의는, "그 위험의 수위와 성공의 정도는 다양하더라도, 이견을 가진 주변적 목소리들을 전유할 수 있는 역량"을 지니고 있다(Chatterjee 1993a, 156). 그런 까닭으로 1950년에 제정된 인도 헌법을 통해 형식적인 시민권이 여성에게 주어진 후, 이 위원회의 보고서는 거의 언급되지 않은 것이다.

발전으로서의 민족주의

성공적인 탈식민 민족주의 엘리트들은 자신들이 자국의 소생 과정에 참여하고 있다고 여겼으며, 그 과정은 식민 통치자들로부터 독립을 쟁취하고 '진보적이고, 근대적이며, 산업화된' 국가를 전망함으로써 이루어질 것이라 생각했다. 사실 민족주의적 수사는 국가, 계획, 통제, 합리성의 역할을 계속해서 강조했다(Nyerere 1973; Nehru 1990를 보라).[25] 이런 면모는

---

24 알제리의 문화와 헌법을 두고 벌어진 유사한 논쟁에 대한 분석으로는 Bouatta and Cherifati-Merabtine(1994)을 보라. 여기에서 논의의 쟁점은 이슬람 여성의 재산과 시민권이었는데, 결국 1984년 가족법의 제정으로 알제리 민족해방전선(Front de Libération Nationale, FLN)과 이슬람 성직자 사이의 타협이 이루어졌다. 이와 관련해 Mehdid(1996)도 참고하라.
25 네루는 『인도의 발견』(The Discovery of India)에서 다음과 같이 쓰고 있다.

자유주의국가는 물론 사회주의나 마르크스주의 국가에서도 여실히 드러났다(Mao 1965). 그리고 이와 같은 근대성의 비전은 탈식민국가들이 젠더 관계를 구조화할 때 직접적인 결과를 야기했다. 예를 들어, 산업화를 강조할 때, 그 초점은 남성의 고용에 맞추어져 있었고, 농업의 상업화와 기계화를 도입한다는 것은 농촌 사회에서 여성의 일이 주변화됨을 의미했다. 또한 전력 생산을 위해서 강에 댐 — 네루는 이를 '근대 인도의 사원'이라고 불렀다 — 을 건설하는 '자연 길들이기'는, 특히 여성들이 겪는 삶의 고난이 가중되는 주민들의 강제 이주를 의미했다. "비료는 농업의 소출을 늘일 것인데, [이는] 결국 사회주의를 의미한다"(Nyerere 1973, 46)는 식의 언급에서 보듯이, '근대화'와 특정 정치 체계의 동일시는 때로 조야하고 노골적으로 이루어졌다. 그리고 이런 식의 동일시로 인해 여성이 스스로 주변화된 상황에 맞설 수 있는 공간은 더욱 좁아졌다. 사실 헹의 지적대로 중국에서는 "'근대적인 것'과 '서구적인 것'을 같은 것으로 보았으며, 이는 …… 근대적이고/이거나 외래적인 것이라는, 즉 서구에서 유래되었거나 영향을 받았다는 민족주의적 비난이 어떤 사회운동에 퍼부어졌을 때, 그것이 그 운동의 정당성을 박탈하기에 충분했음을 의미했다"(Heng 1997, 32). 마르크스주의적 민족주의 국가를 제외한 모든 국가에

인도가 결여하고 있는 바로 그것을 근대 서구는 지나치게 많이 갖고 있다. 서구는 역동적인 외관을 지녔다. 서구는, 궁극적인 원리나 변치 않는 보편성 따위는 신경 쓰지 않고, 변화하는 세계에 몰입했다. …… 서구는 역동적이었기 때문에, 진보적이며 생동감으로 가득 차 있었다. 그러나 그 생동감은 열병과도 같은 것으로 그 온도는 갈수록 높아졌다. …… 근대 서구는 배워야 할 점을 많이 갖고 있을 뿐만 아니라 시대정신을 대표하고 있기 때문에, 중국과 마찬가지로 인도는 서구로부터 배워야 한다(Nehru 1990, 384-385[374쪽]).

서 사유재산은 원래 존재했던 것인 양 당연하게 여겨졌다. 그러나 그 사회에서 일반적으로 용인되는 '문화적' 체제는 여성의 재산 상속을 거의 인정하지 않았으며, 나아가 '전통적인' 혹은 수정된 식민주의적 법질서는 이런 현상에 힘입어 지탱되었다.[26]

지금까지 제기된 논점을 요약하면 다음과 같다. 식민지 엘리트 남성들은 민족을 반反식민주의적 투쟁의 시각으로 보기 시작했다. 그 투쟁을 통해서 식민지 인민과 엘리트는 민족주의를 경험했다. 민족주의적 엘리트들은 민족의 자유와 함께 식민지 인민에게 민족의 이미지를 전파할 수 있었다(Anderson 1991). 그들은 자신들의 규범과 통치의 규칙을 표명할 가능성을 실현할 수 있었는데, 이를 통해 완전히 이해되지도 않았고 증오의 대상이기도 했던 식민지 국가의 규칙을 따름으로써 창피를 당하는 곤경을 피할 수도 있었다(Gellner 1983). 민족에 대한 이 모든 이미지들은 그 근저에서부터 성별화된 것이었지만, 이런 점은 거의 인정되지 않았다. 여성의 이해관계가 민족주의적으로 구성된 이해관계와 다르다는 점은 전혀 인정되지 않았다. 오히려 그것은 본질적으로 분열을 초래하는 것으로 여겨졌다. 정치적인 의제의 위계에서 민족주의는 최고의 자리를 확보했지만, '여성'은 민족주의적 의식의 주변부에서 희미한 존재로 계속 남아 있었다. 여성은 민족주의의 대의에 헌신하도록 동원되었지만 민족의 또 다른 이름인 가정 내에 갇혔던 것이다. 민족주의자들은 독립을 쟁

---

26 원칙적으로 이슬람 사회는 여성에게 아버지의 재산을 상속받을 권리를 부여하지만, 실제로 이 권리는 남성 상속자의 편의에 따라 왕왕 무시된다(Ali 2000).

취함으로써 이제는 복원된 옛 것을 주춧돌 삼아 독립적인 정체성과 새로운 가정/민족이 창조될 것이라는 메시지를 전했다. 새로운 민족의 경계 안에서 남성과 여성은 모두 새로운 보편적 시민권과 더불어 새로운 경제로 상징화된 공민적 민족주의로 나아가고자 했다.

3. 민족주의 운동과 여성의 '자기 결정권'

자야와르데나는 민족주의 투쟁과 페미니스트 투쟁의 연결이 갖는 중요성을 설득력 있게 보여 준 바 있다. 그녀는 "여성은 페미니스트 해방운동에 참여하면서 동시에 민족 해방과 사회적 변화를 위한 투쟁에 관여"했다는 점에서 양자의 연관성을 강조한다(Jayawardena 1986, 23). 또한 그녀는 제3세계 페미니즘의 기원을 여성의 민족주의 투쟁 참여에서 찾는다. 즉, 그녀의 주장에 따르면, 반식민 투쟁은 경제적·정치적 도전을 촉발시켰고, 이로 인해 여성은 민족주의적 의제에 따라 구성되었고 또 민족주의적 의제에 자신의 요구를 담으려 했다. 제3세계에서 자본주의가 발전하면서 여성은 노동시장으로 진출하게 되었으며, 농업의 구조 조정은 촌락공동체와 지역 경제 내에서 여성이 차지하는 지위를 근본적으로 바꾸어 놓았다. 또한 식민 통치하에서 일어난 행정적 변화는 새로운 정치적 안정성을 만들어 냈고, 특히 도시로의 이동과 이주가 증가하면서, 여성이 지역적 정체성을 따라야 하는지 아니면 민족적 정체성을 따라야 하는

지의 문제가 대두되었다. 지방어 신문들은 정보를 유통시키고 불만을 표출하는 수단이자 여성에게 대안적인 비전을 제시하는 수단이 되었다. 식민주의가 제기한 도전들에 대한 민족주의적 대응은 여성의 사회적 지위에 대한 논쟁을 촉발시켰고, 또한 여성이 점유하고 활용할 수 있는 새로운 공간을 열었다. 그러나 민족주의는 민족주의적 여성에게 심각한 도전이기도 했다.

민족주의가 여성의 의식에 제기한 가장 큰 도전은 단결의 문제였다. 제국주의에 대항한 싸움은 규율과 희생을 요구했던 것이다. 자유주의적이든 마르크스주의적이든 민족주의 운동은 특수한 집단을 대변한 것이 아니라 범민족적 이익을 주창했다. '특수 이익'은 민족적 의제들을 하나로 모으는 것을 방해하고 혼란스럽게 만드는 위협으로 간주되었다. 헬리-루카스는 다음과 같이 언급한 바 있다. "해방운동이 수반하는 진정한 해악은 바로 이것이다. 사람들은 너무도 힘이 강력한 파괴적인 적에 대항하기 위해 모인 터라, 그와 동시에 여성을 조직화하려는 실천적인 행동을 취할 여력이 없다. 하지만 그보다 더 나쁜 것은, 해방운동이 여성을 위한 실천을 반혁명적이고 반민족주의적인 것으로 여기게 해 그 실천의 의지마저 없애 버린다는 점이다"(Helie-Lucas 1991, 58).[27] 둘째, 단결은 민족주의적

---

27 중국에서 마오쩌둥은 『모순론』(*On Contradictions*, 1965)에서 공산당에 충성을 바쳐야 한다는 논의를 체계적으로 전개했다. 그가 강조한 바에 따르면, 공산당 지도부의 역할은 각각의 맥락, 시기, 위기 속에서 주요 모순을 확인하고 그것을 해결하기 위해 당의 지휘 아래 모든 자원을 바치는 것이었다. 다른 모든 모순들은 부차적(!)이었으며, 주요 모순에 종속되었다. 따라서 공산당이 확인한 모순의 위계를 흩어 놓으려는 어떤 시도도 받아들일 수 없는 분파적인 것으로 간주되었다.

저항에 동참한 모든 분파들이 함께해야 한다는 것을 의미했다. 여기서 희생의 요소가 가장 중요한 것으로 부각되었다. 예컨대 단결을 도모하기 위해 특수한 집단의 특정 권리가 양보된다면, 그것은 편의주의적인 것이 아니라 전략적인 협상의 결과라고 치부되었다. 정치적 단결을 위해 쉽게 눈에 띄는 사회적 관계들을 이용해야 한다고 할 때, 가정 내의 여성이라는 형상보다 더 좋은 게 있을까? 이런 단결과 희생의 문제 때문에 여성 단체들은 심각한 난관에 봉착했다. 한편으로 대부분의 여성 단체들이 민족주의적 투쟁의 급박성 때문에 '단결'이 우선되어야 한다는 주장을 받아들였지만, 다른 한편으로 그들은 또한 민족주의적 의제들의 특수한 구성으로 인해 자신들의 이해관계가 주변화되었다는 것도 의식하고 있었다. 또한 한 쪽에서는 성별화되지 않은 시민권이라는 목표가 손에 잡힐 듯했지만, 다른 쪽에서는 공적·사적 삶에서 여성과 남성의 차별화된 경험이 엄연한 현실로 존재했다. 그리고 여성이 그 사회의 피해자로 그려질 때, 여성 단체들은 그런 식의 묘사에 반기를 들었고 여성의 문화적 정체성을 역설했다. 반면, 여성이 새로운 민족국가의 '신여성'으로 재조명될 때, 그들은 정치적 수사와 사회적 현실 사이의 간극을 인식하고 있었다. 여성 단체들은 자발적이고 자율적으로 침묵의 규약(Crenshaw 1993, Papanek 1994)을 받아들임으로써 자신들의 공동체[민족]를 서구 제국주의 강대국의 공격으로부터 보호했지만, 민족주의적 지도부가 표명한 민족주의 운동 내에서의 여성의 위치에 대해 내내 불편함을 느꼈다. 그런 민족주의적 요구 속에서 단결은 미래 의제 설정의 핵심이 되었지만, 여기에 대해 여성 단체들은 적시에 개입할 수 없었다. 이는 그들에게 연대를 할 때 짊어져야 하는 무게 때문이었다. "어떤 권력 구조가 우리의 정신적 혼란 위에 세워지고 있었다. 그 권력 구조는 권력에 접근하는 수단이자 그 자체의 권력을 유지하는 수단으로 …… 여성에 대한 통제를 이용했다. …… 이런 결정적인 시기에, 과거는 물론 미래에 대해 의문시하지 않은 채, 반박조차 할 수 없는 사회적 위치가 여성에게 배정되었다"(Helie-Lucas 1991, 58).

단결의 요구로 인해 여성운동이 딜레마에 빠졌다면, 다음 두 가지 문제로 인해 여성 단체들 내부가 분열되면서, 이 딜레마는 더욱 복잡해졌다. 하나는 근대성과 문화의 관계라는 문제였고, 다른 하나는 여성 내부의 차이에 대한 문제였다. 민족주의 운동 시기에 접할 수 있었던 여성의 목소리는 대부분 부르주아 여성의 것이었다. 그녀들은 교육 수준이 높고, 유력한 친지가 많았으며, 정치화된 가족의 지지를 받았고, 새로운 근대성의 상징이 되었으며, 나아가 그들끼리는 친밀한 삶의 경험을 공유하고 있었다. 예컨대 가이거는 탄자니아 여성 활동가들의 삶에 대해 다음과 같이 언급한다. "동원의 시기에 탕가니카아프리카민족회의Tanganyika African National Union, TANU[탕가니카 주요 정당 중 하나] 활동가들은 …… '중년의' …… 이혼한 여성이었다. 탕가니카의 문화적 규범에 따르면, 이들은 젊은 여성보다 상대적으로 더 자유로웠다. 이들에게는 아주 적은 수의 자녀가 있었다. 단 한 명의 자녀만 있는 활동가도 많았고, 자녀가 없는 활동가도 몇몇 있었다"(Geiger 1997, 68).[28] 그러나 근대성과 전통 사이의 긴장은 남성만큼이나 여성에게도 투쟁의 이유가 되었다. 이는 아마도 여성이 자신들만의

---

28 오늘날에도 여성 정치인을 규정하는 데 이와 유사한 개인적인 특징들이 계속 사용된다. 인도의 사례로는 Rai(1997)를, 칠레의 경우로는 Waylen(1997b)을 보라.

고유한 문화적 관행을 구제해야 할 필요성을 느꼈기 때문일 것이다. 그것은 식민주의와 민족주의적 투쟁이라는 맥락에서 세력화는 물론 자기 재현[대표]의 의미를 가질 수 있는 것이었다. 문화적 수사에서 벗어나는 것으로 규정된다는 것은 주변화될 뿐만 아니라 활동의 정당성마저 잃을 위험에 처한다는 것을 의미했다. 이런 맥락에서 모성은 중요한 논쟁적 위치를 점했다. 드 알위스Malathi de Alwis가 스리랑카의 맥락에서 주장했듯이, "'모성'은 …… 재생산 활동에 관련된 것으로 정의될 수도 있지만, 좀 더 광의의 시각으로 볼 때, 아기는 물론이고 청소년, 병자, 노인, 심지어 성인 여성 및 남편을 포함한 성인 남성을 간호하고, 먹이고, 보살피는 행위로 정의될 수도 있다"(Maunaguru 1995, 160에서 재인용). 여성은 이런 역할들 속에서 특수한 공적 공간들을 점유할 수 있었다. 또한 가족의 '자연적' 질서 내의 여성이라는 위치를 받아들임으로써, 여성은 자신들의 가정과 자녀들에게 폭력을 자행하는 식민지 국가에 대항하는 저항의 정치에 접근할 수 있었다. 그러나 이런 과정을 통해서, 민족주의적으로 모성을 구성한 담론이 여성을 동질화시키고 여성의 본질을 구축할 수 있는 힘을 갖게 되었으며, 모성은 민족주의적 엘리트들에 의해 승인된 인지 가능한 가족 형태의 경계 안에 갇혀 버렸다. 이로 인해 계급, 종족의 다양성, 종교 등의 문제들은 모호해졌고, 이 문제들은 이후 여성운동을 실질적으로 분열시키는 쟁점으로 떠올랐다.

반反제국주의적 조직화는 칸디요티가 일컬은 '애국적 페미니즘의 시대'를 낳았다(Kandiyoti 1991a, 28). 칸디요티가 지적한 바에 따르면, 터키에서는 "일차적으로 자선을 목적으로 한 단체에서부터 좀 더 명시적으로 여성 권리를 위한 투쟁에 헌신했던 조직에 이르기까지, 적어도 12개의 여성 연합들이 1908년에서 1916년 사이에 만들어졌다"(29). 이와 같은 현상은 민족주의적 변혁이 일어났던 다른 나라에서도 찾아볼 수 있었다. 그러나 많은 경우 여성 단체들은 민족주의적 엘리트 남성들의 후원이나 지원을 받아 설립되었으며, 이미 존재하던 여성 단체들이 지배적인 민족주의 정당에 흡수되는 경우도 왕왕 있었다. 이렇게 흡수되는 사태가 어떤 딜레마를 낳았는지는, 1920년대 무스타파 케말 정권하의 터키 사례를 통해 설명될 수 있다. 한편으로 케말주의 시대의 '신新여성'은 과거로부터의 단절을 상징했지만, 다른 한편으로 케말 정권의 온정주의적 시혜는 여성의 정치적 자율성을 가로막았다. 일례로 케말은 1923년 여성국민당Women's People's Party의 설립을 허가하지 않은 대신, 정당이라기보다는 일종의 연합체라 할 수 있는 터키여성연맹Turkish Women's Federation의 설립을 여성 단체들에게 권고했다. 그러나 이마저도 1935년 터키에서 제12차 여성국제연맹회의를 개최한 지 2주 뒤에 해체되었다. 터키여성연맹 회장이 밝힌 공식적인 해체 이유는, 터키 여성이 완전한 평등과 완벽한 헌법적 권리를 획득했고, 따라서 연맹의 목표가 달성된 이상 연맹이 존속할 정당한 이유가 없다는 것이었다. 하지만 케말 정권이 여성국제연맹회의에 참석한 영국, 미국, 프랑스 대표단들의 평화주의적 연설에 위협을 느꼈다는 것도 분명했다. 한편 터키 군대가 분쟁을 일으킬 태세를 갖추고 있을 때, 비무장을 주장한 터키 페미니스트의 목소리는 그들에게 큰 당혹감을 안겨 주었다(40-41). 따라서 칸디요티는 다음과 같이 결론 내린다. "공화주의 정권이 국가의 후원을 받는 '페미니즘'의 공간을 열었지만, 동시에 그것은 그 한도가 정해져 있는 제한된 것이었다"(42).

터키의 사례에서 우리는 민족주의와 페미니즘의 관계에 관한 질문을 두 가지 다른 방식으로 제기할 수 있다. 하나는 지배적인 민족주의적 의제가 차지한 우월성과 그에 대비되는 여성운동의 관심사가 차지한 낮은 위상에 대한 문제 제기이고, 다른 하나는 일국적·지역적·국제적 수준의 다양한 페미니즘들 사이의 까다로운 관계에 대한 문제 제기이다.[29] 칸디요티가 말하듯이, "다른 소수 종족들이 …… 터키 민족이라는 개념을 이슬람의 움마umma[공동체 사상]에 대한 위협으로 간주하고 …… 예민해져 있는 상황에서, 터키 민족주의는 분열을 초래하는 것이라 할 수 있었다"(33). 이와 유사하게, 인도에서 영국인들은 사회적 상호작용에 대한 지배적인 브라만 계급의 법규를 인도의 사회적 법규로 자연화시켰는데, 그 결과 다른 지역이나 다른 카스트에 기반한 규범은 삭제되어 버렸다(Liddle and Joshi 1986). 사회적·공적 삶의 세속화에 동의한 여성들은 종종 그런 패권적인 위상을 차지한 규범들을 지지했는데, 이로 인해 그들은 문화적인 무지와 무감각, 계급 편향성, 그리고 종교와 세속주의에 대한 서구적 사고를 받아들인 노예근성의 소유자라는 비난에 취약하게 되었다. 민족주의에 대한 여성 단체의 지지는 다른 정체성들에 대한 부정으로 비칠 수 있었고, 이는 가정·민족 내에서 페미니즘을 서구 이데올로기와 더욱 쉽게 동일시하게 만들었다.

---

29 베레스빌과 바그너는 제1차 세계대전 시기에 있었던 유럽의 여성 평화 운동에 대한 글에서 독일여성조직연맹의 지도자였던 게르트루트 보이머(Gertrud Bäumer)의 다음과 같은 말을 인용한다. "민족의 생존을 건 민족 투쟁 시기에, 우리 여성이 우리 국민(Volk)에 속한다는 것, 오직 그 속에만 속한다는 것은 너무나 자연스러운 일이다. 전쟁과 평화에 관련된 모든 질문들 속에서, 우리는 우리나라의 시민으로 존재할 따름이다. 국제사회의 협상을 통해 이런 사실을 변경할 수는 없다"(Bereswill and Wagner 1998, 236).

더욱이 외부의 페미니스트, 특히 서구 페미니스트들의 개입으로 인해 지역적·민족적 페미니즘은 난관에 봉착하게 되었다. 라무삭과 시버스는 당시 대부분의 서구 페미니스트들의 접근 방식을 "모성적 제국주의적 접근"maternal imperialists으로 간주한다(Ramusack and Sievers, 1999). 서구 페미니스트들은 스스로를 문명화와 진보의 대리인으로 여겼으며, "제국주의적 기획 속에서 그들 자신의 권력을 추구하고, 제국이 부여하는 기회와 특권을 가부장적 한계에 맞서 스스로 독립하기 위한 수단으로 이용했다"(Liddle and Rai 1998). 민족주의적 페미니스트들은 대부분 자기 나라의 여성에 대한 그런 식의 묘사를 거부했지만, 다른 한편 그들은 서구 페미니스트들이 찬양했던 자유주의적 가치를 받아들였다. 이 점은 여성의 권리를 증진시키려는 투쟁의 정당성을 훼손시키려는 전통주의자들의 손쉬운 표적이 되었다. 또한 민족주의적 페미니스트들은 모성적 제국주의자들이 오리엔탈리즘이라는 제국주의적 담론과 공모하고 있다는 점에 분노했는데, 이는 연대를 위한 생산적인 초국적 동맹이 가능하지 않았음을 의미했다. 더구나 서구 페미니즘과의 연대는 민족주의적 페미니스트들에게 감당할 수 없는 비용을 요구했다. 이렇게 민족적 경계들은 지속적으로 민족주의적 여성 단체들이 조직하고 동원하고 협상할 수 있는 범위를 설정했다. 그리고 민족주의와 문화 담론 사이의 긴장은 여성에게 의미심장한 도전 과제를 계속 남겨 놓았다.

4. 민족주의의 성문화

하지만 민족주의 운동이 하나의 저항운동에서 독립한 민족국가의 지배적인 정치적 힘으로 전환된 바로 그 당시에는, 이런 문제들이 전혀 눈에 띠지 않았다. 역사적 변화의 정점에서, 대부분의 여성 단체들은 민족주의적인 변혁 의제들이 실현되리라 확신했기에, 국가로부터 '특별한' 정치적 보상을 받지 않으려 했다. 예컨대 인도에서 세 개 여성 단체(인도여성총위원회 All India Women's Committee, 인도여성연합Women's Indian Association, 인도여성국민회의 중앙위원회Central Committee of the National Council of Women in India)가, 1935년에 제안된 신新인도통치법에 포함된 여성의 지위에 관한 자신들의 주장을 소수자위원회 의장에게 보냈다. 그들은 여성과 남성의 동등한 정치적 권리를 요구하는 동시에 다음과 같은 입장을 고수했다. "입법부 내에 여성의 적절한 대표권을 확보하려는 [목적 아래] …… 소규모 개별 집단들이 일시적인 양보를 얻어 내려고 제출하는 어떤 형태의 탄원에도 반대한다. …… 어떤 형태로든 특혜적 조치를 요구하는 것은, 정치적 지위의 절대적 평등이라는 인도 여성의 보편적인 요구가 지닌 진실성을 훼손하는 것이다." 대부분의 민족주의 운동에 속한 여성 단체들은 그들 자신을 자유로운 투쟁가이자 자유로운 나라의 시민으로 여겼다. 민족주의 투쟁에 참여했던 여성들은 개인의 자유라는 자유주의적 관념에 매우 강하게 끌렸지만, 또한 민족주의 이데올로기의 영향권 아래 있었다. 하지만 문화적으로는 한계를 벗어나지 못했을지라도, 개인의 자유는 시민이라는 형상 속에서 그 정치적 형태를 발견했다.

민족주의에 대한 초기의 논의는 시민권이 작동하는 경계를 설정하는 데 일조했다. 시민권이란 개념은 새로운 정체政體를 안정시키기 위해서 매우 특별한 방식으로 번역되었다. 다양한 정치 체계에서 여성의 위치는 민족국가의 미래 및 그 국가의 시민에 대한 상이한 비전에 의해 결정되었다. 자유주의 정치 체계에서 공민적 민족주의는 헤게모니적인 정치적 수사가 되었다. 새로운 민족을 구성한 다양한 집단, 종족, 종교적 공동체를 묶어 내기 위해, 차이에 관대한 시민을 중심으로 한 범민족주의적 담론이 전개되었다. 이런 담론은 정치적 안정을 위해 중요했으며, 이는 결과적으로 경제 발전에 필수적이었다. 이런 맥락에서, 여성은 비세속적인 집단 정체성의 징표로 계속 간주되면서, 동시에 새로운 민족의 시민으로 개별화되었다. 인도의 경우가 좋은 예다.[30] 인도에서 여성은 시민으로서 남성과 동등했다. 그러나 여성으로서 그들은 무엇보다 개인이기 이전에 정체성의 징표로 간주되었다. 그리하여 독립의 시기에 나라가 분리되는 상처를 겪은 후, 정치적 안정을 도모하려는 목적으로 힌두교와 기독교 여성에게 주어졌던 권리 가운데 많은 권리가 이슬람 여성에게는 부여되지 않았다. 이슬람 가족법의 '전통'이 인도 헌법에 의해 수용되고, 유지되며, 보증받음으로써 이슬람 남성은 여러 명의 여성과 결혼할 수 있었으며, 이혼 수속, 자녀 양육, 이혼한 부인에게 주는 생활비, 재산 분할, 상속 등에 대한 권리들이 '인도' 헌법이 아니라 이슬람 가족법에 따라 결정되

---

30 아프리카의 관습법과 민족주의적이고 세속적인 법 체제의 공존으로부터 발생한 모순에 대한 논의로는 Stewart(1993)를 보라.

었다.[31] 성공적인 민족주의 운동은 대개 자유주의적인 도시 엘리트 남성들에 의해 주도되었고, 평등 입법에 의해 젠더 관계를 민주화하는 책임을 완수했다. 그러나 예컨대 알제리 여성의 경우처럼, 사회적·정치적 질서와 이데올로기적·문화적 전통이라는 두 개의 상이한 충동을 화해시키는 과정에서 여성은 매우 큰 고통을 겪어야 했다. 혁명적인 알제리 국가는 '사회주의적' 정체성과 '이슬람적' 정체성을 모두 유지하고자 했다. 하지만 근본주의자들을 회유하지 못하고 국민에게 경제적 재화를 공급하는 것이 어려워지자, 정치적 상황은 걷잡을 수 없이 통제 불가능한 혼란에 빠졌고, 나라 전체는 물론 특히 알제리 여성들에게 비극적인 결과를 초래했다(Bouatta and Cherifati-Merabtine 1994; Rai 1996a를 보라).[32]

한편 군부 통치하의 나이지리아와 같이 비민주적인 정치 체계에서는

31 이슬람 여성이 남편과 이혼할 때 적당한 생계비를 청구할 수 있도록 사법적 개입을 촉구했던 샤흐바노(Shahbano) 판례는, 1990년대 여성의 권리와 문화적 권리에 대한 논쟁을 촉발한 동시에, [샤흐바노의 청구가 기각되면서] '이상적인' 가정·민족의 기반 위에 구축된 이분법의 견고함을 보여 주었다(Pathak and Sunder Rajan, 1992를 보라).

32 [옮긴이] 1980년대 초부터 부상하기 시작한 이슬람 근본주의자들의 종교적·정치적 폭력의 일차적 피해자는 여성이었다. 립스틱을 바르거나 서구식 옷을 입은 여성들은 매춘부로 매도되었고, 대학 캠퍼스에서 여학생들이 공격당하기도 했다. 1989년 발생한, 이혼녀의 집에 대한 방화 사건을 계기로 여성 단체들의 시위가 일어났지만 국가는 침묵으로 일관해 이슬람 근본주의자들의 여성에 대한 공격을 방조했다. 그 후에도 여성에 대한 테러는 계속되었는데, 많은 여선생들이 교실에서 아이들이 보는 앞에서 총에 맞아 죽었고, 여성 단체 대표였던 나빌라 자흐니(Nabila Djahnie)도 거리에서 살해되었다. 여성의 미모와 관련된 사업에 종사하는 미용사들이나 목욕탕 주인, 재봉사들, 그리고 과부, 미혼녀, 이혼녀와 같이 남자 연장자 없이 사는 여성들 또한 공격의 대상이 되었고, 히잡 착용을 거부하는 여성들 또한 살해되었다. 이와 같은 일들은 바야 가세미(Baya Gacemi)의 『나, 알제리 무장이슬람그룹 지휘관의 여자, 나디아』(*Moi, Nadia femme d'un émir du GIA*)에 생생히 기록되어 있다.

"불평등한 결합보다는 차라리 배제의 전략을 취해, …… 최근까지 군부 통치자들은 (식민 행정이 그랬듯이) 고의적으로 여성을 무시하는 정책을 고수해 왔다"(Chazan 1990, 190). 군부와 군의 통솔 아래 있는 공공 기관은 거의 전적으로 남성됨을 구성원 자격으로 삼았으며, 여성은 공식적인 권력 구조의 주변에서 맴돌 수밖에 없었다. 게다가 이런 공식적인 제도에 대한 접근 불가능성으로 인해 대부분의 여성은 좀 더 가시적으로 정치에 참여할 수 있는 통로인 후견-수혜patron-client 관계에서도 배제되었다(Mba 1990; Chazan 1990).

그리고 마르크스주의 국가에서 시민권의 개념은 계급의 범주 아래 포섭되는 한편, 문화적 민족주의는 이데올로기적인 수정을 거쳤다. 즉, 지배적인 문화적 규범 가운데 일부는 국가정책에 반영되고, 여타 규범들은 국가권력에 의해 억압되면서, 국가와 민족의 경계는 흐려졌다. 에번스는 "이른바 더욱 중요한 경제 발전과 정치권력의 문제에 젠더를 종속시키는 것은, 공동체를 통제하기 시작한 초창기부터 여성의 일에 대한 당-국가의 접근 방식에서 반복적으로 나타나는 특징이었다"라고 지적한다(Evans 1997, 31). 1950년대 중국에서 전개된 사회주의의 건설은, 자녀를 많이 갖는 것이 사회 발전에 기여한다는 슬로건을 주창했다. 일례로, 1953년에 한 정치 평론가는 "아이를 낳는 것은 사회적 의무이며 그 의무를 준수하지 못한 행태는 '당에 의해 냉혹히 비판받아야 한다'"라고 설파했다(44). 그러나 중국의 상황을 관찰한 스테이시에 따르면, "새로운 민주적 도덕을 바탕으로 섹슈얼리티는 출산이 아니라 적절한 혼인 관계, 따라서 사회주의의 건설" 및 사회질서의 유지와 "결부되었다." 따라서 가족 내 여성의 적절한 행실에 대한 우려는 정책 결정과 실행에서 암암리에 반영되고 조장되었다(Stacey 1983, 188). 이처럼 민주주의적 자본주의, 사회주의, 비민주주의라는 세 가지 맥락 모두에서 민족주의적 열망의 표출이 정치적·경제적 발전 의제들을 설정하는 데 계속 결정적으로 작용했다. 승리의 순간에 탈식민 민족국가들이 어떤 이데올로기적 입장을 택했든 간에, 여성은 제도의 틀 밖으로 내쳐진 듯했다.

바로 이런 맥락에서 여성의 열망들 — 애국자, 민족주의자, 그리고 시민으로서의 — 에 대한 이데올로기적 구성이, 그들이 발전 의제에서 차지하는 위치를 이해하는 데 관건이 된다. 첫째, 모든 탈식민 엘리트들은 사회 개혁을 우선적으로 고려했지만, 동시에 다음과 같은 점을 강조했다. "물질적이고 정신적인 미덕의 관점에서 남성과 여성의 사회적 역할에 대한 본질적 구분은 언제나 반드시 유지되어야 한다. 민족으로 구성된 근대 세계에서 여성은 남성과 구별되어 서구화의 정도와 방식에서 차이를 드러내는 징표가 되어야 한다"(Chatterjee 1993b, 243). 둘째, 남성과 여성은 이렇게 구별되었지만, 그런 구별은 인정되지 않았다. 이런 불인정은 다양한 형태를 취했던 반면, 남성과 여성의 사회적 위상에 대한 가정들은 개념화되고 또 법과 국가정책을 통해 자연화되었다. 스마트는 다음과 같이 주장한 바 있다. "우리는 이미 성별화된 주체에 대한 법의 적용이라는 관점이 아니라 법에 의한 고정된 젠더 정체성의 생산과정이라는 관점에서 법에 대한 분석을 시작할 수 있다. …… 여성이란 법적 담론에 의해 존재하게 되는 성별화된 주체의 위치이다"(Smart 1992, 9). 대부분의 탈식민국가에서 시민권의 윤곽을 확정하는 데 평등의 언어가 구사되었지만, 실상 남성과 여성의 시민권은 상이하게 구성된 채 남아 있었다. 국가의 정통성은 사회적·정치적 개혁에 근거를 두었을 뿐만 아니라 헌법 제정에서 시민권의 가치를 어떻게 조합할 것인가에 달려 있었다. 민족주의가 헤게모니적 언어의 위상을 차지함에 따라 소수집단 및 여타 주변화된 집단들은 부르주아나 사회주의자와 같은 보편화된 '시민' 안에 자리 잡은 시민권의 가치들에 대항하기 힘들었다. 민족주의적 엘리트는 발전 의제의 정책을 추진할 행위자이자 대상으로서 이런 보편화된 (남성) 시민을 택했고, 반면에 여성은 대체로 행위자가 아닌 대상으로만 남게 되었다. 우리가 다음 장에서 살펴볼 것처럼, 탈식민 민족국가들의 특수성과 여성에 대한 이런 보편화된 이데올로기적 구성의 강력한 결합은 발전 과정에서 여성을 주변화시키는 요인이 되었다.

5. 결론

여성과 페미니스트 학자들이 점점 더 민족주의적 기획과 페미니즘이 양립할 수 없다고 확신하게 된 것은 아마도 이런 이유 때문일 것이다 (Moghadam 1994a, 1장).[33] 그렇지만 이처럼 민족주의와 페미니즘 사이의

---

33 여성들의 국가라는 급진적 관념을 통해 여성 의제에 대한 민족주의의 '식민화'를 다룬 글로는 드워킨의 『희생양: 유대인, 이스라엘, 그리고 여성해방』(Dworkin 2000a)을 보라. 한 인터뷰에서 드워킨은 다음과 같이 주장한 바 있다. "여성은, 그 자신이 속한 종족 집단의 남성에게 도전해 그들의 권위를 파괴하지 않은 채, 남성의 지배로부터 자유로워질 수 없다. 이는 일종의 의도된 배신으로서, 남성 지배에 대한 어떤 공격도 그러해야 한다." 또한 그녀는 다음과 같이 언급한다. "[남성적 주권에 포섭되지 않은 여성이라는] 가능성을 간과한다는 것은 터무니없는 일

간극이 점점 더 벌어지고 있는 와중에, 여성의 정치 참여라는 어려운 문제는 본격적으로 제기된 적도 없고 제기되고 있지도 않다. 또한 민족주의 운동에 대한 불참[비개입]disengagement은 그 대가를 지불해 왔다. 민족과 민족주의의 의미들을 바꾸려 한 투쟁들은 단지 부분적인 성공을 거두었을 따름이다. 그 이유는 민족주의의 형태에 대한 질문들이 제기되는 맥락에서 기인하기도 하지만, 그만큼 여성운동 안팎에서 민족과 민족주의의 의미들을 둘러싸고 전개된 투쟁들의 본질에서 비롯되기도 한다. 주권을 목적으로 하는 당대의 어떤 민족주의 운동에서도 젠더는 국가 발전을 위한 '주류'mainstream 계획에 체계적으로 고려된 경우가 거의 없다. 요컨대 민족주의가 제시하는 이야기에서 여성이 전적으로 행복한 것은 아니다. 그렇지만 식민주의에 저항한 민족주의적 투쟁의 첫 단계를 통해, 여성은 공적 영역에서 자신의 위치를 찾았다. 민족주의적 투쟁이 열어 놓은 공적 영역은 광범위한 참여를 허용했고 대중적인 이미지를 구축했다는 점에서 독특했다. 이런 공간에 접근함으로써 페미니즘은 더욱 발전할 수 있었지만, 얄궂게도 그럴수록 민족주의는 평등에 대한 여성의 관심에서 더 멀어져 갔다. 젠더와 민족주의에 대한 이런 논의를 바탕으로 2장에서는 젠더의 관점에서 발전 담론의 부상을 살펴볼 것이다.

이다. 우리는 단 한 번도 주권이라는 쟁점을 다뤄 본 적이 없었다"(Dworkin 2000b).

2장

젠더와 발전
이론적 관점들

지식의 한 분야 내에서 어떤 것을 본다는 것은,
그 분야가 이해되는 방식이자 그 지식 자체가 이해되는
방식의 소산이다. 어떤 것을 본다는 것은 또한 어떤 것을
보지 않아야 하는지를 결정한다.
—

크리스티나 크로스비
『차이 다루기』 *Dealing with Differences*

1. 서론

앞 장에서 우리는 식민주의와 민족주의, 탈식민지화 과정이 젠더와 발전의 담론들이 형성되는 데 미친 영향과 일국의 경제와 사회에서 여성과 남성의 지위를 구성했던 방식들을 살펴보았다. 이 장은 탈식민화가 전개되었던 국제적인 맥락과 이 맥락 내에서 형성되었던 발전의 대안적인 모델 및 담론들을 집중적으로 검토하는 것에서 출발한다. 이는 발전에 관한 논쟁을 맥락화하기 위해서일 뿐만 아니라, 왜 페미니스트와 여성운동이 유독 발전을 문제시했는지 살펴보기 위해서다. 여기서 비교사적 관점은 여성과 페미니스트들이 발전의 틀 내에서 직면했던 차이점과 공통점을 이해하는 데 도움을 줄 것이다.[1] 그리고 논의의 대상이 되는 민족주의

---

1 차이의 개념에 대한 이와 유사한 논쟁은 트립(Tripp 2000)을 참고하라. 트립에 따르면, "우리가 알고 싶어 하는 바는 어떤 정치적·역사적인 조건에서 차이가 대조적으로 개념화되는지, …… 어떻게 정체성을 문화적으로 다르게 인지함으로써 차이의 문제를 상이하게 이해하게 되는지의 문제이다"(Tripp 2000, 650).

들이 '여성 문제'를 각기 매우 상이하게 구성했음에도 불구하고, 왜 대부분의 탈식민국가의 여성운동이 민족주의적 엘리트들이 초기에 표방한 발전 모델에 동의하고 참여했는지를 살펴볼 것이다. 2절에서는 탈식민화와 냉전의 맥락에서 발생했던 발전에 관한 주요 논쟁들을 추적하는 한편, 이 논쟁들에 대한 성별화된 비판을 개진한다. 나는 이론적인 논쟁들과 발전 정책의 결정 구조에 페미니스트가 개입했기 때문에, 개발 사업에서 여성을 위한 유의미하고 비판적인 공간을 확보할 수 있었다고 주장하고자 한다. 서구 페미니스트들뿐만 아니라 제3세계 페미니스트들은 이런 논쟁들에 참여해 다양한 맥락에서 발생하는 여성의 실질적이고 전략적인 욕구에 대한 우리의 이해를 심화시켰다. 그렇지만 내 생각에는 '발전과 여성'Women in Development, WID이나 '젠더와 발전'Gender and Development, GAD을 주창하는 문헌들은 대부분 자유주의적 관점에서 계속 벗어나지 못했고, 이로 인해 여성의 세력화를 위한 일부 전략들은 실행할 수 있게 되었지만 다른 대안적인 전략을 위한 공간들은 봉쇄되고 말았다. 어떤 사회적·경제적 체계에서 작동하는 권력관계에 주목하고자 한다면 여성의 세력화만이 아니라 남성과 여성 모두가 일하고 살아가는 데 작동하는 권력관계에 대해서도 문제를 제기해야 할 것이다.

2. 국제적인 발전의 맥락

탈식민화 과정은 두 개의 맥락이 중첩하며 발생했다. 하나의 맥락은 사회주의 세계와 서구 자본주의 세계 사이의 이데올로기적 균열을 더욱 깊어지게 만든 제2차 세계대전의 발발 및 그 후 등장한 전후 세계 질서이다. 다른 맥락은 특수한 민족 운동들이 발생하고, 또 이 운동들이 민족성을 성취해 가는 과정이다. 이 두 개의 맥락은 탈식민국가의 형성과 민족의 발전 전략들에 대한 논쟁, 그리고 이를 통해 젠더 관계가 형성되었던 방식들에 중요한 영향을 미쳤다.[2]

국제적 분열

제1차 세계대전이 끝날 무렵에 소비에트연방이 자본주의에 대한 중대한

---

2 인로는 다음과 같이 주장한다. "당시 외교정책을 결정하는 남성 관료들은 세계를 두 개의 초강대국이 정면으로 대치하고 있는 곳으로 보았고, …… 위험을 감수함으로써 자신들의 남성다움(manliness)을 보여 주고, 이를 통해 그들이 통치할 수 있는 자격을 지닌다는 것을 증명하고자 했다." 그녀는 "이처럼 '위험한' 세계에 살고 있다는 냉전적 해석을 수용하는 것은 정치를 국가적인 것과 국제적인 것으로 분할하는 것을 승인해 주는 꼴이다"라고 결론 내린다(Enloe 1989, 12-13). 우리가 1장에서 본 바와 같이, '위험'은 민족과 민족주의를 확인시켜 주는 것은 물론, 민족과 민족주의 구성의 일부이다.

도전을 제기했다면, 제2차 세계대전이 종결될 당시에는 중국이 그와 유사한 도전장을 내밀었다. 중국 지도자들은 민족주의의 힘을 사회주의의 목적에 활용할 수 있었다. 1949년 10월 1일, 중국은 스스로 '인민공화국'임을 선언했다. 새로운 정권이 민족주의에 기초한 '신민주주의'新民主主義를 약속함으로써 동맹 정치를 지키려는 노력을 계속했지만, 두 개의 초강대국 사이의 균열이 커지고 있는 국제적인 상황에서 뒷짐만 지고 있을 수 없다는 점이 이내 자명해졌다. 중국은 소련과 중소우호동맹조약을 맺으며 사회주의 진영에 결합했지만, 사태가 진척되어 감에 따라 사회주의 진영이 동질적인 나라들로 구성된 것이 아니라는 사실이 분명해졌다(Christiansen and Rai 1996, 2장). 1960년대에 이르자 중국은 자본주의와 소비에트식 사회주의 진영 모두에 대한 대안적인 발전 모델을 상징하게 되었다. 이 당시 마오의 수사는 "대안적인 발전에 대한 당시의 통념들로 가득 차 있었는데, 그 통념들은 여성해방에 관한 질문과도 밀접히 관련되어 있었다"(Prazniak 1997, 24). 그렇지만 흥미로운 점은, 전후에, 특히 유엔 체계 내에서 점점 더 중요성을 더해 갔던 발전에 관한 논쟁들에서 이런 중국의 대안적인 발전 모델은 고려조차 되지 않았다는 것이다. 그 이유 가운데 하나는 아마도 사회주의 중국이 국제 포럼에서 부재했다는 점, 그 대신 대만(중화민국)이 유엔 안보이사회에서 '중국'의 자리를 차지했다는 점일 것이다. 다른 이유로 중국식 발전 모델이 수사적인 측면에서나 정치적인 측면에서나 자본주의적 발전 모델과 소비에트 식 중앙집권적 발전 모델 모두에 도전하고 있었기 때문에 중국 모델에 발을 담그려 하지 않았을 수도 있다. 국제적인 파리아pariah [불가촉천민]라고 할 수 있었던, 중국과 그 리더십은 냉전이 지배하는 세계에서 어떤 진영에서도 진지하게 고려되지 않았다.

사회주의의 도전은 서구 자본주의국가가 직면한 현실이었다. (악)명을 떨쳤던 '도미노이론'[3]이 이런 인지된 위협을 정치적으로 표출한 것이었다면, 경제적인 차원에서는 이런 도전에 대응하기 위해 빈곤의 문제가 해결되어야 한다는 주장이 인정받았다. 1945년 영국 노동당의 승리와 마셜플랜의 실행은 전후의 새로운 세계 질서에서 인민의 열망에 답하는 분명한 신호였지만, 다른 한편으로 이는 전후 세계의 형성을 주도하기 위해 양 진영이 얼마나 치열하게 경합을 벌였는지를 보여 준다. 1950년대를 거치면서 탈식민의 세계가 형태를 갖추어 갔고, 격화되어 가는 이데올로기적 대립에 기반을 두고 정치적 동맹들이 구축되었다. 혁명적인 운동은 자동적으로 잠재적인 소련 편으로 간주되었다. 쿠바의 사례에서 볼 수 있듯이, 탈식민 혁명을 주도하는 불안정한 리더십은, 미국의 국제정치가 주목하는 초점이 되고, 그 리더십의 존속을 확보하는 것이 소비에트 정부의 과제가 되었다. 일괄 원조와 무역 체제는 왕왕 인지된 안보 위협과 결부되었는데, 이는 새롭게 부상한 민족국가들이 국제정치 상황에 맞추어 자신들의 발전 계획을 수정해 제시하는 준거가 되었다. 이런 상황은 소련이 붕괴하고 동구권의 위성국들도 몰락하는 1991년까지 지속되었다.[4]

---

3 [옮긴이] 도미노의 패가 연이어 넘어지듯이 어떤 지역이 공산화되면 그 영향이 인접 지역으로 파급되어 간다는 이론. 1950년대에 미국의 군부와 정치가들이 베트남전 개입을 정당화하는 논리로 이용했다.

4 크러시는 다음과 같이 지적한다. 1980년대에조차 "[남아프리카공화국] 잉카타 자유당(Inkatha Freedom Party) 당수인 망고수투 가차 부텔레지(Mangosuthu Gatsha Buthelezi)는 항상 아프리카민족회의(African National Congress)보다 서구 자본들로부터 훨씬 더 큰 환대를 받았다.

이런 이데올로기적 대립과 그에 따른 안보 위협은, 국제경제 및 금융 체제의 제도화에 반영되었고, 다양한 결과를 빚어냈다. 1947년 인도의 독립으로 탈식민화의 첫 번째 국면이 시작되기 바로 얼마 전인 1944년에 브레턴우즈 회의Bretton Woods Conference가 열렸다. 이 회의를 통해 발전 의제를 직간접적으로 만드는 데 핵심적인 역할을 담당하게 될 두 기구 — 세계은행World Bank과 국제통화기금International Monetary Fund, IMF — 가 설립되었다. 이 기구들의 설립 목적은 환율의 안정을 도모하고, 세계무역의 성장을 촉진하며, 자본의 국제 운동을 용이하게 만드는 것이었다. 그 기구들의 관심사는 국제금융시장의 규제를 통한 경쟁적인 가치 절하나 보호주의와 같은 전전戰前의 국제경제체제가 가지고 있던 결점들을 보완하는 것이었다. 전후 시기에 이 기구들은 유럽과 일본을 발전의 주요 대상으로 삼았다. 이 기구들의 투표 체계는 명백히 재정 기여도가 큰 국가, 다시 말해 서구의 산업화된 국가들에게 통제권을 부여했고, 그 결과 새롭게 탄생한 탈식민국가들은 주변화되었다. 인도의 다가오는 독립을 인정하기는 했지만, 다른 라틴아메리카 나라들과 마찬가지로 인도의 존재는 주변적인 것으로 취급되었으며 인도의 목소리는 대체로 무시되었다(South Commission 1990, 27). 브레턴우즈 체제는 그 당시의 도전들에 대한 답변이자, 과거의 실패에 대한 반응이었다. 사회주의의 요구 및 소비에트 블록에 속한 나라들의 주장에 맞대응하기 위해 서구의 자본주의국가들은 유례없는 단결을 도모했던 것이다. 소련 또한 서구 자본주의 블록 못지않게 안보에 대한

그는 최소한 [서구인들이 인지할 수 있는] '제대로 된 언어'를 구사했다"(Crush 1995, xi).

우려가 컸다. 소련은 자본주의 체제와의 단절을 종용했지만, 1950년대와 1960년대 동안 소련이 펼친 정책들을 일별해 보면 그 단절이 얼마나 유연하게 해석되었는지 알 수 있다. 인도와 탄자니아, 이집트의 엘리트들은 가지각색의 정치적 수사를 사용했지만, 그 모든 국가들은 소련의 지원을 얻는 데 성공했다. 소비에트 원조 정책의 주안점은 해당되는 나라가 미국과 얼마나 거리를 두는지의 여부에 달려 있었다. 그러나 소련은 사회주의 블록 내 국가들에게 더 높은 수준의 순응을 요구했고, 그런 요구가 충족되지 않을 경우 유고슬라비아와 중국, 알바니아의 사례에서 보여 준 것처럼, 그 나라의 안정을 위협하고 원조를 철회해 버렸다(Christiansen and Rai 1996, 7장).

요컨대 두 개의 초강대국과 두 개의 이데올로기가 대치한 냉전은 탈식민 엘리트들이 대안을 고민하고 추진하는 데 직접적인 영향을 미쳤다. 아래에서 살펴볼 것처럼, 그 대안은 발전에 관한 전적으로 성별화된 이해에 단단히 뿌리박고 있었다. 거기에서 발전은 남성적인 영역의 일에만 초점이 맞추어져 이해되었고, 여성 노동이 우위를 차지하는 비공식적·사적 영역이 국가 경제에 끼친 중요한 공헌은 인정되지 않았다. 나아가 대치하고 있는 두 진영의 발전에 대한 관점에는 추가적인 유사점들이 존재했다. 첫째, 두 진영 모두 발전이 "자원과 기술, 전문가를 망라해 …… 경제성장률을 향상시키는" 합목적적 활동이라고 믿었다(Kabeer 1994, 69). 두 진영 모두 경제성장을 이데올로기적 목표로 여겼으며, 발전 의제들은 경제성장의 수준을 높일 수 있도록 조율되었고, 단선형의 발전 과정을 상정했다.[5] 사회주의자에게 발전이란 한 나라의 사회적 관계가 자본주의적 형태에서 사회주의적인 형태로 바뀌고 시장의 무정부성이 계획의 확실성으로 대체될 때 당연히 뒤따르는 것이었다면, 자유주의자에게 발전이란 합리적인 개인주의의 동력과 시장에 의해 규제되는 경쟁의 신장을 통해 인적·물적 자원이 개발될 때 발생하는 것이었다. 둘째, 두 진영 모두 경제성장을 경제와 사회의 산업화 및 도시화와 결부시켰다. 발전 정책이 국가계획과 국유화 및 수입 대체를 위한 것이든, 수출 지향적 성장에 대한 것이든 상관없이 오직 산업화된 나라들만이 발전되었다고 인정되었다. 농업의 기계화, 댐의 건설, 과학을 이용한 가치 증식의 일반화는 양쪽 이데올로기 진영에서 공통적으로 나타났다. 자유주의와 마르크스주의 이론은 모두 환원주의적 방법론의 요소를 공유한다. 즉, 양자 모두 확정된 결과에 대한 기대, 단선적 사고, 진리 체제regimes of Truth의 구축으로 귀결되는 지식의 위계 구조를 가진다. 이와 같이 발전을 합리화하는 담론에 기반을 둔 정치 체계 및 이데올로기와 더불어, 이 모든 특징들은 새롭게 등장한 민족들 내의 권력관계, 특히 남성과 여성, 그리고 주변화된 공동체와 지배적인 집단 사이의 관계에 영향을 미쳤다. 이는 두 개의 이데올로기적 틀 사이의 차이가 실상 피상적이었을 뿐이라는 의미가 아니다. 그 두 접근이 이데올로기적으로 상이한 과정을 통해 발전을 정의했음에도 불구하고, 두 접근이 지닌 유사성으로 인해 발전의 의미에 관한 국제적인 합의가 창출되었다는 것이다. 발전은 일종의 메타 서사이자

---

5 네루의 말을 인용하자면, 다음과 같다. "일부 힌두교도들은 베다 시대[힌두교의 가장 오래된 성스러운 경전 베다가 쓰인 인도 역사의 한 시대]로 돌아가자고 하고, 일부 이슬람교도들은 이슬람의 신권 정치를 꿈꾼다. 과거로 회귀하는 것은 있을 수 없는 일이고, 따라서 이들의 생각은 나태한 환상에 지나지 않는다. …… 시간에는 오직 일방통행만 있을 뿐이다. 결국 인도가 할 일은 종교성을 약화시키고 과학에 의지하는 것이다"(Nehru 1990, 391[380쪽]).

경제적 자립을 달성하기 위한 특정 단계가 되었다.

냉전 시기에는 두 이데올로기 진영이 서로 대치하면서 등장하기도 했지만, '제3세계' 또한 부상했다. 서구권과 동구권으로 양극화된 세계는 제1세계와 제2세계로 불리었고, 인도와 탄자니아, 그리고 이후 유고슬라비아처럼 자체적으로 발전 모델을 만들려고 노력하면서 제1세계나 제2세계와 제휴하지 않은 나라들은 제3세계로 불리었다. 이 후자에 속하는 나라들은 1955년 반둥회의Bandung Conference[6]에서 최초의 모임을 갖고 그들의 정체성을 확인했으며, 오늘날 자본주의적 발전 모델과 마르크스주의적 발전 모델 사이의 '제3의 길'이라고 칭하는 모델을 제안했다. 1964년 유엔무역개발회의UNCTAD를 설립할 당시에는 '77그룹'Group of 77[7]이라는 이름으로 이 국가들을 지칭하기도 했다. 그러나 종족적·종교적·문화적·역사적 분리가 갈등으로 치닫게 됨에 따라, 이 나라들 사이의 결속력은 오랫동안 유지될 수 없었다. 1970년대에 이르러 '제3세계'라는 용어는 점차 탈식민지성과 세계체계 내의 경제적 지위를 특징짓는 말이 되었다. 1인당 GNP가 가장 낮은 경제가 제3세계로 분류되면서, 1인당 GNP는 한 나라가 세 개의 세계 가운데 어느 세계에 속하게 될지를 결정하는 요소가 되었다. 제3세계로 분류되는 나라들은 식민 착취의 역사를 공유하고

---

6 [옮긴이] 1955년 4월 18일부터 24일까지 인도네시아 반둥에서 아시아와 아프리카의 29개국 대표들이 모여 개최한 국제회의로 'AA(아시아-아프리카) 회의'라고도 한다.

7 [옮긴이] 이는 유엔의 하부 기구 가운데 하나로 개발도상국의 경제적 이익을 도모하기 위해 만들어진 개발도상국 연합체이다. 1964년, 유엔무역개발회의의 '77개국 공동 선언'을 기초로 탄생했으며, 많은 개발도상국들이 계속 새롭게 참여해 현재는 130개국이 가입한 상태이다. 초기 가맹국이었던 한국은 OECD에 가입하면서 탈퇴했다.

있었고, 이는 그들이 서로 동질감을 갖도록 했지만 식민화의 역사 및 탈식민화 과정에서의 차이는 이 국가들의 연대를 무너뜨리고 말았다.[8]

3. 발전과 그에 대한 비판

자유주의와 마르크스주의라는 두 개의 상충하는 이데올로기는 철학적으로 그리고 방법론적으로 계몽이라는 전통에 공통의 기반을 갖고 있었지만, 그 둘은 근본적으로 구별되는 차이점을 갖고 있었다. 양자의 투쟁은 사회 안의 특정한 권력관계를 어떻게 이해하고, 용인하며, 유지할 것인가의 문제로부터 출발한다. 이런 이데올로기적이고 정치적인 관점들이 발전 담론과 이론 및 실천에 부과되었을 때, 발전에 대한 가정과 전략 및 기본틀을 확인하고, 목록화하며, 묘사하고, 순위를 매기는 데 사용된 언어에서 그 근본적인 차이가 드러났다. 발전학에서 발전에 관한 담론을 강조

---

8 세계에서 가난한 탈식민국가들을 지칭하기 위해서 나는 가장 최근 용어인 '남반구'와 더불어 '제3세계'라는 용어도 함께 사용한다. 이는 그 국가들의 경제적 지위를 보여 주기 위함이자, 그들이 진화해 온 역사를 인지하기 위해서이다. 집단의 이름을 짓는 과정은 문제적이지 않을 수 없지만, 그 과정은 그 문제를 보여 주는 만큼 감추기도 한다. 내가 '제3세계'라는 용어를 사용하는 것은 순수하게 내 정치적 입장 때문이며, '남반구'라는 용어를 사용하는 것은 제2세계의 붕괴에 따른 변화들에 대한 인식 때문이다. 한편 두 가지 용어 모두 이런 범주화 '사이에 있는 세계들', 즉 제3세계나 남반구 내에 존재하는 제1세계와 제3세계를 드러내지 못한다는 주장 또한 존재한다(Mohanty, Russo and Torres 1991; Thomas and Wilkin 1997; Hoogvelt 2001).

하는 경향은 최근에 나타난 현상이지만(Crush 1995; Escobar 1995a; Cowen and Shenton 1995), 버거는 발전과 관련된 전문용어에서 나타나는 차이들을 발전 구조의 이데올로기적 토대를 결정하는 데 사용되는 '핵심 개념'으로 설명한 바 있다(Berger 1976). 예를 들어, 잉여, 계급, 종속, 제국주의, 신식민주의, 생산양식 등이 마르크스주의자의 저술에서 두드러진다면, 근대화, 효율성, 통합, 민족 건설 등은 자유주의의 핵심 개념이었다. 그리고 자본주의 세계에서 발전은 자유주의로 구체화되었다.

'제1차 유엔 10개년 개발계획'(1961~70)에서는 유엔과 제1세계 나라들이 제시한 두 부류의 계획이 강조되었다. 첫 번째 부류의 원조 계획은 빈민국의 시장 확대와 수출 지향적 경제 사업에 대한 지원을 중심축으로 삼았다. 이 맥락의 원조 사업의 핵심에는 국제시장의 합리성이 놓여 있었다. 기술 훈련과 자본집약적인 투자, 농업의 기계화, 통신 기반의 건설 등이 우선순위를 차지했다.[9] 이런 정책들은 이른바 발전의 '낙수 효과'를 낳을 것이라고 운위되었다. 유엔특별기금UN Special Fund의 운영 이사이자 국제개발협의회Society of International Development 네 번째 회장을 역임한 폴 호프먼은 1959년에 다음과 같이 썼다.

가난한 나라의 인민은 불량 소비자라 할 수 있다. 이 나라들이 생산량을 좀 더 늘리

---

9 이집트에서는 면화 단일경작을 중심으로 한 경제 발전 전략이 미국과 소련의 원조에 의해 장려되었다. 그러나 부분적인 토지개혁이 이루어지고 국가가 농부를 지원했음에도 불구하고, 그 전략의 결과 이집트의 경제는 서구와 동구권에 대한 의존도가 높아졌다. 이에 대한 분석은 Toth(1980, 127-147)를 참고하라.

면 무역은 더욱 활성화될 것이고, 그 과정에서 우리 모두는 이득을 보게 될 것이다. …… 나의 낙관주의는 …… (소수의 경우를 제외하고) 저발전국들이 원래부터 가난한 것이 아니라, 단순히 덜 개발되었을 뿐이라는 믿음에 …… 기반을 두고 있다. 그들이 저발전 상태에 머무는 이유는, 그들의 물적·인적 자원이 그들의 잠재력을 온전히 발전시키도록 사용되고 있지 않기 때문이다(Hoffman 1997, 22).

두 번째 부류의 원조 계획은 위기에 처한 제3세계 국가들이 직면한 복지 의제에 대응하는 것이었다. 이는 자연 재해나 기근, 전쟁을 겪고 있는 제3세계 국가들이 그 난관을 극복하고, 그들을 국제경제의 가련한 참여자로 만드는 가장 심각한 원인인 기아와 질병으로부터 벗어날 수 있도록 하기 위한 원조를 의미했다(Burnell 1997).

'제1차 유엔 10개년 개발계획'을 통해 발전에 관한 주요 국제기구들이 자유주의적이고 자본주의적인 틀 내에서 구체적인 형태를 갖추게 되었다. 더 나아가 이 기구들은 확산의 정치diffusion politics[10]의 틀 안에서 작동했다. 요컨대 사실상 그 기구들의 과제는 제3세계 국가들을 국제 자본주의 무역 체제 안으로 편입시키는 것이었다. 거기에는 제1세계의 중심부 경제에서 성장을 지속시켰던 '낙수 효과'가 '개발 도상의 세계'에서도 똑

---

10 [옮긴이] 에버렛 로저스(Everett Rogers)가 1962년 『혁신의 확산』(*Diffusion of Innovations*)에서 새로운 관념과 기술이 어떻게, 왜, 그리고 얼마나 문화를 통해 확산되는가를 이론화한 것에서 연유한 개념이다. 최근에는 특히 국제정치경제 분야에서 새로운 규범, 무역, 기술 및 정책들이 어떤 조건에서 확산되는가 혹은 확산되지 않는가를 연구할 때 주로 사용되는데, 주요 행위자들이나 인과적 메커니즘 또는 권력 구조 등이 확산 과정에 어떻게 관여하는가라는 쟁점과 관련된다.

같이 실현될 수 있을 것이라는 확고한 전망이 자리 잡고 있었다. 그리고 원조는 이런 통합의 과정을 위해 중요한 수단이 되었다.[11] 제3세계 국가에서 경제적 하부구조의 건설과 직접적인 자본 투자는 이런 발전의 근대화 모델을 실행하는 또 다른 버팀목이었다.

4. 발전과 여성

'제1차 유엔 10개년 개발계획'에서 나타난 발전에 관한 논쟁에서 여성은 단지 특수한 맥락에서만 하나의 집단으로 가시화될 뿐이었다. 이런 현상은 점차 늘어난 유엔 협약이 여성의 권리에 대한 자유주의적 복지 개념을 강조한 방식들에서 더욱 명백하게 드러났다. 이 시기에 여성에 대한 특수한 관심사를 보여 주는 유엔 협약들로는 1949년의 '인신매매 금지 및 타인의 매춘 행위에 의한 착취 금지에 관한 협약'Convention for the Suppression of Traffic in Persons and the Exploitation of Prostitution of Others, 1951년의 '동일 가치의 노동에 대한 남녀 근로자의 동일 보수에 관한 협약'Equal Remuneration for Men and

---

11 바야르는 아프리카에서 원조로 인해 국가와 그 국가 엘리트들이 더욱 부패하게 되었다고 지적한다. 상당한 양의 원조가 사리사욕을 채우는 데 쓰이고, 인도주의적 원조에 대한 수입 관세조차 국가의 세입을 늘리는 데 사용되었다. 니에레레(Julius Kambarage Nyerere)의 통치 아래 있던 탄자니아만이 이런 아프리카의 부패 상황의 예외가 되는 유일한 사례였다(Bayart 1993, 79-81).

Women Workers for Work of Equal Value, 1952년의 '여성[12]의 정치적 권리에 관한 협약Convention on the Political Rights of Women을 들 수 있다(Wallace with March 1991, 1). 발전 전략에 대한 논의 가운데 여성이 가장 두드러지게 나타난 분야는 단연 인구 조절에 대한 논쟁이었다. 여성은 한 국가의 기관들이나 국제적인 단체들이 후원하는 인구 조절 프로그램들 대부분의 '표적'이 되었다. 여성 건강의 필요나 여성 교육도 이런 인구 조절의 맥락에서 다루어지는 쟁점이었다. 그 외의 문제에서 여성은 대체로 다른 주변화된 집단들과 마찬가지로 제3세계의 '인민'으로 합쳐져 취급되었다. 어떤 맥락에서 여성이 가시화된다면 그것은 우연이 아니라, 젠더 관계에 의해 구성되는 것이다. 다시 말해, 여성은 노동 재생산의 일차적인 담당자이고, 그 때문에 여성이 인구 조절을 둘러싼 민족주의적·국제적 의제에 잘 부응하는 것이 중요하다는 것이다(Davin 1992). 그러나 대부분의 문제 제기는 남성과 여성의 동일성을 전제로 하고 있었고, 이는 그 시기의 정치적 담론들에서 여성을 보이지 않게 만들었다. 이 책의 1장에서 주장한 바, 민족주의적 열망의 표출과 젠더 관계의 구조화가 밀접하게 관련되어 있다는 것을 고려해 보면 이런 비가시성은 어쩌면 예측 가능한 것이라 할 수 있다. 정치적 엘리트를 통해 표출된 '민족'과 민족주의에 대한 메타 서사는 지배계급 및 엘리트의 열망을 정상화하는 데 의존했다. 1장에서는 왜 여성 민족주의자가 독립 투쟁 시기에 발전에 대한 민족주의적 담론에 저항하는 것이 어려웠는지에 대해 간략하게 논의했다. 다음 절에서는 이

---

12 [옮긴이] 유네스코 국제인권조약집 번역본에는 '부녀자'로 되어 있으나 '여성'으로 바꿔 옮긴다.

논의를 확장해 탈식민주의적 발전 의제가 구체화될 때, 여성이 직면했던 딜레마에 대해 논하고자 한다.

희망 그리고 발전의 위계질서

국가 발전과 국제적 정책 결정의 단계에서 여성 의제가 고려되지 않은 이유로는 다음의 몇 가지를 들 수 있다. 우선 여성 역시 희망의 시대에 살고 있었다는 점이다. 탈식민화 과정을 거친 이후 민족주의의 성공은 인내를 요구하고 있었다. 제국주의의 패배와 주권의 재탈환 이후 신생 국가는 '진보'에 대한 전망의 재검토뿐만 아니라 향후의 발전 과제에 대한 현실적인 평가를 다시 내려야 했다. 대부분의 제3세계 국가들은 경제적·정치적 혼란이라는 크나큰 골칫덩이를 물려받았고, 그 가운데 일부 나라에서는 공공 기반 시설마저 황폐화되어 있었다. 재건이 목전에 놓인 일차적인 과제였고, 다수의 주변화된 집단들은 이 중대한 과제에 희망을 걸고 있었다. 발전의 언어는 남성과 여성을 똑같이 포섭했다. 국가 경제는 문맹률, 전통적인 문화 관습, 이런 나라들 대부분에서 찾아볼 수 있는 광범위한 빈곤, 경제적 '저발전' 등의 문제로 인해 고통스러울 정도로 압박을 받고 있었다. 하지만 조직 전체를 일시에 뒤바꾸려는 것은 정치적 불안정을 가져올 수 있었다. [탄자니아의 초대 대통령이었던] 니에레레가 탄자니아 사회주의자들에게 경고했듯이, "그들[인민]이 수용할 수 있는 것보다 더 큰 문화적 변화를 요구해서는 안 된다"(Nyerere 1973, 3). 따라서 가장 시급한 과제의 우선순위를 정하는 것이 현명한 발전 전략으로 보였다.[13] 다음으로 대부분의 제3세계 국가들에서 여성은 정치적 시민권의 획득과 같은 즉각적인 이득을 얻었는데, 이것이 희망의 근거가 되었다는 점이다. 참정권을 획득해서 한 나라의 정치 체계와 미래를 좌우할 의제를 재구성하는 데 참여할 수 있다는 것은 엄청난 세력화를 의미했다. 하지만 정치적 시민권이 반드시 여성과 남성에게 공민적·사회적 시민권을 동등하게 부여하는 것을 의미하지는 않았다(1장을 보라). 집에서도 일터에서도 여성의 노동은 관심의 대상이 되지 못했다. 그럼에도 불구하고 정치적 권리는 국가에 대해 실질적인 권리를 요구할 수 있는 기반일 수 있었다.

물론 모든 탈식민국가에서 권리의 언어가 똑같은 방식으로 사용되지는 않았다. 중국처럼 국가사회주의를 추구하는 국가에서 주안점은 경제적 자원의 재분배 및 남성과 여성 모두에 대한 고용 기회의 제공이었다. 남성이든 여성이든 정치적 권리는 별반 강조되지 않았던 반면, 자원에 대한 국가계획과 통제는 사회적·경제적 영역에서 여성의 위치가 결정되는 방식을 실질적으로 변화시키고 있었다.. 예컨대 중국의 토지 재분배 정책에 의해 여성은 최초로 그들 자신의 권리로 토지를 할당받을 수 있게 되었다. 나아가 '여성 문제'에 대한 마르크스주의적 분석은 국가가 여성 고용을 책임질 것을 요구했고, 그 결과 교육과 보건 및 보육 시설이 국가에 의해 제공되면서 여성이 경제적 행위자로 활동할 수 있게 되었다 (Rai, Pilkington and Phizacklea 1992). 그렇지만 이런 시설들은 대체로 형편

---

13 이와 관련해 마오쩌둥의 언급은 이 책 1장의 각주 28번을 참조하라.

없었고, 국가의 직업 할당 체계에 따라 여성에게는 주로 전통적으로 여성에게 주어진 역할, 즉 교사나 간호사, 경공업 공장의 일이 주어졌다(Rai 1991, 6장). 남성과 여성을 막론하고 모든 농촌의 지역사회 구성원들이 노동 점수work-points를 받고 그 점수에 따라 임금을 지급받게 되면서, 여성의 수입은 처음으로 '가족 소득'family income에서 분리될 수 있었지만 성별화된 노동 역할에서 여성이 맡는 일은 대체로 점수를 낮게 받았다(Wolfe 1985). 앞서 1장에서 논한 것처럼, 혁명 초기에 수용된 지배적인 젠더 역할이 혁명 이후 여성이 가질 수 있는 기회에 영향을 미치게 된 것이다. 게다가 여성에게는 그들만의 다양한 이해관계를 조직할 수 있는 정치적 공간도 없었다(Croll 1978; Johnson 1983; Wolfe 1985). 이와 같이 중국에서 민족을 재건하는 처음 단계에서 여성은 노동력의 일부가 되었지만, 평등 지향적인 정치적 수사에도 불구하고 성별화된 위계질서는 국가의 지원 아래 지탱되었다. 하지만 제국주의의 지배로부터의 독립에 도취되어 있을 당시에는 대부분의 여성에게 실보다 득이 훨씬 크다고 여겨졌다. 비록 딩링Ding Ling[14]과 같은 작가는 매우 초기부터 이에 대해 회의적인 의견을 냈지만 말이다(Evans 1997을 보라).

---

14 [옮긴이] 본명은 장웨이원(蔣褘文)이다. 초기에는 인습에 얽매이지 않은 젊은 중국 여성들을 주로 다룬 단편 소설들로 이름을 날렸다. 1931년 중국 공산당 측과 긴밀한 관계를 가지게 된 뒤부터는 프롤레타리아 계급을 다룬 작품들을 쓰기 시작했으며, 『태양은 쌍간 강에서 빛난다』(太陽照在桑乾河上)(1948)로 1951년, 중국인 최초로 스탈린 문학상을 받았다. 하지만 그녀가 거둔 성공에도 불구하고 여성의 권리 문제에 대해 당의 정책을 공개적으로 비판하면서 정치적으로 곤경에 처하게 되었으며, 1957년 공식적으로 당의 견책을 받고 우파주의자라고 지목받아 당에서 추방되었다.

자유주의국가에서 정치적 권리는 개개인이 공적 영역에 적극적으로 참여할 수 있도록 한다는 전제하에 기회의 평등 담론으로 제한되었지만, 이 덕분에 일부 여성들은 공적 고용의 세계에 진입할 수 있게 되었다. 예컨대 케냐에서 아프리카 사회주의는 '공동체community는 자연스러운 것이고 따라서 다른 형태의 내용물을 쉽게 받아들일 수 있는 것이기 때문에, 자본주의적 발전의 필수적인 부분이 되어야 한다'라는 주장으로 정의되었다(Cowen and Shenton 1995, 317). 자본주의적 관계가 여성과 남성 모두를 생산 장소에 접근할 수 있게 했던 반면, '공동체' 관념은 이 새로운 경제체제를 안정화하는 데 기여할 것으로 여겨졌다. 자유주의적 담론은 개인의 자유와 기회에 대한 평등한 접근을 강조했는데, 이는 자본주의적 시장체제와 정당에 기초한 민주주의 체계가 제공하는 기회 활용의 성공 여부는 남녀 개개인이 책임질 문제라는 의미였다. 이런 식의 태도는 탄자니아의 여성 정치 지도자인 비비 티티Bibi Titi의 다음과 같은 말에서 확인할 수 있다. "나는 아프리카 동부에 있는 나의 친구인 당신들이 정부나 정당에서 아무 것도 하지 않는 걸 보는 게 마땅치 않습니다. 그건 당신들의 잘못이지요. 정당에 가입하지 않았으니까요."(Geiger 1997, 180에서 재인용). 이 맥락에서는 그런 기회를 실현시키는 데 필요한 사회적 토대, 곧 교육, 훈련, 대부분의 주요한 정치적 권리 등을 제공하는 국가의 역할이 여전히 중요하게 남아 있었다.[15] 이런 현상은 특히 탈식민 시기 발전의

---

15 법을 통해 사회적 관계를 안정화하려는 탈식민국가의 역할도 이런 사회적 공공시설을 건설하는 데 중요한 일부가 되었다. "독립을 쟁취하자마자, 짐바브웨 정부는 실질적·절차적·제도적인 법의 통일을 통해 젠더와 인종의 중립성을 추구하는 법적 개혁의 전략을 채택했다"(Hellum

첫 번째 국면에서 두드러졌다.

이런 맥락에서 몇몇 국가들은, 자유주의의 개인주의적 윤리를 의도적으로 수정해 그동안 역사적으로 사회적·문화적 차별로 보이는 부분에 대응하기 위해 다양한 집단들에게 기회를 제공할 수 있는 별도의 체제를 만들었다. 예를 들어, 인도에서는 지배적인 힌두 공동체의 카스트제도에 의해 최하층에 위치한 카스트나 불가촉천민outcast[아웃카스트]이 체계적으로 차별받아 왔다는 점이 인정되었다. 이 집단에 속하는 인도 시민이 자유 시장이나 정치적 독립으로 생긴 새로운 기회를 활용할 수 있게 하기 위해서는 공직에 대한 접근 기회를 보장하는 새로운 법조항이 필요했다. 새로운 조항의 일부는 문화와 종교에 기초해 만들어졌는데, 그리 체계적이지는 않았다. 개혁주의적 국가는 이슬람 인법人法은 전혀 손대지 않았고(1장을 보라), 따라서 연방 국가federal state가 인도에서 유일하게 이슬람교도가 다수인 잠무Jammu 주정부와 카슈미르Kashmir 주정부를 상대할 때 일정한 제약을 받았다. 부동산을 구매할 수 있는 개인의 권리도 이 맥락에서 축소되어 그 주 밖에 거주하는 사람들은 그 주의 땅을 살 수 없었다. 여기서 핵심은, 개인주의가 비록 자유주의 담론의 지배적인 특징일지라

1993, 258). 이런 중립성은 아프리카 사회주의적 이데올로기의 일부가 되어, 새로운 아프리카의 도덕 공동체를 만들고, 그와 더불어 이를 전통적인 아프리카 공동체에 기반한 문화적 전통 위에 세우려는 시도들을 반영했다. 케냐와 같이 많은 아프리카 나라들에서 국가의 역할은 오래된 도덕 공동체와 새로운 도덕 공동체 사이의 중재자로 설정되었다. 국가는 [성장을 위한] 노력에 대해서는 보상했지만 "성장을 위한 민족의 노력에 동참하기를 거부한 자들"은 처벌했다. "필요한 자본을 해외로 유출시키고, 땅을 놀리고, …… 국가의 제한된 자원을 오용하는 것은 아프리카 사회주의가 찬성할 수 없는 반사회적 행위들이다"(Cowen and Shenton 1995, 326).

도, 그것은 탈식민 엘리트들이 표명한 발전의 필요에 따라 해석되고 그에 맞춰 재단되었다는 점이다. 여성에게 자유주의 체제는 다양한 쟁점을 제기했다. 여성이 민족주의 운동에 적극적으로 나서서 그 존재를 가시화했던 국가에서 정치적 시민권은 다른 투쟁을 위한 지렛대로 활용될 수 있었다. 그 여성들 역시 '우선순위의 정치'politics of prioritization가 제기하는 딜레마에 봉착했지만 말이다. 그에 반해 탈식민화 과정이 남성에 의해 주도적으로 진행되거나 엘리트가 처리하는 일처럼 진행된 국가에서, 여성의 정치적 권리는 그들의 취약한 지위를 반영했다.[16]

민족 정체성, 오리엔탈리즘, 세계체계

여성이 중요한 국가적 의제에 계속 지지를 표했던 또 다른 이유는, 탈식민국가의 시민으로서 '세계체계'에서 그들이 차지하는 위치에 대한 불안감이 더 커졌기 때문이었다. 앞서 언급했듯이, 전후 자유주의 세계가 재편되는 과정에서 제3세계는 주변화되었다. 이런 제3세계의 주변성은, 특

---

16 파키스탄의 법에서 여성이 차지하는 지위에 대한 논의를 위해서는 알리를 보라. 그녀는 파키스탄에서는 법의 이슬람화 때문에 국가가 딜레마에 놓였다고 지적한다. 이슬람 율법에 따르면 이슬람 여성은 재산권을 가질 수 있지만, 이런 법의 내용은 "지주가 다수로 구성되어 있는 입법 의회의 이해관계와 상반되었고, 그에 따라 의회는 대담하게도 샤리아 법의 수용을 연기하기로 결정했다." 펀자브 지역에서 주 정부가 지배적인 재산 관계를 유지하려고 시도할 때, 이에 대한 논쟁에서 여성은 이슬람 교리에 호소할 수 있었다(Ali 2000, 43-44).

히 세계은행과 IMF가 원조 체제뿐만 아니라 정책 결정에서 그 중요성을 더해 감에 따라, 브레턴우즈 체제를 통해 제도화되었다. 제3세계가 이렇게 국제 자본주의 체계에서 주변적인 지위에 머물게 되면서, 근대성 담론이 제3세계와 제1세계의 관계에 영향을 미쳤다. 자유민주주의의 수사가 갖는 강점 가운데 하나는 평등의 언어이다. 무력한 집단이나 배제된 집단이라고 간주되는 것은 견딜 수 없는 열등감을 만들어 낸다. 많은 제3세계 국가의 민족주의 운동이 평등 담론에 기반한 낙관주의를 펼치며 민족국가들의 공동체에 동등한 성원으로 참여하고자 했지만, 발전과 근대화의 언어에서 그들은 '저발전된', '비非발전된' 그리고 본질적으로 구제되고 관리되어야 하는 '문제'로 계속 규정지어졌다. 그 언어는 식민 세계의 문화적 구성물을 세우고 의미를 덧붙였다. 에드워드 사이드는 이를 '오리엔탈리즘'으로 분석한 바 있다(Said 1978). 여성은 이런 담론 안에서 핵심적인, 그러나 특수한 위치를 점했다(Spivak 1988; Enloe 1989; Mohanty 1991; Liddle and Rai 1998). 그들은 야만적인 문화의 희생자이자 그 문화의 성격을 드러내는 표지였다. 그들을 얽어매고 있는 사회적 관계는 야만적이었고, 따라서 문명화된 세계를 위협하는 것이었다. 오리엔탈리즘적 담론의 문제는 단순히 문화를 오래된 것과 새로운 것, 전통과 근대라는 식으로 본질만 추려 내어 이분법적으로 대립시키는 것일 뿐만 아니라, 일종의 허구를 지어낸다는 데 있었다. 슈타우트는 다음과 같이 지적한 바 있다. "아프리카에서 영국의 식민 관료들은 실제로는 매우 유동적인 복합체로 이루어져 있던 토착적 법체계로부터 '관습법'의 원칙들을 세우려고 했다. 그들은 식민지의 남성 연장자들에게 의지했고, 이 남성 연장자들은 새롭게 설립된 원주민 법원Native Courts을 위해 '전통과 희망 사항의 혼합'을 작위적으로 만들어 냈다"(Staudt 1991, 46-47; Hobsbawm and Ranger 1983; Liddle and Joshi 1986). 더 나아가 식민지 여성이나 제3세계 여성을 격리, 조혼, 교육 기회의 박탈, 지속적인 출산 요구에 시달리는 피억압자로 묘사하는 강력한 이미지는 그녀들을 문화와 민족, 심지어 대륙의 경계조차 넘어 동질화시켰다. 슈타우트가 던지는 다음과 같은 반문은 시사하는 바가 크다. "얼마나 많은 제3세계 여성이 결혼에 메여 있다고 생각하는가? 카메룬에서는 3분의 1이상이 결혼에 반하는 선택을 한다"(Staudt 1991, 47).

이런 식의 제3세계에 대한 오리엔탈리즘적 재구성은 발전 기구들이 여성 문제에 접근하는 방식에 영향을 미쳤다. 곧 발전 기구들은 '불행한 여성을 구제하는 것'으로 문제를 공식화하고, '여성에게 부여된 전통적인 역할에서 벗어날 수 있는 기회를 제공하는 것'을 그 해결책으로 제시했다. 이에 따라 여성은 "발전 과정에 적극적인 참여할 수 있는 주체가 아니라 원조를 필요로 하는 대상"이 되었다(Chowdhry 1995, 33). 문화와 '동양'의 여성은 이런 재구성을 거쳐 발전 담론 내에 녹아들었다. 이 상황은 제3세계 여성에게 정체성과 투쟁과 관련된 심각한 문제를 제기했다. 그들은 한편으로 민족국가를 상대로 자신들의 권리 주장을 관철시키기 위해 민족의 경계 내에 머물러야 하는 어려운 선택을 해야 했지만, 다른 한편으로 발전 정책 및 체제의 일부를 이루고 있는 오리엔탈리즘적·인종주의적 담론을 승인하는 어떤 시도에도 가담하려 하지 않았다. 크렌쇼가 미국에서 흑인 여성이 직면한 선택을 다루면서 제시한 '침묵의 규약'은 제3세계 여성들의 세계에서도 작동하고 있었다(Crenshaw 1993). 대부분의 경우 민족주의 엘리트들은 위험에 처한 민족문화의 문제 및 이런 문화의 정통성의 재현자로서 여성 문제를 제기했는데, 이는 자국 내에서의 정치적 지지와 안정성을 확보하고 '여성차별철폐협약' 등의 국제 협약이나 유엔과 같은 국제기구로부터 받는 압력에 저항하기 위해서였다(Ali 2000을 보라).[17] 문화의 문제는 종종 민족적 충성심을 구성하는 하나의 요소가 되었다. 민족국가의 가부장적 조직 안에서 여성 억압의 현실을 인정하라고 주장하는 것은 비이성적일 뿐만 아니라 더 나아가 민족의 안정성을 취약하게 만드는 일이라는 것이었다. 서구의 발전 기구들은 이런 딜레마를 깨닫지 못하거나 무시해 버리려고 했으며, 쟁점이 된 문화적 관행에 대한 여성의 침묵은 억압받고 있는 여성, 새로운 발전 계획을 통한 구원을 기다리고 있는 여성이라는 오리엔탈리즘적 이미지를 한층 더 강화시켰다.

모저의 범주화에 따르면, 여성을 겨냥한 국제개발기구, 특히 세계은행이 실행했던 초기의 계획은 본질적으로 복지주의적이었다(Moser 1993). 이는 세계은행과 원조 공동체의 정치적 이데올로기적 편향성을 고려할 때 놀라운 일이 아니다. 그런 복지주의적 접근은 "여성을 자녀 양육의 의무를 수행하는 '타자'로 가정하며, 그 전제 위에서 여성을 단지 재생산의 역할로 국한시켰다"(Chowdhry 1995, 32). 산아제한 사업, 모자 영양 사업, 임산부와 수유모를 위한 사업 등이 원조 프로그램의 중심을 이루었다.

---

17 아마르티아 센은 『자유로서의 발전』에서 다음과 같이 밝힌 바 있다. "자유 지향적인 관점에서 어떤 전통을 준수할 것인가를 결정하는 과정에 누구나 참여할 수 있는 자유는 국가나 지역의 '후견인', ······ 정치적 통치자, ······또는 문화적 '전문가' 등 어느 누구에 의해서도 제한될 수 없다"(Sen 1999, 32[54쪽]). 그러나 침묵의 규약에 대한 논의는, 공동체가 인종주의나 반유대주의 또는 종족적 지배와 같은 구조적 근간 안에서 작동한다는 점을 지적하고, 그러므로 개인에 기초한 자유의 개념화를 통해서 공적 정치 영역의 참여와 행위성과 관련된 일부 쟁점들은 제기될 수 없을 것이라고 주장한다.

거대한 인구가 소유권의 방식 및 생산수단의 통제와 관련된 문제로 사고되기보다는 그저 성장에 따른 이득을 무화시키는 문제로 치부되었다.[18] 세계은행은 이런 식의 접근을 바꾸려고 상당한 노력을 했지만, "1989년 회계연도에 승인된 11개의 사업 가운데 10개가 제안했던 기본 사안은 …… 가족계획이나 모자 건강 보호 등이었다"(World Bank 1990b, 15). 일국적인 차원에서든 국제적인 차원에서든 가부장적·자유주의적 담론은 사회의 젠더 관계 문제에 전혀 이의를 제기하지 않았고, 따라서 그 문제는 왕왕 가족 내의 성별 노동 분업이나 개별적인 협상에 맡겨졌다. 발전 전략 실천의 초기 국면에서 복지주의적 접근은 지배적인 위치를 점했다.

5. 성장 의제에 대한 도전

1960년대에는 자본주의 세계에서 자유주의적 패러다임이 우세했지만, 이런 편향성은 국가사회주의의 대안적 발전 모델은 물론 자유주의 내부의 비판가들에 의해 지속적으로 도전을 받았다. 1970년대에 이르자 1960

---

18 에를리히의 방정식, I = PAT(I는 환경에 대한 어떤 인간 집단의 영향(impact), P는 인구(population), A는 부(affluence), T는 기술(technology)을 의미한다)에 대한 비판은 Hartmann (1997, 293-302)을 참고하라. 하르트만은 "이 방정식이 갖고 있는 가장 큰 문제점은 …… 여기에서 빠진 것, 곧 사회적·경제적·정치적 권력에 대한 질문이다. …… 그리고 그것은 인구, 부, 기술 및 이들 사이의 상호 관계의 기초가 된다"(295).

년대의 낙관주의는 과거지사가 되었고, 서구 자본주의 경제는 상당히 둔화되었다. 석유 파동과 부채 위기를 겪으면서 서구와 제3세계 국가들은 밀도 있는 대화를 나누었고, 세계체계 내의 경제와 국가의 상호 의존성을 역설하게 되었다. 석유 파동으로 인해 재생 불가능한 자원의 소비 문제에 이목이 집중되었고, 1974년의 유엔 세계식량대회UN World Food Conference에서는 상품 거래를 위한 현금 작물의 생산보다는 식량 생산의 문제가 중요하게 다루어져야 한다는 점이 강조되었다. 소규모 농가의 필요에 기초한 발전 프로그램들이 논의되었으며, 이 맥락에서 여성을 비롯한 사회 구성원 모두가 참여할 수 있는 보건 및 교육 프로그램이 주목받았다. 제3세계가 겪고 있는 폭력과 굶주림, 빈곤이 줄어들 것이라는 징조를 찾아 볼 수 없는 상황에서, 1960년대에 품었던 낡은 신념으로 현실에 맞대응하기에는 역부족이었다. 사회혁명의 유령이 세계 곳곳에서 살아나는 듯이 보였다. 서방 동맹국들에게 안보는 또다시 당면 과제가 되었다. 이런 국제정치적 상황과 근대화 패러다임에 대한 도전이 결합하면서 발전에 대한 사고가 전환되기 시작했다.

발전에 대한 서구의 자유주의적 의제는 각기 다른 세 개의 분야에서 도전받았는데, 그 도전은 1970년대와 1980년대를 걸쳐 지속적으로 심화되었다. 그 하나는 자유주의적 관점에서 출현했다. 국제노동기구International Labour Organization, ILO는, 발전의 초점을 성장에서 인간의 기본 욕구를 충족시키는 것으로 선회하고자 하는, 발전에 대한 기본 욕구 접근법basic needs approach[이하 BN 접근]을 도입하기 시작했다. 이런 기본 욕구에 대한 관심은 1980년대에 빈곤과 인간의 인타이틀먼트entitlements[19] 및 잠재 능력capabilities[20]을 개념화한 아마르티아 센에 의해 더욱 증대되었다(Sen 1987a; Nussbaum and Sen

1993 또한 참고하라). 1980년대에 이 논의는 지속 가능한 발전에 대한 담론으로도 확장되었다. 지속 가능한 발전은 특히 생태주의자와 에코 페미니스트, 환경주의자의 주요 관심사가 되었고, 그들은 성찰 없이 진행되는 경제 발전에서 비롯된 지구 자원의 훼손 문제를 제기했다. 또한 1970년대에는 자유주의적 관점 내에서 WID 접근이 처음으로 표명되었고, 이는 담론이자 동시에 실천인 발전 과정에 페미니스트들이 본격적으로 개입하는 계기가 되었다. 또 다른 부류의 도전은 마르크스주의에서 제기되었는데, 이는 두 개의 다른 뿌리에서 연원한 것이었다. 하나는 국가 주도적 발전의 대안적 모델, 특히 중국과 쿠바의 경험으로부터 유래했고, 다른 하나는 발전에 대한 탈식민국가의 역할에 초점을 둔 마르크스주의 이론으로부터 연유했다. 후자는 탈식민국가가 제3세계 국가들의 주요 경제 행위자라는 점을 인식시키고, 자립적인 발전의 중요성을 부각시키는 데 성공했다(Amin 1976; Alavi et al. 1982; Sen 1982). 이런 도전은 국제적 맥락 내

---

19 [옮긴이] 아마르티아 센에 따르면 이는 "한 사회에서 정당한 방법으로 어떤 재화의 묶음을 손에 넣거나 자유롭게 이용할 수 있는 능력과 자격"으로 정의되는데, "사회나 타인으로부터 부여받은 권리(재산 소유권이나 사회보장 수급권 등)와 기회를 이용해서 개인이 자유롭게 사용하거나 교환할 수 있는 재화(상품)의 다양한 묶음"의 의미로도 확장될 수 있다. 일반적으로는 권한, 권원(權原), 권리 부여 등으로 번역되지만, 어떤 번역도 센의 고유한 개념을 충분히 담아내지는 못한다는 점에서, 이 책에서는 아마르티아 센의 『센코노믹스: 인간의 행복에 말을 거는 경제학』(원용찬 옮김, 갈라파고스, 2008)의 옮긴이의 번역을 따라 인타이틀먼트로 번역한다.

20 [옮긴이] 센에게 잠재 능력은 "인간이 좋은 생활이나 양질의 삶(well-being)을 살아가기 위해서 어떤 상태(being)에 있고 싶어 하는가, 어떤 행동(doing)을 하고 싶어 하는가를 결부시킴으로써 그것을 달성할 수 있도록 만드는, 선택 가능한 기능들(functionings)의 집합"을 의미하며, 이는 현재의 역량보다는 미래의 실행 가능성에 역점을 둔다는 점에서 '잠재 능력'이라 번역한다(같은 책, 39쪽).

에서 진행되는 국가의 제도화와 국지화된 계급투쟁의 정치에 방점을 두었다. 마르크스주의 페미니스트들은 이런 논쟁을 비판하는 가운데 논쟁의 심화에 기여했다. 마지막으로 자유주의적 관점의 발전에 대한 도전의 또 다른 원천은 후기구조주의적 비판가들로부터 나왔다. 1980년대에 이들은 발전을 진보의 서사이자 달성 가능한 대규모 사업으로 보는 관점에 대해 지속적으로 문제를 제기했다.

아래에서는 이런 비판들이 학문 영역 및 일국적 수준과 국제적 수준의 발전 전략에 미친 영향을 살펴보겠다.

접근 기회와 기회 제공: 최초의 비판들

1960년대의 발전 체제를 특징지었던 낙관주의가 보편적으로 공유된 것은 아니었다. 스웨덴의 경제학자 군나르 뮈르달은 1963년의 글에서 다음과 같이 경고한 바 있다. "아무도 나중에 어떤 일이 벌어질지 정확하게 예측할 수는 없겠지만, [부국과 빈국] 모두에서 정책이 근본적으로 변화하지 않으면 세계는 경제적·정치적 대재앙을 맞이하게 될 것이다"(Myrdal 1997, 27). 뮈르달은 부국과 빈국 간의 점증하는 격차를 해소하기 위해서 중요하게 고려해야 할 요소로 '불길한 인구 변화 경향'[인구 감소], 농업에 종사하는 60~80퍼센트 노동력의 낮은 생산성, 광범위한 문맹률, 자본 부족 등을 열거하면서, 끝으로 다음과 같은 점을 지적한다. "대부분의 저발전국들이 물려받은 불평등한 사회적·경제적 질서는 해체하기 힘들다.

그러나 경제적 진보를 위한 노력을 처음부터 새로 시작하고자 한다면, 그 질서는 반드시 제거되어야만 한다"(Myrdal 1997, 27). 그럼에도 그는 이런 불평등한 질서를 없앨 수 있는 방법을 분명하게 제시하지는 않았다. 뮈르달은 원조와 신용을 통한 '부국들의 도움'에 희망을 걸었다. 우리가 분명히 알 수 있는 것은, 제3세계에서 만연한 빈곤과 굶주림에 대한 염려가 커지면서 이런 개혁주의적 의제가 도출되었지만, 자유주의적 관점으로는 자본주의적 발전의 기본 패러다임에 대항할 수 없다는 점이다. 사실 인구 조절, 교육, 무역 체제의 자유화, 수입의 독려 등은 이미 '제1차 유엔 10개년 개발계획'에서 발전 정책의 중심축이 되었는데, 이는 뮈르달 자신이 실시한 평가에서 승인한 내용이었다. 이런 식의 자유주의적 분석은 불평등한 정치적·경제적 기득권의 문제를 식별해 내기는 하지만, 엘리트의 제도적 로비를 통해 의제의 정책 결정 과정에서 일어나는 변화를 제외하고 어떻게 그런 기득권의 문제를 변화시킬 수 있는지에 대해서는 거의 설명하지 않는다. '제1차 유엔 10개년 개발계획' 선언에서는 여성이 특별히 언급되지 않았지만, 1962년 유엔총회는 여성지위위원회 Commission on the Status of Women, CWS에 발전에서 여성이 담당하는 역할에 대한 보고서를 준비하도록 요청했다. 그리고 보세럽의 선구적 연구인 『경제발전에서 여성의 역할』Woman's Role in Economic Development 초판이 출간된 지 4년이 지난 1974년이 되어서야 국제개발학회Society for International Development의 발전과 여성 분과Women in Development가 WID에 대한 초기 문헌들을 모으는 와중에 '발견되었다'(Boserup 1989; Tinker 1997, 34).

보세럽의 저작은 발전으로서 초기 양식의 근대화에 내미는 자유주의 페미니스트의 도전장이었다. 그것은 평등에 대한 논변과 효율성에 대한 논변을 결합시킴으로써 여성의 이해관계를 대변하는 강력한 정치적 진술을 제시하고 있었다. 보세럽은 생산 활동의 성격과 그 생산 활동에 대한 여성의 참여에 따라 여성의 지위가 다양하게 나타난다고 주장했다. 그녀에 따르면, 여성이 경제에서 주변화되는 이유는 임금노동자, 농부, 상인과 같은 경제적 역할에서 남성보다 여성이 돈을 덜 벌기 때문이었다. 농촌의 생산과정을 집중적으로 분석하면서, 보세럽은 농업의 기계화가 일반적으로 경제적 발전과 동일시되고 있지만, 기계화가 진척되면서 여성 노동은 전형적인 농업 노동에 속하지 않는 것으로 분리되었으며, 이는 다시 여성의 사회적 지위를 낮추는 결과를 낳았다고 밝힌다. 그녀는 이동 농업[21]과 관개 농업을 여성이 생산과정에 많이 참여하면서 여성의 사회적 지위가 높았던 경제 체제로 꼽는다. 팅커는 서구 원조 기구들이 젠더에 대한 고정관념을 수출하고, 농업 근대화가 오히려 경제적·사회적 측면에서 남성과 여성의 격차를 넓히는 결과를 낳았다는 주장을 통해 보세럽의 분석을 뒷받침했다(Tinker 1997). 로버트 오어 화이트와 폴린 화이트도 이와 비슷한 결론에 도달했지만, 동시에 그들은 '문화'가 [농업 근대화가 여성 지위에 미친 영향을] 완화하는 요소라고 지적한다(Whyte and Whyte 1982). 즉, 태국에서는 관개 농업 시스템 때문에 여성의 지위가 신장된 반면, 방글라데시에서는 같은 형태의 농업이 이루어지고 있었지만 이슬람교로 인해 여성의 사회적 지위는 낮아졌다는 것이다. 그러나 여성

---

21 [옮긴이] 지력이 소모되어 작물의 수확량이 급감하면 토지를 옮겨 경작하는 방식으로, 자연조건과 교통 등이 열악한 환경에서 비료를 주지 않고 실시하는 조방적인 농업 형태이다. 동남아시아·인도·아프리카 등 미개발 지대에서는 지금도 주로 이런 방식으로 농사를 하고 있다.

의 사회적 지위를 결정하는 데는 농업 생산의 참여 여부가 핵심적이었고, 이는 대체로 실증적인 자료를 통해 추산된 것이다.[22] 보세럽의 저작이 나온 지 10여 년 후, 로저스는 여성의 일과 사회적 지위에 대해 유사한 분석을 하면서, 발전 과정 자체에 영향을 미치는 여성의 중요성을 덧붙여 강조했다(Rogers 1982). 여성에게 기회가 확대됨으로써 여성만 득을 보는 게 아니라, 여성의 참여로 인해 발전 과정 자체의 목표를 성취하는 게 용이해진다는 것이다. 이는 여성을 둘러싼 상황을 개선하는 데 매력적이었던 만큼이나 효율성 측면에서도 호소력 있는 주장이었다. WID 의제가 정교화될 수 있었던 것도 바로 이런 식의 분석을 바탕으로 한 것이었다. WID의 기획은 근대화가 제3세계 남성뿐만 아니라 여성에게도 이롭다는 것을 확인하려는 것이었다.

자유주의 이론의 접근법에 입각한 WID는 접근 기회를 강조했지만, 여성이 위치하고 활동하는 사회적·정치적 구조는 간과하고 말았다. 베네리아와 센은 보세럽이 "대부분의 제3세계 국가에서 각기 고유한 형태로 진행되는 근대화는 그 나라에 이로울 뿐만 아니라 불가피하다"고 가정하고 있다는 점을 지적한다. "그녀는 식민 시기에 시작된 자본축적 과정을 종종 무시하며, …… 자본축적이 다양한 계급의 여성에 미친 상이한 효과들을 체계적으로 분석하지 않는다"는 것이다(Benería and Sen 1997, 45). 즉, 보세럽은 계급을 따라서 나타나는 여성의 계층화를 고려하지 않았을

---

22 이런 입장은 아마르티아 센의 젠더와 빈곤에 대한 저작에서 확인할 수 있다(Drèze and Sen 1989, 56-61; Sen 1995).

뿐만 아니라, 자본축적 체제가 남성이나 여성에게 미친 부정적 영향을 분석에 포함하지도 않았다. 따라서 그녀의 분석은 근대화로 인해 발생된 긴장, 즉 한편으로 자본주의적 근대화가 전통적인 사회적 관계들을 파괴해 버리는 전복적인 측면과 다른 한편으로 자본주의적 근대화에 의해 생겨나는 새로운 형태의 종속 사이의 긴장을 읽어 내기에는 역부족이었다.[23] 보세럽과 다른 WID 학자들이 제안했던 정책적 전망은 여성의 교육과 기술 수준의 향상이라는 측면에서 정책적 처방으로서 자주 반복되었고, 그로 인해 여성은 노동시장에서 훨씬 더 치열하게 남성과 경쟁하게 되었다. 사회적 범주보다는 개인에 초점을 맞추었던 이런 분석은 생산에 관한 남성적 규범을 특권화하고 여성이 따라야 할 것으로 상정함으로써 "[여성의] 삶에 대한 온전한 이해理解를 봉쇄해 버렸다"(Kabeer 1994, 30). 1980년대에 이르자 페미니스트 학자들은 이미 이런 접근 기회에 기반한 관점에 대해 비판을 가하고 있었다. 영국에서는 '여성의 예속'Subordination of Women 이라는 모임이 꾸려져, '여성의 이해관계'가 존재하는 것이라고 가정하기보다는 젠더 관계의 쟁점들에 대해 비교의 관점에서 접근할 것을 제안하는 한편, 발전 기구가 젠더 문제를 무시하는 관행에 문제를 제기했다(Pearson and Jackson 1998, 2).

WID의 접근이 내포한 이런 모든 문제들에도 불구하고, WID 이론가들은 그때까지 서구의 발전 기구와 정부가 간과해 온 일과 지위 사이의

---

23 여성의 일의 분석하는 데 축적 체제를 핵심에 놓고, 자본주의적 생산과 축적이 이루어지는 과정이 여성의 사회적 지위에 결정적으로 작용한다고 본 대안적인 관점에 대해서는, 나사푸르(Narsapur)의 레이스 생산자들을 연구한 마리아 미즈의 저작을 참고하라(Mies 1982).

중요한 연관성을 밝혀냈다는 점에서 긍정적인 역할을 했다. WID는 또한 여성의 사회적 지위를 향상시키는 수단으로서 평등 및 접근 기회와 관련된 쟁점들을 강조함으로써, 인도와 같은 자유주의적 민족국가가 그 사회에 끈질기게 남아 있는 젠더 격차를 해소하려는 시도들을 자극했다.

욕구의 충족, 잠재 능력의 개발, 발전의 지속

위에서 살펴본 바와 같이, 1970년대 처음 등장한 BN 접근은 발전에 관한 논의에 크게 기여했다. 그것은 성장과 소득을 발전 지표의 중심에 놓는 것에 대해 문제를 제기했고, 방법론적으로는 수단과 목적 사이의 이분법적 관계에 도전했다. BN 이론은 빈곤이 더 많은 소득이라는 '수단'으로 제거할 수 있는 '목표'가 아니라는 점을 밝혔다(Kabeer 1994, 138-140). 즉, 이 이론은 발전에 대한 자유주의적 '낙수 효과' 접근으로는 빈곤과 실업을 줄일 수 없다는 분석에 기초한 것이었다. 1969년에 국제노동기구는 빈곤과 실업에 관한 쟁점을 제기하면서 세계고용프로그램World Employment Programme을 진행했다. 여기에 깔려 있는 가정은 빈곤의 덫에서 벗어나는 길은 바로 고용이라는 것이었다.[24] 그러나 1976년 세계고용대회World Employment Conference

---

24 이것은 분명히 '여성 지위'와 관련한 논의에 중요한 결과를 낳은 출발점이 되었다. 이즈음에 이르러서는 사회주의 국가의 여성을 예시로 제시하는 것이 더 이상 가치 부여의 대상조차 되지 않았다. 당시 여성의 '이중 부담'(double day)은 사회주의 페미니스트 학자들에 의해 이미 이

에서 국제노동기구는 자신의 관점이 다음과 같이 변화했다는 것을 시인했다: "더 많은, 더 좋은 일자리 창출로 [빈곤 문제를 해결하기에는] 역부족이다. 고용 문제는 빈곤과 불평등을 둘러싼 좀 더 광범위한 쟁점과 밀접하게 연결되어 있고, 바로 그 맥락에서 고용 문제가 재검토되어야 한다"(ILO 1977, 31). 그리고 이 대회에서 "**발전 계획은 그 명시적인 목표로서 절대적 수준의 기본 욕구의 충족을 포함해야 한다**"는 국제노동기구의 제안이 만들어졌다(ILO 1977, 31. 강조는 원문).

BN 이론가들은 빈곤이란 사람들이 그들의 기본적인 욕구를 충족할 수 없다는 것을 보여 주는 신호라고 주장했다. 예컨대, 최소 수준의 칼로리 소비와 같은 욕구는 물질적인 것임과 동시에 센이 '행위성의 성취도'agency achievements의 요소들로 밝힌 참여, 역량 강화empowerment[25], 공동체 생활 등의 무형의 것도 포함한다(Sen 1987b). 따라서 BN 이론가들에 따르면, 삶의 양, 곧 수명을 강조할 뿐, 삶의 질을 간과하는 발전경제학은 불완전한 이론이다(Crocker 1995, 156). 그들은 이처럼 성장 정책과 분배 정책을 분리하는 것을 거부했다. 파키스탄 기획위원회의 수석 경제학자였으며, 이후 유엔개발계획UNDP의 국장을 역임했던 마흐붑 울 하크는 다음과 같이 제안한 바 있다. "발전의 문제는 최악의 형태로 나타나는 빈곤에 대한 선

론화된 문제였다(Molyneux 1979; Treiman and Hartmann 1981을 보라).

25 [옮긴이] 센에 따르면, 이는 "자기 결정 능력으로서 삶의 안전 보장을 위해 필요한 것을 입수해 이용할 수 있는 법적·사회적 경제적 능력이나 자격을 갖추는 것"을 의미한다. 이 책에서는 『센코노믹스: 인간의 행복에 말을 거는 경제학』의 옮긴이가 제안한 '역량 강화'를 번역어로 차용하되, 개개인의 역량 강화뿐만 아니라 여성의 집단적인 정치력의 증진이라는 의미를 포괄하는 경우에는 '세력화'로도 옮겼다(같은 책, 34-35쪽).

별적인 공격으로 정의되어야 한다. …… 우리는 GNP로 빈곤을 해결할 수 있으므로 GNP에 신경을 써야 한다고 교육 받았다. 이제는 이를 이렇게 뒤집어 보자. 빈곤이 GNP를 해결할 것이기에 빈곤에 신경을 써야 할 때이다"(Haq 1997, 60). 1977년 당시 국제노동기구는 2000년을 가장 필수적인 기본 욕구가 모든 사회에서 충족되어야 한다는 목표 기한으로 잡았다(Grant 1977, vii). 그러나 국제노동기구의 자체 분석에서도 나타나듯이, 이 목표는 두 개의 조건이 전제되어야만 성취될 수 있었다. 첫째, 중국이라는 주요 변수를 고려해 아시아를 제외한 전 세계 모든 지역에서 최저 빈곤층 20퍼센트에 속하는 가구가 보유한 몫이 두 배 이상으로 늘어야 하고, 특히 아프리카에서는 이 비율이 세 배가 되어야 한다. 둘째, "라틴아메리카의 중위 소득국을 제외한 나머지 지역에서 재분배 규모는 너무 심대한 사회적 변화를 일으키지 않을 정도여야 한다"(ILO 1977, 43).

BN 접근을 따르면서 발전 기구들의 관심은 실질적·잠재적 소득자로부터 멀어지게 되었다. 다시 말해, BN 접근은 노동자와 미래 세대뿐만 아니라 어린이, 노인, 환자, 고아, 장애인 등을 포함한 모든 사회 구성원의 욕구에 방점을 찍음으로써, 정통 근대화론에 대한 실질적인 도전을 제기했다. 이런 견해에 따르면, 기본 욕구에는 다음과 같은 두 가지 요소가 포함된다. 첫째, "기본 욕구에는 사적인 소비를 위해 한 가정에 필요한 최소한의 요건들, 예컨대 충분한 음식, 주거, 의복을 비롯해 일부 가구나 세간 등이 포함된다." 둘째, "기본욕구에는 일반적으로 공동체에 의해 그리고 공동체를 위해 꼭 공급되어야 할 기본적인 서비스인 안전한 식수, 공중위생, 대중교통, 보건 및 교육 시설 등이 포함된다"(ILO 1977, 32). 이런 까닭에 가족과 국가는 BN 이론가들의 주요 관심 대상이 되어 왔다. 그런데

BN 이론이 맥락에 따른 노동문제의 분석을 배제하지는 않았지만, 그 이론에는 가족 내부에서 작동되는 권력관계를 곧이곧대로 받아들이게 하는 젠더 이데올로기가 배태되어 있었다. 여성의 일 역시 국제노동기구 분석에서 부수적으로 다루어졌고, 그 분석의 관심마저도 일터에서 여성의 건강을 보호하기 위한 복지 의제에 머물러 있었다. [성장의 한계를 예측한] 로마클럽 보고서(Tinberger 1976)와 유엔 세계식량대회 ─ 농촌 고용, 식량 분배의 개선, 빈곤 감축 등의 쟁점들이 부각된 ─ 에서 제3세계와 제1세계 나라들 사이에서 오고간 대화를 보면, 이런 식의 국제노동기구의 접근이 광범위한 지지를 받았다는 것을 확인할 수 있다. 끝으로 BN 접근은 발전에 대한 사람들의 참여를 강조했다. 곧 사람들은 자신의 삶에 영향을 미치는 것들을 결정하는 데 참여할 수 있어야 한다는 것이다. "참여는 기본 욕구 전략의 두 가지 주요 요소[공적·사적 요소]와 상호 작용한다. 예컨대, [공적 서비스에 해당되는] 교육과 건강은 참여를 용이하게 하며, 참여는 다시 [사적인 소비를 위한] 물질적인 기본 욕구들에 대한 권리 주장을 강화할 것이다"(ILO 1977, 32). 이런 참여형 발전안이 광의의 기본적인 인권 ─ "인권은 그 자체로 목적일 뿐만 아니라, 다른 목표를 성취하는 데 기여하는"(ILO 1977, 32) ─ 에 기대고 있다는 것은 당연하다. 아래에서 살펴볼 것처럼, BN 이론은 인간의 잠재 능력에 대해 현재 활발하게 진행되고 있는 논의의 한 축이 되고 있고, 아마르티아 센과 마사 너스봄의 저작을 통해 유엔개발계획의 인간개발지수Human Development Index에도 반영되었다. 특히 BN 이론은 확장되어 고용에 관련된 양적 데이터뿐만 아니라 기본적인 잠재 능력을 개발할 수 있는 여성의 권리 및 고용과 관련된 삶의 질을 개선하기 위한 연구에도 사용되고 있다(Nussbaum 1999).[26]

센은 보편주의적 관심을 "같은 세대의 사람들 사이에서는 물론 세대를 넘어 공평무사하게 적용되는 기초적인 요구"라고 규정하는 데서 출발해(Anand and Sen 1996, 3), 발전이 인간의 성취도와 잠재 능력의 향상을 의미한다고 주장한다. "사회적 정의를 분석할 때, 한 사람이 지닌 잠재 능력 — 다시 말해, 남녀를 불문하고 한 개인이 가치 있다고 여기는 종류의 삶을 영위하기 위해 향유할 수 있는 실질적인 자유 — 의 관점에서 개인이 활용할 수 있는 자원에 대해 판단할 수 있어야 한다는 논거가 강력하게 제기된다"(Sen 1999, 87[119쪽]). 이 관점에 따르면, 빈곤은 '잠재 능력의 박탈'로 볼 수 있다. 하지만 저소득 이외의 요인에 의해서도 그런 박탈이 일어날 수 있다(Sen 1999, 87[120쪽]). 이와 마찬가지로 그는 개인의 자유에 초점을 맞추면서도 "'선호'preferences가 항상 믿을 만한 삶의 질의 지표가 되지는 않음"을 강조한다. 그 이유는 "선호는 압박감과 박탈감에 의해 다양한 방식으로 왜곡될 수 있으며, …… 자원이란 인체 기능human functioning을 증진하는 역할을 제외하면 그 자체로 가치를 지니는 것은 아니기 때문이다"(Nussbaum 1995, 5).[27] 마지막으로, 센은 다양한 공동체와 가족, 개인마다 저소득과 낮은 잠재 능력 사이의 관계는 가변적인 만큼, 공적 행동이

---

26 너스봄은 발전과 인권 및 잠재 능력을 밀접하게 결합시키는데, 이는 다음과 같은 주장에 기반한다. "정치적 영역에서 잠재 능력 접근법은 '인간 능력을 마땅히 발전시켜야 할 도덕적 권리의 행사'로 인지하는 기본적인 직관에서 출발한다"(Nussbaum 1999, 236). 여성과 인권에 대한 논의에 관해서는 5장을 보라.

27 센이 결과로부터 행위성을 유추한 것과 대조적으로, Kabeer(1999)는 현실에 기초한 분석의 필요성을 제기하면서 여성이 취하거나 취하지 않은 선택의 결과와는 상반되게 나타나는 여성 행위성의 증거를 교차 확인해야 한다고 주장한 바 있다.

이 관계를 바꾸는 중요한 수단이 될 수 있을 것이라고 주장한다.[28] 이와 같이 인간의 잠재 능력 개발이 강조됨으로써 부富와 GNP 성장에 집착하던 발전경제학은 도전받게 되었다. 센은 정책 입안자와 국가가 인간의 잠재 능력을 향상시킬 수 있는 정책들을 고려해야 한다고 촉구한다(Anand and Sen 1996, 15). 또한 인간의 성취 능력 향상을 강조하는 센의 이론은, "사람이 가치 있는 활동이나 기능을 수행할 때 갖게 되는 자유의 정도"에 대해서도 관심을 쏟는다(Drèze and Sen 1989, 42). 잠재 능력 이론은 '재화에 대한 통제력commodity command과 기능할 수 있는 능력functioning ability'[29]을 구별하면서, 노인과 어린이, 여성처럼 주변화된 집단과 관련한 이슈들을 제기한다. "특히 여성은 …… 대부분의 사회에서 특정한 기능을 성취하는 데 불리하다. 이런 문제의 원인은 육체적인 것일 뿐만 아니라 사회적인 것일 수도 있으며, 그 해결을 위해서는 여성을 둘러싸고 있는 제약들의 본질을 파악해야 함과 동시에 그런 제약이 어느 정도까지 제거될 수 있는지를 유념해야 한다"(Drèze and Sen 1989, 44). 마지막으로, 잠재 능력 접근법은 기능과 잠재 능력을 결정짓는 데 있어서 경제적인 투입 요소와 더불어 비경

---

28 센은 이에 대한 예시로 사하라 사막 이남의 아프리카 국가들에서는 사망률과 영양부족 및 문맹률의 수치상 '사라진 여성'의 수가 인도와 중국에 비해 훨씬 적다는 점을 제시한다(Sen 1999, 99-107[133-142쪽]).

29 [옮긴이] 센은 삶의 질을 평가하는 지표로 소득이나 효용이 아니라 인간의 기능(function)에 주목한다. 예를 들면, 빵을 먹을 수 있기 위해서는 재화를 구입하기 위한 소득수준은 물론 영양 섭취를 가능하게 하는 기본적 향수(享受) 능력 또한 필요하다. 따라서 빵에서 똑같은 영양분을 섭취하더라도 영양의 섭취 정도는 다를 수밖에 없다(『센코노믹스: 인간의 행복에 말을 거는 경제학』, 원용찬 옮김, 갈라파고스, 2008, 39-40쪽).

제적인 투입 요소도 고려해야 한다는 점에 주목했다. "영양 섭취의 문제는, 식량이 아닌 몇몇 핵심적인 투입 요소, 곧 보건이나 기초 교육 등에 대한 통제력의 제공에 의해 강하게 영향을 받는다. 그리고 이런 투입 요소들은 경제적 상태만큼이나 사회적 관습에 좌우된다(Drèze and Sen 1989, 44). 너스봄은, 이런 분석을 바탕으로 논지를 확장해, 생명, 신체의 건강과 유지, 감각, 상상과 사색, 감정, 실천 이성, 소속, 다른 종種과의 공생, 놀이, 자신의 환경에 대한 통제력 등의 모든 요소들이 함께 결합할 때, 인간의 실존에 필수적인 핵심적 잠재 능력이 구성된다고 제안한다(Nussbaum 1999, 235, 238). 나아가 그녀는, 이런 핵심적인 잠재 능력이라는 개념을 활용해, 여성과 평등에 대한 교차 문화적인(보편적인) 이해理解가 특수한 전통 규범에 의해 훼손되지 않을 정도로 탄탄하면서도 동시에 다른 문화적·사회적 맥락으로 옮겨질 수 있을 만큼 유연할 수 있다고 주장한다.

센의 저작이 갖는 중요성은 그것이 젠더 관계에 대해 보여 준 감수성이나 신자유주의 경제학에 대한 비판 외에도 여러 가지 의미에서 찾을 수 있다. 그것은 또한 인간의 욕구와 잠재 능력에 대한 이해를 심화시키고, 나아가 이런 잠재 능력을 개발하는 데 필요한 인타이틀먼트에 대한 논의를 확장시켰다. 파파넥Hannah Papanek과 같은 페미니스트 학자들의 연구에 기대어, 센은 여성의 인타이틀먼트를 '문화'에 기반해 승인하는 것에 반대한다. 그런 여성의 인타이틀먼트는 희생의 문화로 내면화되고 재생산된다는 것이다. 센의 정의에 따르면, 인타이틀먼트는 (원래부터 소유하고 있는 것을 지칭하는) '부존자원'endowment과 (생산과 교역을 통해 가능한 교환을 반영하는) '교환 인타이틀먼트의 전반적인 구조'exchange entitlements mapping를 기본적인 변수로 갖는다. 부존자원의 측면에서 보자면, 대부분의 사람에게 가장 중요한 것은 그들의 노동이고, 그러므로 노동의 조건이 인타이틀먼트를 분석할 때 항상 핵심적으로 고려되어야 한다고 센은 지적한다. 그러나 센은 이후의 저작에서 노동에 기반한 인타이틀먼트를 최대화하기 위해 요구되는 인타이틀먼트, 즉 자유의 영역을 지배하는 법적·정치적·인간적 권리를 포함하는 개념으로 그 관심 영역을 확장시킨다(Sen 1995; 1999, 38-40을 보라).[30]

BN 접근법 곧 인간의 욕구에 대한 일정한 관점을 공유함으로써, 인간 잠재 능력 이론가들은 또한 가구 소득과 한 가구의 다양한 구성원들이 차지하는 상이한 권력의 지위 문제를 구분해 볼 수 있게 되었다. 왜 여성과 아이들은 개인으로서 그리고 집단의 구성원으로서 남성에 비해 더 큰 박탈을 겪는가? 가족 내에서 자원은 이타적으로 분배된다는 가정(Becker 1981)은 이제 도전받고 있다.[31] 드레즈와 센은 여성이 임노동의 세계는 물론 가족 소득 및 그 소득분배의 통제권에 대해 접근할 수 있는 기회가 제한되었기 때문에, 가족 내 여성의 지위가 불리해졌다고 주장한다. 사실 가족은 베커가 설명한 것처럼 자원이 조화롭게 분배되는 이타적인 공간이 아니라, 상당히 문제적인 공간이었다. 여성은 집과 공적 영역에 존재하는 가부장적인 사회관계로 인해 고통받는다. 따라서 가족 내에서 여

---

30 센은 이런 자유가 발전에 도구적(수단)이지만, 동시에 발전의 목적이 될 수도 있으며, 따라서 발전을 구성하는 일부라고 본다. 그가 발전에 중요하다고 확인한 도구적 자유에는 정치적 자유, 경제 시설, 사회적 기회, 투명성의 보장, 보호를 위한 안보 등이 포함되며, 이 자유들은 상호보완적일 뿐만 아니라 개인의 잠재 능력을 키우는 데 일조한다(Sen 1999, 35-38[57-60쪽]).

31 앞서 언급한 것처럼, 1970년대 국제노동기구는 가족에 대한 별다른 문제의식 없이 가족이 개별 가족 구성원들의 욕구를 채울 수 있다고 가정했다.

성과 소녀들은 매우 부당한 대우를 받고 있었고, 그들의 삶의 질은 베커의 이타적인 모델이 인지했던 것보다 훨씬 더 심각했다(Drèze and Sen 1989, 56-61; Sen 1999, 189-203[245-262쪽]). 가족에 대한 이런 분석은 페미니스트의 가족 비판과 여성이 '가부장적 거래'를 헤쳐 나가면서 가족 내 자신들의 공간을 협상해 가는 방식에 대한 분석을 따르고 있었다(Kandiyoti 1988을 보라). 센에 따르면, 이런 거래를 인식하는 것이 중요한 이유는 가족 내 여성의 노동으로 인해 가족의 자원(인타이틀먼트)이 절대적으로 증가하게 되면, 이 자원에 대한 여성의 몫은 상대적으로나마 늘어날 수 있다는 점에 있다. 잠재 능력 접근법의 핵심은 GNP의 증가보다 모든 인구 집단이 그들의 잠재 능력을 향상시키고 삶의 질을 높이며, 세대 간의 정의에 대한 관심을 촉구하는 것이었다(Anand and Sen 1996). '비물질적인' 욕구의 실현을 개발 사업의 일부로 받아들임으로써, BN 접근법은 또한 목표나 성과뿐만 아니라 발전 과정의 중요성을 부각시켰다. 즉, 사람들이 그들 자신의 삶에 영향을 미치는 결정 과정에 참여해 개발 사업을 스스로 운영할 수 있는 것이 기본 욕구 의제의 중요한 일부를 구성했다. 그리고 참여를 강조함으로써 사람들의 삶의 터전에 주의를 기울이고자 했다. 사람들이 가장 활발하게 참여할 수 있는 것은 국가적인 범위에서보다는 지역적인 범위의 맥락에서일 것이라고 추측되었기 때문이다. 그렇지만 피어슨과 잭슨은 [BN 접근의 딜레마에 대해] 다음과 같은 질문을 던진다. "'본질주의의 오류 그리고 스스로 결정하는 개인이라는 가정을 전혀 의문시하지 않는 태도라는 두 가지 함정'에 빠지지 않으면서, 우리는 어떻게 '성별화된 정체성과 주체성'을 개념화할 수 있을까? 여성 주체를 복구한다는 것은 본질주의에 빠질 위험을 안고 있는 반면, 여성 주체를 거부한다는 것은 젠더의 차이를 제거할 위험을 안고 있다"(Pearson and Jackson 1998, 8).

발전을 지속하기

이후 발전에 대한 페미니스트의 비판에서도 경제적·사회적·물질적·비물질적 욕구가 중심이 되었다. 에코 페미니스트의 비판은 매우 광범위해서 근대화 정책들과 근대주의 패러다임 모두가 그들의 비판 대상이 되었다. 그들은 지속 가능한 발전이라는 주장을 받아들이면서도, 그 주장을 더 심화시켜 사회적 삶과 생물학적 삶 사이의 관계 및 그 관계를 구조 짓는 권력관계를 포괄하도록 했다. 에코 페미니즘은 생태 운동과 평등주의적 토대를 공유하고 있다. 그것은 여성과 자연 사이에 형성된 '오래된 연관성'(Merchant 1980)을 다음과 같이 재확인한다. "에코 페미니즘은 생명공학의 새로운 발전에 내장된 배타적인 젠더 편향성을 지적한다. 이를 통해 여성에 의해 유지되어 온 자연의 고유한 생산 역량이 '반反자연적이며 식민주의적'으로 강탈당하고 있다는 사실을 폭로한다"(Mies and Shiva 1993, 16). 에코 페미니즘은 과학 지식의 오만함과 가부장제적 성격이 밀착되어 있음을 보여 줌으로써 근대과학과 기술이 걸어 온 궤적을 문제시하고, "진보의 비용과 성장의 한계, 기술적인 결정 과정의 결함, 자연보호의 절박한 필요성 …… 등을 강조한다"(Merchant 1980, xix). 지속 가능한 발전에 대한 에코 페미니즘의 공약은 미래 세대와 지구에 대한 헌신이기도 한데, 이는 여성의 본질과 여성됨의 경험에 의해 뒷받침된다(Diamond and Orenstein 1990). 특히 반다나 시바는 인도의 칩코 운동에 대한 저작에서 악화되고 있는 여성의 삶과 환경을 식민주의와 직접 연결시킨다(Shiva 1989). 그녀는 과학이 전쟁 기술로 이용되거나 그런 기술을 갖지 않은 사회에 반해 사용될 때, 과학은 자연과 전쟁을 벌인 것이라고 주장했다. "여성은 생태 파괴에 저항하고 원자폭탄으로 인한 절멸의 위협에 대항할 때마다, 자신과 다른 이들 및 자연에 대한 가부장적 폭력이 모두 연결되어 있다는 것을 즉각적으로 알아차렸다"(Mies and Shiva 1993, 16). "우리는 환경에 대한 '기업과 군 전사들'의 공격이 우리 여성의 몸에 대한 공격이라는 것을 거의 육감적으로 알았다"(Mies and Shiva 1993, 16). 에코 페미니즘의 반反근대주의는 성장을 비판하는 목소리에 급진성을 부여한다. 에코 페미니스트들이 옹호하는 대안적인 발전 모델은 반反가부장적이고, 분권화되어 있으며, 상호 의존적이고, 지속 가능한 발전이다(Braidotti et al. 1994를 보라).[32]

BN 이론, 인간 잠재 능력 이론, 에코 페미니즘은 모두 지속 가능한 발전에 관심을 둔다. '지속 가능한 발전'이라는 용어는 『우리 공동의 미래』

---

[32] 과학과 기술에 대한 시바의 견해에 대한 비판으로는 Nanda(1999)를 보라. 난다는 "이제 우리는 과학적 합리성을 사회적·문화적 담론으로 해체하는 작업이, 서구와 제3세계 모두에서 소위 '급진적'이라고들 하는 과학 비판자들이 오랫동안 탐닉해 왔던 사치품이라는 점을 인정해야 한다"라고 주장한다. 더 나아가 그녀는 "객관적이라고 자임하는 모든 지식이 권력과 젠더 정체성, 혹은 문화적 담론 위에서 구성된 것이라고 단정적으로 주장하는 이런 종류의 과학 비판으로 인해, 근대과학 지식의 교차 문화적 전유(trans-cultural appropriation)를 위한 이론적 근거가 설 자리를 잃었다"라고 주장한다.

*Our Common Future*라는 제목으로 출간된 세계환경개발위원회World Commission on Economic Development, WCED의 1987년 보고서에 언급되면서 대안적 발전 담론의 일부가 되었다. 이 책에 따르면 지속 가능한 발전은 "미래 세대의 욕구를 충족시킬 수 있는 능력을 위태롭게 하지 않으면서 현재의 욕구를 충족시키는 발전"으로 정의된다(WCED 1987, 43). 그리고 미래의 욕구를 충족시키기 위해 요구되는 환경의 능력을 지속시키기 위한 두 개념 — '욕구'와 성장의 한계 — 이 핵심적으로 다루어졌다. 즉, 지속 가능한 발전은 분명히 BN 담론 위에 세워졌지만, 이와 동시에 미래 세대의 욕구에 초점을 맞춤으로써 환경의 장기적인 지속 가능성에 대한 생태학적 관심역시 뒷받침하고 있었다. 이처럼 BN 이론 및 인간 잠재 능력 이론과 더불어 지속 가능성에 대한 논의는 발전에 대한 자유주의적 논의를 성장중심에서 벗어나 한층 심화시키고자 했다. 이 비판들은 모두 성장 중심의 발전 담론을 정의와 윤리의 관점에서 공략하고, 발전을 다르게 상상하는 대안적인 방법들을 제시하고자 노력했다.

지속 가능성에 대한 논의는 성장 중심의 의제에 대한 강력한 대항마가 되었다. 그리고 이 논의의 영향력이 조만간 더욱 커질 것이라는 점은 의심의 여지가 없다. 지속 가능성에 대한 논의는 여러 가지 이유로 매력적이다. 첫째, 그 논의가 설령 발전 담론의 척도를 근본적으로 바꾸려고 한 것일지라도, 그것은 자유주의적 패러다임 내에서 제기된 도전이라는 점을 들 수 있다. 그 논의의 관심은 급진적이지만, 변화를 위해 사용하는 수단의 측면에서 보면 그 논의는 설득과 논쟁, 국가와 NGO 및 유엔과 같은 국제기구 등의 정책에 개입하기 위한 활동과 같이 우리에게 친숙한 방식을 활용한다. 둘째, 그 논의가 내부로부터 제기된 도전인 만큼, 그것은 실현 가능한 정치의 언어로 이야기한다. 곧 NGO는 로비 활동을 할수 있고, 경제학자와 철학자는 설득할 수 있으며, 사회운동은 지배 담론에 압력을 가하고 이의를 제기할 수 있다. 그것은 다양한 정치적·문화적·사회적 조건에서 다수가 참여할 수 있는 실천을 가능하게 한다는 점에서 실현 가능성에 착목한다. 셋째, 아마도 이런 부류의 접근 방식에서가장 매력적인 점은, 지속 가능한 발전의 논의가 발전에 대한 다양한 사회운동 및 발전과 관련된 다양한 위치에 있는 이들의 관점과 관심사를한 자리에 모이게 한다는 것일 게다. 경제 발전과 그 지표들에 기초한 국제적 헤게모니 담론이 존재한다면, 그에 도전하는 담론은 최소한 대항 헤게모니를 구축할 수 있는 합의점counter-hegemonic consensus을 만들 수 있는 잠재력을 갖는 것이 중요하다. 즉, 일련의 중요한 담론들이 지속 가능성이라는하나의 우산 아래 함께 모임으로써, 이런 대항 헤게모니를 위한 잠재력이 가시화된다.

집단에 따라 차별화된 욕구는 발전 과정에 대한 요구 사항과 결과에대한 요구 사항이 구분되어야 한다는 것을 의미했지만, 그렇다 하더라도이렇게 구분된 집단들 자체는 상대적으로 폐쇄적인 범주로 남아 있었다.예컨대 여성과 장애인 사이에 중첩되는 지점은 거의 고려되지 않은 채,여성과 장애인은 각각 다른 범주로 취급된다. 여성과 자연 사이의 관계를 본질화하면서, 에코 페미니즘은 페미니스트와 여성 활동가들이 받아들이기 어려운 문제를 던진 셈이다(Agarwal 1992; Nanda 1999). 페미니스트 학자들은 '여성, 환경, 발전'women, environment, development, WED이 주장하는바를 점점 더 불편하게 여기게 되었다. 이들의 주장에 따르면, "사회적현실에 기반을 둔 페미니스트 분석과, 여성의 현실을 자연적 미래와 동일시하는 막연한 '자연주의적인' 관점의 차이는, 지속 가능한 미래라는 개념에 여성을 삽입하기보다는 경제적·사회적·정치적 재생산의 맥락으로부터 여성을 분리시키는 데 있다"(Pearson and Jackson 1998, 9).[33]

게다가 지속 가능한 발전을 비판하는 입장은, 성장 의제를 비판하면서도, 전 지구적으로 확장하고 있는 시장 주도적 발전에 대한 대안으로 '공공재'의 공급을 위한 '공적 행동'을 제안하는 데 그치는 한계가 있었다.[34] 지속 가능한 발전 접근은 비록 자본주의적 발전 형식에 대해 문제를 제기했음에도 불구하고, 여전히 자본주의적 모델에 갇혀 있었다. 욕구에 기초한 발전의 정치학은 지배적인 사회관계에 어떤 식으로든 근본적으로 도전하기보다 자유주의적 비판, 설득, 정보 공유, 교육 등의 방식을 취하는 데 그쳤다. 예컨대 BN 이론가들이나 실천가들은 왕왕 1960년대 후반에 실행되었던 중국의 발전 모델을 하나의 방법으로 제시했다. 이 모델은 노동 집약적이고 소규모의 지속 가능한 산업에 집중하고, 빈곤의 근절과 기초 교육 및 보건을 중요시하며, 유연할지라도 모두를 고용하는 완전고용을 강조했다. 하지만 그들은 이 정책들을 언급하면서 중국이 자본주의 세계에 대항하고 있다는 사실은 전혀 아랑곳하지 않았다. 중국식 발전 모델은 정책 선택에 대한 기술적인 발전 논의로 탈정치화되

---

33 여기서 특히 Agarwal(1997)의 연구 또한 참고하라. 아가왈은 토지와 토지권과 같은 특수한 자원에 대한 성별화된 이해관계와 성별 노동 분업에 기초한 생태적인 과정을 강조면서, 환경에 대한 관심은 여성이 이런 자원에 대한 접근에서 배제된 상태에 대한 투쟁으로 발전되어야 한다고 주장한다.

34 공공재에 대한 논의는 Kaul, Grunberg and Stern(1999)과 이 책의 4장을 보라.

어 언급될 뿐이었다. "당연하게도 중국의 독특한 정치 체계와 세계로부터 고립된 상황, 광활한 영토, 이데올로기적 동원 등이 모두 중국식 발전 양식의 진화에 기여했다. 하지만 우리가 중국의 정치에 동의하지 않을 때에도 거기서 배울 만한 교훈이 있을까?"(Haq 1997, 61; Anand and Sen 1996 또한 보라).[35] 정치에 대한 자유주의적 관점은 여전히 자유 시장에 기반을 둔 발전 전략에 대한 이 같은 강력한 비판들의 중심에 있었다.

여성에서 젠더로: 발전에 대한 페미니스트의 분석

1980년대 무렵 WID의 관점은 페미니스트 학자와 활동가들의 비판에 직면했고, 이런 비판으로 인해 주요 관심의 대상은 여성에서 젠더 관계로 이동하게 되었다. 일부는 이런 변화 때문에 여성의 주장이 탈정치화되고 중심을 잃게 된다는 견해를 밝힌 바 있고, 지금도 여전히 그 견해를 고수한다. 그와 달리, GAD 이론가들은 여성의 지위를 결정하는 사회적 관계야말로 정치적 활동의 핵심이어야 한다고 주장한다(K. Young 1997, 51-54를 보라). WID와 GAD 이론가들의 주된 차이점들은 〈표 2-1〉에 간략히 정리되어 있다.

---

35 중국 정부가 사회주의적 발전 모델을 저버리고 난 후 이제는, 세계은행의 보고서(1999b, 2000)가 중국식 자유화에 대한 인용들로 넘쳐 난다는 게 전혀 놀랍지 않다. Sen(1999, 41-43) 또한 참고하라.

〈표 2-1〉 WID와 GAD의 비교

	WID	GAD
접근	발전 계획과 정책에서 여성의 부재를 주된 문제로 인식	남성과 여성 사이의 불평등한 사회적 관계와 그 불평등을 '자연스럽게' 보이게 하는 것을 주된 문제로 인식
초점	여성	특히 여성의 예속에 대한 관심을 바탕으로 사회적으로 구성되고 승인되며 존속되는 여성과 남성의 관계
문제	발전 과정에서 여성의 배제 발전 자원의 절반 인구의 손실을 이 배제의 결과로 강조	공평한 발전과 여성의 완전한 참여를 가로막는 불평등한 권력관계
목표	여성을 포함하는 좀 더 효율적이고 효과적인 발전	여성과 남성 모두를 결정 과정에서 완전한 참여자로 포함하는 공평한 발전
해결책	여성을 기존의 발전 과정에 통합	취약 집단과 여성의 세력화 및 불평등한 관계의 변혁
전략	• 여성 사업과 여성의 요소가 통합된 사업 주목 • 여성의 생산성과 소득 증대 • 여성의 가계 관리 능력 증진	• 젠더 불평등과 지구적 불평등을 고려한 발전 과정의 재개념화 • 여성과 남성이 결정한 실질적인 욕구를 확인하고 제시함으로써, 그들이 처한 조건의 개선과 동시에 여성의 전략적 이해 제시 • 사람 중심의 발전을 통한 빈민의 전략적 이해 제시

자료: Parpart, Connelly and Barriteau(2000, 141)에 기초

발전에 대한 GAD의 관점에서는 가정 및 임노동 내 성별 노동 분업과 자원 및 수익에 대한 접근 기회와 통제권, 다양한 맥락에서 여성과 남성의 물질적·사회적 지위 등의 문제가 중심적으로 다뤄진다. 예컨대 신시아 인로의 연구는, 채무 변제에서 관광 산업의 발전까지 아우르는 일련

의 국제정치경제적 쟁점들이 가부장제 사회에서 여성과 남성이 갖는 특수한 위상화에 기반을 두고 구축되는 방식을 종합적으로 설명한다. 예를 들어, 그녀는 각국의 정부나 국제 조직들 및 국내외의 많은 NGO들이 어떤 식으로 이런 관계들을 지지하는 데 연루되어 있는지를 보여 준다. 이는 그들이 인정하지 않는다 하더라도, '젠더가 세상을 돌아가게 만든다'는 뜻이다(Enloe 1989, 1).[36] 인로는 "여성의 비가시화는 국제정치에서 여성성과 남성성이 작동하고 있다는 사실을 감춘다"고 결론 내린다(Enloe 1989, 11). 남성과 여성을 가시화하는 것이 항상 그들을 본질화하는 것을 의미하지는 않는다. 이와 반대로 남성과 여성의 가시화는 국가 간에서 그리고 한 나라의 다양한 종족들 간에 작동하는 여성성과 남성성의 정치학에 대한 검토를 촉구한다(Enloe 1989, 13). 이처럼 젠더 관점에서 정책을 분석하는 것이 GAD 담론의 핵심이다.

그리고 젠더에 관한 논의에서는 여성이 처한 구체적인 사회적·정치적 맥락에서 무엇을 여성의 실질적인 — 좀 더 우선적인 — 욕구로 보고, 무엇을 여성의 전략적인 — 혹은 장기적이고 변혁적인 — 욕구로 볼 것인가가 중요한 초점이 된다. 이런 욕구들에 대한 평가는, 잠재 능력과 사회적 지위 향상을 두고 협상을 벌이기 위해 여성들이 점유한 공간에서 중요한 의미를 지닌다(Molyneux 1985; Moser 1993).[37] 이런 이해관계에 대

---

36 "따라서 국제 부채의 정치학은 단순히 채무국의 여성에게 어떤 영향을 미치고 있는가의 문제만이 아니다. 만약 불안한 체제에서 정치적 정당성을 잃지 않으면서 비용 절감의 기준이 수용될 수 있도록 어머니와 부인이 기꺼이 비용 절감의 고통을 감내하지 않았다면, 국제 부채의 정치는 현재와 같은 모습으로 작동하지 않을 것이다"(Enloe 1989, 185).

한 관심은 세력화와 관련한 논의에도 점차 반영되고 있다(Moser 1989; Rowlands 1997; Parpart, Rai and Staudt 2002). 이렇게 GAD의 관점이 발전에 대한 페미니스트의 논의에서 우세해졌지만, 여전히 많은 발전 계획이나 발전 기구의 사업에서는 사정이 다르다. 일례로 모저는 다음과 같이 주장한다. 실제로 발전 계획을 실행할 때는 "WID에 기초한 계획이 덜 '위협적'이라는 이유로 훨씬 더 자주 사용된다. …… 해방을 근본 목적으로 하는 젠더 계획은 정의상 좀 더 '도전적인' 접근이라고 할 수 있다. GAD의 목적은 예속과 불평등을 주된 쟁점으로 전제하면서, 여성의 세력화를 통해 여성과 남성의 사회적 평등과 형평성을 성취하는 데 있다"(Moser 1993, 4[15쪽]). 그러나 나는 GAD의 이런 도전적인 성격이 잠재적으로는 강력한 힘을 지니고 있음에도 불구하고, 실질적인 정책의 측면에서 GAD가 너무 자주 WID와 혼용되고 있다는 점을 지적하고자 한다. GAD 접근법이 이론적으로 명백히 '페미니스트'적이고 따라서 기존 사회관계에 좀 더 도전적일지라도, 우리는 국내외의 주요 발전 기구들이 GAD의 용어들을 흡수함으로써 발생하는 선별적 포섭co-option의 위험성과 그에 따른 GAD식 도전의 한계를 인식해야 한다.[38] 젠더의 제도화는, 그 이전의 여

---

37 이해관계(interests)에 관한 좀 더 자세한 논의는 5장 참조.

38 세계은행과 IMF조차도 GAD의 용어를 접수했다. 세계은행의 운영 매뉴얼(1999a)인『발전의 성별성』(*Gender Dimension of Development*)은, 세계은행이 "국가 보조 프로그램에서 통합적으로 젠더를 고려하는 것을 목적으로 한다"고 명시하고 있다. 여성의 세력화에 대한 쟁점을 제기하기 위한 여성 국가기구들 간의 네트워크는 점차 많아지고 있다(Rai 2002b를 보라). 또한 젠더를 주요 사안으로 다루는 NGO들이 기하급수적인 증가세를 보이고 있으며(Stienstra 2000), 주요 국제 NGO의 사업 또한 젠더에 초점을 맞추고 있다.

성의 통합이 그랬듯이, 페미니스트 활동가나 이론가에게 실질적이고 정치적으로 중요한 문제를 제기한다(Baden and Goetz 1997, 10). 아마도 그 핵심에는 권력관계에 대한 문제가 있을 것이다. 곧 여성과 남성 사이의 권력관계는 물론 다양한 사회적·경제적 공간을 점유하고 있는 여성들 사이의 권력관계의 문제가 관건을 이룬다.[39] GAD가 성취하고자 하는 열망과 선별적으로 포섭될 위험성 사이의 괴리를 해결하기 위해, 가부장적 관계와 더불어 생산과 축적의 관계를 고려하는 것이 GAD 앞에 놓인 도전 과제일 것이다(5장과 6장을 참조하라).

해체와 재현: 탈근대적 발전의 정치학

1980~90년대에 부상한 발전에 대한 탈근대주의적 페미니스트 비판은 WID와 GAD에 기반을 두면서도 그와는 다른 방향으로 논의를 확장시키고 있었다. 탈근대주의의 핵심에는 료타르가 칭했던 '거대 서사를 향한 불신'이 존재했다(Lyotard 1984, xxiii-xxiiv). 국가가 주도하는 발전 전략들이 제대로 작동하지 않고 국제기구들의 관심사가 다소 협소한 발전 의제들에 쏠려 있다는 점에 대한 인식이 점차 증가하면서, '개발 사업' 그 자체

---

39 '세력화'는 '모성'과 마찬가지로 어떤 발전 기구에서도, 심지어 일반적인 사기업에서조차 수용 가능한 용어이다(World Bank 2000, part II를 보라). 이 표현과 이것이 GAD 관점에서 사용되고 있는 방식에 관한 비판적 성찰에 대해서는 Parpart, Rai and Staudt(2001) 서론을 참고하라.

에 대한 환멸감도 팽배해졌다. 이런 '탈근대적 발전'post-development의 관점에서 '이성'과 확정성determinacy이 의문에 부쳐졌으며, 이분법적인 서구 철학이 아니라 우리가 살면서 부대끼는 다양한 차이들에 초점을 맞춤으로써 편재한 권력관계들이 발견되었다. 그 비판의 핵심은 다음과 같다.

> 탈근대주의적 비판은 발전의 텍스트와 말에 초점을 둔다. 즉, 발전이 서술되고 이야기되는 방식, 관리와 관여를 필요로 하는 어지러운 영역으로 세계를 그려내는 발전 텍스트의 어휘들을 비판하고, 발전 텍스트에서 나타나는 양식화되고 반복되는 형식과 내용, 공간적인 형상화와 상징, 역사의 이용(과 남용), 전문가나 권위를 내세우며 대안적인 목소리를 침묵시키는 방식을 지적하며, 발전이 생산하고 가정하는 지식의 형태들과 발전이 승인하고 재생산하는 권력관계를 환기시킨다(Crush 1995, 3).

탈근대주의적 비판가들은 "제3세계에 대한 상상, 그리고 제3세계 스스로의 상상은 일차적으로 발전이라는 메커니즘을 통해 이루어져 왔으며, 이는 다른 방식의 관점과 실천을 주변화하거나 불가능하게 만들어 왔다"고 주장한다(Escobar 1995b, 212). 이처럼 발전은 오리엔탈리즘과 마찬가지로 어떤 것을 구조화하는framing 특징을 가지고 있다.

발전에 대한 탈근대주의적 비판들은 자유주의적인 근대화 이론과 마르크스주의적 변혁 담론 모두를 반대한다. 이것이 강조하는 것은 국가와 사회의 근대화를 정의하고 관리하는 것이 아니라 그에 대한 비판이었다. 거대한 규모의 산업화와 상업화의 물결이 휩쓸고 간 뒤, 세계를 뒤덮은 환경 위기에 대한 불안감이 커지자 이런 비판은 더욱 고무되었다. 거대 서사에 대해 탈근대주의자들이 가지고 있는 강한 적개심 속에는 문제 해결의 틀로 과학의 최고성을 상정하는 관점에 대한 문제의식이 존재했다. 계획된 발전에 대한 비판과 마찬가지로, 근대와 전통의 이분법은 거부되었다. 이 견해에 따르면, 국가 주도적 발전은 발전에 대한 해답이 아니라 발전을 위해 해결해야 할 문제에 불과하다. 과학이 지식의 주춧돌임을 거부하는 것은, 탈근대주의적인 관점에서 우리가 세계에 대해 다른 방식으로 사고하고 분석할 수 있게 되었다는 것을 의미했다. 이와 같은 사유 방식은 서구 과학의 가장 체계화된 지식보다 우월하거나 열등한 것이 아니며, 탈근대적 발전의 틀 내에서 그와 동등한 위상을 가진다. 이런 흐름에 기초해 정치적·개념적 공간으로서 '지역'이 중요해졌다. '지역'의 중요성은 민족국가에 의해 재편되는 공간이 아니라 삶을 개선하는 계획들이 복합적으로 이루어지는 공간이라는 데 있었다(Crush 1995; Escobar 1995b; '지역'에 대한 분석에 대해서는 이 책의 6장을 참고하라).

발전에 관한 논의에 개입했던 페미니스트들은 이런 탈근대주의적 비판에 참여함으로써 새로운 공간에 진입할 수 있게 되었다. 많은 페미니스트들이 탈근대주의에 매료된 것은, 그들이 GAD의 관점을 견지하면서도 '차이'를 강조할 수 있었기 때문이었다. 페미니스트들은 여성이 철학과 과학이라는 남성 지배적 세계에서 사회적 '타자'로 형성되었다고 오랫동안 주장해 왔다. 지식/권력의 전통적인 구조 내에서 여성의 주체성은 부정되었다. 앞서 언급했듯이, 페미니스트들은 또한 WID식으로 여성을 본질화된 대상으로 다루는 것과 성별화된 사회적 관계에 대한 잠재적으로 다원주의적인 이해 사이에서 고군분투해 왔다. 파파트와 마한트가 탈근대주의에 대한 페미니스트의 논의들을 탁월하게 요약한 글에서 밝힌 것처럼, 페미니스트가 차이를 강조하고 탈근대주의에 매료된 것과 서구

백인 중산층 페미니즘에 대한 비판이 동시에 일어났다는 것은 놀랍지 않다. 탈근대주의적 페미니스트들은 이런 초창기 페미니즘이 표출한 바가 자신들의 존재와 경험과는 동떨어진 것이라 판단했던 것이다(Parpart and Marchand 1995, 7). 다양한 페미니즘이 출현해 이른바 대문자 페미니즘을 탈구displacement시키는 현상은 많은 페미니스트들에게 자기 점검의 출발점이 되었다. 그리고 이는 페미니스트들 자신은 물론 다른 주체의 위상을 비판적으로 분석할 수 있는 공간을 창조했다. 일부 제3세계 페미니스트들은 이 새로운 공간에서 서구 페미니즘들을 비판할 수 있었을 뿐만 아니라, 정체성에 기반한 정치라는 골치 아픈 쟁점에 대한 검토를 시작할 수 있었다. 민족주의 담론은 정체성의 정치가 지닌 의의를 모호하게 만들어 버리거나 선별적으로 흡수해 버렸던 것이다. 탈근대적 발전 이론가들에 의해 정립된 근대성, 발전, 오리엔탈리즘 사이의 연결은 많은 페미니스트들에게 반향을 불러일으켰다. 특히 오리엔탈리즘과의 연결을 통해 페미니스트들은 제3세계 여성 내부의 차이를 쟁점화할 수 있었다. 이런 작업이 계급에 대한 마르크스주의적 관점에서 이루어졌음에도 불구하고, 탈근대적 발전 페미니스트들은 마르크스주의 또한 근대화 엘리트의 지적 공범자로 지목했다. 이와 마찬가지로, 원조국과 피원조국 간의 그리고 NGO의 업무 담당자와 제3세계 '수혜자' 간의 위계적인 관계에 대해서도 관심을 가졌다. 에코 페미니스트의 과학에 대한 비판은 이미 앞서 논의한 바와 같다. 제3세계 여성이 그들 자신의 욕구와 의제를 표출할 수 있는 공간을 모색한 것처럼, 일부 다른 탈근대적 발전 페미니스트들은 그들의 접근 방식에서 '세력화'의 요소를 찾기도 한다(Marchand and Parpart 1995를 보라).

탈근대주의적 비판과 탈근대적 발전 논의가 갖고 있는 주요 문제로는 두 가지가 제기되어 왔다. 먼저 행위성에 대한 문제이다. 구조가 없다면, 곧 모든 권력이 분산되어 있으며 모든 위계질서가 불필요하다면, 우리는 어떻게 정치적 행동주의activism의 문제에 접근해야 할까? 남성과 여성을 둘러싼 구조적 틀이 아니라 양자의 차이에 집중하게 되면 반대를 동원하기가 어려워진다. 그리고 정치적·사회적·경제적 조직에 대한 문제 또한 성취 가능한 목표가 의문시될 때는 난항에 빠지게 된다. 아마도 이 맥락에서 가장 무시하기 어려운 문제는 상이한 입장이 지닌 상대적 가치의 문제일 것이다(Moghissi 1990, 50-51을 보라). 여성들에게 '모성'에 충실하라고 주장하는 우익의 여성 동원과 여성이 개인 또는 집단의 성원으로서 자신의 이해관계를 표출할 수 있는 공적 공간을 찾기 위해 노력하는 것 사이에 과연 어떤 선택지가 존재하는가? 그렇다면 탈근대적주의적 관점은 정치적 허무주의로 귀착되는 것이 아닐까? 그 관점은 결국 어디에도 설 곳이 없게 되는 것은 아닐까? 하스톡은 권력에 대한 탈근대주의적 관점에 대해 다음과 같이 지적한다. 그것은 "오로지 수동적이거나 거부하는 것만을 가능한 선택으로 제시한다. 변혁보다는 저항이 …… 사고를 지배하고, 그 결과 …… 정치는 제한된다"(Harstock 1990, 167).

다음으로는 정치 문제다. 이에 대한 비판은 자유주의자와 마르크스주의자를 포함한 다양한 부류로부터 제기된다. 예를 들어, 아민은 "탈근대주의는 신자유주의적 유토피아인가?"라는 질문을 던지면서, 다음과 같이 지적한다. 탈근대주의는 "민족이나 하위 민족 집단들 혹은 종족 공동체들 속으로 도피해 버리기 때문에, …… (세계의 변혁을 요구하는 긍정적 유토피아와는 대조적이라는 점에서) 부정적인 유토피아이다. 근본적으로 그것은 자본주의적 정치경제의 당면 요구에 대한 항복을 의미한다. 그것이 희망이라면, 고작해야 자본주의 체계를 '인간적으로' 관리하는 유토피아적 희망에 불과하다"(Amin 1998, 101). 다른 한편, 월비는 "사회 이론 내에서 탈근대주의는 젠더, 인종, 계급 개념의 분열을 가져왔으며, 가부장제, 인종주의, 자본주의를 전반적으로 설명하는 중요한 이론들이 지닌 적합성을 부정하는 결과를 낳았다"고 주장한다(Walby 1990, 2). 모기시는 이란의 변화하는 젠더 관계를 논하면서, 탈근대주의에 대해 다음과 같이 서술하고 있다. 그것은 "잘 포장된 그러나 허위적인 근본주의로서, 문화적 차이에 대한 찬양과 '지역'의 특권화로 치닫더니, …… 결국 기이하게도 가장 반동적인 이슬람 근본주의 관념들과 친화력을 드러내면서 허물어져 버린다"(Moghissi 1999, 52).[40] 한편 리먼은 발전의 실천적인 측면에서 '어떤 목적에 대한 비판인가'라는 질문을 던진다. 그는 담론의 지속적인 해체로 인해 권력관계라는 난제와 위기관리라는 당면한 문제들에 대해 해답을 제시하고 있지 못할 뿐만 아니라 해답을 제시할 수 없게 되었다고 주장한다(Lehman 1997). 제3세계 자유주의 페미니스트들과 사회주의 페미니스트들 또한 이와 유사한 문제를 제기한다. 아프리카의 민주화 투쟁을 분석하면서 응조모는 "탈근대주의적 담론이 …… 대체 무슨 상관인가?"라고 묻는다(Nzomo 1995, 131). 그녀는 탈근대주의적 비판이 "실은 보편

---

40 그레이는 탈근대주의가 계몽 사업을 일축하는 것에 반박하면서, 이와 유사한 지적을 한다. "탈근대주의적 관점은 일반적으로 계몽 이성을 거부한다. (낭만주의 운동과 같이) 인본주의적 해방 사업에 대한 책무를 지닌 계몽 이성을 거부하는 것은 얄팍한 관점에 지나지 않아 결국에는 비일관적인 전망으로 귀결될 수밖에 없다"(Gray 1995, 146).

주의적인 페미니즘의 이상理想에 모든 것을 걸고 젠더 친화적인 민주화를 이루기 위해 투쟁해 온 아프리카 여성들의 최근 전략과 전망을 묵살하는 것"이라고 지적한다(Nzomo 1995, 141). 또 다른 측면에서, 우다야기리는 "기이하게도, 종속이론과 같은 대항 담론이 근대화에 대한 초기의 저항이 불러일으킨 정치적 변화들에 대해 침묵을 지키고 있다"라고 언급하면서, 이런 침묵은 탈근대주의적 담론이 스스로에게 특권적 지위를 부여한 것에 기인한다고 주장한다(Udayagiri 1995, 171). 더 나아가, 그녀는 또한 "남반구 여성에 대한 학문과 정책의 관계가 과연 완전한 실패였는가?"라는 의미심장한 질문을 던진다(Udayagiri 1995, 172). 민족국가에 대한 페미니스트의 개입이라는 문제는 탈근대주의적 비판들 내에서도 여전히 풀지 못한 문제로 남아 있다(Rai 1995와 이 책의 5장을 보라).

자유주의적 발전에 대한 구조주의의 도전

구조주의자들은 발전에 대한 근대화 모델이 등장했던 초창기부터 반대 입장을 분명히 했다. 1963년에 라울 프레비시가 발표한 이론(Prebisch 1963)은 이후 종속이론이라고 알려지게 될 이론을 최초로 표명한 여러 연구 가운데 하나였다. 안드레 군더 프랑크는 그 분석에 기초해 자유주의적 발전 모델이 사실 '저발전의 발전'development of underdevelopment에 불과하다고 주장했는데, 이는 발전 분야를 연구하는 네오 마르크스주의자들의 상상력에 영감을 불러일으켰다. '저발전의 발전'이란, 식민화된 국가들이 서구 자본주의의 침투 이전에는 미발전[미개발]undeveloped 상태였는데, 국제 자본주의 체계로 통합된 이후 오히려 저발전의 늪으로 빠졌다는 것이다. 여기서 발전은 실상 중심국들의 경제가 위성국들의 경제를 구조화하고, 위성국으로부터의 잉여 유출을 보장하는 종속적 발전을 의미했다(Frank 1969). '발전'에 대한 이런 식의 이해는 근대화 이론가들의 자유주의적 낙관과는 매우 상이한 것이었다. 또한 설령 종속이론이 마르크스주의자들에게 큰 반향을 불러일으켰다고 하더라도, 그것이 식민주의와 제국주의에 대한 마르크스주의적 분석으로부터 비롯된 것도 아니었다.

종속이론가들이 시도한 것은, 특히 지구적 수준에서, 자본주의와 발전을 분리시키는 것 혹은 균형을 맞추는 것이었다. 이를 통해 그들은 브레턴우즈 회의 이래의 전통에 따라 서구에서 구체적 형태를 갖춘 자유주의적 발전 기구들에 대해 위력적인 도전장을 내밀 수 있었다. 하지만 실현 가능한 정치와 점진적인 발전의 관점에서 볼 때, 그들의 분석이 제안했던 내용은 그다지 분명하지 않았다. 그 견해에 따르면, 제3세계 국가들이 취할 수 있는 유일한 전략은 지구적 자본주의 체계에서 자발적으로 벗어나는 것뿐이었다. 그리고 사회혁명은, 설령 그 가능성이 항존하고 있었다 하더라도, 실현되는 경우는 드물었다. 문제는 이것뿐만이 아니었다. 이 분석에서 제3세계 국가들은 스스로 행동하거나 전복을 시도하거나 협상할 수 있는 행위성을 전혀 갖지 못한 존재, 곧 압도적으로 구조화된 세계에 속박된 불운한 비행위의 존재non-actors로만 비춰졌다. 이에 대해 바야르는 다음과 같이 주장한다. "국제적인 체계에 불평등하게나마 진입한 것은 수 세기에 걸친 아프리카 사회의 주된 역사적 동학의 일환이지, 그런 역사적 동학이 마술처럼 멈춰 버린 결과가 아니다. …… 물론 종속이라는 개념은 여전히 유의미하지만, 그것이 자율성의 개념과 동떨어진 것이어서는 안 된다"(Bayart 1993, 27). 게다가 더 중요한 것은, 종속이론으로 인해 논의의 초점이 제3세계 국가들에서 일어나고 있는 근로인민의 지역적인 투쟁 현장으로부터 세계 자본주의 체계로 옮겨졌다는 사실이다. 또한 종속이론은, 탈식민국가라는 범주를 도외시했기 때문에, 그 국가들의 특수성이 세계 자본주의 체계 내에서 갖게 되는 그들의 지위에 어떤 영향을 미치는가에 대해 제대로 분석할 수 없었다. 종속된 국가의 자본가와 관료 엘리트를 제외한 모든 이들은 모두 노동계급과 빈곤계층의 이해관계를 공유하는 것으로 가정되었다. 귀속성의 지표라든가 성별화된 지표 혹은 비경제적 지표에 근거해서 주변화된 계층들 사이의 차이를 구분해 보려는 시도는 전혀 없었다.

1970년대에 이매뉴얼 월러스틴은 세계를 중심과 주변 그리고 반주변부로 구성되어 있는 삼층 도식으로 설명하는 '세계체계' 이론을 개발했다. 중심과 주변의 범주가 세계경제의 위계질서에 대한 종속이론가의 정의에 상응하는 것이었다면, 반주변부는 '신흥 경제', 즉 저발전과 발전 상태의 중간에 있는 집단을 지칭했다. 월러스틴은 이 삼층 도식의 세계체계가 작동하는 데 정치와 이데올로기 그리고 국가의 역할이 크다는 점을 강조했다. 그는 국가의 상대적 자율성 개념을 이용해 강한 국가는 최선의 거래를 이끌어 내는 데 중요한 역할을 하는 반면, 약한 국가는 비우호적인 교역조건을 수용해야만 한다는 점을 지적했다. 그러나 반주변부 국가는, 정치적으로는 근대화 담론을 지지하고 경제적으로는 성장 의제를 추구함으로써, 세계체계를 유지하는 역할을 수행하는 강한 국가가 될 수 있다(Wallerstein 1979). 월러스틴에 이어 몇몇 네오 마르크스주의 이론가들은 1970년대와 1980년대의 저작들을 통해 발전에서 민족주의 엘리트가 수행하는 역할을 좀 더 심도 있게 연구했다(Amin 1976; Alavi et al. 1982). 그들의 주장에 따르면, 제3세계 국가들은 각기 특수한 역사적 투쟁과 구체적인 역사적 계기를 통해 생겨났으며, 이런 과정을 거치면서 그 나라들에 특수한 국가 구조와 경제 엘리트의 형태가 만들어졌다. '아시아적 생산양식'에 대한 마르크스주의적 분석으로부터 단서를 얻어, 이 저자들은 국가 엘리트가 탈식민 사회에서 중요한 경제적 역할을 한다고 주장했다.[41] 국가 엘리트의 역할은 토착 자본가계급의 취약성에서 비롯되는데, 토착 자본가계급은 경제성장의 기초를 다지는 데 필요한 대규모 하부구조를 구축할 투자 역량도 그럴 의지도 없었기 때문이다. 이를 이유로 국가는 폭력적이고 강압적인 정치적 하부구조의 독점적 사용자이자 동시에 경제적 행위자가 될 수 있게 된다. 제3세계 국가에서 국가 엘리트는 지주 엘리트와 산업 부르주아지의 역사적 취약성으로 인해 이 두 집단을 중재할 수 있는 능력을 가지게 되었다. 또한 국가 엘리트는 경제 엘리트와 저항 계급 — 노동자 및 농민 계급과 같은 — 의 갈등에도 개입할 수 있었다. 이처럼 국가가 중요한 경제적 역할을 떠맡고 있으며 자본가계급이 취약하다는 두 가지 사실로 인해, 탈식민 사회에서 국가는 계급 관계의 의제 설정가이자 중재자 및 조정자로서 핵심적인 지위를 점하게 된다

---

[41] 자본주의적 생산양식과 봉건적 생산양식에 대한 프랑크의 분석에 대한 비판으로는 Laclau (1971)를 참고하라. 라클라우는 자본주의와 봉건제 모두에서, 종속의 원인은 교환 체계가 아니라 생산 체계라고 주장한다. 브레너(Brenner 1997)는 프랑크의 분석에는 주변부에 대한 계급적 분석이 결여되어 있다고 비판했다.

(Marx 1973; O'Leary 1989). 비록 이런 관점이 근대주의에 토대를 두고 있을지라도, 탈식민 발전 과정에 대한 비판은 근대화 이론이 갖고 있는 단선적인 가정들과 대립하는 것이었다. 그 주장에 따르면, 탈식민국가들은, 그들을 종속시키고 유인해 세계체계 내에 중심과 주변 및 반주변을 만들어 놓은 국제 자본주의 세계체계에 얽히게 된 이상, 근대화된 경제를 이룩할 수 없다. 국가가 지배적인 국제 자본주의 세계체계 내에 위치하는 하나의 행위자라는 점을 비판하면서, 이 이론가들은 발전에 대한 다음과 같은 중요한 쟁점들을 제기한다. 첫째, 국제 자본주의는 제3세계로부터 싼 값에 사들이는 자원의 착취에 의존한다. 둘째, 탈식민국가들이 국제 자본에 개방되면, 점진적인 발전이 아니라 종속과 착취가 증가될 것이다. 셋째, 탈식민국가 엘리트들은 그들 자신의 생존은 물론 국제 자본주의의 지배계급들의 생존을 보장할 수 있도록 스스로의 위치를 정한다. 따라서 그들은 세계 자본주의 체계 내에 그저 종속된 존재가 아니라 상당한 행위성을 지닌 행위자이다. 그러나 네오 마르크스주의적 관점에 입각한 이런 비판은, 제3세계의 국가 엘리트들이 저절로 재생산되며 궁극적으로는 국제 자본에 의존하고 있다고 일축해 버림으로써, 자신의 분석이 지닌 정치적 함의를 심화하는 데 실패하고 말았다(Amin 1997을 보라).

한편 마르크스주의 페미니스트와 사회주의 페미니스트는 구조주의적 논의에 강력한 개입을 시도했다. 여성을 '최후의 식민지'로 명명했던 일단의 독일 사회주의 페미니스트들의 주장에 따르면, 시초 축적은 자본주의의 성장에 필수적인데, 국제적·국내적 자본 및 국가 체계는 이윤을 추구하기 위해 제3세계 여성들을 착취했다(Mies, Bennholdt-Thomsen and von Werlhof 1988). 그들은 '여성과 식민지' 사이의 몇 가지 공통점을 다음과 같이 지적했다. "첫째, 둘 다 …… '자연의 영역' 내에 위치된다. 좀 더 정확하게 말하자면 자연의 위치로 강등된다. 왜냐하면 자본주의 이전에는 '낙후된' 자연이라는 생각이 존재하지 않았기 때문이다. …… [더 나아가] 여성과 식민지는 생산 수단 또는 물, 공기, 땅과 같은 '천연자원'처럼 취급되고, …… 따라서 양자의 관계는 전유appropriation의 관계가 된다"(Mies, Bennholdt-Thomsen and von Werlhof 1988, 4-5[16-17쪽]). 그들의 주장에 따르면, 임노동에 대한 자본주의적 착취는 폭력에 대한 남성 독점이 수정된 형태이며, 가정과 공적 공간에서 일어나는 가부장적 폭력은 여성의 삶과 그들에 대한 착취에 내재해 있다. 그리고 이런 가부장적 지배는 국가기구들을 통해 유지되는데, 그 기구들은 결혼과 노동 입법을 통해 여성 노동의 '주부화'housewifization를 제도화했다. 이 주장들이 마르크스주의적 해석과 구별되는 차이는 제3세계 노동의 초과 착취를 제시했다는 점에 있다기보다, 주부의 일에 대한 개념화에서 찾을 수 있다. "마르크스주의적 축적의 도식에서는 이런 사회적 환경과 계급은 전혀 고려 대상이 아니었다"(Mies, Bennholdt-Thomsen and von Werlhof 1988, 6[14쪽]). 그리고 미즈와 그녀의 동료들은, 자연과 직접적인 관계를 맺고 기술에 의해 영향을 받지 않는, 곧 노동에 대한 페미니즘적 개념에 기초한 사회를 대안으로 주장했다. 거기에서 여성은 삶의 모든 영역에서, 특히 재생산의 영역에서 자율성을 행사할 수 있고, 남성과 여성은 모두 자급자족의 경제이자 돌봄의 경제에 참여할 것이었다. 하지만 이런 주장은 한편으로 기존의 사회적 관계를 강력하게 비판하고 자본주의적 축적의 성별화된 본질을 강조함으로써 구조주의적 분석에 의미심장한 발전을 가져왔지만, 다른 한편으로 그것이 지향한 유토피아적 급진주의는 여성을 정치적으로 본질화하고 국가에 대한 어떤 개입도 거부했기 때문에, 그들의 비판은 발전에 대한 정책적 의제로 진전될 수 없었다. 이 책의 후반부에서 주장할 것처럼, 권력 구조에 대한 페미니스트의 개입이라는 문제야말로 페미니스트 정치학의 핵심적인 도전이어야 한다는 사실을 잊지 말아야 한다.

이처럼 '변화를 일구어 나가는 실천'transforming practice이라는 도전적인 과제의 수행을 주장하는 집단이 페미니스트들 가운데에서도 점차 영향력을 발휘해 가고 있다. 이들은 한편으로 자본주의적 발전에 대한 마르크스주의의 비판에서 초기적 영감을 얻었지만, 다른 한편으로 이론적인 접근에 있어서는 대개 절충적인 입장을 취해 왔다. 그들은 근대화와 발전에 대한 논의에 일관되게 참여해 왔고, '발전 과정의 남성적 편향'(Elson 1995)에 대항함과 동시에 일국적 수준에서나 지구적 수준에서 이루어지고 있는 정책 과정의 '내부'에 있는 제도들에 대해 개입할 것을 주장해 왔다(Elson 1998a). 이들의 문헌은 발전 과정에서 여성과 남성이 갖게 된 상이한 지위가 어떻게 근대 자본주의 경제와 기술 형성에 필수적인 요소가 되는가라는 문제를 집중적으로 다루었다. 발전에 대한 이런 비판의 핵심은 두 지점, 즉 여성 일의 성격과 1980년대 및 1990년대 구조 조정 정책들의 성별화된 본질에 있었다(Waring 1988; Elson 1995). 이들은 이런 여성 노동의 영역을 경제적으로 분석해야 한다고 주장함으로써, 발전경제학과 발전 기구에 어려운 문제를 제기했다(4장을 보라). 그들은 이른바 이타적인 가족에 대한 센의 비판에 기초해, 여성의 삶의 가능성들이 가족 내에 존재하는 젠더 관계에 의해 어떤 영향을 받는지, 그리고 가족 소득에 대한 그들의 기여가 인정되지 않은 채 어떻게 전유되고 있는지를 보여 주었다. 그들은 구조 조정 정책들이 가족에게 미치는 차별적인 영향을 구분해 내고, 사회복지의 사유화私有化가 초래하는 불공평한 부담이 여성에게 전가되는 상황을 분석하는 데 역점을 두었다. 이를 통해 그들의 강력한 비판은 국제기구의 경제적 담론에서 몇 가지 중요한 변화를 이끌어 냈다. 그들은 젠더 불평등의 토대를 마르크스주의적 관점에서 찾으면서도, 동시에 평등과 기회 평등의 자유주의적 개념 위에 서있다. 그들은 또한 발전이 중립적인 목표라는 가정에 도전하기 위해 정책 공동체, 국가, 국제경제기구 등에 전략적으로 개입하는 것을 옹호해 왔던 제3세계 페미니스트들 및 '새로운 시대를 위한 여성의 발전 대안'Development Alternative with Women for a New Ear, DAWN과 같은 발전 관련 단체들의 개입 전략을 심화시키고자 했다(Sen and Grown 1985). 이 페미니스트 집단이 성취 가능한 것에 집중하고, 특히 국제적인 수준에 있는 정책 생산 기구에 적극적으로 개입해 온 결과, 1990년대 이후 발전학 분야에서 그들의 영향력과 발전 논의에 대한 개입 정도는 상당히 커지게 되었다.

6. 결론

이처럼 발전에 대한 논의들을 되짚으며 새로운 길을 닦는 일은 유익한 작업이다. 이를 통해 우리는 발전 의제와 관심사가 얼마나 많이, 그리고 얼마나 조금 변화했는지를 알 수 있다. 1990년과 2000년 세계은행 보고서에서 우리는 세계은행이 내세우는 자유주의적 경제 의제가 조금은 신중해진 것을 알아차릴 수 있다. 그 보고서에서 세계은행장을 역임한 제임스 울펀슨James Wolfensohn은 '폭넓은 실용주의'의 관점을 제시했으며(World Bank 1999b, III), 이른바 '낙수 효과'식 발전은 작동하지 않는다는 것과 "발전은 인간의 욕구를 직접 다루어야 한다"는 것도 명시적으로 인정했다(World Bank 1999b, 1). 나아가 세계은행은 탈냉전 시대에 "어떤 정책도 발전을 가져오지 못했다. 따라서 이제는 포괄적인 접근이 필요하다"라고 주장했다(World Bank 1999b, 1; Sen 1999, 126-127[168-169쪽] 또한 참고하라). 다른 한편, '폭넓은 실용주의'의 시대라고 규정된 이 시기에 이루어진 발전의 경제적·인간적 지표에 대한 연구는, 1990년대 제3세계 국가들에서 빈민의 비율과 그 수가 증가했음을 보여 준다. 예를 들어, 라틴아메리카에서는 빈곤선 아래에 있는 사람의 비율이 "1987년 인구의 22.0퍼센트에서 1993년 23.5퍼센트로 증가했으며, 사하라 사막 이남 아프리카에서는 같은 기간에 38.5퍼센트에서 39.1퍼센트로 증가했다"(World Bank 1999b, 25). 또한 이 보고서는, 남성의 식자율識字率 증가는 유아 사망률에 거의 영향을 미치지 않지만, "여성의 식자율이 10퍼센트 증가하면 유아 사망률은 10퍼센트 줄어든다"는 점을 밝히고 있다(World Bank 1999b, iii). 그러나 분명하게 드러나는 사실은, 교육에 대한 국가의 공적 지출이 감소하고, 이에 따라 부모가 남아와 여아 가운데 어느 한 쪽에만 교육비를 지출하는 선택을 내려야 하는 곳에서는 모두 여성의 식자율이 점점 낮아지고 있다(Seager 1997, 74).[42]

---

[42] 당연히 교육은 발전 기구에 의해 오랫동안 여성의 사회적 지위를 향상시키는 만병통치약처럼 간주되어 왔다(World Bank, 1990b, 1999b를 보라). 이에 대한 비판은 Stromquist(2002)와 Patricia and Roger Jeffrey(1998)에서 확인할 수 있다.

지금까지 논의된 쟁점들은 국제기구들과 몇몇 나라의 정책들에 직간접적으로 영향을 끼쳤다. 유엔개발계획은 단순한 경제성장률 및 1인당 소득이라는 지표가 아니라 '삶의 질'을 측정한다는 대안적인 시각을 채택했는데, 이는 BN 이론가들의 주장이 지닌 장점을 반영하는 것이었다. 이제 많은 국가의 통계자료와 인간개발보고서Human Development Report 및 세계개발보고서World Development Report에서 생산되는 경제 데이터가 성별에 따라 구분된 것을·볼 수 있는데, 이는 WID와 GAD의 이론화와 연구의 영향력을 반증한다. 멕시코 세계여성대회에서 베이징 세계여성대회에 이르기까지, 유엔이 조직한 여성과 관련된 다양한 세계 대회들을 통해 젠더와 발전 의제가 표명되고, 재검토되며, 비판받고, 더욱 발전될 수 있었다. 비록 증여국와 수혜국 사이의 몰성적인 권력관계에 대한 주요한 문제들이 여전히 남아 있지만, 발전에 대한 이런 광범위한 논의들은 양자간·다자간 원조 및 다양한 지원 프로그램들에 영향을 미쳤다(Staudt 2002).

　　여기서 1990년대까지 발전이 대체로 민족국가의 맥락에서 논의되었다는 점을 언급하는 것도 의미가 있을 것이다. 다음 장에서는, 민족국가가 위협에 처해 있는 듯하고, 원거리에 있는 경제 행위자들의 영향력이 국가뿐만 아니라 지역 단위에까지 미치고 있는 현 시기에, 변화하는 발전의 맥락과 지구화의 압력이 점차 거세지는 상황에서 생겨나는 쟁점들을 살펴볼 것이다. 크리스토퍼 래시는, 지구화된 세계에서 국가 엘리트들은 지금껏 그들을 지켜 주었던 민족국가와의 고리를 끊고, 민족국가에 대한 책임을 규정하는 사회적 협약에서 벗어날 수 있게 되었다고 주장한다(Lasch 1995). 코타리는 민족국가의 분절화가 갖는 위험, 특히 그것이 빈민에게 미치는 영향을 경고한다(Kothari 1995). 이런 주장들은 단순히 국가라는 경계 내에서 확실성을 향유하던 시대에 대한 향수일 뿐인가? 아니면 발전 과정에서 나타날 통치 역량governability과 책임성responsibility 및 책무성accountability에 대한 염려의 발로일까? 제3세계 여성들이 1970년대와 1980년대 민족국가에 기반한 발전에서 어떤 경험을 했는지 살펴본다면, 이런 염려들은 더 쉽게 이해할 수 있을 것이다. 세계 정치의 맥락에서 젠더와 발전에 대한 이론적 논의들을 자세히 검토하면서, 우리는 이런 논의들이 지니는 복잡하고 때론 모순적인 성격과, 그에 따라 이 논의들이 정책적·제도적 쟁점들에 미친 영향을 살펴볼 수 있었다. 다음 3장에서는, 지구화의 맥락에서 발전을 둘러싸고 변화하는 세계와 이런 변화들이 남성과 여성의 관계에 어떻게 반영되고 영향을 미치는지 검토할 것이다.

3장

지구화
젠더와 발전의 새로운 의제인가?

지구화의 규율 때문에 정의와 지속 가능성,
연민과 공유의 규칙들이 힘을 잃고 있습니다. 우리는
시장 전체주의에서 일종의 지구 민주주의로
옮겨 가야만 합니다.

—

반다나 시바
2000년 '빈곤과 지구화'에 대한 [BBC 라디오] 리스 강연

실용주의적 지구주의는 근대성 대 전통,
뚜렷한 차이 대 획일성, 지구주의 대 지역주의, 성찰 대
침잠 등의 허위적 구분들 가운데 하나를 선택하도록
강요하지 않는다. 오히려 그것은 우리의 일상적 지구적
삶을 둘러싼 모든 갈등과 모순을 견딜 수 있게 하는
건강한 정신을 희구한다.

—

킴벌리 A. 장, L. H. M. 링
『지구화와 그 친밀한 타자』 *Globalization and Its Intimate Other*

1. 서론

1940년대 전후 세계에는 민족국가가 된다는 것이 '발전될' 가능성과 동일
시되었다면, 지구화 시대에 이르러 민족국가는 위협에 처한 듯하다. 민족
국가의 생존은 가차 없는 속도로 성장하고 있는 지구화된 경제 안에서 스
스로 새로운 역할을 찾을 수 있는가의 여부에 달려 있는 것처럼 보이는
것이다. 이런 까닭에, 민족국가 중심의 발전 역시 문제시되고 있다. 이미
2장에서 살펴본 것처럼, 자본주의 경제가 변화하면서 발전에 대한 탈근
대주의적 비판들이 나타났고, 발전에 대한 자유주의적 담론에서도 그 논
의의 중심축은 성장 중심에서 지속 가능하고 인간적인 발전으로 옮겨졌
다. 탈식민국가에서 민족주의 운동이 전개되고 새로운 민족주의 엘리트
들이 집권하게 되는 과정이 젠더 관계를 구성하는 데 심대한 영향을 미쳤
다면, 이런 민족국가의 약화는 젠더 관계에 어떤 영향을 미치고 있을까?[1]

---

1 탈냉전 시기에 새로운 민족들의 등장을 살펴보면, 이런 상황은 더욱 복잡해진다. 탈식민국가
가 지닌 발전에 대한 전망은 세계화의 전망과 매우 다른 맥락에서 구체화되었다. 동유럽 국가

이 장에서는 지구화로 인해 변화된 사회적·문화적 세계의 양상과 더불어 지구화가 물질적인 세계경제를 조형하는 방식들을 탐구하며, 이처럼 변화와 지속이 공존하는 세계에 남성과 여성이 어디에 그리고 어떻게 위치되는지를 살펴볼 것이다. 지구화에 대한 다양한 논의들을 살펴보면서, 나는 그 논의들이 지구화 과정에서 변화하는 사회적 생산관계에 대한 성별화된 분석에 기반해야 한다고 주장할 것이다. 그런 분석을 통해 우리는 종종 지구화 과정을 서술하는 데 그치는 논의의 이면에 있는 정치적 의미를 찾아낼 수 있을 것이다(Burnham 1999; Peterson 2003). 그리고 나는 자본주의적 생산관계의 유례없는 확장으로 간주되는 지구화 과정이 지닌 성별화된 측면을 평가할 것이다. 지구화 과정은 민족국가의 역할뿐만 아니라 국제 관계, 정치적 용어, 거버넌스 기구의 역할과 공동체에 대한 관념마저도 재구성할 것을 요구하고 있는 것이다. 만약 민족이 상상된 공동체라면, 마찬가지로 '지구촌'도 상상된 공동체이며, 이 두 개념 모두 성별화된 권력관계와 매우 밀착되어 있다. 나는 이런 문제를 시장, 민족국가, 거버넌스라는 세 가지 맥락에서 탐구할 것인데, 그것은 이 맥락들이 모두 지구화를 이해하고 생산관계와 생산관계의 규제를 변화시키는 데 핵심적이기 때문이다.[2]

의 경우, 국가 건설과 지구화 압력의 문제를 동시에 겪고 있다(True 2000을 보라).

2 이런 식의 지구화에 대한 이해를 바탕으로, 5장에서는 지구화에 대한 정치적 저항과 이런 저항의 형태들을 분석할 것이다. 성별화된 생산에 기초한 분석은 우리에게 지구적 생산의 결과에 대한 현실에 기반을 둔 경험적 증거를 꼼꼼하게 제공한다[가치 사슬 분석과 빈곤과 불평등 수준 및 노동의 변화하는 본질과 성격에 대해서는 Jackson and Pearson(1998), Chang and Ling(2000), Carr(2002) 등을 참조하라]. 그에 반해, 분배를 기반으로 한 분석들은 우리에게 공

2. 지구화와 수렴성

지구화에 대해 지난 십여 년간 방대한 양의 문헌이 쏟아져 나왔다. 이미 예측되었던 것처럼, 그 용어의 의미, 참신성, 인과성, 규범적인 결과 등에 대해 합의된 바는 전혀 없지만, 이와 관련된 논의들의 몇몇 주요 구성 요소들을 체계적으로 설명하려는 시도들은 이루어졌다. 아래에서는 그런 시도들에 대해 논하고자 한다.

지구화 논쟁

숄테는 지구화라는 용어의 다양한 용법을 간략하게 국제화internationalization, 자유화, 보편화, 서구화, 탈영토화 등 다섯 개 용어로 정리한다(Scholte 2000). 헬드 등은 지구화의 본질에 대한 다양한 입장을 다음과 같이 구분한다(Held et al. 1999). 첫 번째 유형은 지구화를 자본주의에 의해 추동된 과정으로 보는 과대 지구화론자들hyper-globalizers이다. 일군의 자유주의 학

공재의 공급을 위한 공적 행동을 요구하고, 이런 요구들을 중심으로 대중을 동원화할 수 있도록 해준다. 분석적인 측면에서 지구화를 분배의 관점에서 평가할 경우에는 공공 정책과 세력화 전략을 강조하지만, 생산의 관점에서 평가할 경우에는 그런 식의 세력화를 위한 개입이 갖는 한계를 지적한다. 이하의 본문에서 나는 양자의 입장이 서로 균형을 이루어야 한다고 주장할 것이다(Peterson 2003도 참조하라).

자와 네오 마르크스주의 학자가 과대 지구화론을 펼친다. 물론 양자는 매우 상이한 분석적·규범적 관점에 서있지만 그들이 펼치는 지구화의 논지는 유사하다. 두 번째 유형은 회의론자들인데, 그들은 현재의 지구화가 과거의 지구화 현상과 구조적으로 전혀 단절되어 있지 않다고 주장한다. 이 입장에 따르면, 지구화에 대응해 지역 블록화가 대두되고 있다는 점에서, 경제 지구화는 사실 그 초기 국면일 때보다 오늘날 덜 안정적으로 진행되고 있다.[3] 마지막 유형으로 거론된 변환론자들transformationalists은, 현재의 지구화를 사회와 경제를 대대적으로 '재편'하는 변혁적 힘으로 여긴다. 곧 지구화는 사회적·경제적 변화를 이끄는 핵심적인 추동력이며, 그런 변화는 다시 지구화의 토대를 바꾼다는 것이다(Held et al. 1999, 2-29[13-56쪽]).

피터스는 지구화가 검토되는 방식을 후기 포드주의, 지구화, 브레턴우즈 체제의 성립, 발전 정책이라는 네 가지 주제로 개괄하고 설명한다(Pieterse 1997). 이 가운데 후기 포드주의는 네오 슘페터학파, 조절학파, 유연 전문화를 강조하는 일단의 학자들로 더욱 세분화된다(Amin 1994). 지구화론도 서로 논쟁을 벌이는 두 가지 형태의 지구화로 구분된다(Robertson 1992; Hirst and Thompson 1996). 그리고 또 다른 이들은 브레턴우즈 체제의 실패와 국가를 기반으로 한 경제 시스템의 붕괴를 지적하고, 여기에 대해 조직적·규범적 대응을 막론하고 발전을 다시 생각해 보는 대안을 제시

---

3 다른 학자들, 특히 Hirst and Thompson(1996)은 과정으로서의 지구화가 이미 150여 년 전에 마르크스와 엥겔스의 『공산당 선언』에서 서술되었다는 점을 지적한다. 지구화로 인해 "모든 나라의 생산과 소비는 범세계적인(cosmopolitan) 성격"을 갖게 된다. 그 결과 "기존의 지역적/일국적 은둔과 자급자족의 방식은 국가들 간의 전방위적인 교류와 보편적인 상호 의존으로 대체된다"(Marx 1973).

하는 데 중점을 둔다(Griesgraber and Gunter 1995; 1996). 마지막 부류는, 불평등이 증가하고, 생태계는 파괴되며, 다국적기업처럼 무책임한 경제적 구성단위가 점점 더 큰 힘을 갖게 되는 상황에 대한 문제 제기로서, '경쟁의 한계'[4]가 규범적인 의제의 일부가 되어야 한다고 주장한다(Group of Lisbon 1995).

지구화 이론가들은 또한 근대성과 탈근대성의 문제에도 나름의 여러 입장을 개진한다. 예컨대 기든스와 카스텔스는 '정보 기술'의 영향을 연구하면서, 전 지구적 경제의 특징으로 자본주의와 더불어 정보화를 제시한다(Giddens 1990; Castells 1996;[5] Lash and Urry 1987과 Beck 1992 또한 참고하라). 카스텔스는 "네트워크 사회"의 발전이 자본주의의 지구화 과정을 더욱 진전시키고 있는데, 이는 "혁신과 혁신의 사용이 서로를 자극하며 누적적으로 발전하는 가운데, 지식과 정보가 지식의 생성과 정보 처리 및 통신수단에 적용"되는 과정을 통해 이루어지고 있다고 지적한다(Castells 1996, 32-33). 이와 같은 특유한 성격의 자본주의는 이에 조응하는 특수한 정치형태를 갖게 된다. 한편, 기든스는 해방의 정치와 삶의 정치를 구분한다. 전자가 평등과 정의를 가져올 변혁적인 정치적 참여를 포함하는 (구식의/근대적) 정치라면, 후자는 '자아실현'과 정체성에 기반을 둔 (새로운/성찰적) 정치이다. 또한 앨브로우와 같은 다른 학자들은 지구화와 탈근

---

4 이 말은 로마클럽 보고서에서 언급된 '성장의 한계'(Limits to Growth)로부터 따온 것이다(2장을 보라).

5 카스텔스의 『정보의 시대』(*The Information Age*)에 대한 성찰적인 비판에 대해서는 Bromley (1999)를 보라.

대 세계의 성찰성을 연결시키면서, 성찰성은 "끊임없이 확장하는 근대성이란 관념에 대한 …… 도전이고, 따라서 그것은 민족국가에 대한 도전이다"라고 말한다(Albrow 1996, 4). 앨브로우에 따르면, 지구성globality이 근대성에 대한 가설을 깨는 방식을 아주 간략하게 다섯 가지로 정리할 수 있다. 그것은 바로 "지구의 환경과 여기에 영향을 미치는 집합적인 인간 활동의 결과들, 전 지구적 파괴력을 가진 무기로 인한 안보의 위기, 소통 체계의 지구성, 전 지구적 경제의 부상, 모든 사람과 집단을 막론하고 지구를 자기 신념의 틀로 삼는 지구주의의 성찰성"이다(Albrow 1996, 4). 그리고 페미니스트 이론가와 활동가에게 근대성과 탈근대성에 관한 논쟁은 다양한 정체성에 대한 탐색, 단선적이고 보편화된 확실성에 대한 비판, 남성화된 형태의 합리성과 행위에 대한 도전으로 다가왔다(Albrow 1996, 2장).

흥미로운 (어쩌면 충분히 예측 가능한?) 사실은, 페미니스트 학자들의 논의가 지구화에 대한 전통적인 국제 관계에 입각한 해석 혹은 국제정치경제적 해석에서 거의 나타나지 않는다는 것이다. 그러나 페미니스트들은 다양한 관점에서 지구화에 관한 논의에 참여하고 그 논의의 폭을 확장해 왔으며, 그런 노력은 지금도 계속 되고 있다(Sen and Grown 1985; Mies and Shiva 1993; Chang and Ling 2000; Shiva 2000; Peterson 2003). 지구화로 인한 새로운 도전들에 직면하면서, 페미니스트들도 지구화가 풀뿌리 수준과 국제기구 수준의 정치적 행동주의에 어떤 변화를 가져왔는지를 연구하고 이론화하고자 했다(Stienstra 1994; Basu with McGrory 1995; Cockburn 1998). 페미니스트 학자들은 여성의 이주를 분석하고(Pellerin 1998; Kofman 2000), 종교에 근거한 공동체를 포함한 세계 공동체들을 연구함으로써(Moghissi

1999; Karam 2000), 그리고 공식적·비공식적 조직 구조를 통해 점차 증가하는 여성의 네트워킹 등을 살펴봄으로써(Meyer and Prügal 1999a; Stienstra 2000), 정치적 행동주의의 관점에서 '국경들'과 '국경 없는 세계'에 대한 관념을 구축하고 넓혀 갔다.

　지구화 논의에 참여한 페미니스트 학자들 가운데 일부는 지구화로 인해 발생한 소통의 확장에 주목했고(Eisenstein 1998), 일부는 지구적 경제 체제에 관심을 보였다. 특히, 안보와 불안, 복지 쟁점들이 주목을 받으면서(Blumberg et al. 1995; Elson 1995), 가정과 일터 안의 젠더 관계를 재편시키고 여성의 삶에 직간접적으로 영향을 끼친 지구적 생산과 구조 조정 정책들이 논의의 초점이 되었다(Afshar and Dennis 1991; Elson 1995; Jackson and Pearson 1998; Benería 1999; Grown, Elson and Cagatay 2000). 그들의 주요 관심사는 상이하더라도 대부분의 페미니스트 학자들은, 피터슨이 지구적 정치경제를 재생산과 생산의 경제 및 가상 경제virtual economy가 상호작용하는 과정으로 분석하는 것에 동의할 것이다(Peterson 2003). 그녀는 세대의 재생산 및 사회적·문화적·제도적 재생산은 물론 가족 안팎의 권력관계의 연속성과 변화, 무급 노동과 비공식 영역의 활동들도 재생산 경제에 포함시킨다. 지구화와 관련된 '생산'의 경제를 이런 관점으로 읽게 되면, 우리는 (공적 영역과 사적 영역 사이의 전통적인 정치적·경제적 분리를 비판할 수 있게 되고) 생산의 성별화된 본질[6]을 파악할 수 있으며, 또한 '지구적인 것'으

---

6 Benería and Shelley(1992)는 한 예로, 여성의 활동이 일상적으로 간과되는 노동의 네 가지 영역들을 제시하는데, 여기에는 생계형 생산, 무급 노동, 가내 생산과 관련 업무, 자원봉사 등이 포함된다. 노동에 대한 페미니스트 비판과 여성운동이 지니는 강점은 영국의 급진적인 새 연금

로 간주되는 영역의 경계를 넓힐 수 있게 된다. 한편 제도주의 페미니스트들뿐만 아니라 탈근대주의 페미니스트들은 국가의 경계선들이 점점 흐려지고 지역적 경계들은 점점 안정적으로 변해 감에 따라 지역사회와 정치에는 어떤 영향을 미치는지, 그리고 남성성과 여성성의 변화하는 형태와 관련해 경계에 대한 해석은 어떻게 변화했는지를 분석해 왔다(Weber 1995; Zalewski and Parpart 1997; Kofman 1998; Staudt 1998a; Ling 2000; Marchand and Runyan 2000). 또한 페미니스트 학자들은 지구화의 맥락에서 민족국가의 변화하는 형태와 본질을 연구했고(Moghadam 1996; Rai 1998a; Peterson and Runyan 1999), 자유 시장이라는 미명 아래 자행되는 환경 파괴에 대한 정치적이고 규범적인 비판을 펼쳤다(Mies and Shiva 1993; Shiva 2000). 그리고 전 지구적 세계에서 나타나는 정체성의 변화 및 지구적 정치경제를 연구하는 이론가들은 모두 수렴convergence 개념에 주목했다.

일종의 분석적 범주로서 '지구적'이라는 용어는 경제정책의 수렴, 가치 체계 또는 정치 이데올로기의 수렴을 함축하며, 인간의 보편적 욕구에 대한 이해와 그것이 공공 정책으로 실행될 수 있음을 내포한다. 여기서 수렴이 의미하는 바는 당연히 그 개념 자체와 그 정도에 있어서 논쟁적일 수밖에 없다. 정치적인 측면에서 수렴은 자유화와 민주화라는 형태로 나타나고, 경제적인 측면에서 수렴은 시장의 확장으로 나타난다. 그리고 문화적 측면에서 '미국화'나 '서구화' 같은 수렴 현상이 나타나며, 아

법에서 분명히 드러난다(2000년 12월). 그 투쟁을 통해 임금을 위해 일하지 않는 (대부분의) 여성들이 연금을 받을 수 있게 되었고, 연금 유지에 일조할 수 있게 되었다.

래에서 살펴볼 것처럼, 정체성의 수렴 또한 찾아볼 수 있다.

수렴으로서의 지구화

소련의 붕괴는 서구권 정부들의 활동 반경에 대한 전망과 가능성을 넓혀 주는 중요한 효과를 낳았다. 국제금융기구들이 동유럽 경제와 정체政體의 구조 조정에 관여하게 되면서, 경제의 자유화와 정치적인 제한조건들은 일상화되었다(4장과 5장을 보라). 경제의 자유화와 더불어 국가 역할의 침식 현상이 나타났다. 특히 동유럽과 러시아 지역에서 이런 현상은 환영받았는데, 이는 그 지역 국가들이 그간 행사해 왔던 권위주의적 권력이 해체되었기 때문이다. 권위주의적 체제의 붕괴, 시장경제로의 이행, 다당제 정치 체계의 도입은 각기 매우 다른 맥락에서 발생했으며, 이 맥락의 차이는 정치적·사회적 발전의 궤도에 영향을 미쳤다. 비록 '장벽의 몰락' 후 초창기에는 그 차이들이 거의 감지되지 않았더라도 말이다. 이런 이행기 사회에서 나타난 다양한 변화들은 특히 젠더 관계에 특별한 영향을 미친다. 루쉬마이어가 말하듯, "남성이든 여성이든 동유럽의 권위주의 체제하의 삶으로 돌아가길 원하는 사람은 거의 없었지만, …… 국가의 역할로 치부되었던 삶의 중요한 기대 요구들은 위기에 처했고, 그 위기는 여성에게 더욱 절실하게 다가왔다"(Rueschemeyer 1994, xii).

1989년 이후 전개된 수렴에 대한 정치적 논쟁에는 세 개의 텍스트가 큰 영향을 끼쳤다. 여기에는 '역사의 종언' 테제를 제시한 후쿠야마의

『역사의 종언』*The End of History and the Last Man*(Fukuyama 1991), 문명의 충돌이 일어나 결국은 이슬람 세력에 대항해 기독교적 자유주의 윤리가 승리할 것이라고 전망한 헌팅턴의 『문명의 충돌』*The Clash of Civilizations and the Remaking of World Order*(Huntington 1995), 그리고 지구적 자본주의와 이슬람 (그리고 여타의) 근본주의들에 의해 민주주의가 약화될 것이라고 애도하면서 민족국가 구조 내에서 자유민주주의가 새로운 활력을 찾아야 한다는 것을 환기시킨 바버의 『지하드 대 맥월드』*Jihad vs. McWorld*(Barber 1996)가 포함된다. 이 세 개의 텍스트는 모두 자유주의적 가치가 다른 가치들을 압도하고, 서구 문명화의 관점이 다른 문화보다 우위를 점하며, 이를 통해 근대화에 대한 염려들이 해결되는 그런 21세기 세계에 대한 청사진을 제시한다. 이런 전망에 따르면, 다른 문화와 종교 및 이데올로기의 경계 내에서 벌어지는 투쟁은, 그 경계 내에서의 개혁이 불가능하다는 것을 인정하지 않는 이상 실패할 게 뻔했다. 따라서 문명화되고 비폭력적이며 민주적 삶을 영위하길 소망한다면, 자유주의적 세계만이 우리가 '합리적으로' 고대할 수 있는 유일한 미래라는 게 논리적인 귀결이었다.

발전학이나 정책의 영역에서 전 세계적인 자유주의적 미래에 대한 전망이 갖는 중요성은 명백하다. 이런 맥락에서 우리는 새로운 조건, 곧 개인을 핵심으로 삼는 윤리 및 인권의 자유주의적 개념화에 근거한 조건이 부각되고 있는 것을 목격하게 된다. 소유적 개인주의를 숭배하는 분위기가 팽배해지면서, 서구 국가들의 외교정책조차 소비자 위주의 윤리를 내세운다(DFID 1998을 보라). 그리하여 행위성은 서구의 소비자에게 양도되고, 그 소비자는 지구적 시민사회의 행위자이자 고집 세고 무책임한 민족국가를 개조하는 참여자가 된다. 다른 한편, 탈냉전의 국제적 맥락에서 국제경제기구들은 거버넌스라는 미명 아래 지원 조건을 제시하고(예를 들어 World Bank 1994를 보라), 이로써 국가 관료를 통해 자유주의 정책을 펼칠 수 있게 되었다. 만약 국가 관료들이 그 지원 조건을 거절한다면, 그들은 무책임한 것으로 비춰질 것이다. 이런 거버넌스 개념에서는 비정부기구, 특히 국제 NGO들이 민족국가가 채우지 못하고 있는 공간에서 중요한 역할을 수행한다. 이렇게 자본주의와 근대성의 틀이 변화하거나 강화되는 모든 과정은 남성과 여성, 그리고 젠더 관계에 있어서 특별한 의미를 갖는다.

혹자는 '서구화'와 '미국화'와 같은 문화의 수렴 현상이 초래한 조야한 소비주의적 충동으로 인해 우리 삶의 다양성이 불가항력적으로 파괴되고 있다고 주장한다(Tomlinson 1999). 또 홀리데이와 같은 몇몇 학자들은, 경제적 지구화로 인해 많은 영역 중에서 특히 사회적·정치적·법적·문화적 영역의 불평등이 증가한다는 점을 들어, 제국주의 개념으로 현재의 지구화를 적절히 파악할 수 있다고 주장한다(Halliday 1999).[7] 그러나 다른 학자들은, 중심부의 대도시 문화가 '토착화'되고 상상된 '세계들'이 민족에 대한 상상을 근본적으로 뒤흔들면서, 지구적 공간이 문화적 다양성을 고양시키고 있다고 본다. "⋯⋯이리안자야Irian Jaya[8]의 인민에게는 인도네

---

7 홀리데이의 주장에 따르면, 제국주의는 다음과 같이 다섯 가지 쟁점을 지니고 있다. 첫째, 자본주의는 전 세계적인 범위의 사회경제적 체계로서 거침없이 확장한다. 둘째, 발전된 자본주의 국가는 경쟁적이고 호전적인 특징을 필수적으로 지닌다. 셋째, 자본주의는 불평등하게 확장되는 성질을 지니고 있고, 사회경제적 불평등은 전 세계적으로 재생산된다. 넷째, 이런 불평등은 사회적·정치적·법적·문화적 영역에서도 만들어진다. 다섯째, 제국주의 반대 운동이 발생한다 (Halliday 1999, 5).

시아화가 미국화보다 더 걱정스러운 일일 수 있다는 점을 염두에 두어야 한다"(Appadurai 1990, 295). 북반구와 남반구의 여성, 백인 여성과 유색인 종 여성 사이의 관계와 식민 담론과 탈식민 담론, '여성적인 것'과 '3세계 여성'에 대한 상상을 둘러싼 페미니스트들의 논의는 지구화에 대한 이런 논점들을 반영하고 있다(Marchand and Parpart 1995; Liddle and Rai 1998). 그리고 소비자의 저항과 변화하는 소비 습관에 대한 연구 역시, 지구화의 문화적 차원 — 저항적일 뿐만 아니라 통합적이기도 한 — 을 진지하게 고 려하는 것이 중요하다는 점을 강조한다(Barrientos, McClenaghan and Orton 2000; Klein 2001).

소비자 혹은 생산자로서, 여성성 혹은 남성성으로 표현되는 정체성 또 한 지구화에 대한 페미니스트 이론화의 초점이 되었다.[9] 수렴하는 지구화

---

8 [옮긴이] 뉴기니 섬은 1848년 영국과 네덜란드가 동서로 나눠 지배하기 시작한 이래 오늘날까 지 영토가 분리되어 있다. 1975년 동부 지역은 영국으로부터 독립해 파푸아뉴기니가 됐으며, 네덜란드 식민지였던 서쪽 파푸아 지역은 1969년 인도네시아 정부에 편입되어 1973년 이리안 자야로 명칭이 변경됐다. 이리안자야 원주민(약 200만 명)은 인종이 인도네시아 자바족과 다 르고 종교도 이슬람보다는 기독교와 가톨릭이 압도적으로 많다. 이 때문에 1964년 자유파푸아 운동(Organisasi Papua Merderka, OPM)이라는 원주민 무장 단체가 결성돼 분리 독립운동을 시작했다. 원주민들의 문화와 정체성을 부인하고 무분별한 개발로 이 지역을 황폐화시키고 있 는 인도네시아 정부의 억압 정책이 분리 독립운동을 촉발시킨 주원이다. 수하르토 퇴진 이후 유화정책에 따라 2002년 1월, 명칭이 다시 파푸아로 변경되었으나 자유파푸아운동은 완전 독 립을 요구하며 무장투쟁을 계속하고 있다.

9 라이언은 여성성을 다음과 같이 묘사한다.

여성성은 특정한 성격적 기질을 거의 전적으로 여성에게만 귀속시키고, 성(sex)에 따라 인 간의 성격을 이분화하는 데 공모하는 모든 사회에서 발견되는 관념의 집합이다. …… 여성 성은 홀로 서있지 않고, 항상 사회의 이차적인 보편 구조에 뿌리내리고 있다. 노동의 분업, 성에 의한 권력과 특권은 …… 물질적인 삶의 구조와 나란히 진화하며, 여기서 자본주의는

과정에서 변화하는 여성성과 남성성을 이론화하면서, 릴리 링은 동아시아 국가의 발전주의를 설명하기 위해 (다보스 맨Davos Man으로 특징지어지는[10]) 초남성성hypermasculinity 개념을 환기시킨다(Hooper 2000도 보라). 공격, 경쟁, 축적, 권력의 숭배로 정의되는 초남성성은 낸디의 식민주의 연구에서 최초로 개발된 개념이었다(Nandy 1983). 링은 동아시아 국가들의 민족주의적 엘리트들이 공적인 가부장제와 정치적 권위주의에 초남성성을 끌어들임으로써 여성화된 사회에 대한 초남성성의 지배를 소생시킨다고 주장한다. "[동아시아 사회의] 여성은 여성화된 주체 가운데 가장 여성화된 이들로서, 가장 광범위한 착취를 당하고 또 침묵을 강요받는다"(Ling 1997, 10; 또한 Ling 2000도 참조하라). 그녀에 따르면, "정체성은 개방되어 있고 유기적이며 예측할 수 없는 성질의 것이기 때문에, 지구화는 지구적 세력들과 지역적 세력들이 상호 재구성될 수 있는 장소를 제공한다." 그리고 지구화를 통해 "이른바 동아시아의 '경제 기적'의 토대를 마련한 지구적·지역적 가부장제의 수렴이 일어난다." 링은 이와 같이 페미니스트 정치학의

단지 하나의 단계만을 재현할 뿐이다(Ryan 1979, 151).

링의 저작은 이렇게 변화하는 정체성을 생산과 교환의 역사적 과정들에서 여성성의 '뿌리'를 찾아가면서도, 여성성에만 귀속되는 '배타성'을 비판한다(Ling 2000).

10 『이코노미스트』에 따르면, 다보스 맨은 지구화된 경제의 새로운 남성 행위자이다. 그들은 "학사 학위가 있고 언어와 숫자를 다루는 일을 하며 어느 정도의 영어 회화 실력을 갖고 있다. 그들은 공통적으로 개인주의와 시장경제 및 민주주의에 대한 신념을 갖고 있으며, 많은 세계 정부들과 그 정부가 가진 대부분의 경제력, 군사력을 통제하고 있다." 이런 새로운 지구적 남성성에 대한 관점에서 보면, "다보스 맨의 미덕은 세계의 수많은 헌팅턴들이 문화를 정의하려고 할 때, 문화 따위에는 거의 관심을 두지 않는다는 것이다"(Economist 1997/01/02, 18). 이와 같이 다보스 맨은 경제 체계에 대한 사회의 예속을 상징하는 형상이 된다.

측면에서 지구적 남성성과 지역적 남성성이 수렴되는 상황을 분석하면서, 동아시아 국가의 민족주의적 엘리트들이 남성 중심적인 담론적·정치적 권력 체제를 특권화하는 데 참여해 왔다는 것을 지적하고, 그를 통해 제3세계 여성의 정체성을 단순화하는 오류를 피한다. 지구화 논쟁의 측면에서 그녀는 가부장적 통제가 수렴되는 현상을 제대로 연구하기 위해서는 "문화와 공간 및 체계로 구분된 것들을 가로질러" 분석해야 한다고 덧붙인다(Ling 1997, 9; Chang and Ling 2000 또한 참고하라). 기술 환경techno-scape, 금융 환경finan-scape, 종족 환경ethno-scape 등 다양한 '환경'에 대한 남성과 여성의 접근 기회가 다른 만큼, 매체의 융합 현상은 이런 남성화된 합의를 구성하고 정당화하는 데 중요한 역할을 수행한다(Appadurai 1990). 그리고 여성성이 재현되는 방식은 노동시장에서 여성 노동이 채용되는 과정과 여성과 남성에게 차등적으로 적용되는 임금 체계, 여성 재산권의 부정, 구조 조정에 의한 공적 지출의 삭감과 그로 인한 가족 내 여성 일 부담의 증가 등에서 여실히 확인될 수 있다(4장을 보라).

혹자가 주장하는 것처럼, 소련의 붕괴 이후 1990년대에 국가사회주의 체계가 자본주의로 전환되는 중요한 수렴 현상이 벌어졌기 때문에, 수렴에 대한 논의가 오늘날까지 지속되는 것일 수도 있다. 이와 관련해 피터스는 다음과 같이 지적한 바 있다. "만약 우리가 현재 진행되고 있는 이질적인 논의들 사이에서 공통된 주제를 찾고자 한다면, …… 그 논의들을 정리할 수 있는 유일한 틀은 자본주의가 될 것이다'(Pieterse 1997, 367). 자본주의의 대안을 찾을 가능성은 급속히 희박해졌다. 하지만 똑같은 이유에서, 양극으로 극단화된 세계가 부과한 제약에서 자유로워졌기 때문에, 발전에 대한 대안적인 전망들이 급속히 확산되었다는 주장도 가능하다.

다음 절에서는 지구화와 시장의 수렴으로 인해 여성과 남성이 직면하게 된 새로운 문제들을 살펴보겠다.

3. 배태된 전 지구적 시장

지구화는 "시장 또는 적어도 자유무역과 시장 개방에 대한 이데올로기"로 규정되고, "모든 종류의 무역과 투자를 가로막는 국가나 지역의 장애들을 축소하거나 제거함으로써 [국제시장 거래의] 흐름을 잠재적으로 증가시키는 것"으로 설명된다(Picciotto 1996, 3). GDP 대비 수출 비중으로 측정되는 국제 교역 흐름은 시장에서의 지구화 경향을 증명하는 데 사용된다. 1950년에서 1996년 사이에 전 세계적으로 수출 물량은 16배 증가했지만, 총생산량은 단지 6배 증가했을 뿐이다(DAW 1999, 2). 1990년대 내내 제3세계 국가들에서 제조업 부문의 수출이 엄청나게 증가하면서 무역은 세계경제의 성장보다 훨씬 빠르게 성장했다(World Bank 1999b, 5; Crafts 2000, 26).[11] 게다가 세계무역의 구성 요소들 또한 대폭 바뀌었다. 1950년

---

11 이 현상 때문에 나는 생산관계에 배태된 지구화에 대한 분석이 더욱 걱정스럽게 여겨진다. 제3세계로의 생산 외주화는 빠른 속도로 계속되고 있다. 따라서 이런 생산관계들을 구성하고 그에 따라 변화하는 젠더 관계와 마찬가지로 노동 착취 단계의 심화에 대해서도 분석이 이루어

대 이후로 농산물의 교역은 상당히 감소한 반면, 공산품은 꾸준히 증가해 왔다(Crafts 2000, 26). 그리고 제3세계 국가로 유입된 민간 자금의 양은 이제 공적 자금의 양을 훨씬 상회한다. 예를 들어, 1998년에 개발도상국으로 흘러 들어간 순純 공적 자금은 450억 달러에 그쳤던 반면, 해외직접투자는 1,500억 달러에 달했다(World Bank 1999b, 6-7). 이렇게 세계무역이 증가한 것은 이른바 '워싱턴 컨센서스'하에 제3세계 경제들이 자유화됨으로써 가능해진 것이다.[12]

아래에서는 시장 자체의 성별화된 본질과 지구화 과정에서 성별화된 노동시장이 어떤 모양새를 갖게 되는지를 살펴보도록 한다.

성별화된 시장

지구성은 지구적 생산과 교환의 메커니즘을 통해, 그리고 한 나라에 국한되지 않고 세계 각 지역과 (국제 경제 기구들과 세계무역기구World Trade Organization, WTO의 역할 증가와 함께) 전 지구를 아우르는 규율 메커니즘을 통해 작동한다. 또한 지구성의 작동 방식은 돈의 흐름을 촉진시키고, 전 지구에서 동

져야만 한다.

12 워싱턴 컨센서스에는 재정 정책과 세제 개혁, 금리의 시장 결정성, 경쟁적 환율, 무역자유화, 해외직접투자에 대한 개방, 국영기업의 민영화, 소유권에 대한 탈규제화와 법적 보장 등의 내용이 포함된다(World Bank 2000, 63).

시적인 금융 거래를 가능하게 하는 기술을 사용하며, 각각의 민족국가에서 시장 개방과 자유화 조치에 대한 정치적 저항을 탄압하는 것에 의존한다. 이와 같이 시장이 지구성을 해석하는 데 결정적이라면, 시장 내에서 여성이 수행하는 성별화된 역할이 미친 영향도 분석되어야 할 것이다. 〈표 3-1〉이 보여 주듯이, 그리고 페미니스트들이 주장해 온 바대로, 시장은 사회적으로 배태된 제도이며 "시장 체계 내에서 시장의 역할은 비시장적 기준들에 의해 구성된다"(Harris-White 1998, 201).

여기서 두 가지 지점에 초점을 맞춰야 한다. 그중 하나는 시장이 상품과 서비스의 교환이 이루어지는 별개의 기술적·경제적 공간으로 왕왕 묘사된다는 점이다. 점점 더 시장이 교역과 금융이 지배하는 공간으로 인지되면서, 노동시장은 전적으로 무시되거나, 인지되더라도 기껏해야 시장이 제대로 기능하기 위한 전제 조건으로서 노동조합을 규율하는 문제와 연관되어 이야기될 뿐이다(Burnham 1999, 38). 따라서 나는 시장의 성별화된 구조를 전반적으로 파악하기 위해서는, 시장을 신자유주의 경제학이 설명하는 것처럼 합리적이고 공정한 자원 분배의 메커니즘으로 볼 것이 아니라, 좀 더 넓은 사회적·문화적 틀에 배태된 것으로 보는 이론적인 맥락에서 이해해야 한다고 주장하고자 한다(Polanyi 1944를 보라). 다른 하나는 이런 식의 시장의 성별화된 구조가, 여성 고용의 급격한 증가와 같은 전 세계적인 노동시장의 변화와 연관되어 있다는 점이다.

노동시장은 오래전부터 여성에게 문제적인 개념이었는데, 전통적으로 노동시장의 정의에서 여성의 일은 무급 노동으로 치부되어 제외되었기 때문이다. 국제노동기구는 1970년대 들어서야 '비공식' 노동시장을 정의하기 시작했고, 그에 대한 연구 조사를 벌여 여성이 이런 비공식 부

<표 3-1> 젠더에 기반한 (금융)시장에서의 왜곡들

젠더에 기반한 왜곡 유형	신용 기관의 거래 비용	여성 대출인의 거래 비용
정보의 제약	남성 중개인을 통해 정보 수집이 이루어질 것이며, 따라서 여성은 [신용 기관의 입장에서] 위험부담이 크고 신용도가 충분히 높지 않은 고객으로 인식된다.	여성은 상대적으로 문맹률이 높고, 외부 활동에 제약을 받아 금융시장 정보에 대한 접근성이 낮다.
협상의 제약	여성은 공식적인 신용 대출을 해본 경험이 적기 때문에, 은행 직원이 더 오래 상대해야 한다.	여성은 남성의 허락을 구해야 하기 때문에, 은행에 가는 기회비용이 훨씬 높고, 은행 직원으로부터 차별 받을 가능성이 높다.
심사의 제약	신용 대출로 자금을 공급받아 경제활동을 하는 남성에 비해, 여성은 주로 영세한 사업장에서 경제활동을 하는 이유로 더 까다로운 심사 과정을 거칠 수 있다.	다른 가족 구성원들이 (특히 남성이) 돈에 대한 통제를 자신들의 권리라고 간주할 시에는, 여성이 자신들이 받은 대출금을 가정 내에서 통제하기 어려울 수 있다.
강제의 제약	여성은 대체로 공식적인 재산권을 갖지 못하므로, 채권자들이 대출금 상환 불이행시 담보물을 신청하기 어렵다는 이유로 처음부터 여성에 대한 신용 대출 제공을 꺼려할 수 있다.	여성은 채권자들이나 그들의 대출 대행업자들로부터 압력이나 협박 및 폭력에 훨씬 더 노출되기 쉽다.

자료: van Staveren(2002)에서 재구성

문에 집중되어 있다는 것을 알게 되었다. 예를 들어, 한국에서는 43퍼센트의 여성이 비공식 노동시장에서 일하고 있으며, 인도네시아에서는 79퍼센트의 여성이 비공식 부문에 몰려 있다(DAW 1999, 11). 비공식적인 것과 비공식 시장은 하청을 통해 연결되어 있지만, 비공식 부문에 대한 구체적인 지표들이 부족하기 때문에 이를 측정하기는 어렵다. 이 사실은 다시 공공 정책에 대한 여러 가지 함의를 시사한다. 첫째, 성인지적ender-sensitive 지표 없이는 분배 과정이 효과적일 수 없다는 점이다. 둘째, 성인지적 지표가 부족하게 되면, 노동시장에서 여성의 역할이 지니는 중요성은 인지되지 못하고, 그로 인해 불공평이 정책 결정 과정에서 간과되고 해소되지 못하는 결과를 낳게 될 것이다(DAW 1999, 7). 셋째, 21세기들어 지구화된 시장에서 나타난 새로운 측면 가운데 하나는, 전 세계를 넘나드는 자본의 유동성은 높아진 반면, 국경을 넘나드는 인간 노동의흐름은 체계적으로 줄어들고 있다는 것이다.[13] 이 맥락에서 젠더 관계는지역 공간 안에서 영향을 받고, 젠더는 지구적 수준의 노동 이동성에 영향을 주고 있다(4장). 넷째, 개별적인 시장 행위자가 핵심을 이루는 지구화 과정하의 발전 담론은, 남성과 여성이 그들의 삶의 기회나 생활수준을 향상시키기 위해서 시장에 접근하고 참여하는 방식들을 진지하게 고민할 것을 요구한다. 마지막으로 시장에 대한 연구에서 국가의 역할이부각되어야 한다. 국가는 결코 전 지구적 시장의 수동적인 피해자가 아니라, 대신 적극적인 참여자로 간주되어야 한다. 국가는 지구화로 인한새로운 압력들에 대응하면서 자국 내 성별화된 노동-자본 관계를 재구축할 뿐더러 지구화된 정치경제 내에서 자국의 위상을 보호하기 위해규제적이고 정치적인 경계를 재조직한다(Burnham 1999).

화이트는 시장 권력의 여러 가지 차원들에 대해 논의하면서, 다음과같이 지적한다. "시장 정치market politics의 실체는 몇 개의 특징적인 쟁점으로 구성된다. 예컨대 우선 타인과 비교해 하나의 행위 주체 혹은 여러행위 주체들이 시장 안에서 갖는 지위, 다른 시장 참여자들과의 교환을

---

13 지구화가 이런 식으로 노동시장에 미치는 영향은 당연히 여성의 일과 이주에 매우 중요한의미를 내포한다.

통해 자원을 얻을 수 있는 행위 주체들의 차별화된 능력, 게임의 규칙과 시장 제도의 성격, 그리고 시장의 범위 등의 문제들이다"(White 1993, 5). 개개인을 비롯해 국가와 노동조합, 소비자단체, 기업 협회, 시장 네트워크와 기업과 같은 조직들이 시장의 참여자이다. 시장의 기능은 국가 개입과 시장 구조, 국가와 시장의 사회적 배태성 등을 둘러싼 정치에 좌우된다(White 1993, 6-10). 이를 통해 정형화된 시장 체계가 형성되며, 시장 체계의 참여자들은 불평등한 잠재 능력과 협상력 및 자원을 가지고 특정한 시장에 진입하게 된다. 이로 인해 다양한 국가 형성 과정에 의해 규제되고 어느 정도 불평등한 권력에 의해 특징지어지는 다양한 시장 구조들이 광범위하게 생겨난다. (계급과 젠더는 시장에서 작동하는 불평등한 권력관계의 양 기둥이다.) 바두리는 시장 메커니즘은 "분배 효율성의 관점이 아니라, 한 계급에 의한 다른 계급의 잉여 추출 메커니즘의 관점에서 더 잘 이해된다"고 말하며, 이를 시장의 '계급 효율성'이라고 칭한다(Bhaduri 1986, 268). 에번스는 "주인-대리인principal-agent 관계의 한도를 넘어 경제적 관계를 위협하거나 분열시키는 권력은 신고전주의 모델이 명백하게 밝히지 못하는 일종의 경제 외적인 강제력이거나 영향력이다"라고 주장한다(Evans 1993, 25). 이와 같이 신고전파적 경제 모델은 시장의 사회적 배태성을 설명해 내지 못한다. 그리고 신고전주의는 개인들이 '최선의 가격'과는 전혀 상관없이 경제적 사리사욕을 추구할 수도 있다는 사실에 대해 의구심을 품지 않고, "어느 정도로 사람들이 사리사욕 때문에 우정과 가족 관계, 정신적인 문제나 도덕성보다 경제적 목표를 우선시하는지"를 질문하지도 않는다(Block 1990, 54). 더욱이 이 모델에서는 변화하는 시장의 역할이 재생산 역할에 어떤 영향을 미치는가에 대한 고민도

전혀 찾아볼 수 없다(Harris-White 1998). 마지막으로, 의사 결정 과정의 도구성은 규칙에 복종함으로써 이익을 최대화하는 것으로 가정될 뿐, 그것이 다양한 인구 집단들의 경제적·사회적 갈등 행위를 가져오는 일련의 신호일 수 있다고는 생각되지 않는다. 이런 이유로 신고전파 경제학자들에게 시장의 사회적 배태성이란 그저 시장의 왜곡으로만 간주된다.[14]

남성과 여성에게, 사회적으로 배태된 시장은 지역 수준에서나 국가적·국제적 수준에서 다르게 작동한다. 예를 들어, 인도의 카스트 체제는 특정한 일의 영역에서 여성(을 비롯해 권리를 박탈당한 집단들)이 배제됨을 의미한다(Bardhan 1983). 다른 한편, 아프리카의 식민지 국가는 여성을 시장에서 추방시킴으로써 술의 생산과 판매를 '합리화'했지만, 오늘날 서아프리카에서는 시장이 "여자의 영역이자 여성 자치의 거점으로 여겨진다"(Parpart and Staudt 1990a; Harris-White 1998, 200; Women Working Worldwide 2000a). 또한 많은 연구들은, 국가와 비국가를 막론하고 고용주들이 문화에 근거한 규범을 사용해 여성을 특정한 (저임금) 분야에서만 제한적으로 고용해 온 방식을 보여 준 바 있다(Mies 1982; Ong 1987; Truong 1990; Hart 1991; Chang and Ling 2000). 그리고 국가의 주요 활동이 구조 조정되고 민영화되면서 일부 노동 부문이 임시직으로 채워지거나 여성화되었고, 그 결과 여성은 젠더 관계가 재형성되면서 발생한 가족 내부의 긴장에 직면하게 되었다(Honig and Hershatter 1988; Denis 1991; Einhorn 1992; Kabeer 1994; True 2000). 당연하게도 시장은 다양한 여성에게 상이한 접근 기회를 준

---

14 신고전파 경제학에 대한 페미니스트 비판에 대해서는 4장을 참고하라.

다. 인종과 계급은 상호 교차하며 시장이라는 모체matrix에서 상층계급 여성과 하층계급 여성에게 다른 기회를 제공한다. 국제금융의 세계나 국제 관료 기구에 종사하고 있는 백인 전문직 여성은, '카탈로그 신부'가 되는 것에 동의함으로써 자신의 삶의 기회를 높이려는 백인 러시아 여성과는 매우 다른 위치에 놓이게 되고, 더 나아가 캐나다에서 가정부로 일하는 필리핀 여성들의 위치와는 더욱 달라진다. 하지만 이 사실은 젠더가 인종과 계급에 영향을 미칠 뿐만 아니라, 시장이 자원과 직업을 배부하는 방식에서 결정적인 요소 가운데 하나가 된다는 것을 반증한다(Rai, Pilkington and Phizacklea 1992; Barlow 1993; Gilmartin, Rofel and White 1994).

시장이 남성과 여성에게 제기하는 쟁점은 이뿐이 아니다. 전 세계적으로 여성은 세계의 자산 중 약 1퍼센트만을 소유하고 있다. 그러므로 그들은 금융이나 투자시장에 참여하기보다는 노동시장에 대한 접근을 통해 지구화 과정에 관여하게 된다. 여성은 성적 서비스와 가사 서비스를 제공하고 점점 더 많은 여성이 수출 생산의 일꾼으로 저임금 일자리에 고용되어 있지만, 지구화된 경제에서 금융과 수출의 거대한 흐름을 관리하는 일에 종사하는 경우는 좀처럼 보기 어렵다. 이처럼 가족의 권력 구조와 그에 따른 성별 노동 분업은 시장이 작동하는 방식과 여성과 남성이 그 시장 안에서 작용하는 방식에 영향을 미친다. 공사公私 분리가 시장을 구성하는 요소인 만큼이나 시장 역시 경제에서 남성 영역과 여성 영역의 이원화를 강화한다.

여기서 또 하나의 중요한 쟁점은, 공식적·비공식적 노동시장에 참여하는 여성이 급격히 많아지는데도 불구하고, 여전히 성별 직종 분리가 광범위하게 존재한다는 점이다(DAW 1999, 16). 시장의 이런 행태적 측면은 지구화에 대한 신자유주의적 담론의 언어에서 특히 중요해진다. 앞서 살펴본 바와 같이, 점점 더 세계가 시장에 의해 지배되고 있는 상황에서 지구화된 남성성이 가시적으로 표현되고 있다는 사실은, 시장의 확장 속에서 여성이 수행하도록 기대되는 역할 및 그 역할을 수행하게 되는 조건에 대한 중요한 질문들을 페미니스트에게 던진다.

앞서 논의했던 초남성성 개념은, 우리가 시장이 작동하는 방식뿐만 아니라 시장에 대한 접근성까지도 성별화된 체제에 살고 있음을 논의하는 장을 열어 주고 있다. 초남성화된 시장은 여성에게 적대적인 공간이다. 특히 대부분의 여성이 큰 수익을 기대하기보다 생계를 유지하거나 삶의 질을 미미하게나마 향상시키고자 시장으로 진입할 때, 시장은 여성에게 더욱 적대적이다. 이처럼 초남성성 개념은 우리가 정치적·경제적으로 형성된 성별화된 정체성이 지니는 역사적 의미를 연구하는 데 유용하다. 하지만 그 개념은 남성과 여성, 국가와 사회라는 이분법 — 설령 이런 이분법이 역사적으로 변하는 것이라 해도 — 을 또다시 세우고 있는 것처럼 보인다. 이런 이분법에서 여성적인 것이나 여성화된 것은 무력함powerless으로 규정된다. 여성과 여성화된 것은 행위성을 갖지 못한 존재, 자본주의적 발전을 둘러싼 담론적·구조적 틀 속에서 만들어진 고분고분한 존재로 간주된다. 그러나 이런 관점은, 여성의 활동에 존재하는 다양한 구조적 제약들을 고려할 때, 여성이 시장으로 진입하는 것이 그들의 생존에 결정적인 역할을 할 수 있다는 사실을 간과하는 것이다. 따라서 구조 조정 체제에서 보육과 의료에 대한 복지 제공이 철회되는 것에 대항한 투쟁들은, 달리 보면, 여성이 시장에 계속 남아 있으려는 투쟁이기도 하다. 여성이 시장에서 번 소득은 여성 개개인의 생존뿐만 아니라 가족의 생존에도 중요하다. 임시직화된 노동시장의 여성화는, 한편으로 조직화된 노동자 투쟁의 약화를 초래하지만, 다른 한편으로 여성이 그들 가족의 생존이 달린 임금을 받을 수 있는 공간을 갖게 된다는 것을 의미한다. 더 나아가, 이런 새로운 형태의 노동관계를 바탕으로 인도 자영여성협회Self-Employed Women's Associations, SEWA와 같은 새로운 유형의 노동단체를 실험할 수 있게 되었고, 또한 노동조합운동의 의제에 이런 여성화된 노동력의 중요성이 포함될 수 있도록 압력을 가할 수 있었다.

이와 같이 시장의 본질과 기능은 시장 안에서 여성이 차지하는 특수한 위상화 및 그에 대한 페미니스트와 사회주의자의 비판에 의해 문제시되고 있다. 우리는 시장이 만들어 내는 가치와 행태에 주목하는 한편, 시장의 파괴적 측면에 제동을 걸기 위해 요구되는 통제나 책무성의 기제에도 관심을 기울여야 한다. 이는 폴라니의 용어를 빌면, "체제 붕괴의 긴장들"disruptive strains과 "불균형의 다양한 증상들"(실업, 계급 불평등), 그리고 '교환에 대한 압력들'과 '제국주의적 경쟁들'이 아무런 방해도 받지 않고 진행되는 것을 막기 위해서 절실히 필요한 것이다(Polanyi 1944).

성별화된 노동시장

위에서 논의된 이유들로 인해 지구화 시대의 노동시장에서 여성이 어떤 위상을 갖는지 평가하는 것은 쉽지 않다. 많은 이들이 유급 고용에 진출한 여성들이 많아지면서 일반적으로 여성의 지위가 높아졌다고 주장한다.[15] 1950년에서 2000년에 이르는 기간 동안 여성의 고용은 급격하게 증가했다. 예컨대 제3세계 국가들에서 20~54세 연령대의 여성 중 고용 상태에 있는 비율은 55퍼센트에서 68퍼센트로 증가했으며, 세계적으로 보면 그 추세는 46퍼센트에서 81퍼센트로 더 큰 비율로 올라간다. 그리고 1980년대 이후에는 아프리카를 제외한 세계의 나머지 지역에서 여성 고용률이 남성의 고용률보다 더 빠르게 증가했다(DAW 1999, 8). 그러나 노동시장의 성별 분리 때문에 여성의 일은 특정 부문에만 집중되며, 수출 지향적 성장 정책을 택하고 있는 국가에서 여성 고용의 증가율이 가장 높았다. "일반적으로 의류, 반도체, 장난감, 스포츠 용품, 신발 등과 같은 노동 집약적 상품의 수출에 집중할수록, 여성 노동자 비율이 높아지는 경향을 보인다"(DAW 1999, 9). 〈표 3-2〉가 보여 주듯이, 수출자유지역 Export-Processing Zones, EPZ에서는 여성 노동이 우세하다. 그러나 이런 고용의 상당수는 외국 기업이 아니라 자국 내 하청 공장들에 의해 이루어진다.[16] 바로 이 점에서 국가는 하도급의 수출 지향적 제조업체가 세워질 수 있도록 법적·정책적 기틀을 제공함으로써 결정적인 역할을 한다. "국가는

---

15 장과 링은 홍콩의 필리핀 가정부의 맥락에서 다음과 같이 지적한다.

　　그들은 모국에서 벌 수 있는 것보다 여섯 배나 많은 돈을 벌 수 있지만, '친밀성 노동' 체제 안에 갇혀 있는 자신들을 종종 발견한다. 전 지역사회에서 그들의 가사 노동이 왕왕 성애화된 (sexualized) 서비스와 결부되어 취급되고, …… 가정부의 계약이 예정보다 일찍 끝나게 되거나 필리핀 취업 알선소에 진 빚을 갚을 도리가 없을 때, 그들은 성매매에 종사하고 있는 자신들을 발견하게 된다(Chang and Ling 2000, 35).

16 외국인 직접투자에 의한 고용은 제3세계에서 전체 유급 고용의 단지 2퍼센트 정도에 불과하다(DAW 1999, 9).

<표 3-2> 선별된 중앙아메리카와 카리브 해 국가들의 수출자유지역에서 전체 고용 현황과
여성 고용 비율(1997년)

	공장 수	섬유 및 의류 산업 노동자(%)	전체 고용	여성 비율(%)
코스타리카	250	70	50,000	65
도미니카공화국	469	65	165,571	60
엘살바도르	208	69	50,000	78
과테말라	481	80	165,945	80
온두라스	155	95	61,162	78
니카라과	18	89	7,553	80
파나마	6	100	1,200	95

자료: DAW(1999, 10)

지구화된 서비스 경제의 구조를 적극적으로 세우고, 그 과정이 순조롭게 진행되고 유지될 수 있도록 지원을 아끼지 않는다. 예컨대 필리핀 정부는 노동부 산하에 다양한 국가기구들을 조직해 해외의 계약직 노동자들을 감독·규율·수송하고, 그들에게 세금을 부과한다"(Chang and Ling 2000, 35). 아울러 노동조합은 국가 규제의 핵심적인 영역이자 좀 더 일반적인 차원에서 노동 기준을 강제하는 수단이 되었다(4장과 5장을 보라).

농업 분야에서도 지구화된 생산이 노동시장 내의 여성에게 미치는 효과가 가시적으로 나타난다. 예를 들어, 라틴아메리카에서는 상업 작물의 재배가 강조되면서 여성의 고용이 상시직에서 계절직으로 바뀌었고, 케냐와 우간다, 짐바브웨에서는 여성이 비전통적인 농업경제 일을 도맡게 되었다(DAW 1999, 11-12). 중국에서는 식량 생산이 점차 여성의 몫이 되어 가고 있으며, 현금 작물 재배와 시골의 소규모 산업 또한 상당수의 여성 노동력을 흡수하고 있다(Rai and Zhang 1994; Jacka 1996).

그리고 시장의 지구화로 인해 여성에게 또 다른 종류의 고용 세계가 열렸는데, 그것은 다름 아닌 성 산업이다(Truong 1990; Pettman 1996). 여성환경발전단체Women's Environment and Development Organization, WEDO의 보고서는 다음과 같이 지적한 바 있다.

> 국경과 시장이 개방되고, 세계 각 지역 간의 차이 및 계급 간의 격차가 더욱 두드러지면서, 점점 더 많은 여성은 물론 심지어 나이 어린 소년과 소녀들도 더욱 확장되고 더욱 견고해진 인신매매의 수렁에 빠지는 피해자가 된다. …… 여성은 남성과 동등한 발전의 동반자라는 인정을 받기까지도 지난한 과정을 거쳐야 했지만, 경제적 지구화를 이끈 세력들이 조장한 여성에 대한 범죄적 착취는 이렇게 어렵사리 쟁취한 인정을 한낱 조롱거리로 만들어 버린다(WEDO 1998b, 6).

게다가 우리는 성 무역의 확장과 동시에 포르노그래피 시장이 확장되는 것을 목격한다. 한 예로, "러시아에서 포르노그래피 산업은 곧 [지하경제에서] 불법 무기 무역과 마약 다음으로 큰 산업이 될 것이다"(WEDO 1998b, 6). 당연하게도 이런 산업들은 폭력으로 짓밟힌 여성 위에 세워질 뿐만 아니라, 폭력적 갈등이 첨예한 지역에서, 특히 강력한 군대가 상주하는 곳에서 확산되고 있다(Enloe 1989; WEDO 1998b).

또한 노동시장은 지구화된 생산과정에서 유연해진다. 노동시장에 대한 분석에서 볼 수 있는 한 가지 신화는 여성이 유연한 노동을 선호한다는 것이다. 당연하게도 이런 신화적 분석에서는 여성이 왜 이런 노동을 선호하는지의 문제는 다뤄지지 않는다. 캐나다 통계청의 조사에 따르면, 캐나다에서 임금격차를 발생시키는 주요 구조적 제약은 다름 아닌 자녀의 유무이다. "부부가 모두 전일제로 고용되어 있는 가족 중에서 52퍼센트는 여성 배우자가 일상적으로 집안일을 전부 책임지고 있다"(CRIAW/ICREF 2000, 3). 여성운동이 캐나다보다 덜 가시적이고 상대적으로 약한 나라에서는 이 수치가 훨씬 더 높게 나타날 것이다. 더구나 이런 전일제 고용 영역에서조차 여성은 통상적인 저임금과 형편없는 경력 개발의 기회라는 중첩된 불이익을 경험한다. 이런 점에 비추어 볼 때, 여성이 재택근무와 비상근을 비롯한 유연한 직종의 일에서 우세하다는 사실은 전혀 놀라운 일이 아니다.

더 나아가 우리는 자본 흐름이 경제적 조건에 신속하게 반응할 수 있게 되면서, 그와 동시에 시장의 위험성도 높아지는 것을 목도한다. 이런 특징은 금융시장에서 가장 도드라지게 나타나고, 외국인 직접투자Foreign Direct Investment, FDI의 유형과 투자 흐름의 반전이나 자본도피 현상에서도 찾아볼 수 있다.[17] 이런 식의 자본도피와 그에 따른 금융·경제 위기[18]가

---

17 DAW는 자본도피의 전형적인 시나리오를 다음과 같이 개괄한다.

거대한 자본이 유입되면서 은행의 신용은 신속히 상향 조정되고, 이어 인플레이션을 촉진하는 경제활동이 활발해지면서 그 결과 국내 통화는 과대평가되게 된다. 이 때문에 수출은 줄고 수입이 늘면서 무역 불균형이 발생한다. 그렇게 되면 외국인 투자자들은 통화가치의 절하를 기대하기 시작하는데, 그들은 취약한 거시경제적 '경제 기초'(fundamental)가 갖는 성향, 즉 인플레이션의 증가, 무역 적자, 과대평가된 통화 등을 이유로 결국 자본도피를 서두른다 (DAW 1999, 48).

18 스티글리츠에 따르면, "위기는 점점 더 자주 발생하고 더욱더 심각해진다. 이 현상은 전 지구적 경제 협정이 가지는 근본적인 취약점을 보여 주는 것이다"(Stiglitz 2000, 1075).

여성에 미치는 부정적인 효과들은, 불평등한 성별화된 노동시장과 더불어 안정화 조치와 같은 정책적 처방(4장을 보라)에 의해 배가되어, 남성보다는 여성이 책임져야 하는 가족의 재정 상태와 안전에 영향을 미치고 있다. 그리고 2장에서 논의했던, 가족 내에 존재하는 협력적 갈등 관계co-operative conflicts는 다른 가족 구성원들의 인타이틀먼트와 복지에 성별화된 결과를 낳게 된다.[19] 또한 경제 위기가 발생하면, 국가의 정책 결정 기구들이 지니는 독립성은 의심받게 되는 사태가 벌어진다. 곧 경제 위기를 통해 수잔 스트레인지가 명명한 '카지노 자본주의'의 힘이 강화되고, 그런 자본주의의 지구화된 권력에 직면해 민족국가들의 무능함이 두드러지는 것이다(Strange 1995).

4. 지구화와 무력해진 국가?

세계경제의 지구화를 강조하는 경향 속에서 민족국가는 점검의 대상이 되었다. 지구화가 진행되면서 민족국가가 주변화된다는 가정을 담은 연구들이 늘어나고 있다. 그리고 그와 같은 주장은 수잔 스트레인지에 의

---

19 예컨대 아시아 금융 위기에 대한 UNDP(1998)의 보고서는 인권과 인간 개발 및 인간 안보 등 세 개의 핵심적인 요소가 반드시 사회경제적 변화를 위한 모든 설계의 일부가 되어야 한다는 인간 중심의 발전에 대한 중요성을 강조한다.

해 가장 설득력 있게 제시되었는데, 그녀는 다음과 같은 세 가지 논거를 제시한다(Strange 1995). 첫째, 국제 체계에서 국가들 간에 벌어지는 경쟁의 성격이 영토 경쟁에서 시장 경쟁으로 변화했다. 둘째, 무역·금융정책이 국방·외교정책보다 점차 더 중요해진 데서 보듯이, 국가 간 경쟁의 성격이 바뀐 것만큼이나 그 형태도 변화했다. 셋째, 스트레인지는 "2~3세기에 걸친 국가기구로의 점진적인 중앙집권화의 시기가 지나고, 사회와 경제에 대한 권위는 이제 또 다른 해체의 시기를 거치고 있는 중이다"라고 주장한다(Strange 1995, 55). 그러나 스트레인지의 분석은 여러 방면에서 도전을 받고 있다. 케이블이 주장하듯, "민족국가는 그 주권을 광역적 국제기구들과 시장에게 '빼앗겼다.' 하지만 민족국가가 '국가 경쟁력'을 증진하기 위해 통제할 수 있는 새로운 영역들을 얻었다는 사실도 무시할 수 없다"(Cable 1995, 23-24). 거버넌스 역시 민족국가로부터 자유로워졌다. 로즈노와 쳄피엘이 『정부 없는 거버넌스』*Governance without Government*(Rosenau and Czempiel 1992)에서 "지구적 거버넌스"라는 용어에 정치적 의미를 부여한 이래, 그 용어는 점차 "개개인의 정치적 기술과 지평에서 발생하는 광범위한 방향 전환이 지닌 함의"를 강조하기 위해 사용되고 있다(Hewson and Sinclair 1999, 5).

지구화 시대의 민족국가에 대한 가장 혁신적인 분석 가운데 하나는 로버트 콕스의 연구다. 그에 따르면, 우리가 목격하고 있는 것은 민족국가의 종말이 아니라 '국제화', 다시 말해 민족국가의 파괴가 아니라 민족국가의 변형이다. 간략하게 콕스의 주장을 요약하자면, 오늘날의 국가는 국가 경제에 대한 지구적 침략에 대항하는 방파제 역할 대신, 지구적 정치경제의 조정자·중재자·협상자의 역할을 수행하고 있다. 이렇게 변화된 역할을 수행하기 위해서 민족국가는 정부의 권력 구조를 재편해야 한다. 예컨대 국가는 경제 규제를 위해 산업과 노동보다는 금융과 무역을 더 많이 강조하게 된다. 그러므로 국내 경제가 세계경제의 요구에 적응할 수 있는 환경을 조성하는 것이 국가의 과제가 된다(Cox with Sinclair 1996). 이 입장에 동조하면서도, 번햄은 콕스의 분석이 "국가가 얼마만큼 '지구화'를 창출하는 데 직접 관여했는지, 또 (자유 시장주의자와 사회민주주의자를 막론하고) 국가의 대리인들이 '지구화'를, 자본주의사회의 위기관리를 위한 노동-자본 관계를 재편성하는 가장 효율적인 수단으로 간주하고 있음을 간과한다"고 지적한다(Burnham 1999, 39). 이런 맥락에서 보면, 자애로운 민족국가를 그리워하거나 아니면 적어도 무력한 민족국가를 희구하는 것은 명백한 오류이다. 번햄은 폴라니를 따라, "민족국가는 자본의 전 지구적 흐름 속의 정치적 '접점' 또는 '계기'로 존재"하며, 민족국가의 발전은 위기를 내장하고 있는 자본주의사회에서 발전의 일부라고 주장한다(Burnham 1999, 41). 이런 관점의 분석에 따르면, 지구적 정치경제의 최근 변화들은 국가와 무관하게 일어나고 있는 것이 아니라 대개 국가를 재조직하는 양상을 보이고 있다. 즉, '국가 관리자들'은 적극적으로 '노동/자본 관계의 위기'를 재편하면서 그 위기에 대응하려 하고 있다는 것이다(Burnham 1999, 41). 국가가 자신과 지구적 정치경제와의 관계를 재구성하는 데 직접 관여하고 있다면, 지속적으로 국가는 이런 관계의 변화에 저항하는 투쟁들의 주요 대상이 될 수밖에 없다. 이런 투쟁이 도시나 농촌을 배경으로 하는 조직화되거나 비조직화된 노동운동에서 발생하든지, 아니면 다른 사회운동에서 발생하든지 간에 말이다.[20] 인도에서 벌어진 엔론 사에 대항한 투쟁은 민족국가와 지구적 경제 행위자들 사이의 복잡한 관계를 보여 주는 중요한 사례이다.

엔론과 전기

인도에서 자유화 정책들이 실행된 이래, 인도는 2,890억 달러를 외국인 투자로 유인했으며, 그 액수의 39퍼센트가량이 전력 부문에 투자되었다 (Pavri 1997, 1). 거대한 규모의 상수도 및 전력 등을 취급하는 에너지 기업인 엔론은 1992년 세계에서 가장 큰 ― 그러나 실행 불가능한 ― 발전소를 봄베이Bombay에서 가까운 다브홀Dabhol에 짓고 운영한다는 계약을 국민의회당Indian National Congress Party, INC이 집권당이었던 당시 정부와 맺었다. 엔론은 30억 달러를 투자할 것을 약속했고, 그 투자금은 전기세로 회수할 것을 합의했다. 그러나 전기세를 너무 높게 책정함으로써 엔론은 투자금액을 훨씬 웃도는 260억 달러를 돌려받게 되었다. "엄청난 농토가 불필요한 발전소를 짓는 데 사용되었고, 그나마 그 토지도 강제 구매를 통해 획득되었다. 발전소의 배출물로 인해 어업은 생존의 위협에 처했다.

---

20 특히 세계은행과 같은 지구적 경제기구들이 국가의 정치적 역할을 어떻게 인지하고 있는지 살펴보는 것은 대단히 흥미로운 일이다. 2000/1년 세계개발보고서는 다음을 분명히 명시한다. "빈곤은 단지 경제적 과정의 산물이 아니다. 그것은 상호작용하는 경제적·사회적·정치적 세력들이 낳은 결과이다. 무엇보다도 빈곤은 국가기구가 가져야 할 책무성과 대응성이 낮은 결과이다"(World Bank 2000, 99). 따라서 경제 세력은 탈정치화되는 반면, 국가는 정치(국가의 '고객'의 이해관계에 대한 대응성의 부족)뿐만 아니라 실정(책무성의 부족)과도 연관되게 된다.

또한 엔론은 다브홀에서 전력 생산을 계속하기 위해서 매 분당 무려 8,338리터의 담수를 소모했고, 그 결과 1996년에 이르자 그 이전에는 풀로 무성했던 마을들의 우물과 강은 말라 버렸다"(Cohen 1999, 35). 엔론의 발전소 사업에 부정부패 의혹이 제기되면서 1995년에 새롭게 선출된 인도인민당Bharatiya Janata Party, BJP[21] 정부에 의해 전체 사업에 대한 조사팀이 꾸려졌다. 조사팀은 엔론이 "비용의 약 25퍼센트를 부풀렸다"는 것을 밝혀냈다(Pavri 1997, 5). 또한 이 사업에 대해 "부패와 불투명성 및 고비용으로 점철되어 있을 뿐만 아니라 심지어 발전소의 국가적 필요성도 입증하지 못했으므로 취소되어야 한다"는 결론을 내렸다(Cohen 1999, 35). 그러나 엔론이 법적으로 저항할 것이라고 위협하고, 다른 나라(영국)에서 벌어진 소송 경험에서 비추어 감당하기 힘들 만큼의 비용이 들 것이라고 예상된 데다, 그렇게 강력한 경제 행위자의 압력에 버티기에는 마하라슈트라Maharashtra 주州 정부의 정치적 의지가 부족했다. 이런 요인들이 겹쳐져 계약은 재협상되었고, 결국 발전소 설립이 허가되었다. 지역사회의 농촌 주민들이 조직화해 이에 대항했을 때, "80대 여성들이 얻어맞고, 십여 명의 사람들은 엔론 사 안에 갇혀 버렸다. 그리고 바로 그곳에서 1997년 한 해 동안에만 서른 차례의 집회가 열렸고, 그 후 그곳은 민간 감옥으로 변했다. 경찰의 임금은 엔론 사에 의해 지급되었다"(Cohen 1999, 35).

---

21 [옮긴이] 1980년에 창당된 힌두 우파 민족주의 계열의 정당이다. 인도에는 3백 개가 넘는 정당이 난립해 있는데 이중 전국 정당은 국민회의당(INC)과 인도인민당 두 개에 불과하다. 1998년 선거에서 '민족민주연합'(National Democratic Alliance)이라는 정당들의 연합체를 구성함으로써 집권에 성공했으나, 2004년 선거에서 패배해 제1야당으로 물러났다가 2014년 총선에서 승리해 단독정부를 구성했다.

엔론에 대항한 이 저항과 님 나무neem tree 캠페인은, 전 지구적 구조 조정이 지역의 환경을 형성하고 재구성하며, 사유화하고 불안정화함으로써, 그리고 부패나 심각한 경제적 압력을 통해 국가 정부를 침식함으로써 어떻게 농촌 지역 주민들의 삶에 직접적으로 영향을 미치는지를 잘 보여준다.

그러나 민족국가의 재편에 대한 이런 식의 설명은, 우리가 "사회적 주체들이 자기 자신에 대해서나 자신과 사회적 구조 간의 관계를 이해하는 방식, 그리고 그 구조는 상호 주체적인 이해에 의해 형성되는 사회적 관행 내에서 그리고 사회적 관행에 의해 구성된다는 점"을 고려하지 않는다면 불완전할 수밖에 없다(Laffey 1992, 2).[22] 따라서 우리가 민족국가가 겪고 있는 변화의 과정들을 제대로 이해하기 위해서는 국가를 성별화된 관점에서 읽어 내는 것이 중요하다. 프링글과 왓슨의 다음과 같은 주장이 그 예가 될 수 있다. "우리는 국가를 하나의 제도가 아니라 일련의 활동 무대로 개념화할 수 있다. 다시 말해 국가는, 투쟁들의 접합이 일시적이고 가변적인 만큼이나 투쟁의 일관성이 담론적으로 정립되는 정치적 투쟁의 부산물이다"(Pringle and Watson 1990, 229). 그들은 더 나아가 다음과 같이 주장한다. "집단의 이해관계는, 완벽하게 형성된 채로 미리부터 존재하며, 국가를 통해 단순히 '재현되는 것'이 아니다. …… 그것은 지속적으로 구성되고 재생산되어야 하는 것이다. 요컨대 집단의 이해관계

---

22 또한 라피는 마르크스주의가 일련의 서구 근대적 범주들을 당연시하고 그 범주들을 보편화하며, 세계를 오직 특정한 지역의 관점에서 설명하는 데 그친다고 주장한다. 바로 그 이유로 "차이를 다루는 마르크스주의의 역량이 의문스럽다"고 지적한다(Laffey 1999, 4).

는 담론 전략을 통해, 즉 의미 체계의 창조를 통해 구성되고 그런 특정 방식으로 재현되는 것이다"(Pringle and Watson 1990, 229-230). 지구화의 맥락에서 여성이 그들의 다변화된 이해관계를 분명히 내세운다는 것은, 한편으로 그들과 다른 이들의 이해관계의 재구성과 다른 한편으로 국가가 다양한 집단들의 이해관계를 통합하고, 가시화하며, 대화를 시도하고, 틀을 세우는 방식들 사이를 매개함으로써 이루어진다.

국가가 국가 발전에서 수행하는 역할을 이렇게 다양한 층위로 해석함으로써, 국가를 다양한 문화적 맥락에 배태된 것으로 분석하는 것이 가능해진다. 국가가 경제 영역에 직간접적으로 개입함으로써 경제적 참여자가 되는 것이라면, 폴라니의 '배태성'[23] 개념은 시장뿐만 아니라 국가를 분석하는 데도 유용한 분석 수단일 수 있다. 배태성의 맥락에서는 국가의 다양한 분파들이 어떻게 서로 상이한 방식으로 관계를 맺고, 다른 문화적 환경에 있는 여러 시민 단체 및 경제 집단과는 어떤 식으로 관계를 맺는지 연구하는 것이 더욱 중요하다. 나는 사회에 만연한 성별화된 권력관계에 배태된 국가 제도들이 경제 발전이라는 목표를 지지하고 있을 때, 그런 국가 제도의 '배태성'은 여성을 포함한 정치적으로 주변화된 집단들의 이해관계와 상충할 수 있으며, 실제로 그러하다고 주장하고자 한다(Rai 1996b, 14). 그 이유는 근대화를 추진하는 국가와 그 국가를 형성하

---

23 물론 Polanyi(1944)는 시장을 배태된 전(前) 자본주의적 시장과 배태되지 않은, 즉 가격이 자본주의적으로 결정되는 '근대사회'의 시장, 둘로 구분한다. 하지만 배태된 시장에 대한 관념은, 이제 다양한 산업 부문과 세계 지역에서 시장이 경험되는 상이한 방식과 시장이 어떻게 문화적이고 역사적인 공간에 조합되거나 그 공간에 의해 '왜곡되는지'를 이해하는 데 폭넓게 사용된다(Braudel 1985).

는 데 기틀이 된 시민사회가 맺는 관계가 복잡하기 때문이다. 일부 집단에게는 관료적 역량과 사회적 연고의 상호 보강이 발전 국가의 효과성을 담보하는 데 핵심적일 수 있지만(Charlton and Donald 1992, 7), 여성을 포함한 다른 집단에게는 사회적 규범을 바탕으로 관료적 역량을 강화하는 것이 끔직한 결합으로 작용할 수 있다.[24] 이런 맥락에서 보면, 국가를 일원화된 실체로 여기는 것은 사고를 마비시키는 접근이며, 시민사회를 "강제되지 않은 인간적 유대의 공간"으로 간주하는 것은 위험한 발상이 된다(Rai 1996b, 17-18).

배태성은 지구화의 맥락에서 민족국가를 분석할 때 또 다른 문제를 제기한다. 만약 인간 경제가 경제 제도뿐만 아니라 비경제적인 (사회적) 제도에도 배태된 것이라면, 이 제도들의 복합성을 이해해야만 그 제도들의 한계와 잠재력을 평가할 수 있을 것이다. 지역사회에서 발전과 관련된 반대 투쟁은, 뚜렷한 형체 없는 사람들의 집단인 무정형의 '국제경제 기구'보다는 전통에 대한 역사적 지식과 문화 및 정치적 맥락을 공유하는 민족국가를 투쟁의 대상으로 할 때, 훨씬 더 쉽게 동원될 수 있다. 그러나 지역 투쟁이 재앙을 가져온 국제 엘리트들에게 책임을 묻는 데 실패할 때, 그들이 겪는 좌절은 다시금 민족국가에 대한 애도에 불을 지피게 된다.[25] 여성운동도 이렇게 변화하는 국가의 위상 문제와 씨름해 왔

---

24 아프가니스탄의 탈리반(Taliban) 정부가 여기에 해당하는 사례일 수 있다(Moghissi 1999 또한 보라).

25 세계은행에 대한 페미니스트 개입을 비판적으로 분석한 내용은 이 책의 5장을 참고하라. 민간 경제기구들이 그들이 몸담은 (국가가 아닌) 공동체에 대해 갖고 있는 책무성을 강조하기 위한 시

다. 한 국가 내에서 생산과 재생산의 장소가 바뀌고, 시간제 노동의 도입, 노동 유연성의 제고, 수출자유지역으로의 집중, 이주 노동의 증가 등 새로운 생산 체제로 인해 다양한 형태의 일이 생겨나면서, 여성의 조직 방식에도 변화가 필요해졌다. 국가를 통한 중재가 약화되면서 지구적 자본의 실체가 직접 체감되고, 지역의 공간들이 시장의 힘에 개방되는 상황에서 벌어지는 지구적 경제 세력과 조직에 대한 저항은, 여성에게 정치적 담론과 조직화의 문제를 제기하고 있다. 여성이 다양한 이슈들에 대해서 조직화할 때, 국가는 계속해서 투쟁의 핵심적인 대상이 된다. 하지만 국가에 대항하거나 그 정당성을 문제 삼을 때, 또는 여성의 이해관계를 위해 지구적 담론 체제들을 동원하기 위해서는 초영토적 전략들이 점점 더 중요해지고 있다(5장을 보라).

5. 지구적 거버넌스와 GAD는 새로운 도전인가?

1990년대 이후 민족국가에 대한 위협이 인지되면서 또는 종종 그런 위

도로, 소위 '기업 시민권'이라 불리는 것에 대한 관심도 증가하고 있다(Andriof and MacIntosh 2001을 보라). 그리고 민간 기업의 책무성의 문제는 '윤리적 무역'과 '행동 강령'에 대한 담론에서도 제기되고 있다(Barrientos, McClenaghan and Orton 2000; 이에 대한 비판적 평가는 5장을 참조).

협에 대한 대응의 한 방편으로, 지구적인 제도 정치 체계가 논의의 대상이 되었다. 한편에서는 유엔의 의미를 적절하게 제고하려는 노력이 시도되고 있다. 곧 유엔을 초국가적인 지구적 거버넌스의 기관이 아니라, 일반적인 차원보다는 '특정 사안' 중심으로 이루어지는 국가들의 집합적인 행동을 대표하는 조직으로 규정하려는 것이다(Higgott 1998, 34). 다른 한편에서는 유엔을 대체로 무능한 관료 조직이자 빠르게 변화하고 있는 세계를 대변하지 못하는 조직으로 간주한다. 미국은 유엔 기구를 개편하기 위한 십자군을 이끌며, 유엔이 그 회원국들에 대해 좀 더 책무감을 가져야 한다고 역설해 왔다. 유엔의 입장에서 보면, 유엔은 WTO 체제 내부에서 새롭게 부상하는 강력한 경쟁적인 거버넌스 기구들을 상대해야 했다. 세계은행과 IMF 같은 브레턴우즈 기구들이 사회적·정치적 무대에서 점차 영역을 넓혀 가고 있었던 것이다. '좋은 거버넌스'는 이런 경제적 기구들이 다루는 주요 안건이자 원조를 제공할 때 부여하는 제한조건이 되었다. 이에 따라 원조 증여국은 수혜국에게 "민주적 다원주의, 법의 통치, 경제적 규제 완화, 깨끗하고 부패하지 않은 행정부, …… 확대된 분권화" 등을 요구할 수 있게 되었다(UNDP 1994, 76). 지역적인 것과 일국적인 것 및 국제적인 것 사이의 경계가 변화하면서 제기되는 쟁점들과 거버넌스의 수준에 대한 논의를 통해, 우리는 거버넌스에 대한 현재의 논쟁들은 물론 그 논쟁들이 어떤 발전 의제를 야기했으며, 그런 발전 의제와 어떻게 중첩되는지 살펴볼 수 있다. '거버넌스'는 "지구적 변화의 근원과 정치적 함의를 관찰할 수 있는 유리한 지점"으로 규정되며, "통합과 분열 모두를 배경으로 일어나는 권위의 위치 변화"를 상징하게 되었다(Hewson and Sinclair 1999, 5). "국제적으로 재편되는 분야의 범위가 정부

간 조직들의 성과와 형식적 속성 및 정책 결정 과정을 묘사하는 데 그쳤던 논의에서 거버넌스 구조에 대한 관심으로 전면적으로 확장"되는 것을 보면서, 페미니스트들 역시 이런 거버넌스 논쟁에 관여하고 있다. 이제 이런 국제적 조직의 장에는 유엔이나 NGO 같은 조직들은 물론 "지구적 시민사회"에서 벌어지는 사회적·정치적 운동도 포함된다(Meyer and Prügl 1999b, 4). 또한 거버넌스와 관련된 쟁점들에 대한 관심이 커지면서 이전 시기에 지구화를 다룬 문헌에서 특징적으로 나타나던 동의의 신화가 깨지게 된다. 즉, 거버넌스에 대한 관심은, 왕왕 지구화의 불가피성과 병치되면서 지구화가 진행되는 과정 내부에 존재하는 권력관계를 은폐했던 동의의 신화를 허무는 데 일조한 것이다(Newell, Rai and Scott 2002b). 그러나 거버넌스에 대해서 팰런의 다음과 같은 주장도 제기되었다. "지구적 거버넌스의 언어는 국가의 (그리고 사회의) 기능과 정당성 및 역량에 대해 호의적이지 않은 내용을 암시하고 있다. …… 따라서 그것은 공통의 인간적 목표와 정치적 기능 등에 대한 동의가, 설령 보통은 명시적으로 선언되지 않는다 하더라도, 어느 정도 미리 형성되어 있을 때만 의미가 통할 수 있다"(Palan 1999, 67). 이런 선험적인 통념들은 그 자체로 공적 영역과 사적 영역 모두에서 또 국가적 형태든 지역적·지구적 형태든 가리지 않고 나타나는 폐쇄성의 증표이다. 이 폐쇄성은 민족주의 체제 아래서 작동했던 오래된 폐쇄성이 아니라, 새롭게 승자와 패자를 만드는 새로운 종류의 폐쇄성이다.

정치적 실천이라는 측면에서는 거버넌스의 상이한 양식들을 구별할 수 있다. 그 가운데 오늘날 가장 지배적인 두 가지 양식의 거버넌스는 '자유주의적' 전략과 '비판적' 전략으로 나타난다. 자유주의적 전략은 "현재의 경제 체계 내에서 그 체계가 기능하는 방식을 개선하는 것" 그리고 발전이 가져오는 최악의 결과를 상쇄시키는 것을 추구한다(Newell 2000, 124). 그런 거버넌스 전략의 사례로는 소비자 운동, 시민사회단체나 NGO와 경제조직 사이의 협력(5장을 보라), 시장 내의 행동 강령을 만들기 위한 로비 활동(Women Working Worldwide 2000b를 보라), 민간 기업들이 경제적 자원의 관리를 위해 사내 규약이나 조직 규약을 작성하고 실행하게 하기 위한 로비 활동 등을 들 수 있다. 그에 반해 비판적인 거버넌스 전략은 반대를 통한 규제로 규정될 수 있다. 그것은 경제적 조직의 정책과 관행을 폭로하고, WTO와 같은 법적·경제적인 전 지구적 체제가 갖는 이론적 근거와 도덕적 전제를 반박한다(4장을 보라). 이런 비판적 거버넌스 전략의 사례로는, 나이지리아의 인권 활동가인 켄 사로위와Ken Saro-Wiwa가 처형된 이후 벌어진 쉘Shell 사에 대한 보이콧과 같은 정치적 메시지를 담은 소비자 보이콧 운동이나(Yearly and Forrester 2000을 보라), 다국적기업들이 광고하는 내용에 이의를 제기하는 선전 활동 또는 '반대 정보'를 제공하는 활동(Newell 2000; 후자의 전략에 대한 자세한 연구에 대해서는 4장을 참고하라) 등을 들 수 있다.

여기서 몇 가지 중요한 쟁점들이 언급될 필요가 있다. 첫째, 21세기 초의 시점에서 볼 때, 우리는 거버넌스와 발전의 근본적인 쟁점들이 상대적으로 변화하지 않았다는 것을 발견한다. 즉, 안보의 문제와 삶의 기회 향상이 여전히 우리에게 가장 중요한 문제로 남아 있다. 이것은 지금까지 추구했던 발전 전략의 실패를 의미하는 것일까, 아니면 우리의 상상력이 한계에 달했다는 신호일까? 둘째, 우리가 이데올로기적 분리가 분명하게 드러나지 않는 국제정치의 세계에 살고 있다는 점이다. 자유주의 이데올로기에 대한 대안은 부재한 듯하고, 그 결과 자유주의적인 또는 비판적인 거버넌스 전략들이 부상하고 있으나 그 전략들은 더욱 개발되어야 한다. 한편 자본주의적 발전에 대한 대안은 유토피아일 뿐이며 따라서 정치적으로는 쓸모가 거의 없는 것처럼 보인다. 셋째, 우리는 명백하게 하나로 보이는 세계, 그러나 개인의 경쟁 윤리가 지배적인 세계에 살고 있다. 지속 가능한 발전이나 지속 가능한 성장 운운하는 이야기를 들을 때, 독립과 자유 시장이 같이 갈 수 있다는 이야기를 들을 때, 기술주의적인 해법이 재분배를 지향하는 해법을 물리치고 지배적인 위상을 차지하는 것을 볼 때, 우리는 이런 모순을 볼 수 있다. 어찌 보면 새롭지만 전혀 새로울 것이 없는 이런 상황 속에서, 페미니스트적 발전 의제는 어떻게 전개되고 있는가? 발전에 관해 페미니스트 운동이 요구하는 바는 무엇인가? 다음 절에서 나는 간략하게 지구화와 관련해 안보와 형평성 및 민주주의의 쟁점들이 제기되는 방식을 정리한 후, 지구화 시대에 거버넌스의 문제를 제기하는 페미니스트 운동이 직면한 몇 가지 딜레마를 살펴볼 것이다.

안보, 형평성, 그리고 민주주의

1980년대 신자유주의 경제학이 되뇐 주문 가운데 하나는 시장 주도적 성장만이 빈곤에서 탈출할 수 있는 유일한 실행 가능한 방법이라는 것이다. 이제 많은 이들은 그런 시장 지향적 성장 정책이 부자와 빈민, 그리고 부국과 빈국 간의 불평등을 증가시켰을 뿐이라고 주장하지만(Chossudovsky 1998), 어떤 이들은 빈곤과 불평등이 증가하는 이유는 시장 개혁이 성공적으로 실행되지 못했기 때문이라고 주장한다(World Bank 2000, 62). 세계개발보고서에 따르면, 논쟁은 사실 시장 그 자체에 대해서가 아니라 "어떻게 하면 한 나라의 경제적·사회적·정치적 환경에 맞는 시장 개혁 방안이 고안되고 실행될 수 있을 것인가"를 둘러싸고 벌어지고 있다(World Bank 2000, 62). 보고서에서 다뤄지는 두 가지 쟁점 가운데 하나는, 시장 개혁을 이루기 위해서는 안정화와 자유화를 통한 '제1세대' 개혁에서 제도화와 좋은 거버넌스를 통한 '2세대' 개혁으로 이어지는 단계적 과정을 거쳐야 한다는 점이다(World Bank 2000, 64). 그리고 두 번째 단계가 완성될 때 비로소 시장 주도적 성장이 가난한 경제들에까지 포괄적으로 영향을 미칠 것이라고 본다. 다른 쟁점은 시장 주도적 성장이 가시적일 때조차, 성장이 가난한 사람들의 삶에 어떤 영향을 미치고 있는지를 재평가해야 한다는 것이다. 요컨대 이런 측면에서 중요한 질문은 '지구적 경제의 시장 개혁에 대한 인간개발지수는 무엇인가'이다.

예컨대 WEDO의 조사에 따르면, "여성은 …… 경제적 지구화의 혜택에서는 제외되었음에도 그에 대한 비용을 불공평하게 지불하고 있다"(WEDO 1998a, 1). WEDO는 토지, 자산과 신용, 고용, 환경, 교육, 보건과 주거 등에 대한 여성의 권리와 접근을 지구화 과정에서 시행된 거시경제정책들의 성별영향평가를 위한 지표로 사용했다(WEDO 1998a, 1). 숄테는 '지구화의 상태'를 보여 주는 지표로서 (불)안전[안보], (비)민주주의, (불)형평성이라는 세 가지 쟁점을 제시한다. 즉, 그는 한편으로 지구화에 관한 규범적인 가정들을 평가하기 위해 지구화 과정에서 다양한 집단들이 안보와 민주주의 및 형평성과 관련해 어떤 경험을 하고 있는지를 살펴보고, 다른 한편으로는 지구화의 정당성 요소로서 지구화가 이 세 가지 쟁점에 대처하는 데 얼마나 효율적일 수 있는지 검토하는 것이다(Scholte 2000).

그러므로 사회적·경제적 활동 영역에서 이루어지는 사회경제적 활동에 대한 지배를 탈영토적으로 실현한다는 지구적 거버넌스 개념은 지구적 정책 결정에 대한 개념으로 전환될 필요가 있다. 이런 정책 결정은 국가의 하부구조적 권력(Mann 1986)을 탈영토화된 거버넌스 구조들로 대체하는 국제기구들을 통해 이루어진다. 이렇게 거버넌스 과정을 중심으로 살펴보면, 지구적 거버넌스 개념은 권력의 문제를 제기한다는 것을 알 수 있다. "효과적이기 위해서는 두 가지 종류의 권력이 필요하다. 우선은 '지역적 범위나 국가적 범위에서든, 또는 이를 넘는 광역적 범위에서든 간에 채택된 결정을 발전시키고 그 결정에 영향을 주는' 권력이 필요하며, 다음으로 '여러 수준에서 다양한 사람들과 기구들의 기술과 자원을 활용할 수 있는' 권력"이 필요하다(Mann 1986, 533). 지구적 거버넌스의 행위자들이 누구인가의 문제는 그 거버넌스의 과정에 포함되지 않은 이들이 누구인가의 문제만큼이나 중요하다. 제도화된 행위자라는 수준에서 보면, 국가, 기업, 경제적·사회적 기구, 시민사회단체, NGO 등이 모두 거버넌스의 상이한 차원에 참여하고 있는 행위자라 할 수 있다. 이런 모든 제도적 행위자에 소속된 구성원들의 성비를 보면, 매우 남성화된 거버넌스 과정 및 기제가 드러난다. 하지만 젠더가 유일한 배제의 축인 것은 아니다. 거기에는 계급, 인종, 종교, 섹슈얼리티, 도시와 농촌의 구별과 같은 또 다른 배제의 축이 존재한다.

지구화 과정에서 국경을 중심으로 한 전통적인 안보에 대한 관심은 환경 안보, 경제 안보 및 폭력으로부터의 안전 등을 포함하는 확장된 안보 개념으로 전환되고 있는 것을 볼 수 있다(Scholte 2000). 이런 안보에 대한 성별화된 해석을 취할 경우 전체 그림은 복잡한 형태를 띤다. 환경 운동과 생태 담론 및 거버넌스 메커니즘 덕분에 우리는 우리가 살고 있는 세계 곳곳이 연결되어 있다는 것을 깨닫고 우리의 환경을 보호해야 한다는 것을 인식할 수 있게 되었지만, 천연자원의 소비량은 전혀 줄어들 기미를 보이지 않을 뿐더러 실제로 이는 여전히 개발 지표로 사용되고 있다.[26] 한편 산업화된 세계에 살고 있는 여성이나 전 세계 엘리트 여성들은 이런 소비를 끝없이 확장시키는 순환의 중요한 일부가 되고 있으며, 이는 생산자와 소비자의 삶 사이의 격차 확대라는 문제를 제기한다. 폭력은 페미니스트들과 여성 활동가들이 오랫동안 관심을 쏟아 온 문제이다. 가정 폭력부터 국가 간 전쟁에서 비롯되는 폭력에 이르기까지, 여성은 반反폭력 논쟁과 그 운동의 최전방에 있었다. 따라서 폭력에서 연유하는 불안정은 지구적 거버넌스가 작동하는지의 여부를 판단하는 중요한 지표가 된다. 전쟁의 부당함을 인정하는 이들이 많아지고 있지만, 여전히 전쟁은 숱하게 일어나고 있다. 예컨대 알제리, 아프가니스탄, 동티모르, 수단 등지에서 벌어진 전쟁의 '현장'에서 여성은 군대나 과격분자들에 의한 끔찍한 폭력으로 고통받고 있다(WEDO 1998b, 6). 르완다와 보스니아에서 자행된 여성 강간 또한 암울한 이야기를 전해 준다. 이와 관

---

26 예컨대 세계개발보고서는 '수입의 분배 혹은 소비'라는 범주 설정을 통해 이 두 개의 범주가 마치 상호 대체 가능한 것처럼 사용한다.

련해 신시아 콕번은 다음과 같이 지적한다. "수천수만의 여성들이 [보스니아 헤르체고비나에서] 강간당했다. 그 강간은 이 전쟁에 얽힌 종족적·가부장적 관계로 인해 발생한 것이라는 특수한 의미와, 세계 도처에서 일상적으로 발생하는 강간이 지닌 공통적인 의미를 모두 갖고 있다"(Cockburn 1998, 222). 국제기구들은 갈등을 봉합하지도 못했고, 보스니아 사태로 초래된 불안정 상황을 완화하지도 못했다. 오랫동안 유지되었던 국가들이 파편화되고 경제적 구조 조정이 진행되면서 여성에 대한 폭력 문제는 점점 더 심각해지고 있다는 주장도 제기된다. 예컨대 1995년 러시아에서 벌어진 전체 살인 피해자의 절반가량이 남성 파트너에 의해 살해된 여성이었다는 사실은 이런 주장을 뒷받침한다(Seager 1997, 27).

지구적 거버넌스와 관련된 경제 안보와 형평성의 쟁점들 또한 산적한 문제를 안고 있다. 구조 조정 정책의 도입, 복지국가의 축소, 과다한 시장 경쟁 등의 압력으로 인해 민족 간 불평등과 계급 간 불평등은 물론 남성과 여성 사이의 불평등도 증폭되었다. 사회 공공 예산이 감축되면서 의료 시설에 대한 여성의 접근성은 줄어들고 있다. 한 예로 스리랑카에서는 긴축재정 정책의 일환으로 식량 보조금이 식량 지급권food stamps으로 대체되었는데, 그 결과 빈민 여성의 영양실조 비율이 높아졌고 임신 중의 영양부족으로 인해 아이의 장래 건강도 위태로워졌다(WEDO 1998a, 7).[27] 그리

----

27 [옮긴이] 스리랑카 정부는 1940년대부터 식량을 낮은 가격으로 공급하기 위한 수단으로 보조금을 지급해 왔는데, 이것이 1979년 식량 지급권으로 대체되면서 저가 식량 정책을 더 이상 유지하지 않게 되었다. 식량 지급권을 처음 도입할 당시에는 소득 20달러 미만의 가족들에게만 제공되어 일정 부분 효과를 발휘했으나, 지급 대상이 점차 확대되어 십 년 후에는 인구의 절반 이상이 식량 지급권을 받게 되었고, 이에 따라 인플레이션으로 식량 가격이 상승하고 식량 지

고 실업 및 불안정한 고용, 그리고 [노동자의] 권리가 보장되지 않는 일자리가 늘어나면서, 부자와 빈자, 남성과 여성 사이의 격차는 더욱 벌어진다. 세계개발보고서에 따르면, 1980년에서 1998년 사이에 여성의 공식적인 고용률은 거의 제자리에 머물렀다. 곧 세계의 평균적인 고용률은 39퍼센트에서 41퍼센트로 증가했는데, 고소득 국가에서 이 수치는 38퍼센트에서 43퍼센트로 올라갔지만, 저소득 국가에서는 40퍼센트에서 41퍼센트로 올라가 단지 1퍼센트 증가 추세를 보일 뿐이었다(World Bank 2000, 235). 더욱이 아르메니아, 우크라이나, 러시아, 불가리아, 크로아티아 등에서는 여성의 실업률이 평균적으로 약 70퍼센트에 이르고 있다. 수백만 명의 여성이 이처럼 불안정한 조건 속에서 노동인구가 되면서 '밑바닥으로의 경주'에 휩쓸려 들어간다. 노동의 여성화는 직업과 삶의 빈곤화를 의미하는 것이다. 나아가 페미니스트 학자들은, 커뮤니케이션 네트워크의 지구화가 곧잘 지구화의 긍정적인 측면으로 부각되곤 하지만, 이런 네트워크에 대한 여성의 접근 기회는 향상되지 않았을 뿐더러, 국제기구들, 특히 기업들은 여전히 남성에 의해 지배된다는 점을 지적한다(Peterson and Runyan 1999; Youngs 2002).

이처럼 시장에 대한 여성과 남성의 접근 기회는 다르다. 여성은 집 안팎의 노동을 책임질 뿐만 아니라, 구조 조정 과정에서 의료와 교육 분야의 복지 혜택이 점차 삭감되면서 스스로 돌봄을 수행해야 하는 삼중고를 겪고 있다(Benería and Feldman 1992와 4장을 보라). 유엔 사회개발연구소UN

급권의 가치가 떨어지면서 결국 빈곤층의 구제 효과도 줄어들었다.

Research Institute for Social Development, UNRISD는 세계사회개발정상회의World Summit for Social Development를 위한 보고서에서 다음과 같이 지적한다.

개발도상국 인구의 약 3분의 1이 절대 빈곤 상태에 놓여 있다. …… 1992년에는 5살 이하의 아동 6백만 명이 폐렴과 장염으로 죽었다. 환경 파괴로 인해 거의 10억에 가까운 농촌 인구의 생계 수단이 위협받고 있다. …… 지난 10년 동안 8~9천만 명의 사람들이 댐, 도로, 항만 등의 하부 기반 시설 개선 사업으로 인해 강제 이주 당했다. 개발도상국 소녀들이 학교교육을 받는 햇수는 소년의 절반 밖에 되지 않는다(UNRISD 1995, 24).

그리고 경제적 압박이 극심해지면서, '실종된 여성'의 숫자는 계속 늘어나고 있다(Drèze and Sen 1989, 56-59).

지구화가 이처럼 안전 및 형평성과 거리가 먼 조건들을 조성해 왔지만, 적어도 민주주의는 성취했다고 말할 수 있을까? 성공적인 자유화를 시행한 중국, 칠레, 우간다는 각기 다른 정도의 민주화 과정을 보여 주는 사례이기도 하다. '민주적인 국가에는 기근이 없다'는 아마르티아 센의 주장을 곱씹어 생각해 본다면, 지구적 맥락에서의 발전에 대한 희망은 거기에 존재할지도 모른다(Sen 1999). 민주화로 인해 정치적 조직화의 공간이 확장되었고, 커뮤니케이션의 지구적 네트워크도 이런 사회운동의 범위를 확장하는 데 이바지했다. 비판적인 거버넌스 전략은 일국적 수준에서나 지구적 수준에서나 민주주의의 기반이 확대되어야 한다고 요구한다. 예컨대 몇몇 페미니스트들은 이런 요구와 관련해 다음과 같이 주장한다. "오늘날 서구의 페미니스트 단체들은 대부분 온라인상에서 활동하고 있다. 세계여성기금The Global Fund for Women은 여성 인권을 위해 싸우고 있으며, …… 한국여성정보원FemiNet Korea은 여성을 위한 온라인 공간을 지향하면서 정보사회의 남성 특권에 도전하고 있다. …… 사이버상의 대화는 주류 미디어에서 전하는 뉴스와 사람들의 일상생활 사이의 균열을 이어 준다." 그리고 "그런 소통을 통해 흩어진 공중은 서로 연결되고, 어떤 지리적인 지역 '외부의' 사람들과 새로운 연대를 시작할 수 있게 된다"(Eisenstein 1998, 42; Youngs 2002).[28] 정치적 담론들이 개인적 권리를 둘러싸고 일정하게 수렴하는 현상은, 인권이나 여성의 권리를 위한 운동, 환경 운동, 인종주의에 맞서는 운동 등에 유리한 여건을 조성했다. 비록 그런 정치적 담론이 역사적으로 상당한 비판을 받아 왔던 자유주의적 전통 위에 세워졌을지라도 말이다(Charlesworth, Chinkin and Wright 1991; Ali 2000). 그리고 지구적 거버넌스 기구는 이런 다양한 운동이 제시한 중요 의제 가운데 일부가 세계적인 주목을 받을 수 있는 계기를 제공했다. 즉, '베이징 세계여성대회'와 '지속 가능한 발전을 위한 세계정상회의', '리우 환경회의' 등은 담론의 정치적 조직화를 가능케 하는 정치적 공간을 마련했다.

---

28 여기서 커뮤니케이션 네트워크도 다른 자원과 마찬가지로 부자와 빈자, 남성과 여성 사이에서 불균등하게 분배되고 접근된다는 점을 지적하는 것이 타당할 것이다. 산업국가에서 1만 명당 135개의 인터넷 호스트가 존재하는 반면, 가난한 나라에서 이 수치는 0.9로 떨어진다(UNESCO 2000). 더욱이 가난한 나라들 가운데에서도 이 불균형은 뚜렷하게 나타나는데, (홍콩을 포함한) 중국에서는 1천 명당 8.9개의 개인용 컴퓨터를 갖고 있는 반면, 인도에서는 1천 명당 2.7개의 개인용 컴퓨터를 소유하고 있다(Sachdev 2000). 교육과 관련된 수치들이 보여 주듯이, 성차(性差)는 종종 가난한 사람들 사이에서 훨씬 크게 나타나고, 이런 성차는 다시 여성의 커뮤니케이션 네트워크에 대한 접근성에도 영향을 미친다.

그러나 이런 영역에서조차 다음과 같이 주장하는 이들이 있다. 지구화는 지역사회 엘리트들을 그들의 거처인 지역적 공간에서 몰아내며, 이른바 비민주주의적인 지역공동체에서 투자를 철회하는 '경제적 공격'의 문화를 조성하고 있다는 것이다(Kothari 1995; Lasch 1995). 지구적 금융시장과 이 시장의 주요 행위자들은 간접적인 규제 이외에 민족국가나 지구적 거버넌스 기구에 직접적인 책임을 지지 않는다. 그러나 1997년 동아시아 경제 위기에서 증명되었듯, 이들은 경제와 정체政體를 극심하게 불안정하게 한다. 게다가 민족국가의 국내 경제에서 다국적기업의 역할이 커지면서 노동자 조직에 대한 공세는 더욱 강화되었다. 예컨대 수출자유지역의 노동조건에서는 여성 노동자의 조직화가 지속적으로 문제시된다(4장을 보라). 한편 미디어가 엘리트에게 책임을 묻는 데 일조할 것이라는 견해에 대해서, 바버는 다음과 같이 반박한다. 미디어 산업이 극히 적은 소수의 수중에 의해 장악되면서 "정치는 사사화私事化되고, 공적인 심의는 개인적인 선입견에서 비롯한 신중하지 못한 즉각적인 표현들로 대체된다"(Barber 1996, 270). 따라서 오헌이 주장하듯, "지구화가 진행되면서 기술과 자원에 대한 접근은 물론이고 그 의미에 대한 통제가 그 어느 때보다도 더 불평등해졌다. 초국적인 국제기구들과 시장 지향적인 전 지구적 네트워크가 확대되면서 핵심 자본의 힘은 주변부 지역들을 자신의 지배 아래둘 정도로 커졌다"(O'Hearn 1999, 114). 이런 까닭에 다수에게 지구화는 지구적 거버넌스의 혜택보다는 '지구적 무질서'(Harvey 1993)를 가져왔으며, 발전과는 정반대의 결과를 낳은 것으로 진단된다(Raghavan 1996; Hoogvelt 1997).

여성운동과 여성 단체들은 이런 제반 문제들에 어떻게 대처하고 있을까? 여성은 지구화 과정의 피해자일까? 여성은 방관자일까, 아니면 참여자일까? 팰런에 따르면, "우리가 폐쇄된 독립된 실체 내에서 살고 있다는 믿음은 19세기 유럽의 민족국가가 등장하면서 출현했다. 현재 그런 믿음이 사라진 것은 아니다. 오히려 그 믿음은 부분적으로 지구적 거버넌스에 관한 사유 속에서 다시금 주목받고 있다"(Palan 1999, 68). 이처럼 사회적 폐쇄성과 이에 대한 도전이 재평가되고 있는 상황에서 페미니스트들과 여성 단체들은 어떤 역할을 할 수 있으며, 또 하고 있는가?

지구적 거버넌스와 '개발 협력을 위한 새로운 기획'

1990년에 시작된 유엔개발계획은, 지속 가능한 발전, 역량 강화, 인간의 잠재 능력 등에 관한 발전학 내의 논쟁들을 참고해, 발전을 측정하는 새로운 접근법을 취한 인간개발보고서를 매년 발행해 왔다(2장을 보라). 이 접근법에서 발전이란 사람들이 자신의 삶에 대해 선택을 하고, 그럴 수 있는 권리를 가지며, 나아가 그 선택 범위를 넓혀 갈 수 있게 하는 것으로 간주되었다. 그리고 발전에 관한 데이터는 남성과 여성 각각의 데이터로 세심하게 분리되었다. 하지만 이 보고서는, 사회의 기존 권력관계가 부과하는 구조적 제약 속에서 이런 선택권들이 남성과 여성에게 어떻게 확대될 것인지, 누가 그 선택권을 행사할 것인지에 대해서는 거의 고려하지 않았다(Nijeholt 1992, 15-16).

예컨대 1994년 유엔개발계획의 인간개발보고서는 지구화된 세계에서 "남반구와 북반구의 격차라는 전통적인 쟁점은 더 이상 협상의 유용한 근거가 되지 않는다"고 역설한다. 남반구의 집합적인 취약성이 아닌 개별 국가가 지닌 자국의 경제적 힘이 국제적 질서에서 협상의 위치를 결정한다는 것이다. 그 보고서는 다음과 같이 결론 내린다.

> 이제는 과거의 비생산적인 대립에서 벗어나 전 세계 국가들 사이에 생산적인 경제적 파트너십을 새롭게 형성할 때다. 이 파트너십은 자선이 아니라 상호 이익을 바탕으로 하며, 대립이 아닌 협력에 근거한다. 또한 보호주의가 아니라 시장 기회를 공평하게 공유하는 것을 원칙으로 삼으며, 완고한 민족주의가 아니라 미래를 내다보는 국제주의로의 이행을 의미한다(UNDP 1994, 61).

이런 미래지향적인 국제주의는 '지구적 공공재'라는 관념으로 옮겨지는데, 그것은 "국경, 세대, 개별 인구 집단을 넘어 모두에게 혜택을 가져올 수 있는 재화"로 정의된다(Kaul, Grunberg and Stern 1999).[29] 그러나 동시에 유엔개발계획의 보고서는 이런 희망의 근거가 얼마나 취약한지를 드러

---

29 '공공재'와 '집단행동' 개념이 한동안 쟁점이 된 바 있다. 공공재는 비경쟁성(non-rivalry)과 비배타성(non-excludability)을 의미하는 반면, 집단행동은 시장을 규율하고 강화하는 정치적 법적 체계와 '형평성과 정의'의 일부를 책임지는 경계를 교차하는 맥락에 위치해 거버넌스의 문제에서 중요한 문제 중 하나다. 지구화로 인해 외부를 통해 공급되는 공공재가 늘어나면서 공공재가 다른 나라 국민들의 부담이 되고, 그에 따라 거버넌스 제도와 담론은 어려운 딜레마에 빠진다. Kaul, Grunberg and Stern(1999)은 국제정치 체계가 현재의 지구적 공공재의 공급 체계가 지니고 있는 세 가지 취약점 — 법의 간극(국가주권의 문제), 참여의 간극(국제정책기구에서 시민사회와 민간 영역의 존재), 인센티브 격차(보상과 이득의 쟁점) — 을 해소해야 한다는 정책적 조언을 한다.

낸다. 기대 수명, 성인의 문자 해독율, 학교교육, 일인당 GDP 등 인간개발지수의 핵심적인 지표와 전체 인간개발지수의 1위부터 15위까지 순위를 차지한 모든 나라들은 일본을 제외하고 북반구 서구에 위치하고, 가장 낮은 순위를 차지한 나라들은 모두 제3세계에 있다(UNDP 1994, 129-131). 안보의 측면에서 보면, 군수물자의 공급자와 구매자들 또한 남북을 경계로 각기 다른 쪽에 위치해 있다(UNDP 1994, 55). 경제활동의 분배라는 측면에서 보면, 북반구 나라 가운데서도 독보적인 위치를 차지하고 있는 가장 부유한 5개국이 세계 GNP의 84.7퍼센트, 세계무역의 84.2퍼센트, [국가별 저축의 총합에서 차지하는] 국내 저축의 85.5퍼센트, [국가별 투자의 총합에서 차지하는] 국내 투자의 85퍼센트를 점하고 있다. 이와 대조적으로 전 지구적 경제의 가장 가난한 5개국은 위에서 열거된 지표들에서 1.4퍼센트, 0.9퍼센트, 0.7퍼센트, 0.9퍼센트의 수치를 각각 나타내고 있다. 이 모든 수치들에 의거하면, 유엔개발계획 보고서는 전 지구적으로 개선된 사항들도 보여 주지만, 국가들 사이에 격차가 확대되고 있다는 점을 여실히 드러낸다(UNDP 1994, 96).

이런 맥락에서 개발 협력의 담론은 단지 덜 강제적인 또 하나의 '낙수' 이론일 뿐이라는 해석이 가능하다. 세계시장이 불필요한 제약 없이 운영되고 각국 경제가 국제 무대에서 차지하는 비율이 단지 비교 우위에 근거해 결정된다면, 경제가 성장하면 할수록 부자와 빈자, 남성과 여성 사이의 격차는 결국 해소될 것이라고 전제하기 때문이다. 이와 같은 견해는 세계은행이 발간하는 세계개발보고서에서 두드러지게 나타난다. 그 보고서는 가난한 나라들이 취해야 할 발전 전략으로 효율적인 노동 집약적 성장과 시장 인센티브, 기술 혁신, 기계화 및 경제적 하부구조의 확장에 기반한 성장을 강조한다. 1990년의 세계개발보고서[30]는 빈곤 감축에 주목했지만, 그럼에도 우리는 그 보고서에서 "현재의 빈곤 문제에 대한 비역사적인 접근, 빈곤을 낳는 권력관계에 대한 간과, 가난한 사람들에 대한 상의하달식 접근 및 그들을 사회적 서비스와 안전망을 필요로 하는 일종의 환자로 보는 인식"을 확인할 수 있다(Nijeholt 1992, 17). 이런 맥락에서 여성은 다양한 사업의 성공과 실패의 사례로 다루어진다. 전통적인 자유주의적 공식에 따르면, 교육은 여성 발전의 핵심적 수단이다. 그러나 교육 문제에서조차 보고서는, 교육이 가장 효과적인 인구 통제 전략으로서 여성의 전통적인 재생산 역할에 영향을 미친다는 점에 주안점을 둔다. 요컨대 탈냉전 세계에서의 합의라는 미명 아래 발전에 대한 '시장 친화적' 접근을 내세우는 발전 의제의 탈정치화가 전개되고 있다(World Bank 1991, 1).

이와 유사하게 지구적 거버넌스 위원회Commission on Global Governance의 1995년 보고서[31]에서, 우리는 이런 식의 발전 담론이 통치 기구들에까지 확장되었다는 것을 알 수 있다. 그 보고서는 '지구적 가치'와 '공통의 권리'common rights의 언어로 시민사회단체와 NGO의 변혁적인 정치의 역할과 잠재력을 제기한다(Commission on Global Governance 1995, 56-57). 그 보고서에서 나타난 안보에 대한 관점은 개별적인 국경에 대한 안보보다

---

30 『빈곤 퇴치』(*Attacking Poverty*)라는 제목의 2000/1년 세계개발보고서도 참고하라(World Bank 2000).

31 맥그루는 이 위원회의 접근을 자유주의적 국제주의 학파로 분류한다. 이 접근은 민주주의를 '강력한 기득권자들의 포로'로 만드는 경향이 있는 권력의 불평등을 인지하지 못하면서, 국제협력에 대한 합리적인 (효율성) 계산법을 설명하는 것에 일차적인 관심을 보이고 있기 때문이다(McGrew 2000, 9).

폭넓어서, 인권이나 탈군사화의 필요성까지 안보 의제의 일부로 포괄한다(Commission on Global Governance 1995, 71-74). 또한 그 보고서는 시장의 지구화가 '(노동이 아닌) 자본 회전' 운동에 국한된다는 것을 지적하고 있다. 그러나 이런 사실의 확인이 WTO를 변화시키려는 시도로 이어지지는 않는다.[32] 박시는 이 위원회의 보고서를 비판하면서, 지구성이 가정하고 있는 것들과 "현 세계의 무질서라는 핵심적인 사실들" 사이의 불일치를 언급한다(Baxi 1996, 530). 특히 폭력과 빈곤은 급속하게 증가하고 있고, 여성은 이 과정에서 특정한 방식으로 영향을 받는다. 국가 간의 경계가 새로이 세워지고 이를 단속하는 과정은 빈곤의 여성화와 여성에게 가해지는 폭력을 수반했으며, 이로 인해 지구적 거버넌스 위원회가 전망한 협력적인 발전은 여성에 대한 문제적 담론이 되어 버렸다. 박시는 이런 맥락에 대해 다음과 같이 정확히 지적한다. "거버넌스가 하나의 과정이라 한다면, 국가와 시민사회의 지배 구조가 그 과정에 침투해 있다는 점을 기억해야 한다"(Baxi 1996, 532). 협력의 정치와 마찬가지로 대립과 갈등의 정치 또한 고려해야 할 대상이다. 대립을 회피하는 것은 결국 기존의 지배 구조를 더욱 승인하는 꼴이 될 뿐이다.

---

[32] WTO에 대한 페미니스트 비판, 특히 저작권 체제에 대한 비판은 Barwa and Rai(2002)를 참고하라.

주류화의 정치: 페미니스트의 선별적 흡수?

거버넌스에 관한 논의와 제도적 이니셔티브의 이와 같은 변화 속에서, 여성은 다양한 차원에서 거버넌스의 쟁점을 제기할 필요가 있다. 먼저 의제 설정의 차원에서, 다음으로는 여성 행동주의 및 그 초점이라는 차원에서, 마지막으로 제도적 참여와 젠더 정치의 주류화 및 개발 사업이라는 차원에서 거버넌스의 쟁점이 제기되어야 하는 것이다. 이런 세 가지 차원을 분리해야 [여성이 직면한 거버넌스의 쟁점이 가진] 복잡한 그림의 윤곽이 드러날 것이다. 첫째, 제3세계 여성들을 위해 성별화된 발전의 문제를 제기하는 것에서 북반구와 남반구 모두 그 문제를 공유하고 있다는 것으로 여성운동의 인식이 전환되고 있다. 제3세계 국가에는 구조 조정 정책들이 강제되는 한편 서구 국가에서는 신자유주의적 경제정책이 지배하면서 이런 인식의 전환이 가능해졌다. 신자유주의적 경제정책이 지구화되면서 다양한 나라의 여성들이 국경을 넘나들며 소통할 수 있게 되었고, 그들의 연대 활동을 지구적인 차원으로 확장할 수 있게 되었던 것이다. 하지만 이런 상황은 페미니스트들에게 새로운 딜레마를 안겨 주었다. 오랫동안 페미니스트들은 차이의 문제와 씨름해 왔으며, 제3세계 페미니스트들은 남반구와 북반구 두 세계 사이의 공통성에 대한 서구 페미니즘의 가정에 이의를 제기해 왔다. 요컨대 신자유주의로 인해 북반구와 남반구 여성 모두 국가 복지의 철회로 생긴 일부 유사한 문제들에 직면하고 있지만, 그렇다고 해서 좀 더 거시적인 역사적·정치적 맥락을 무시한 채 그 두 세계가 구조 조정의 효과를 똑같이 경험하고 있는 것인 양 여길 수 있는가? 과연 시장 친화적 발전이 '지구적 자매애'의 새로운 기반을 제공할 수 있는가?

둘째, 지구화와 구조 조정으로 인해 여성 시민사회단체들이 민족국가 뿐만 아니라 유엔이나 세계은행과 같은 국제 조직에 개입할 수 있는 여지가 커졌다. 일부 페미니스트들은 "자원을 획득하기 위해서나 해당 기구의 공적인 이미지를 실추시키기 위해 공공연한 정치적 전술을 펼치는 것보다 건설적인 개입이나 제도적 과정 및 인지 구조에로의 '진입'"을 옹호한다(O'Brien et al. 2000, 27). 물론 이런 식의 개입이 국가 복지의 축소를 포함한 다양한 종류의 제한조건을 민족국가에 부과하는 바로 그 조직들에게 정당성을 제공하는 것으로 해석될 여지도 있다. 의제 설정의 차원에서, 특히 북반구를 중심으로 한 여성 시민사회조직들이 벌이는 현재의 행동주의는 국제기구 내의 성주류화 전략에 초점을 두고 있다. 이런 활동은 해당 경제기구에 대한 특수한 개입을 의도한 것이지만, 여성 행동주의를 선별적으로 포섭하는 흡수의 정치로 귀착될 위험도 있다. 즉, 다른 쟁점을 다루는 사회운동이 직면했던 위험과 마찬가지로, 여성운동도 기성 권력 구조에 도전하고, 가능하다면 그것을 전복하려고 시도하기보다 단순히 그 권력 구조에 접근할 기회를 얻는 데 초점을 둔다는 비난을 받을 수 있다는 것이다(J. A. Nelson 1996; Burnham 1999). 나는 계급을 중시하지 않는 정치를 덮어놓고 거부하는 것에 반대한다. 하지만 단순히 젠더 불평등을 인정하는 것이 아니라 젠더 불평등을 극복하기 위한 방안으로 자원 재분배의 문제를 제기하기 위해서는, 여성의 행동주의가 가부장제와 사회경제적 권력 구조 모두에서 구조적 변화를 가져올 수 있는 정치에 주목해야 한다고 생각한다. 이런 구조적 변화에 관심 없는 '성주류화'는 심각하게 잘못 계획된 기획일 수밖에 없다(Coole 1997; Fraser 1997; I.

M. Young 1997; Hoskyns and Rai 1998; Rai 2002b; 그리고 4장과 5장).

6. 결론

여성이 협상하고 투쟁해야 하는 다양한 차원의 거버넌스를 개괄하면서, 우리는 이런 협상과 투쟁이 제기하는 쟁점들을 살펴보았다. 사회운동으로서 페미니스트 운동은 민족국가 내에서뿐만 아니라 국제 체계에서도 젠더를 정치화하는 데 상당한 성과를 이루었다. 이런 성과는 분명 여성운동과 페미니스트 운동이 성취해 낸 것이며, 새천년 시대에 자부심을 갖고 이런 성취를 당당하게 받아들이는 것은 중요한 일이다. 세계은행이 젠더를 중요한 문제로 여기기 시작하고, '은행을 보는 여성의 눈'을 불편하게 여기면서 젠더에 관한 논의에 참여하고자 했을 때, 페미니스트 운동은 자신감을 얻을 수 있었다(5장 또한 참고하라). 그리고 젠더 불평등이 인간 개발을 측정하는 주요 요소가 되었을 때, 여성의 사회운동은 성공했다고 볼 수 있다. 그렇지만 다음 장에서 논할 것처럼, 이런 식의 개입에는 '취급 주의'라는 경고 메시지 또한 부착되어야 한다. 프로젝트를 추진하기 위한 기금을 마련할 수 있고 몇몇 새로운 정책을 주도할 수 있게 되는 변화가 물론 중요하기는 하지만, 그것만으로 페미니스트 경제학자들이 요구해 왔던 신자유주의적인 경제적 사유의 패러다임 전환이 일어나지는 않는다.

사회운동의 성격과 역할을 논하면서, 지라크자데는 현재의 사회운동이 갖는 특징을 다음과 같이 정리한다. 첫째, 사회운동은 급진적이고 새로운 사회질서를 만들기 위해 시도하는 사람들의 집단으로 이루어진다. 둘째, 사회운동은 "폭넓은 사회적 배경"을 지닌 이들로 이루어진다. 셋째, 사회운동은 대치 전략이나 사회적 교란 전략뿐만 아니라 실권자에 대한 로비 활동도 구사한다(Zirakzadeh 1997, 4-5). 사회운동은 (정당하던 아니던 간에) 임의대로 사용할 수 있는 강제적 수단을 갖고 있지 않다는 점에서 국가 엘리트들과 다르다. 그리고 사회운동은 공공 정책에 영향을 미칠 수 있도록 운동을 펼치기 위해 충분한 자본을 자유자재로 쓸 수 없다는 점에서 재계의 이익 단체들과도 다르다. 또한 사회운동은 거대한 사회 변화를 추구한다는 점에서 이익집단들과 구분된다. 다시 말해 그들은 반체제적이라고 할 수 있다(O'Brien et al. 2000, 9). 그런 점에서 사회운동은 민주적이기도 하다(O'Brien et al. 2000, 10). 그러나 이런 사회운동의 특징을 좀 더 신중하게 들여다보면, 사회운동이 통합의 기능을 수행한다는 점, 곧 사회에 대한 불평불만을 토로하는 대중운동을 순화시키는 안전판이 될 수도 있다는 점을 지적할 수 있다(Scott 1990, 15). 예컨대 제3세계의 많은 여성 활동가들은, 여성운동의 리더십이 중산층 중심적이라는 이유로 그들과 거리를 두어 왔다. 페미니스트들이 서구적이며 고등교육을 받은 중산층이라는 딱지는 지역 엘리트들과 국가 엘리트들이 쉽게 이용하는 담론이다. 그러나 그들이 대항하고 있는 이런 문화에 속하는 것으로 보이고 싶어 하는 여성들은 이에 대해 별로 개의치 않는다. 마지막으로, 다양한 사회운동이 사용하는 수사를 분석해 보면, 우리는 기존 권력관계에 대한 비판이 근본적으로 자원을 재분배할 수 있도록 권력관계를 변화시켜야 한다는 관점과 언제나 일치하지 않는다는 것을 알게 된다. 페미니스트 사회운동이 권력관계의 재분배를 위한 투쟁에서 패배하고 있는 와중에도, 갈수록 페미니스트들은 젠더 불평등을 인정받는 투쟁에서 성공을 거두는 데만 관심을 쏟고 있다(Fraser 1997; Hoskyns and Rai 1998). 또한 사회운동을 그 일부로 포섭하는 지구적 시민사회라는 개념이(Cohen and Rai 2000a를 보라) 사실 "지구화 시대의 세계 정치를 자유주의적으로 개조하는 것"이라는 주장도 제기되어 왔다. 곧 지구적 시민사회 내에서 발현되는 사회운동의 행위성을 통해, "자발적인 결사를 통한 자유의 확장 및 천부적인 제약의 극복에 대한 신뢰라는 자유주의의 꿈이 부활한다"는 것이다(Kamal Pasha 1996, 644). 이런 우려들은 발전이라는 분야에서 활동하는 페미니스트들에게 몇 가지 해결하기 어려운 딜레마를 제기한다. 차이와 엘리트주의의 문제나 1970~80년대 들어 그들이 직면했던 국가 구조와의 관계 문제 ― 협상할 것인가, 개입할 것인가, 반대할 것인가 ― 는 지구화라는 변화된 여건 속에서도 지속될 뿐만 아니라 오히려 더욱 복잡해졌다. 다음 장에서는 구조 조정 정책의 형태로 나타난 지구화의 경제적 부산물을 좀 더 면밀히 분석하고, 이를 통해 지구적인 경제적·정치적 공간이 얼마나 논쟁적이고 불균등한지를 살펴볼 것이다.

4장

전 지구적 구조 조정과 젠더 관계의 재편성
구조 조정의 정치학

빈곤은 여성의 얼굴을 지니고 있다.
13억 명의 극빈층 가운데 단지 30퍼센트만이 남성이다.
가난한 여성은 왕왕 영양실조와 질병의 악순환에 빠진다.
여성의 이런 처지는 직접적으로 가정과 사회에서 여성이
차지하는 위치에서 기인한다.
—

그로 할렘 브룬틀란
2000년 보건과 인구에 대한 리스 강연

페미니즘은 단지 남성 우월주의를 끝내기 위한
투쟁이거나 여성이 남성과 동등한 권리를 갖도록 하기
위한 운동이 아니다. 그것은 사람들의 자기 개발이
제국주의나 경제적 팽창 혹은 물질적 욕구보다
우선할 수 있도록 …… 지배 이데올로기를 뿌리 뽑기
위해 헌신하는 것이다.
—

벨 훅스
『나는 여자가 아닌가?』 *Ain't I a Woman?*

1. 서론

앞 장에서 우리는 많은 이론가들이 지구화를 각기 다른 방식으로 규정하지만, 그럼에도 그들 모두가 시장의 팽창을 지구화의 핵심적인 특징으로 받아들이고 있다는 것을 확인했다. 또한 여성이 지구화 과정에서 경제 자유화를 어떻게 경험했는지를 가늠해 보기 위해서 시장의 배태된 그리고 성별화된 본질을 탐구했다. 그리고 지구화의 근원은 생산과정에 있다고 보는 관점을 바탕으로 전 지구적 구조 조정의 맥락에서 남성과 여성, 북반구와 남반구, 그리고 여성들 사이에서 작동하는 권력관계를 살펴보았다. 이번 장에서는 전 지구적 구조 조정 체제가 전개되는 과정을 탐구하고, 그것이 여성과 남성의 삶 및 그들이 참여하고 있는 투쟁에 미친 영향을 살펴볼 것이다. 이를 위해 먼저 구조 조정 정책과 그로 인해 발생한 성차별적인 결과들을 검토할 것이다. 오워의 말을 빌리자면, "구조 조정 정책에 대한 성별화된 비판은 이 정책이 여성에게 미친 영향을 분석하는 데 그치지 않고, 나아가 젠더와 신자유주의 경제학 및 발전에 대한 논의를 심화시킨다"(Owoh 1995, 181). 다음으로 페미니스트 경제학자들이 구조 조정 정책에 미친 영향에 대해 분석하면서 신자유주의 경제학에 제기했던 이론적인 도전들을 살펴볼 것이다. 마지막으로 여성 노동의 구조적 변화와 관련된 쟁점들을 점검하면서, 나는 페미니스트들의 비판 자체에 대한 몇 가지 질문을 잠정적으로 제기하고자 한다. 결론적으로 전 지구적 구조 조정은 다음과 같이 여성의 삶에 복잡한 방식으로 영향을 미치고 있다. 첫째, 국가와 시민 간의 사회적 협약은 그 이전에 맺어진 협약의 취약성과 상관없이 더 큰 위기에 처하게 되었고, 그렇게 협약이 와해되면서 여성은 남성보다 더 큰 고통을 겪고 있다. 둘째, 전 지구적 구조 조정으로 인해 새로운 임노동의 영역이 여성에게 열리는데, 이런 노동은 노동법의 규제에서 벗어나 있는데다 그로 인해 돌봄에 대한 여성의 책임을 가중시키는 열악한 노동조건을 갖고 있다. 이렇게 돌봄의 부담이 증가하면서 여성과 남성이 복지를 위해 사용할 수 있는 자원들 사이의 격차가 커지고 있다(DAW 1999, xvii-xviii). 셋째, 전 지구적 구조 조정으로 인해 여성 내부의 격차가 계급 구분을 따라 벌어지고 있으며, 북반구와 남반구 여성 사이의 간극 또한 넓어지고 있다. 이런 쟁점들을 살펴보면서, 우리는 전 지구적 구조 조정의 근거가 되는 주류 경제학에 대한 페미니스트들의 정당한 비판의 중요성을 새삼 확인할 수 있을 것이다.

2. 구조 조정 정책의 안정화와 제도화

지구화와 구조 조정 정책

지구화의 현 국면에서 우리는 선진국에서 시행된 케인스식 복지국가 모델, 그런 복지국가 체계에 도전했던 소비에트 모델, 성공적인 민족주의 운동이 시도한 '주변국의 민족주의적이고 자본주의적인 발전' 모델이라는 세 가지 '사회적 모델'이 점진적으로 폐기되는 것을 목도하고 있다. 금융자본은 유력한 경제 행위자가 되어 다양한 수단을 동원해 자신의 이해관계를 관철시키고 있다. 즉, 금융자본은 "변동환율과 고금리를 고수하고, 이전 국유 기업을 민영화하며, 미국 국제수지의 엄청난 적자도 개의치 않는다. 또한 제3세계 국가들이 다른 모든 일을 제쳐 두고 외채를 상환하도록 국제금융기구를 통해 압박을 가하는 정책을 추진한다"(Amin 1998, 22-23). 스타인은 지구화 과정에서 발생하는 교란적인 경향을 세 가지로 정리한다. 그 첫 번째 경향은 통화 흐름의 변동성이 커지는 것인데, 동아시아 경제 위기에서 잘 드러난 바와 같이 가장 극심한 영향을 받는 나라들에서는 환율의 가치 절하가 나타났다.[1] 두 번째 경향은 경제적 지구화로 인해 세계의 일부 지역, 특히 아프리카 지역에서 성장의 불균등

---

[1] 싱과 자밋이 지적하듯이, "거시경제적 수준에서 경제성장이 둔하거나 불안정할 때, 금융 위기가 닥치고 주가가 폭락할 때, 여성은 남성보다 잃는 것이 많다. 경제가 장기간 하향 곡선을 그릴수록 그런 경향성은 더욱 심해진다……"(Singh and Zammit 2000, 1249).

성이나 퇴조, 더 나아가서는 명백한 주변화를 경험하게 되었다(나는 이런 경향이 인구의 일부 계층들에서도 나타난다는 점을 첨언하고 싶다).[2] 마지막 세 번째 경향은 신고전파 경제학이 안정화와 변화 및 경제적 발전을 이끄는 정책에 관한 유일한 틀로 자리 잡으며, 그 헤게모니가 점차 커지고 있다는 것이다(Stein 1999, 1-2). 구조 조정 정책은 위기, 곧 부채 증가 문제에 대한 신자유주의적 대응의 일환으로 도입되었다. 그러나 "위기와 혼란은, 젠더 역할의 변화를 도모할 수 있는 기회이기도 하다"는 주장도 대두되고 있다(Monteón 1995, 42).[3]

---

2 유엔무역개발회의에 따르면, 개발도상국에 대한 외국인 투자가 아프리카에서 차지하는 비율이 1986~90년에 11퍼센트였던 것이 1996년에는 3.8퍼센트로 떨어졌다. 그리고 전 세계 외국인 투자 가운데 단지 0.6퍼센트만이 사하라 사막 이남 아프리카 국가들로 향한다. 구조 조정 정책이 시행되면서 교육에 대한 지출이 줄어들고, 그에 따라 입학률도 급격히 낮아졌다. 소녀 아동의 입학률은 1965년 30퍼센트에서 1980년 69퍼센트로 증가했고, 소년 아동들은 같은 기간 52퍼센트에서 91퍼센트로 증가했는데, 이 수치는 각각 1993년에 64퍼센트와 77퍼센트로 떨어졌다(Stein 1999, 4, 7).

3 몬테온은 1920년대와 1930년대 대공황을 겪으면서, 남성과 여성의 노동과 노동 양식이 전위(轉位)되었다고 주장한다(Monteón 1995). 이 때문에 새로운 노동의 동원과 정치적 조직화가 생겨났는데, 이 과정에는 여성도 포함되었다. 그렇지만 이 과정은 특히 가부장적이고 문화적인 맥락에서 벌어졌다. 그러므로 이는 삶의 일부를 차지하는 공적인 영역을 변화시키는 데는 성공했지만, '가부장적 거래', 즉 여성이 집에 있는 게 품위 있는 삶(decent life)을 유지하는 길이라는 생각을 변화시키는 데에는 주목하지 않았다. 경제가 회복되기 시작하면서, 젠더 관계의 변화가 새로운 세력이 균형을 잡는 과정의 일부가 되었고, 이 변화는 헌법 개혁과 새로운 법적 체제에서 새로운 사회적 규약이 분명히 표현될 수 있도록 요구하는 투쟁에 반영되었다. 동아시아 위기와 그 위기가 여성의 삶에 미친 영향에 대해 이와 유사한 주장이 제기되었다(DAW 1999; Lim 1990; Truong 1999).

구조 조정 정책의 재고찰

석유 호황과 그 이후 가격 폭락의 여파 속에서 각국 국내 경제들이 저지른 관리상의 오류에서부터 세계금융시스템의 과도한 혹은 과소한 규제, 서구 은행들이 부추겨서 발생한 제3세계 경제의 과열 및 그로 인해 닥친 부채 위기에 이르기까지 구조 조정 정책의 기원을 이루는 주요 요인들에 대해서는 다양한 연구가 이루어졌다. 이에 대한 하나의 주요한 설명틀인 세계체계론은 세계를 자본주의 관계의 논리에 의해 뒷받침되어 구성되는 일종의 '체계'로 상정한다. 경제적·사회적 관계를 재편하는 데 구조 조정 정책이 미친 효력은 이제야 인정되고 있다. 제임스 울펀슨 전前 세계은행 총재는 "우리 사회가 더 평등하고 정의롭지 않다면, 정치적 안정은 기대할 수 없을 것이다. 그리고 정치적 안정이 이루어지지 않는다면, 금융 안정성을 가져올 금융정책에는 단 한 푼도 사용되지 않을 것이다"라고 시인한 바 있다(Devetak and Higgott 1999, 2 에서 재인용). 또 좀 더 예측 가능한 일이지만, 구조 조정 정책에 반대하는 이들 역시 그에 못지않게 강력한 비판을 가하고 있다. 이런 점들에 비춰 볼 때, 이제는 이런 일련의 정책이 가져온 결과를 평가할 수 있는 시점에 이른 듯하다. 아마도 구조 조정 정책이 처음 도입된 이후 시간이 충분히 경과한 지금 이 시점에서는 그에 대한 중장기적인 평가가 가능할 것이다. 그리고 소련과 동구권 국가들이 붕괴하면서 구조 조정 정책은 더 이상 제3세계만을 대상으로 하는 정책이 아닌 현재 '이행기 경제'라고 일컫는 나라들을 아우르게 되었고, 그 결과 우리는 새로운 맥락에서 그 정책의 기능을 볼 수 있는 통찰력을 갖게 되었다.

3장에서 이미 논한 바와 같이, 소련과 동구권 경제의 몰락은 또한 의심할 여지없이 구조 조정 정책을 비판적으로 그러나 이 정책들이 구현하고 있는 전체적인 메시지, 즉 자본주의의 효율적 기능은 폄하하지 않는 선에서 검토할 수 있는 정치적 공간을 창출했다. 예컨대 피터스는 "1970년대와 달리 1990년대에는, 주류에서 이야기하는 발전 개념과 대안적인 발전 개념 사이에 더 이상 큰 차이가 없게 되었지만, 그 대신 인간 개발과 구조 조정이라는 주류적 발전의 두 가지 형태 사이에는 단절이 나타나고 있다"라고 말한다(Pieterse 1998, 345). 이런 변화는 발전에 대한 대안적인 담론과 대안적인 운동 세력이 힘을 얻은 덕분에 생겨난 것일 수도 있지만, 동시에 자본주의적 사회질서에 도전했던 사회주의적 대안은 자본주의와 공존할 수 없었다 하더라도, 인간 개발과 구조 조정이라는 두 가지 '주류' 모델은 공존 가능하다는 점을 시사하는 것일 수도 있다. 즉, '대안적'이라는 용어 자체가 주류 속으로 통합된 것이다. 예를 들어, 유엔이 여러 국제 포럼에서 볼 수 있는 '대안적인' 주류 내에서 다수의 관심사를 대변하고 있다고 할 수도 있지만, 그것이 정책의 큰 틀에서 패러다임 전환을 가져오지는 않는다는 점을 염두에 두어야 한다. 오히려 유엔이 말하고 있는 바는 대체로 가난한 나라들을 북반구가 주도하고 있는 전 지구적 경제에 좀 더 밀착시키는 '복지주의적' 의제라고 이해될 수도 있는 것이다.[4] 이런 식의 사회적 불평등에 대한 관리주의적이고 복지주의

---

4 부채 관리에 대한 유엔무역개발회의와 세계은행 사이의 관련성은 UNCTAD(2000)에서 확인하라.

적인 새로운 접근은 1995년 유엔 사회정상회담에서 채택된 코펜하겐 선언에서 확인할 수 있다. "…… 지구화로 인해 '지속적인 경제성장과 발전을 위한 새로운 기회의 문이 열렸다.' 그러나 경제성장과 발전의 이득은 키우되 그것이 사람들에 미치는 부정적인 효과는 줄이기 위해서 우리에게 주어진 과제는 빈곤과 높은 실업률 및 사회적 분열을 가져올 수 있는 급격한 변화 과정을 관리하는 것이다"(*Mainstream* 1995, 131). 이와 같은 관점은 일부 핵심적인 분야에서 세계은행의 빈곤에 대한 접근법과 어우러져 동반 상승효과를 발휘하고 있다. 세계은행이 1990년 세계개발보고서에서 최초로 분명히 밝힌 '새로운 빈곤 의제'에서는, 1980년대 구조 조정 정책이 실행되면서 가장 큰 타격을 입었다고 할 수 있는 가장 취약하고 가난한 사회계층의 복지에 대한 염려가 부각되어 있었다. 이와 같이 빈곤은 여전히 발전의 핵심적인 문제로 남아 있다. 빈곤의 증가를 보여주는 증거들이 점차 많아지는데도, 남반구 나라들에게 처방된 구조 조정 '요법'의 상당수를 뒷받침하고 있는 시장 중심적인 거시 경제적 가정들은 여전히 변하지 않고 있다. 곧 시장 주도적 성장, 교육과 몇몇 복지 안전망의 역할, 시장 행위 주체로서 개인이 지니는 책임감과 같은 가정들은 요지부동인 것이다(Whitehead and Lockwood, 1999).[5] 좀 더 폭넓은 사회경

---

5 1980~90년대에 신봉되었던 성장 지향적 발전은 점차 문제시되고 있다. 특히 동아시아 경제 위기 이후, 자본 통제를 유지하면서 IMF와 같은 국제 금융 기구의 구조 조정 압력에 저항할 수 있었던 나라들의 경우가 성장이 좀 더 안정적이고 빈곤율의 증가도 덜했다는 증거도 찾아볼 수 있다(Stewart 1998; Stiglitz 2000). 유엔개발계획의 빈곤 보고서(UNDP 2000)에서는 일반적으로 빈곤 퇴치 프로그램과 젠더 문제 사이의 연관성이 인식되지 않기 때문에 여성과 소녀 및 아이들의 희생이 강요되었다는 점이 지적된다. 그리고 이는 페미니스트 경제학자들에 의해 강

제적 쟁점들은 미미하게만 언급되고 있으며, 그나마도 앞서 언급한 시장 중심적인 세 가지 가정의 틀 내에서만 사고될 뿐이다. 빈곤을 줄이기 위해 강조되는 것은 다음과 같은 사항들이다.

> 일국적인 수준에서는, ······ 성인지적 사회영향평가가 적합한 분야에는 그것을 사용해 구조 조정 정책이 사회 발전에 미친 영향을 재검토한다. ······국제적인 수준에서는, ······ 구조 조정 정책이 각국의 경제적·사회적 조건과 관심사 및 욕구에 조응하고, ······ 기획 단계에서부터 구조 조정 정책의 사회적 관리와 평가에 브레턴우즈 기구들 ······ 의 지원을 얻을 수 있도록 다자개발은행Multilateral Development Bank, MDB을 포함한 여타 증여자들은 심혈을 기울여야 한다(*Mainstream* 1995, 31).

이런 식의 빈곤에 대한 접근은 여성의 빈곤과 복지에 대한 페미니스트 분석 방법에 대한 문제가 아니라, 페미니스트 행동주의와 행위성에 근본적인 문제를 제기한다. (나는 5장에서 후자의 문제를 상세하게 논할 것이다.)

아래의 두 절에서는 구조 조정 정책의 기원과 실행에 대해 논의들과 지구적 금융협정을 통해 장기적으로 제도화된 구조 조정 정책이 가져온 결과에 대한 좀 더 최근의 논쟁들에서 제기되는 문제들을 살펴볼 것이다.

조되었던 문제이기도 하다.

부채 위기와 구조 조정 정책

구조 조정 정책의 첫 번째 국면을 발생시킨 부채 위기[6]의 원인을 석유 파동이 아니라 좀 더 근본적인 차원에서 "미국 외교정책의 기본 관념들"에 내장된 모순에서 찾아야 한다는 주장이 제기되어 왔다. 즉, 미국의 외교정책에서는 "'제3세계가 당연히 자본을 수입해야 한다'는 관념과 '제3세계로 이동하는 자본 대부분은 민간 자본에 의해 투자될 수 있고, 또 그래야 한다'는 관념"이 모순을 일으키고 있었던 것이다(Payer 1989, 7; Monteón 1995 또한 보라). [제3세계 국가들에서 찾아볼 수 있는] 근대화의 수사나 경제성장을 위해 선호된 전략들은, 수입 대체 정책을 추구하지 않은 대다수 제3세계 국가들이 이 두 가지 미국 외교정책의 근본 '관념들'을 수용했다는 것을 의미했다. 근대화 수사가 수반한 것은 반공주의의 수사였다. "미국 정부의 '해외 원조' 프로그램은 1950년대에 중동과 아시아 지역의 반공주의 정부들을 지원하는 수단으로 시작되었다. 그렇지만 선진국들이 해외 원조를 위한 지출을 자국의 경제적 사업 확장과 '엮기' 시작하면서, 원조와 수출 장려 정책 사이의 구분은 흐려졌다"(Payer 1989, 8).

---

6 몬테온은 역사적인 독해를 통해 라틴아메리카의 발전이 순환적인 경향을 갖고 있다는 점을 지적하기 위해 라틴아메리카의 연구에서 1920~30년대의 대공황과 1980년대의 부채 위기를 비교한다(Monteón 1995). 그 위기들은 "결정적인 고비"였으며, 거대한 혼란의 시기였다. 우리는 부채 위기와 그 이후의 여파로 나타난 — 은행과 국제금융기구들이 1980~90년대와 동아시아 경제 위기에서 제3세계 채무국에게 강제했던 — 구조 조정 과정에서 발생한 유사한 혼란을 볼 수 있다. 여기에서 흥미로운 점은 라틴아메리카의 대공황이 경제정책 결정과 관리에서 국가 개입을 낳았다는 점이다. 산업의 탈규제와 국제무역의 확장 및 지구적 거버넌스의 메커니즘 강화 등이 부채 위기의 결과로 나타났다.

(민간 은행과 정부의) 원조와 융자, 자선과 금융 거래의 경계는 '해외 원조'에 대한 정상화 담론들에 의해 더욱 불투명해졌으며, 그 담론들은 긴박한 상환 체제의 현실을 감추었다.[7] 상환 체제는 몇 가지 문제점을 안고 있었는데, 그 가운데 대표적인 것으로는 새로운 부채를 만들어 오래된 부채를 상환하게 하는 차용의 중복성을 지적할 수 있다. 서구의 원조 증여 국들은 수출 주도형 성장 전략을 선호했고(2장을 보라), 대부분의 제3세계 국가들은 이에 응해 1차 상품을 교역할 수밖에 없었지만, 그것으로 증가하는 부채를 변상하는 데 필요한 흑자를 내기에는 역부족이었다. 1980년대에 이 문제는 [1차 상품에 대한] 해외 수요가 고갈되고, 단기 대출에 대해 미국이 고금리 정책을 도입함으로써 더욱 악화되었다(Warburton 1999, 165). 이에 따라 국내 주도형 성장 모델을 시도했던 나라들은 외채를 상환하는 데 남는 외환을 모두 쏟아부어야 하는 문제에 봉착했다. 1960년대 중반에 이르자 외채 원리금 상환액은 "라틴아메리카의 신규 대출 가운데 87퍼센트, 아프리카의 신규 대출 가운데 73퍼센트를 차지했다"(Payer 1989, 10). 1970년대 중반에는 정유 가격이 인상되면서 생산 비용이 올라가고, 석유를 수입하는 제3세계 국가들의 외환 적자가 증가하면서 외채 수준도 올라갔다. 그러나 페이어가 말하듯, "석유 가격 파동은 단순히 이미 불이 난 곳에 기름을 퍼부은 꼴일 따름이었다"(Payer 1989, 12).

위기는 다른 두 차원에서 발생했다. 석유 가격이 오르면서, 민간 은행

---

[7] 국내법과 국제법이 부채 위기 관리와 더불어 부채 탕감을 위한 논쟁에서 어떻게 이용되었는지를 분석한 내용은 Adelman(1993)에서 확인하라.

은 제3세계[석유 수입국들]에서 사업을 확장했다. 그러나 이는 높아진 금리와 짧아진 만기 등 더욱 까다로워진 융자 조건을 전제로 한 것이었다. 일례로 라틴아메리카의 최대 채무국 7개국 — 아르헨티나, 브라질, 칠레, 콜롬비아, 멕시코, 페루, 베네수엘라 — 에서는, 1981년과 1982년 사이에만, 이자로 지출되는 비용이 17퍼센트 인상되고 수출입은 9퍼센트 감소되며 신규 대출은 16퍼센트 하락하는 것을 경험했다. 제3세계 최대 차용국인 멕시코와 브라질이 1982년 그들의 외채 상환을 연체했을 때, 세계금융시스템은 위기에 봉착했다. 석유 수입국들이 대출금 때문에 혹독하게 고생하고 있을 때, 나이지리아와 같은 산유국들도 1980년대 초반 석유 가격의 하락과 더불어 위기에 직면하게 되었다. 석유 가격이 높았을 때 나이지리아 정부는 생산을 다변화하기보다는 전적으로 고유가 유지 정책에 의존하는 발전 전략을 취했다. 이 전략으로 인해 공적 영역의 고용 시장이 확대되었고, 그 결과 다수의 여성이 간호사, 교사, 비서 등으로 노동시장에 참여하게 되었다. 이처럼 이 전략은 여성에게 유리하게 작용한 측면도 있지만, 많은 경우에 심각한 부패와 연루되어 있었다(*IDS Bulletin* 1996). 수입 대행 기구들이 자신의 영향력을 키우면서, 국가 관료와 경제적·정치적 권력을 가진 이들 사이의 관계는 더욱 복잡해졌다. 이렇게 과열된 석유 경제에서 여성은 자신들의 계급적 위상에 따라 상이한 득과 실을 경험했다. "나이지리아 석유 경제에 …… 여성이 통합되는 방식에 대해서는 '신화적인' 설명이 이루어져 왔는데, 고위급 군장성이나 고위급 공무원의 부인들이 정부 부처와의 계약을 따내고 수입품을 공급받기 위해 …… 남편의 영향력을 이용했다는 설명이 이에 해당된다"(Dennis 1991, 92). 석유 호황기에 나이지리아가 취한 발전 전략은, 우선 수입대체

산업에 자본을 투자하기 위해 엄청난 액수의 차용금을 끌어오는 한편, 나이라naira[나이지리아의 화폐단위]의 과대평가 때문에 높아진 도시 생계비를 줄이기 위해 식량을 수입하는 것이었다. 그러나 바로 이 전략이 경제위기의 씨앗을 품고 있었다(Dennis 1991, 93).

1980년대의 부채 위기에 뒤이어 일괄적인 구조 조정 정책이 '채무 면제' 전략의 일부로 구체화되었고, 다수의 제3세계 경제들 및 이후 '이행기' 경제들에서 광범위하게 활용되었다. 1985년에 IMF와 세계은행은 몇몇 나라들에 부채 삭감 정책의 자격을 일괄적으로 부여하는 조건으로 베이커 계획Baker Plan을 도입했다. 하지만 이 계획은 성공적이지 못하다고 판명되어 얼마 지나지 않아 1989년에 브래디 계획Brady Plan으로 전환되었다(Warburton 1999, 166). 브래디 계획은 다음의 사항들을 포함하고 있었다. 첫째, 무역 장벽을 대폭 낮추어 지역의 생산자들을 해외 경쟁에 참여시킨다. 둘째, 보조금을 감축하고 가격 통제를 풀어서 지역 수준의 시장에서 일어나고 있는 가격의 '왜곡' 현상을 없앤다. 셋째, 자본 운동에 대한 통제를 제거해 금융 체계를 재편한다. 넷째, 국가 소유의 기업들을 민영화한다. 다섯째, 국가 통제를 제거해 외국인 투자를 유치하고 자본도피를 감소시킨다.[8] 여섯째, 경제에 대한 관리 및 사회 서비스 공급에 대한 국가 개입을 최소화한다. 즉, 구조 조정 정책은 다음과 같은 두 종류

---

8 세귀노는 다음과 같이 지적한다. "여성의 임금을 상대적으로 낮추는 데 일조한 젠더 불평등은 1975~95년 동안 수출 효과를 통해 성장의 자극제가 되었다. 소득 불평등이 성장을 둔화시킨다는 점을 시사하는 최근의 연구와는 대조적으로, 경험주의적 분석에 따르면 GDP 성장은 임금의 젠더 불평등과 상당한 관련성이 있다"(Seguino 2000, 1211).

의 정책이 결합해 탄생한 것이다. "그 하나는 초기 국면에 IMF가 주도하는 안정화 프로그램으로서 평가절하와 가격 자유화 및 긴축재정 등을 포함한 수요 측면의 구조 조정이며, 다른 하나는 세계은행이 주도하는 구조화 프로그램으로서 보조금의 삭제와 이용자 수수료제의 도입 및 사회적 프로그램의 민영화 등을 포함한 공급 측면의 구조 조정이다"(Owoh 1995, 182). 이 모든 개혁들은 장기적인 비효율성을 극복하고 사회적 저항을 회피하기 위해, 한꺼번에 그리고 짧은 시간 안에 '병든' 경제에 가해져야 할 '충격 요법' 처방으로 추천되었다.

이런 일련의 정책들은 시장, 개인적 선택의 최고성, 발전의 행위 주체로서 국가가 가졌던 정당성의 상실 등과 같은 신자유주의적인 내용을 핵심으로 한다. 시장에 대한 강조는 대개 한 나라 안에서 이루어지는 비교역물의 생산과 소비에서 국제시장에서 교환되는 매매 가능한 상품과 서비스의 생산으로 생산 체제가 바뀌어야 한다는 주장과 일맥상통한다. 아래에서 살펴보겠지만, 많은 페미니스트 비평가들은 이런 식의 시장과 선택에 대한 강조가 그 정책들의 남성 편향성을 보여 주는 것일 뿐만 아니라, 경제학의 요체에 이런 정책과 거기에 깔려 있는 가정이 배태되어 있음을 의미하는 것이라고 이해했다. 그리고 국가의 역할이 구조 조정 개혁을 단행하면서 축소되었다 할지라도, 구조 조정 정책을 도입하는 데는 결정적으로 작용했다. 이런 맥락에서 구조 조정 정책이 항상 국제금융기구의 압박 때문에 도입되는 것만은 아니라는 점이 지적될 수 있다. 예를 들어, 나이지리아의 샤가리Shehu Shagari 정부는 1982년 경제안정화조치Economic Stabilization Act하에 일련의 안정화 정책을 자체적으로 도입했으며, 주도적으로 IMF와 협상을 벌였다(Dennis 1991).[9] 이런 점을 고려한다면 [구조 조정 정책의 성질을 제대로 이해하기 위해서는 국가의 본질 및 국가가 기능하는 맥락을 이해하는 것도 중요하다. 1980년대 이후에는 민주적인 발전 과정에 대한 관심이 되살아나면서, 원조의 지속적인 지원 여부를 결정하는 데 경제적 조건과 더불어 정치적인 제한조건들도 구조 조정 정책에 포함되었다.

아민의 주장에 따르면, 부채 위기는 자본주의가 식민지 시대처럼 전前 자본주의적 영역을 침입해 지배하는 것을 통해 확장할 수 없어서 남반구와 북반구의 관계 변화를 획책해 활로를 열려고 할 때 탄생했다(Amin 1976, 6장; Hoogvelt 1997, 3장). 한편, 정치적인 측면에서 맥마이클은, 구조 조정의 영향과 성장률이 제3세계에 속한 국가들마다 가지각색으로 나타났다는 점에서 집합적인 실체로서 제3세계는 부채 위기에 의해 그 종말이 예고된 것이라고 주장한다(McMichael 2000). 부채 위기로 인해 세계경제의 관리에서 국제기구들의 역할 또한 커지게 되었다. 그리고 가난한 나라들이 이 기구들로부터 자금을 지원받을 수 있는 자원에만 점점 더 의존하게 되면서, 부채 체제는 구체화되었다. 가난한 나라들은 자금 지원을 받기 위해 거기에 수반된 제한조건들을 수용함으로써 지구적인 시장경제 안으로 더욱 밀착되었다. 예컨대 '과다 채무 빈국'heavily indebted poor countries, HIPCs 40개국들은 세계은행과 IMF가 요구한 경제적인 구조 조정 개혁을 실행한다는 양허 조건 아래 대량 원조를 받을 수 있었다. 그리고 이 40개국 가운데 오직 우간다만이 확대 구조 조정 금융 제도enhanced structural adjust-

---

9 스튜어트는 스스로 계획한 프로그램들을 '조정한' 나라들이 IMF나 세계은행의 압력에 의해 '조정된' 나라들보다 결과적으로 빈곤이 훨씬 더 줄어들었다고 주장한다(Stuart 1998).

ment facilities, ESAFs[10]의 두 가지 실행 조건을 충족시킴으로써, 다시 말해 6년 동안 구조 조정 개혁 정책을 유지함으로써 부채의 일정 부분을 보조금 형태로 전환시킬 수 있었다(Addison 1998, 45; Warburton 1999).[11] 그리고 1999년에는 새로운 '신용공여 형태'인 빈곤 퇴치 및 성장 지원 기금Poverty Reduction and Growth Facility, PRGF이 확대 구조 조정 금융 제도를 대체할 수 있도록 도입되었는데, IMF는 "이 기금이 지원하는 프로그램들은 …… 확대 구조 조정 금융 프로그램과 상당히 다르다"고 주장하면서 그 근거로 다음의 두 가지를 제시했다. 첫째, "빈곤 감소 전략Poverty Reduction and Strategy Papers, PRSP[12]에 참여하는 동안에는 빈곤 퇴치와 성장을 목표로 삼는 핵심적인 사회 부

10 [옮긴이] 저발전국의 만성적인 경상수지 적자 및 외채 문제를 해결하기 위해 IMF가 1987년부터 신설해 시행하고 있는 제도로 구조 조정 금융(structural adjustment facility, SAF)을 강화한 것이다. 수혜 대상국은 구조 조정 금융이나 확대 구조 조정 금융 가운데 선택해서 융자 협약을 체결할 수 있는데, 협약 체결 전에 구조 조정 정책의 기본이 되는 문서인 정책 기조 문서(Policy Framework Paper, PFP)를 IMF와 IBRD 실무진의 지원 아래 작성해 양 기구 상임이사회의 검토를 받도록 되어 있다.

11 2000년에 부채 경감에 대한 프라하 회의가 개최된 후에, 세계은행과 IMF는 부채 경감을 위한 조건들을 완화해 20개국 — 비록 그 회의에서 약속한 24개국에 여전히 미치지 못하지만 — 이 부채 거래에서 혜택을 볼 수 있도록 하는 데 동의했다. 부채 삭감을 위한 '주빌레 2000 캠페인'에서는 상당한 양의 부채가 세계은행과 IMF와 같은 국제금융기구 때문에 발생한 만큼, 개별 나라들이 아니라 모든 대출 기관이 100퍼센트 부채를 탕감해야 한다고 주장되었다. 2000년에는 재화 가격이 폭락하면서, 일부 아프리카 나라들이 채무 원리금 상환을 위해 서방 선진 7개국과 채무 거래를 했던 당시보다 더 많은 돈을 지불해야 할 것이라는 예측도 나오고 있다(Denny 2000).

12 [옮긴이] 국제개발협력에서 IMF, 세계은행 등의 자금을 지원 받는 수원국 정부가 수립하는 개발계획으로 과다 채무 빈국의 채무 경감을 고려하기 전에 IMF와 세계은행이 요구하거나 저소득국이 주요 공여국 및 기관으로부터 자금을 지원받을 때 요구되는 문서 체계이다.

문별 프로그램과 구조 개혁이 우선적으로 확인되고 이행되어야 하며, 그 예산 효과는 효율적이고 제대로 계획된 지출의 필요성을 고려해 계산될 것이다." 둘째, "이 기금은 공적 자원의 관리 개선 및 투명성 향상, 적극적인 공적 감시의 실시, 재정 관리에 대한 정부 책임성의 전반적인 향상 등을 최우선으로 여긴다"(IMF 2001). 그에 따라 이전의 40여 과다 채무 빈국 대신 저소득 77개국이 빈곤 퇴치 및 성장 지원 기금의 지원 대상이 되었다. 그러나 초스도프스키가 지적하듯이, 빚에 허덕이는 민족국가에 IMF와 세계은행의 정책에 기초한 제한조건을 부과하는 것은, "채무 변제 관계의 정당성을 강요하고, 채무국이 독립적인 국가 경제정책을 시행하지 못하도록 속박시키는 결과를" 낳는다(Chossudovsky 1998, 51). 예컨대 브래디 계획은 투자 원금이나 금리를 낮추어 제3세계에 대한 상업은행 융자를 미 재무성이 보증하는 새로운 채권으로 전환하고 그 채권을 부채 환매에 이용하는 식으로 운영되었다. 그러나 이렇게 발행된 채권은 "선진국 정부가 직접 발행하는 채권에 비해, 자본 득실의 잠재성이 훨씬 더 컸다"(Warburton 1999, 166). 일례로, 이 시스템은 1994년 멕시코 경제 위기 당시 멕시코 채권에 투자한 미국 투자자들을 구제함으로써 멕시코 통화를 안정시키는 데 일조했다. 그러나 "이런 조치는 신흥 채권시장에는 정반대의 영향을 미쳤다. …… 이런 사태에서 얻을 수 있는 분명한 메시지는, 아무리 위험도를 신중하게 평가해도 그것은 언제든 전 지구적 자본의 파도 속에 휩쓸려 갈 수 있다는 점이다"(Warburton 1999, 167). 그리고 이는 1997년의 동아시아 금융 위기 동안 확인된 바 있다(⟨표 4-1⟩ 참조).

〈표 4-1〉 일부 국가들의 대외 채무율(1990년, 1997년)

경제	순 민간 자본유동 (백만 달러)		외국인 직접투자 (백만 달러)		GNP대비 대외 채무율 (%)
	1990년	1997년	1990년	1997년	1997년
알바니아	31	47	0	48	22
알제리	−424	−543	0	7	65
앙골라	237	−24	−335	350	206
브라질	562	43,377	989	19,652	23
불가리아	−42	569	4	498	96
중국	8,107	60,828	3,487	44,236	15
코트디부아르	57	−91	48	327	141
에콰도르	183	829	126	577	72
에티오피아	−45	28	12	5	131
가나	−5	203	15	130	57
인도	1,872	8,307	162	3,351	18
인도네시아	3,235	10,863	1,093	4,677	62
케냐	124	−87	57	20	49
말레이시아	769	9,312	2,333	5,106	48
모잠비크	35	37	9	35	135
니카라과	21	157	0	173	244
나이지리아	467	1,285	588	1,539	72
파나마	127	1,443	132	1,030	88
필리핀	639	4,164	530	1,222	51
슬로바키아공화국	278	1,074	0	165	48
탄자니아	5	143	0	158	77
우간다	16	179	0	180	31
베트남	16	1,994	16	1,800	78
잠비아	194	79	203	70	136

자료: World Bank(1999b, 270-271)

구조 조정 정책에 대한 평가

엘슨과 모저는 구조 조정 정책이 여성의 삶에 미친 영향을 평가하기 위해 소득, 가격, 공공 지출의 정도와 구성 요소, 노동조건이라는 네 가지 범주에서 변화 정도를 분석했다(Elson 1989, 69; Moser 1989).[13] 이 모든 범주에서 구조 조정 정책이 실행된 정책 부문, 지리적 영역, 정책의 실행 정도에 따라 구조 조정의 영향은 혼재된 양상을 보였다. 그렇지만 엘슨은 사회적인 공공 지출이 축소되고 가사 일 외의 여성의 일 부담이 커지면서, 이렇게 변화된 환경에 적용하기 위해 여성의 노동이 감당하기 힘들 정도로 늘어나고 있다는 증거는 충분히 찾아볼 수 있다고 지적한다(〈표 4-2〉 참조). 이와 유사하게 모저도 구조 조정 정책에 영향을 받은 지역에서 더 많은 빈곤 여성들이 이전과 비교해 더 오랜 시간 동안 일을 하고 있다는 것을 보여 준다(Moser 1989, 79). 세루티도 "상대적으로 봤을 때, 예전보다 지금 훨씬 더 많은 여성이 일을 해야만 하는 처지에 놓였지만, 그럼에도 그들은 더 자주 실업 상태에 처하거나 노동시장에 진입과 퇴출

---

13 엘슨은 가구 내부의 자원 분배는 가구 외부의 분배 방식과 다르다고 말한다. 따라서 [소득 기준] 상위 20퍼센트에 속하는 가구와 하위 20퍼센트의 가구에 대한 경험적인 연구를 바탕으로, 구조 조정 정책이 미친 영향을 계급에 따라 차별화해 분석할 필요가 있다(Elson 1989, 69). 모저도 이와 비슷한 점을 언급하면서, "[구조 조정 정책이 야기한] 변화에 대응하는 데 저소득 가구 여성이 지닌 역량은 여성이 "대처하느냐"(coping), "소진되느냐"(burnt out) 또는 "그럭저럭 버티냐"(hanging on)에 따라 달라진다고 말한다(Moser 1989, 75). 두 학자의 지적은 모두 중요하지만, 나는 모저의 분석이 구조 조정 정책의 결과에 대해 젠더와 계급에 기초한 체계적인 자료를 수집하기는 힘들 것이라고 본다. 따라서 그런 식의 분석이나 Elson(1989)과 Moser(1989) 같은 학자들이 제안한 정책은 한계를 가질 수밖에 없다.

〈표 4-2〉 지구화와 여성의 일

인간개발지수 순위	여성 무임금 가족 노동자 (전체 대비 비율)	여성 경제활동 비율 (남성 대비 비율)	노동인구 (전체 대비 비율)	(15세 이상) 성인 노동인구 가운데 여성 비율	(15세 이상) 성인 노동인구 가운데 여성 비율
	1990년	1995년	1995년	1970년	1995년
상위 인간 개발	48.5	57.2	44.7	27.8	37.2
중위 인간 개발	-	26.1	52.0	38.2	42.9
하위 인간 개발	-	55.9	43.7	36.4	38.2
모든 개발도상국	48.4	64.4	47.8	36.5	40.6
최빈 개도국	41.4	76.2	46.9	43.2	47.7
선진국	75.2	79.1	49.4	39.7	44.2
세계	58.4	67.5	48.1	37.5	41.4

자료: UNDP(2000)

을 반복한다"는 사실을 지적한다(Cerrutti 2000, 889). 그리고 엄마들이 밖으로 일하러 나가 있는 동안 딸들이 대신 어린 동생들을 보살피게 되는데, 이처럼 집에서 돌봄의 간극을 메우기 위해 교육을 중단하게 되면서 그 딸들의 미래는 제약받게 된다(Moser 1989, 80). 맥아피는 카리브 해 지역에서 세입을 늘리기 위해 관광 산업을 확장한 결과, 환경이 파괴되었을 뿐만 아니라 성매매가 증가되었다는 사실을 밝힌 바 있다(McAfee 1989, 75). 엘슨은, 구조 조정 정책으로 인해 어떤 경우에는 세입이 도시에서 농촌 지역으로 전용될 수도 있지만(Safa 1995를 보라), 대부분의 경우 도시 생산품에 대한 농촌 인구의 소비지출이 늘어나고, 그 결과 농촌 인구의 순수익이 감소하게 되어 농촌 지역의 여성이 광범위한 영양실조와 건강 악화를 겪게 되었다고 주장한다(Elson 1989). 그리고 토지는 여전히 남성의 통제 아래 놓여 있다. 이는 지배적인 사회규범을 강제할 뿐만 아니라 여성 노동에 대한 남성의 권리를 강화하는 효과를 낳는다. 그런 상황에서, 젠더에 따른 시장 왜곡 현상은 여성이 자신의 노동 생산물을 이용할 수 있는 능력을 지속적으로 제약한다(Evers and Walters 2000, 1343; Agarwal 1997; Patel 1999). 모저는 여성의 노동량은 많아졌음에도 불구하고 전체 가구 소득이 줄어들면서, 어린 아이들의 영양 상태는 나빠졌고, 엄마들이 자녀들과 보내는 시간은 적어졌으며, 가정 폭력은 심해졌다는 것을 발견했다(Moser 1989, 80). 다른 한편, 사파는 푸에르토리코와 도미니카공화국의 수출 주도적 산업화의 효과에 대한 연구에서, 여성의 일이 늘어나면서 여성이 향유할 수 있는 자율성이 훨씬 더 커진 것처럼 보이지만, 실제 여성이 경험하는 불안도 커졌다는 것을 밝힌 바 있다. 그리고 이는 미국 자본에 대한 이 국가들의 의존도가 높아지면서 조성된 '노동의 여성화' 국면에서 노동자의 협상력이 크게 약화되었기 때문이라고 진단한다(Safa 1995, 107-109). 여성 노동력이 임시직 부문에서 증가하는 경향은, 생존 전략에는 도움이 될지라도, "개인과 국가의 성장과 발전의 지속"에는 긍정적이지 않은 것이다(Elson 1989, 72).

여기서 우리는 많은 학자들이 다양한 맥락에서 정의하고 있는 빈곤의 정도를 측정하는 방법론적 문제에 다시 맞닥뜨리게 된다(Drèze and Sen 1989; Blumberg et al 1995; Kabeer 1994). 전통적으로 빈곤선은 [절대적인 특정 기준선 이하의] 일인당 소득과 [상대적인 소득수준 이하의 특정] 인구 비율에 기초해 만들어진다. 또 다른 전통적인 방법으로는 특정한 지역의 가구 소득수준을 조사해 빈곤 수준을 측정하기도 한다. 그러나 여러 측면에서 이런 관점들은 비판을 받아 왔으며, 빈곤 개념을 확장하려는 시도가 여전히 진행되고 있다. 2장에서 보았듯이, 가구에 대한 성별화된 비판은 가구 내에서도 여성과 남성의 이해관계가 다르다는 것을 드러냈고, 따라서 개별적인 복지와 가구 소득이 구별되어야 한다는 것을 알려 주었다. 또한 복지를 어떻게 정의할 것인가의 문제는 빈곤을 개념화하는 데 어떤 질적 지표들을 사용할 것인가의 문제를 부각시켰다. 카비르는 이 문제를 간단하게, "빈민은 기본적인 인간의 욕구를 박탈당한 사람들"로 정의한 바 있다(Kabeer 1994, 137; Blumberg et al. 1995). 이 경우에 '목적'의 관점에서는 욕구의 박탈 정도가 핵심이 되고, '수단'의 관점에서는 박탈에서 벗어날 수 있게 하는 적절한 자원에 초점을 두게 된다.[14] 노동의 영역은 이런 목적과 수단의 이분법을 가로지른다. 즉, 노동은 고용수준을 나타내는 측면에서는 목적이 되지만, 동시에 자율성처럼 가능한 비물질적인 자원 및 임금을 제공하는 측면에서는 박탈 상황에서 탈출할 수 있는 수단이 되기도 한다. 하지만 지구화 과정에서 여성 고용이 증가하면서 과연 노동이 여성의 개인적·집단적 발전을 위한 전략의 일부가 되고 있을까?

---

14 빈곤에 대한 기본 욕구와 인타이틀먼트 접근에 대한 논의는 2장에서 볼 수 있다. 빈곤에 대해 욕구와 인타이틀먼트에 기초한 성별화된 분석을 자세히 살펴보고자 한다면 Kabeer(1994, 6장)를 참고하라.

국제 노동 분업

흔히 주장되는 바에 따르면, 많은 나라들이 생산과 교환의 지구화와 세계시장에 통합되면서 국제 노동 분업이 강화되었다. 이와 더불어 "외부 시장을 겨냥해서 제품이 생산됨에 따라 생산국의 현지 노동이 가치의 최종적인 실현에 필수적인 구매력으로 평가되는 것이 아니라 단지 생산 비용으로 나타난 이래, **생산의 장소와 가치가 증식되는 장소의 분리**가 더욱 현저하게 나타났다"(Campbell 1989, 18). 1980년대에 이르자 국제 노동 분업에는 새로운 특징이 두드러지게 나타났다. 즉, "제3세계는 원자재보다 제조품을 더 많이 수출했으며, 제1세계는 1차 상품을 제3세계보다 36퍼센트 더 많이 수출하게 되었다"(McMichael 2000, 56).[15] 또한 급속하게 분명해진 사실은 여성이 이런 새로운 국제 노동 분업의 핵심을 이룬다는 점이었다. 1980년대 중반에는 약 180만 명의 노동자들이 전 세계 173개 수출자유지역에 고용되었고, 1990년대 후반에는 200개 이상의 수출자유지역에서 약 4백만 명의 노동자를 고용했는데, 그들 대부분이 여성이었다(McMichael 2000, 94). 이 때문에 국제 노동 분업은 노동의 전 지구적 여성화를 가져온다는 주장도 제기되었다(Pearson 1998). 이런 식의 노동 분업으로 인해 노동의 새로운 위계질서가 생겼을 뿐만 아니라 한 국가 안의 여성 사이에서 그리고 (대체로 생산자들인) 남반구 여성과 (대체로 소비

---

15 그러나 스타인에 따르면, 아프리카의 수출에서는 이런 식의 특징을 찾을 수 없을 뿐만 아니라, 1970~1991년 사이에 생산된 재화 가운데 1차 상품이 여전히 다수(92퍼센트)를 차지한다(Stein 1999, 5).

자들인) 북반구 여성 사이에서 생산자와 소비자라는 분업이 발생하게 되었다(Mies 1989, 116).

이런 국제 노동 분업의 또 다른 특징은, 생산의 장소는 지리적으로 가난한 국가에 고정되는 반면, 자본은 최소한의 규제를 받으며 전 지구적으로 이동한다는 점이다. 이런 힘의 차이는 우리가 초국적 기업transnational corporations, TNCs의 자본 가용성과 때로는 실제 전 세계 지역을 아우르는 가난한 민족국가들의 자본 가용성을 비교해 보면 명백하게 드러난다. 예컨대 제너럴 모터스와 포드 사의 수입을 합산하면 사하라 사막 이남의 아프리카 국가들 전체의 국내총생산을 합한 것보다 많다. 세계에서 가장 큰 규모를 지닌 100개 경제 가운데 51개는 기업이고, 초국적 기업이 세계무역에서 차지하는 비율은 70퍼센트를 상회한다. 그리고 그 무역의 30퍼센트 이상은 같은 기업 단위 내부에서 이루어지는 '기업 내 무역'intra-firm 무역이다(Corporate Watch 1999).

그렇지만 구조 조정 정책을 분석하면서 이렇게 국가들 사이에 존재하는 불평등한 권력관계를 지적한다고 해서, 민족국가 엘리트들이 구조 조정 정책의 도입할 때 수행한 역할이 흐려지는 것은 아니다. "뇌물을 챙기려고 부당하게 부풀려진 계약, 경기장 설립이나 새로운 수도 건설 또는 그와 유사하게 도시 명성을 높이기 위해 벌이는 새로운 사업과 같은 비생산적인 투자, 농촌의 이익과 상충하는 정부 정책 사업, 어마어마한 만성적 재정 적자, 다국적기업multinational corporations, MNCs과의 공식적인 결탁, 막대한 군사비 지출 등" 국가가 구조 조정 정책의 도입을 자초한 일들은 셀 수 없이 많다(Onimode 1989, 3). 이런 식의 [민족국가 엘리트들과 자본의] 공모를 보는 관점은 두 가지로 나뉜다. 한편에서는 이를 자본의 확장 과정에서 발생하는 시스템상의 문제로 이해한다(Amin 1998). 다른 편에서는 이것을 제3세계 국가에 수출된 자본주의의 사회경제적 모델의 문제가 아니라 그 국가들의 취약한 제도적 역량 문제를 보여 주는 것이라고 생각한다(World Bank 1994, 2000). 국가와 시장 사이의 관계를 분석할 때, 거버넌스(Hewson and Sinclair 1999; Picciotto 2000; 이 책의 3장) 및 민주화와 책무성(Luckham and White 1996)과 관련된 쟁점들은 매우 중요한 사안이다. 거버넌스에 대한 관심이 소비에트 모델이 붕괴한 시기에 부상했다는 것은 놀랄 만한 일이 아니다. 소련이 몰락하면서 경제적 경계와 많은 경우에는 민족국가의 경계들이 근본적으로 변했으며, 자본주의적인 시장 관계가 확장되었다. 그 결과 구조 조정 정책의 체제가 이전의 동구권 국가들을 비롯해 다른 지역으로 뻗어 나갔다. 이 나라들이 세계경제에 통합되기 위해 지불한 대가는 컸으며, 그 가운데 일부 나라들은 심각한 비용을 지불해야 했다(〈표 4-1〉 참조).

3. 구조 조정의 제도화

국제금융기구가 추진하고 주요 서구 경제들이 지지한 일련의 구조 조정 정책은 신자유주의의 관점에서 전 지구적 경제를 구조 조정하는 과정의 중요한 일부를 이룬다. 비록 21세기 초반에 접어들면서 이런 관점에 대한 비판이 제기되었고 그 결과 일부 수정이 이루어지기도 했지만, 동시에 우리는 지구적 경제 규제 기구들이 설립되고 담론 권력을 행사하면서 자유주의 경제정책들의 장기적인 제도화 과정이 진행되고 있음을 목도하고 있다. 이런 식으로 자본축적은 항상 그렇듯이 "지식, 군사력, 규제력 등 다른 형태의 권력 축적"에 의해 보완되고 있다(Thomas 1998, 162). 민족국가의 역할 변화라는 맥락에서 보면, 이런 권력 체제는 자유기업, 개인, 기업의 재산권을 '상식'으로 여기는 담론을 정상화하고 정당화할 뿐만 아니라 조장하는 데 특히 중요한 역할을 한다. 설령 그것이 집합적인 선에 대한 전망과 상충하더라도 말이다. IMF와 세계은행, 그리고 점차 WTO와 같은 기구들이 이런 새로운 국면의 지구화와 그 규제의 중심부에 위치한다(Chossudovsky 1998, 42-43; Scholte with O'Brien and Williams 1998).

WTO의 설립으로 인해 국제금융기구와 제3세계 국가의 정부와의 관계가 근본적으로 재규정되었다는 주장 또한 존재한다. 모한은 이런 주장을 둘러싼 네 가지 쟁점을 다음과 같이 정리한다. 첫째, 국가는 더 이상 최종적인 정책 생산 단위가 아니다. 둘째, 국제금융기구가 책임이 따르지 않는 권력을 행사하는 반면, 정치적 행위의 주체로서 국가의 지위는 점차 감소하고 있는 맥락에서, 책임성의 문제가 부각되고 있다. 셋째, 신자유주의적 담론을 정상화하는 권력의 중요성이 커지면서 국제금융기구의 위상이 높아지고 있다. 넷째, '지역'이나 '시민사회'를 강조하면서, 국제금융기구는 민주화의 가치를 표방하고 국가 대신 NGO를 주요 대화 상대로 삼는다(Mohan 1996, 289-291). 이와 관련해 세계은행은 2000년 세계개발보고서에서 다음과 같이 주장한 바 있다. "WTO는 다음의 네 가지 방식으로 개발도상국의 이익을 효과적으로 도모한다. 첫째, 무역 개혁을 돕는다. 둘째, 분쟁 해결의 메커니즘을 제공한다. 셋째, 무역 개혁에 대한 신뢰도를 높인다. 넷째, 거래 비용을 줄이는 투명한 무역 체제를 촉진한다." 그리고 이 혜택들이야말로 "왜 점점 더 많은 개발도상국이 WTO에 참여하고자 하는가를 설명"해 준다는 것이다(World Bank 2000, 53). 그러나 이와 다른 견해를 갖는 이들도 있는데, 예를 들어, 초스도프스키는 다음과 같이 주장한다. "(무역자유화나 외국인 투자 체제와 같은) 다수의 구조 조정 프로그램 조항들이 WTO의 협정에 영구적인 항목으로 삽입되어 있다. 국제법에 따라 이런 조항들은 해당 국가들을 '단속하고'('제한조건'을 강제할 수 있는) 근거로 작용한다." 이는 지난 시절 규제 수단으로 특별 조치 성격의 차관 협정을 운용했던 것과는 대조를 이룬다(Chossudovsky 1998, 35).

이런 국제기구들이 특히 개입주의적 입장을 고수했던 가장 중요한 분야 가운데 하나는 자본 투자 영역이다. 우리가 앞서 본 바와 같이, 구조 조정 정책으로 인해 제3세계 경제의 한 면은 외국인 투자에, 다른 한 면은 세계무역에 개방되었다. 또한 제3세계 경제의 자유화가 진척되면서 외국인 직접투자를 통한 민영화가 늘어나는 것을 확인할 수 있다. 개발도상국들에서 이루어진 공적인 자본 투자가 1990년 585억 달러에서 1998년 약 550억 달러로 줄어든 반면, 민간 자본 투자액은 300억 달러에서 1천5백억 달러로 증가했다(World Bank 2000, 7; 〈표 4-1〉 참조). 이런 식으로 "1994년 개발도상국들로 유입된 자원의 70퍼센트 이상이 민간 시장에서 제공되었고, 다른 22퍼센트는 쌍무 원조bilateral aid에서 나왔으며, 단지 6퍼센트만이 국제금융기구로부터 제공되었다." 그와 동시에 민간 투자자들에 의해 설정된 수익성 기준을 적용함으로써, "1990년대 이후 민간 자금 가운데 5분의 4가 단지 12개 개발도상국으로만 유입되었고, 대다수 개발도상국들은 금융시장에 대한 접근 기회조차 갖지 못했다"(ODI, Thomas 1998, 173에서 재인용).

민영화의 제도화는, 특히 1995년의 관세와 무역에 관한 일반 협정General Agreement on Tariffs and Trade, GATT 협상에서 내려진 결정에 따라 WTO가 설립되면서 무역 규제를 통해 전 지구적으로 벌어지고 있는 현상이다. 예컨대 외국인 직접투자를 제도화함으로써 제3세계 전역에 수출자유지역이 세워졌고, 그 결과 도입된 노동 규제는 다수의 사례에서 확인된 것처럼 노동자에게 불리하게 작동했다. 그와 더불어 외국인 직접투자로 인해 국내 경제의 특정 부문에서만 고용이 창출되면서, 제3세계 국가 특유의 발전 양식이 형성되었다. 그리고 [민영화의 제도화 과정에서] 또 다른 핵심적인 규제 영역은 노동 분야다. 상품의 국내 가격이 이른바 '달러화' 과정을 거치면서 점차 국제 가격에 맞춰 가게 되었지만, 노동시장은 전혀 세계시장에 통합되지 않고 있다. 사실상 우리는 노동시장이 두 개로 분리되고 있는 것을 목격하고 있으며, 이런 노동시장의 분리는 "부국과 빈국 사이의 임금과 노동비용 구조의 이원성"으로 특징지어진다. "제3세계와 동유럽에서 물가는 통일되어 세계적 수준으로 높아지고 있지만, 그 지역의 임금(과 노동비용)은 OECD 국가들보다 70배나 낮다"(Chossudovsky 1998, 41). 이런 물가와 임금격차가 합쳐져서 제3세계 경제들의 노동시장에 반영될 때, 그 격차 때문에 노동시장의 하위 그룹들은 더욱 큰 박탈을 겪게 된다. 아래에서 살펴보겠지만, 노동시장의 성별화된 이원성에 더해 이런 세계 노동시장의 이원성이 여성에게 미친 영향은 의미심장하다.

신자유주의 경제정책의 제도화는 지구적 거버넌스의 틀 내에서 민간 자본의 역할을 제도화하는 결과를 낳았다. 자유화 조치의 심화, 초국적 기업의 역할 확장 및 외국인 투자에 대한 규제는 1990년대 후반에 제안된 다자간 투자 협정Multilateral Agreement on Investment, MAI의 주된 내용이었다. 이 협상 과정에 대다수의 개발도상국은 참여하지 않았지만, 그 협상 내용은 국가들 사이의 분쟁 조정 방안까지 포괄하고 있었다. 물론 역사적으로 유사하게도 브레턴우즈 기구들의 설립과 발전 과정에서도 이런 식으로 대부분의 제3세계 국가들이 배제된 것을 확인할 수 있다(2장을 보라). 호르는 민족국가가 자국의 경제에 대한 통제력을 크게 발휘하지 못하게 되면서 다자간 투자 협정이 사람들의 삶에 중대한 영향을 미칠 것이라고 주장한다(Khor 1996, 21).[16] 그렇지만 민족국가는 정책의 기획에서나 구조 조정 정책의 실행이라는 측면에서 여전히 핵심적이며, 따라서 민족국가가 지닌 관료적 기능의 역량은 증진되어야 한다. 이와 같이 거버넌스에 대한 강조(World Bank 1994, 2000; UNDP 2000)가 구조 조정 정책을 이루는 여러 정책들 가운데 중요한 부분을 차지하고 있음을 볼 수 있다. 새로운 전 지구적 경제 체제가 지니는 이 모든 특징들은, 생산이 조직되고 시장과 연결되며 규제되는 방식에 영향을 미치고, 그것은 다시 남성과 여성 사이의 그리고 국가들 간의 관계를 변화시키는 중요한 결과를 가져온다. 다음 절에서는 지식과 천연자원 분야에 관련된 두 가지 민영화 사례를 검토하면서, 이 전 지구적 경제 체제에 도전하는 여성의 지

---

16 그러나 다자간 투자 협정에 대항한 운동이 점차 성장하고 큰 압력을 행사하면서, "4년의 준비 과정과 3년의 집중적인 협상을 거치면서, OECD 국가들은 제안된 …… 다자간 투자 협정을 처음에는 보류했다가 이후에는 포기하게 되었다"(Picciotto 2000, 1).

역적·지구적 투쟁과 전 지구적 구조 조정에 대한 페미니스트 비판을 둘러싼 몇 가지 쟁점들을 살펴볼 것이다.

4. 천연자원의 민영화

WTO를 비롯한 다른 국제금융기구들이 관장하는 국제적 규제 영역이 넓어지면서 매우 문제적인 영역으로 새롭게 부각된 것이 바로 지적 재산권 분야다. 이 분야에서는 자본 투자, 노동 및 [국제금융기구들이 제시하는] 제한조건이 갖고 있는 모든 문제들이 결합되는 양상으로 나타난다. 지구화 과정이 '지식 기반 경제'에 기반하고 있다고 회자되면서, 무엇을 지식으로 볼 것이며 무엇을 재산으로 간주할 것인가에 대한 개념화가 매우 중요해졌다(Barwa and Rai 2002). 페미니스트들은 이 문제를 다양한 맥락에서 검토해 왔지만(2장을 보라), 국제법 체제를 통해 구조 조정 정책이 제도화되면서 이는 더욱 긴박하게 대응해야 할 문제로 다가오고 있다.

'자연적인 것'의 민영화와 사회적인 것의 상품화: 님 나무 사례

'몬산토 사는 인도를 떠나라'라는 구호는 유전자조작 종자의 판촉에 대항한 인도의 한 농부들의 모임이 벌인 운동을 즉각적으로 떠올리게 한다. 그 운동은 계속된 영국의 지배에 저항한 1942년의 '인도를 떠나라 운동'Quit India movement과 닮은꼴이기도 하고, 초국적 기업을 투쟁의 대상으로 삼았다는 점에서 신新식민주의 관념을 함축한 것이기도 하다. 이처럼 농부들은 민족주의 담론을 활용해 '기업 식민주의'로부터 생계의 위협을 받으면서도 그들이 품었던 불만을 표출했다. 민족주의 담론 다음으로 강력한 담론은, 민족주의 담론과도 연계된, 토지 담론이다. 인도와 같이 지배적인 농업 국가에서 토지는 부의 상징이자 사회적 지위를 의미하며, 토지의 소유권은 독립과 순수성의 관념과 연결되어 있다(1장을 보라). 대영제국에서 토지가 상품화되면서 전통적인 인도 사회에서는 수백만의 농민들이 농촌에서 떠나야 했고, 계급과 카스트에 의거한 토지에 대한 권리의 차별이 더욱 심해지는 등 경제적인 대변동이 일어났다. 오늘날 인도에서 중소 규모의 토지 소유자들은 새로운 국제경제체제로 인해 또다시 부득이한 이농을 겪거나 무력감에 빠질까 봐 노심초사하고 있다. "유럽인들이 유전자조작 식품의 안전성과 그것이 환경과 소비자에게 미치는 영향을 걱정하고 있을 때, 대부분의 인도인들이 중심적으로 거론하는 문제는 기술을 소유하고 통제하고 있는 것은 과연 누구인가라는 신식민주의나 경제적 독립 및 '식량 안보' 등이다"(Vidal 1999, 16). 인도인들의 이런 우려는 기우가 아니다. "우리의 목적은 전체 먹이사슬을 공고히 하는 것이다"라고 몬산토 사의 책임자가 말한 바 있는데(Vidal 1999, 16), 이 공고화 과정은 규제 권력을 통해 진행된다. 시바와 홀라-바르의 주장에 따르면, "새로운 GATT는 재산권에 관한 입법과 생명체에 대한 전 지구적인 독점적 소유권 규정을 미국의 법에 따라 국제적으로 '획일화'하도록 제도화하고 있다"(Shiva and Holla-Bhar 1996, 148[190쪽]).

재산에 대한 개념과 지식에 대한 개념, 이 두 가지 문제가 여기서 중첩된다. 특허권의 문제는 전혀 새로운 것이 아니지만, 문제가 되는 것은 이전에는 특허권과 무관하다고 생각했던 많은 영역들을 포괄할 정도로 특허법의 범위가 넓어졌다는 점이다. 이렇게 특허법을 확장하는 데 근거가되는 것은, 이미 존재하고 있는 천연 생산물에도 특허권을 적용할 수 있게 하는 '개량'improvement의 개념이다.[17] 바르와와 라이가 지적하듯이, 특허는 새롭거나 독창적인 개발 단계를 포함하거나 산업적으로 응용할 수 있는, 모든 기술 분야의 생산물 또는 생산 공정에 주어진다(Barwa and Rai 2002). 여기에서 두 가지 새로운 점을 지적할 수 있다. 첫째, 이제 배타적인 판매권이 생산물이나 생산 공정 모두를 장악하게 된다는 점이다. 그결과, 예컨대 농부들은 그들이 키운 작물에서 씨앗을 거둘 수 없게 될 것이다. 가난한 소작농 가운데 여성이 점차 다수를 이루게 되면서, 이런 규정은 특히 여성에게 심각한 영향을 미치고 있다. 둘째, 특허가 지식의 특정한 형태를 특권화한다는 점이다. 근대 산업체들은 역사적으로 발전해온 생산 공정을 '안정화'함으로써 생산물과 생산 공정에 특허를 낼 수 있는

---

17 특허권을 얻기 위해서는 창작물이 새로워야 하며, 너무 빤하지 않고 실용적으로 사용 가능한 것이어야 한다. 특허권을 얻게 되면, 특허권 소유자는 그 생산품에 대해 한정된 시간 동안 독점권을 행사할 수 있어 발명가는 자신의 생산품을 개발하는 데 든 비용을 벌충하고 감수한 위험을 보상받을 수 있다. 또한 창작에 대한 이런 보상은, 다양한 이들이 새로운 발명을 하고 과학적·기술적인 지식을 확장하며, 따라서 사회 전체에 이득이 돌아갈 수 있도록 기여하도록 장려한다. 다른 한편, 일부 국가들의 경제적인 위상을 확보하기 위한 수단으로서 지적 재산권에 대한 국제적인 보호 문제는 무역 협상의 안건이 되었으며, 그 결과 그 국가들은 신속하고 광범위하게 비교 우위를 점하게 되었다(Barwa and Rai 2002).

자격을 부여받았다. 그러나 이미 초국적 기업들이 전 세계 모든 기술과 생산물에 대한 특허권의 90퍼센트를 보유하고 있는 상황에서 이는 자연과 인간의 창조성을 부인하는 결과를 낳을 것이다(Greer and Singh 2001).

님 나무는 특허 규제에 대한 논의에서 매우 중요한 사례다. 인도인들은 수천 년 동안 님 나무를 약재, 화장품, 피임 용품, 목재, 연료 등으로 사용해 왔으며, 농사지을 때 토양을 비옥하게 하기 위한 용도나 살충제로도 이용했다. 1971년에 미국 목재 수입업자에 의해 님 나무는 서구 시장에서 '발견'되었다. 그리고 미국 기업들이 사용한 근대화된 님 나무 진액 추출 과정이 "수천 년 동안 사용된 전통적인 추출 과정을 완전히 혁신시켰다"는 주장을 근거로, 1985년 이후에 십여 개의 미국 특허가 주어졌다(Shiva and Hollar-Bhar 1996, 152). 이 맥락에서 두 개의 다른 쟁점들이 제기되는데, 그중 하나는 문화적인 것이다. 1960년대와 1970년대에 인도 과학자들은 님 나무에서 안정성이 보증된 진액을 추출하는 데 이미 성공했지만, 특허를 내는 절차를 밟지 않았다. "이는 부분적으로 …… 이미 수 세대에 걸쳐 익명으로 진행된 실험들에 의해 연구가 상당히 완성되었다는 것을 인정했기 때문이었다"(Shiva and Hollar-Bhar 1996, 157). 다른 쟁점은 미국의회조사국US Congressional Research Service이 그런 특수한 지식에 대한 사회적 실험과 용도 개발을 '누가 봐도 빤한 일'로만 치부한다는 데서 발생한다. 즉, 지식이란 과연 무엇이란 말인가? 오랜 세월에 걸쳐 개발된 사회적 지식을 특허 보호라는 기제를 통해 상품화하는 과정은, "농부들을 경쟁자나 무료 원자재 공급자로 만드는 한편, 씨앗처럼 농사에 필수적인 재료를 얻는데 산업화된 공급처에 완전히 의존하게 만들었다"(Shiva and Hollar-Bhar 1996, 157). 물론 이처럼 사용가치와 상품 가치를 구별하는 담론 또한 성별화되어 있다. 3장에서 지적되었듯이, 전 지구적 시장 체계에서 초남성화된 가치들은 단지 특정한 형태의 지식, 일, 경쟁만을 인정한다. 이런 초남성적 가치를 기준으로 봤을 때 전통적으로 여성은 전혀 인정받지 못했지만, 제3세계 국가의 남성 인구 역시 시장에서 경제적으로 거세됨으로써 '여성화'된다. 이는 지역적·전 지구적·구조적 압력이 한꺼번에 작동하면서, 1998~99년에 5백 명의 생명을 앗아간 인도의 와랑갈Warrangal 농부들 사례에서 분명하게 나타난다(Vidal 1999, 10; Shiva 2000 또한 보라).

WTO의 압력하에 세계경제가 자유화되는 과정에서, 와랑갈 지역 농부들이 영위했던 경제생활 양식은 두 측면에서 변화를 겪게 되었다. 첫 번째 변화는 1980년대 후반에 나타난 국가 경제정책의 변화에서 비롯된 것으로서, 이전에는 매매 대상이 아닌 식량과 면화를 같이 생산할 것을 권고했던 정책이 시장 판매를 위한 면화 생산을 압도적으로 강조하는 정책으로 바뀌었다는 점이다. 두 번째 변화는 원조는 사라지고 국가가 보조해 주었던 종자 공급 시스템이 무너지면서, 농부들이 특허 받은 종자를 '시장가치'로 구입해야 했다는 점이다. 세계시장에서 면화 가격이 폭락하고, 새로운 '잡종' 종자들의 작황이 좋지 못한 탓에 농부들이 면화 농사를 망치면서, 이 종자들을 사기 위해 떠안게 된 부채가 농부들이 감당할 수 없을 정도로 커져 버렸다.[18] 상대적으로 부유했던 이 지역에서 다

---

18 미시 경제의 취약성은 자연 재해에 의해 쉽게 노출된다. 1999~2000년에 인도에서 가장 비옥한 지역인 펀자브 주를 강타한 가뭄은 그와 유사한 결과를 낳았다. Shiva(2000)는 지속 가능한 발전에 대한 리스 강연에서 다음과 같이 주장한 바 있다. "가뭄은 '자연 재해'가 아니라, '인

수의 농부가 잇따라 자살하면서 온 나라는 큰 충격에 빠졌고, 그렇게 '농부들을 죽음으로 몰아가는' 유전자조작 종자를 사도록 만드는 압박에 대한 반대 여론이 들끓었다. 그런데 이 경우에 남성의 비극은 가시화되었지만, 여성의 비극은 드러나지 않았다. 여성의 토지 접근 기회를 부정하는 지배적인 사회적 규범으로 인해 과부나 과부의 딸의 삶은 더욱더 고달파진다. 이렇게 새로운 경제 체제는 지식의 본질에 대한 철학적인 논의에서부터 구조적 변화의 압력을 견디지 못한 남성들 뒤에 남겨진 여성의 삶에 이르기까지 광범위하게 영향을 미치며 그 위세를 떨친다.

수자원의 민영화

천연자원의 상품화로 인해 민영화되고 있는 수자원은 여성에게 새로운 난관이 되고 있는 또 다른 영역이다. 물의 관리 문제와 관련한 다수의 연구가 "여성은 주로 가정이나 비非시장 영역에서 물을 사용하고 있다는 증명되지 않은 전제를 관개 전문가와 공유"하고 있지만, 즈와르테빈은 "물과 관련해 젠더의 차이를 만드는 가장 중요한 원인은 물 사용에서 나타나는 젠더 특수성이라기보다 물에 대한 접근과 통제를 둘러싼 젠더 차

재'(人災)이다. 그것은 지역사회의 필요에 맞게 물을 적게 쓰는 식량 작물을 생산하는 대신, 수출을 위해 땅을 메마르게 하는 현금 작물을 생산하려고 …… 땅의 부족한 물을 끌어 쓴 결과이다"(Lovejoy 2000을 보라).

이"라고 주장한다(Zwarteveen 1997, 1335-1336). 또한 그녀는 여성이 거의 모든 곳에서 물을 가정용뿐만 아니라 생산적 용도로도 사용한다는 것을 지적한다. 곧 여성은 남편이 있는 경우에는 대개 공동 경작자로서, 혼자서 가정을 꾸려 나가는 경우에는 독자적인 권리를 가진 농부로서 물을 사용한다.[19] 이처럼 남성과 여성 모두 생산적인 노동에 필요한 물의 공급과 접근성에 대한 이해관계를 갖고 있으나, 젠더 차이는 일의 성격과 물을 사용하는 시기에서 발생한다(Zwarteveen 1997, 1337). 이런 맥락에서 가장 중요한 천연자원으로서 물을 필요로 하는 남녀 농부에게 수자원의 민영화는 중대한 구조적 문제가 된다.

물 공급의 맥락에서 '민영화'라는 용어는 관개 시스템의 운영과 관리 책임 및 비용을 다양한 종류의 수자원 사용자 협회들에 귀속시키는 것을 의미한다. 여기에는 물 사용량에 따라 물의 가격을 책정하고, 도시와 농촌 지역의 개인이나 생산 부문에 대해 물을 매매하는 물 시장을 형성하는 것 등이 포함된다(Zwarteveen 1997, 1343). 물의 민영화를 찬성하는 쪽에서는 공적 영역의 비용 절감, 가격 책정을 통한 관개 효율성의 개선, 물 시장을 통한 분배 효율성의 증가 및 관개 시스템의 관리 향상 등의 긍정적인 효과들을 찬성의 근거로 제시한다(Zwarteveen 1997, 1344). 일반적인 구조 조정 정책과 흡사하게, 그 주장은 천연자원이란 매매와 무관하다고 보는 사용가치 중심의 이해에서 천연자원인 물을 매매 가능한 상품으

---

19 사막에 위치해 가뭄이 자주 발생하는 인도의 라자스탄 주의 부모들은 자신의 딸의 결혼 상대를 고를 때, 신랑 집과 거기서 가장 가까운 수원지와의 거리를 고려한다. 이는 가구 소비를 위한 물을 확보하는 데 여성이 전적인 책임을 진다는 것을 보여 주는 하나의 사례이다.

로 바꾸어 보는 사고의 전환에 기초한다. 여기서 바로 두 가지 지점이 고려되어야 한다. 첫째, "물의 유용성이 전부 쉽게 양적으로 측정되거나 금전적으로 표현될 수는 없을 것이며, 따라서 시장에 의해 과소평가된 리스크가 존재한다." 둘째, "십중팔구 여자 농부들이 공식적이고 직접적으로 서비스의 개선을 요구할 가능성은 매우 낮다"(Zwarteveen 1997, 1344-1345). 이것은 수자원의 민영화가 확대되면서 여성이 농업 부문에서 더욱 주변화될 위험성이 있다는 것을 의미한다. 게다가 토지 매수 없이 상수도와 관개 시스템은 민영화될 수 없으므로, 가난하고 주변화된 농부들은 땅을 팔아 부채를 탕감할 수밖에 없는 잔인한 선택의 상황에 직면하게 될 것이며, 이는 다시 이들의 힘을 박탈하는 심각한 문제를 낳는다. 그리고 수자원 민영화를 위한 토지 매수에 초국적 기업들이 참여할 경우 빈민 복지에 대해서는 아무런 책임도 지지 않을 것이라는 점이 현실적인 문제가 될 수 있다.

책무성의 문제는 다음과 같은 난제들을 제기한다. 민주주의 체제에서조차 책무성을 지는 통치 공간은 민족국가뿐이다. 초국적 기업과 교역조건을 협상하는 것은 국가 정부의 몫으로 남는다. 이런 맥락에서 정부와 정치 체계의 성격은 매우 중요한 문제이다. 물론 전 지구적 경제 체제의 성격 역시 똑같이 중요하다. 님 나무의 사례에서 우리는 인도 정부가 다음과 같은 결정을 내릴 수 있었던 것은 전 지구적 규제 압력이 상대적으로 덜했기 때문임을 알 수 있다. "1968년 살충법Insecticides Act of 1968하에서 님 나무의 생산물을 특허로 등록하지 않은 …… 주요한 이유 가운데 하나는, 그것이 널리 알려져 있는 공유된 지식이자 필요에 따라 일반적으로 사용된다는 점 때문이었다"(Shiva and Hollar-Bhar 1996, 152). 그러나 '무역 관련 지적 재산권 협정'Trade-related Intellectual Property Rights, TRIPs으로 규제적 틀이 강화됨에 따라 상황은 달라졌다. 인도의 상원은 1995년 6월, 인도 정부가 '무역 관련 지적 재산권 협정' 아래 제정된 WTO의 새로운 규칙들을 준수하도록 하는 법안을 무기한 연기하도록 결정했지만, 의회의 이런 도전적인 결정은 1999년 3월, 극도의 압력을 받으며 인도 정부가 그 협정에 서명하면서 번복되었다.

민영화 담론과 시장을 뒷받침하는 패러다임에 대한 도전, 활동가들의 전 지구적 네트워킹, 민중의 삶과 생계에 대한 직접적인 위협에 대응하는 지역 주도적 운동 등 다양한 수준에서 전 지구적 경제 압력에 대항하는 시도들이 전개되고 있다. 다음 절에서는 이 가운데에서 전 지구적 구조 조정에 대한 페미니스트의 비판을 살펴보겠다.

5. '전략적 침묵'에 대한 도전
: 전 지구적 구조 조정에 대한 페미니스트의 비판

앞서 살펴본 것처럼, 대부분의 가난한 여성들은 구조 조정 정책이 실행되면서 더욱 가난해졌다. 전 지구적 구조 조정에 대한 담론은 "규제 양식이 근본적으로 재편되어야 하며 공공재가 새롭게 개념화되어야 한다고 요구하면서도, 이런 변화가 생겨날 수 있는 성별화된 토대에 대해서는 침묵한다"(Brodie 1994, 48).

바커는 전 지구적 구조 조정하에서 다음의 다섯 가지 역설이 여성의 삶에 의미심장한 영향을 미쳤다고 주장한다(Bakker 1994a). 첫 번째 역설은, 경제 영역에 대한 국가의 소관은 최소화하면서 재생산 영역에 대한 간섭을 강화하는 방향으로 국가의 본질이 변화하고 있다는 점이다. 국가는 그 이전에 수행했던 사회적 역할에서 발을 뺐는데, 이는 여성이 국가 권력을 좀 더 명확히 인식하는 계기가 되었다. 일부 인구 조절 프로그램이 지닌 억압성과 그것이 다양한 여성 집단에 미친 차별적인 영향 때문에, 여성은 스스로를 조직화했고, 동시에 여성 내부에 존재하는 차이를 깨닫게 되었다. 두 번째 역설은 긴축정책과 소비주의에서 생겨난다. 긴축정책으로 인한 불안정성의 증가, 남성 노동자의 임금 축소와 더불어 나타나는 남성과 여성 고용 방식의 수렴, 노동의 임시직화 등의 현상이 나타나고 있는데도, 소비자 중심의 경제가 제3세계 경제의 회복을 위한 처방전으로 권유되는 것이다. 이런 역설이 비극적인 결과를 가져온 사례는 인도에서 찾아볼 수 있는데, 인도에서는 당시까지 지참금 문화의 영향을 덜 받았던 지역에서조차 지참금 관련 살인이 급격하게 증가했다. 세 번째 역설은, 국가가 복지 서비스를 철회하는 가운데 여성이 생산자로서나 재생산자로서 특권화된다는 것이다. 긴축정책과 불안정성의 증대로 인해 남성 소득이 더 이상 보장되지 않는 상황에서, 점점 더 많은 여성이 임노동에 동원되고 있다(⟨표 4-2⟩ 참조). 하지만 국가가 제공했던 보건 및 교육 서비스가 철회되고 그 시설들이 민영화되면서, 여성이 관리해야 하는 시공간은 늘어나고, 그에 따라 여성의 삶은 더욱더 고단해지고 있다. 돌봄 노동자일 뿐만 아니라 점점 더 [정부가 제공하던 서비스의] 공급자 역할까지 하고 있는, 여성의 노동은 무한대로 유연한 것인 양 여겨지고 있다. 엘슨과 같은 많은 학자들은 이런 상황이 여성의 건강과 재생산 역량을 망가뜨릴 것이라는 우려를 표명한다(Elson 1995). 그와 동시에, 여성 노동력이 남성 노동을 몰아내면서 여성에 대한 폭력 또한 증가하고 있다. 이런 상황은 여성이 집안의 생계를 책임지는 '가장'이 됨으로써 항상 사회적 지위의 향상을 경험하는 것은 아니라는 점을 보여 준다(Stichter and Parpart 1988; Cerrutti 2000). 네 번째 역설은 지속 가능한 발전과 소비주의적 발전 모델로부터 발생한다. 환경 파괴나 혹은 현재와 미래의 주변화된 인구 집단의 권리에 소비주의가 미친 영향에 대해서, 양자는 서로 엇갈리는 설명을 제시하는 것이다. 그 결과 예컨대 WTO가 추진한 농업 부문에 대한 새로운 계획하에서 나타난 농업의 상업화는, 인도의 안드라 프라데시Andra Pradesh 와 멕시코의 치아파스에서의 소작농 운동을 불러일으켰다. 바커가 지적하는 마지막 다섯 번째 역설은, 가정이 안식처이자 동시에 노동의 유연화가 구현되는 일터로 구성되고 있다는 것이다.

위의 논의에서 보았듯이, 구조 조정 정책은 다수의 제3세계 경제, 특히 아프리카 경제의 침체에 대한 대응책으로 시작되었다. 그러나 시간이 흐르면서, 그것은 "전 지구적인 금융의 안정성을 보장하기 위해 국제금융기구들이 채택한 장기적인 발전 의제"로 부상했다(Owoh 1995, 182). 이와 같은 상황의 전개는 결국 신자유주의 경제학의 교의가 지닌 담론적 지배력에 기인하는 것이다. 사가티·엘슨·그로운은 이제 경제학이 희소성의 조건에서 이루어지는 선택에 대한 연구를 단념하고 인간의 삶에 필요한 재화의 공급에 대한 연구로 옮겨 가야 한다고 주장한다. "[인간의 삶에 필요한 재화의 공급이라는] 이 개념은, (식량 및 보건과 같이) 인류가 생존하고 번성하기 위해 필요한 것들과 시장 노동을 통한 생산은 물론 가정에서의 무급 노동과 공동체나 사회조직을 위한 자원봉사와 같은 여타의 활동 모두를 강조한다"(Çagatay, Elson and Grown 1995, 1827). 그로운·엘슨·사가티는 젠더에 대해 다음과 같이 요약한다. "젠더는 노동 분업, 일과 소득 및 부의 분배, 투입의 생산성, 행위 주체의 경제적 행동 등에 영향을 미치는 사회적·경제적 차별화의 범주이다"(Grown, Elson and Çagatay 2000, 1148). 이처럼 페미니스트 분석은 거시경제학의 전통적인 관점을 반박하는 몇 가지 통찰력을 제공한다. 우선 무급 가사 노동을 가시화하고 [여성에 의해] 생산된 투입 요소로 노동과 같은 것으로 취급함으로써, 페미니스트 분석은 유급 노동에 입각한 생산 경제가 가정의 노동 세계와 분리되어 기능할 수 있다는 생각에 도전한다(Benería 1999 또한 보라). 다음으로 페미니스트 분석은 젠더를 "(계급이나 인종과 같은) 사회적·경제적 차별화의 범주로" 가져와 "일과 소득 및 부의 분배, 노동의 생산성, 그리고 경제 내에서 이루어지는 행위 주체의 행동"에 대한 우리의 이해를 돕는다(Grown, Elson and Çagatay 2000, 1148). 마지막으로 경제정책과 법체제에 대한 성별화된 분석을 통해 특정한 정치경제 내의 다양한 사회적 수준에서 젠더 관계가 교란되고, 다시 재구성되는 방식들을 이해할 수 있다. 예컨대 엘슨과 피어슨은 여성이 (수출자유지역의) 외국계 공장들에서 고용 기회를 갖게 되면서, "현존하는 형태의 젠더 예속의 강화, 해체, 새로운 형태로의 재구성" 경향을 보이는 "자본과 젠더의 변증법"이 생겨난다고 주장한다. 그녀들은 "세계시장을 공략하는 생산 공장에 고용된 여성의 사례에서 이 세 가지 경향성이 모두 작동한다는 증거를 찾아볼 수 있다"고 강조한다(Elson and Pearson 1998, 199). 이와 같이 "페미니스트 관점의 경제 분석은 개별 가구, 정부 관계 기관, 기업, 또는 시장과 같이 거시경제적 결과를 발생시키는 미시적 수준 및 중위적 수준의 기구들이 갖고 있는 젠더 편견을 지적한다"(Çagatay, Elson and Grown 1995, 1829). 우리가 페미니스트 분석의 이런 통찰을 구체적인 실증 연구에 적용해 보면, 페미니스트적 관점에서의 개입이 지니는 타당성과 중요성이 명확하게 드러난다.

성별화된 일과 생존 체제

시장 개방은 지구화 과정의 핵심을 이룬다. 그러나 시장 개방의 원칙이 모든 부문에 똑같이 적용되지는 않으며, 국가들 사이의 권력 중립적인 장場에서 작동되는 것도 아니다. 자본이 좀 더 자유롭게 이동할 수 있도록 시장이 개방될 때 — 좀 더 정확하게 말해서 대부분의 제3세계 국가가 일괄적인 구조 조정 정책의 일환으로 시장을 개방하도록 '부추겨지거나' 강제될 때 — 그와 대조적으로 노동의 유동성 관점에서는 시장 개방이 허용되지 않는다. 자본시장의 지구화로 인해 '시공간의 거리'는 축소된 반면, 노동시장에 대한 국경의 제약은 훨씬 더 심해지고 있는 것이다. 이에 더해 자본시장의 탈규제는 노동단체 및 이들의 협상력에 대한 제약과 통제의 증가와 밀접히 관련되어 있다. 이 과정에서 이중 임금 체계가 출현하고, 이는 점차 노동시장에서 성별화된 남북 분리를 더욱 공고화한다. 마지막으로 시장 개방은 여성에게 새로운 고용 기회를 창출했지만, 이는 대체로 매우 취약한 부문, 즉 수출자유지역이나 가내노동 및 이주노동 등에 집중되어 있다. 다시 말해 여성은 수출자유지역과 가내노동에 동원된 노동력의 절대 다수를 구성하고 있고, 이주 노동인구에서 차지하는 여성의 비율 또한 점차 증가하고 있다. 이런 사실은 이 산업 부문들이 모두 명백하게 성별화되어 있음을 보여 주는 것이다.

루버리는 1980년대 유럽의 경제 불황의 맥락에서 여성의 일에 대해 논의하며, 다음을 지적한다.

> 여성 고용이 증가하는 경향이 지속되는 이유는 둘 중 하나다. 남녀 고용 역할의 동일화와 동등화로 나아가는 진보의 결과이거나, 노동시장에서 성sex 역할의 차이가 영속하면서 생긴 결과일 것이다. 그리고 성 역할의 차이가 영속하는 이유는, 엄격한 성 분리 양식들에 의해 보호받는, 여성 노동에 대한 수요가 존재하기 때문이거나 불황 상태에서 비용을 절약하려는 고용주들의 집약적인 노력 때문일 것이다(Rubery 1988a, ix).

구조 조정 정책을 경험하고 있는 나라의 여성에게, 이런 성별화된 노동 체제는 중요한 쟁점들을 제기하고 있다. 많은 나라에서 개방은 수출자유지역의 건립을 의미했고, 그 결과 압도적인 여성 노동력의 동원 및 조직된 남성 노동력의 대량 해고·실업이 발생했다. 기술 변화와 새로운 국제 노동 분업에 기인하는 노동의 유연화가 진행되면서, 집 밖의 일터에서뿐만 아니라 가내 노동자로서 집안에서 일하는 여성 노동자가 늘어났다(Phizacklea and Wolkowitz 1995). 끝으로 서비스 부문의 성장 또한 더 많은 여성을 노동시장으로 끌어들이는 데 견인차 역할을 했다. 그렇지만 "이런 변화들이 단순히 여성의 고용 기회를 결정하는 경제구조가 바뀌었기 때문에 생겨난 것은 아니었다. 이는 노동시장에 대한 국가와 제도적 규제 시스템과 사회적 재생산이 조직되는 방식에 의해 좌우되었다"(Rubery 1988b, 8).

예전에는 집 밖에 이루어지는 여성 노동이 매매할 수 없는 가족경제에 속하는 것이었지만, 이제는 구조적 변화의 압력하에서 노동시장에서 매매 가능한 노동이 되고 있다. 도시경제에서 "가사 노동은 시장의 재화를 가계 소비를 위해 변형시키는 데 집중되는 경향"이 있는 반면, 가구 내의 여성 노동이 대부분 생계를 유지하기 위해 이루어지는 생계형 농업 경제에서는 농사일과 가사가 "시·공간적으로 매우 통합되어 있고, 따라서 생산 활동과 재생산 활동은 고도로 얽혀 있다"(Benería 1985, 132-133; 1999). 이처럼 한 국가 체제와 구조 조정 정책이 실행되는 맥락은 여성이 일하는 공간 경제spatial economy에 의해 중재된다. 자유주의 페미니스트와 마르크스주의 페미니스트는 오랫동안 임노동이 가족 안에서 여성의 역량을 강화하는 데 중요한 기여를 한다고 생각해 왔다. 구조 조정 정책의 전 지구적 맥락에서 우리는 점점 더 많은 여성이 가족 소득을 보존하기 위해 집 밖으로 일하러 가는 변화된 상황을 목격하고 있다. 흥미롭게도, 일부 학자는 이런 변화를 노동의 '여성화'라고 묘사하고, 경제학자들은 이것이 임노동에서 젠더 격차가 좁혀지는 것을 의미한다고 설명한다. 반면 다른 이들은 이에 대해 노동의 '남성화'라는 용어를 사용해, 과거 노동 시장 내에서 남성의 일을 특징지었던 '위험'에 여성이 점점 더 취약해지고 있음을 지적한다(Elson 1999, 613을 보라). 그리고 여성 고용의 증가는 노동조건의 '하향 평준화'의 증거로 읽히기도 한다(Safa 1995). 이는 임노동이 자원에 대한 통제력을 행사할 수 있는 역량 강화의 문제가 아니라 생존의 문제로 변하고 있음을 시사한다.

수출산업과 여성의 일

여성이 지구화된 생산의 장소, 즉 수출자유지역에서 노동력의 다수를 구성한다는 것은 이제 정설이 되었다(〈표 4-3〉 참조). 예컨대 여성은 한국 수출자유지역 노동력의 71퍼센트를 차지하고 있으며, 다른 지역에서 이 수치는 더욱 높아져 멕시코 80퍼센트, 말레이시아 83퍼센트, 필리핀 87퍼센트, 스리랑카 88퍼센트에 달한다. 그러나 트루옹이 지적하듯이, 대만의 경우 수출자유지역의 전체 관리직 가운데 여성은 단지 2퍼센트에 불과하다(Truong 1999). 1970년대에,

> 수출자유지역은 많은 이들에게 이상적인 해결책인 것처럼 보였다. 나머지 지역 경제와 분리되어 있었던 이 지역은, 높은 보호 장벽에 의해 보호받다가 갑작스레 국제 경쟁으로 내몰려 경제적으로나 사회적으로 해로운 영향을 받게 될 가능성은 없었다. 그곳에서 이루어지는 수출 지향적 산업은, 단순한 수입대체산업보다 훨씬 더 많은 고용을 창출할 것이라 여겨졌다. 그리고 수출자유지역에 들어와 있는 선진화된 외국 기업들은, 옳든 그르든, 절실하게 필요한 외국 기술을 획득하는 가장 효과적인 수단 가운데 하나로 보였다(ILO, Adelman 1993, 196-197에서 재인용).

이 전략을 성공리에 이끌기 위해, 외국인 직접투자를 유치하는 데 많은 수단들이 동원되었다. 여기에는 투자 회사들에게 일정 기간 동안 면세 혜택을 주는 것tax holidays은 물론 "무엇보다도 …… 불가피하게 노동자에게는 불리할 수밖에 없지만 기업에 '호의적인' 노사 관계 시스템을 제공"하는 것이 포함되었다(Adelman 1993, 198; Fernandez-Kelly 1997). 우리는 앞

〈표 4-3〉 1977~90년 몇몇 국가의 주요 수출산업 내 여성의 일자리 비율

나라	섬유(a)	의류(b)	전자(c)	전체(a)~(c)
콜롬비아				
1977	33.0	80.0	NA	49.9
1984	34.3	79.8	NA	55.9
1990	-	-	NA	-
사이프러스				
1977	-	-	-	-
1984	66.5	83.2	45.8	78.8
1990	72.3	86.5	33.5	81.8
한국				
1977	69.0	73.0	55.3	66.9
1984	65.7	76.7	52.0	64.3
1990	57.3	72.0	48.7	56.9
말레이시아				
1977	-	-	-	-
1984	63.7	89.4	73.7	75.2
1990	57.8	85.3	75.3	75.3
스리랑카				
1977	52.6	82.8	56.0	56.0
1984	57.5	89.1	72.8	72.8
1990	50.8	89.4	76.3	76.3
태국				
1977	-	-	NA	-
1984	75.0	93.0	NA	81.3
1990	75.6	81.9	NA	92.4

자료: Seguino(2000, 1217)

서 지구화와 민족국가에 대해 논하면서 민족주의, 국제 경쟁, 경제 자유화에 대한 전 지구적 압력, 그리고 '발전주의'라는 일반적인 이데올로기 등이 결합해 국가정책에 지배적인 영향을 미치고 있다는 점을 지적했다.[20] 이런 조건은 수출 주도적 산업에서 노동자, 특히 여성 노동자의 권리에 불리하게 작용했다. 예를 들어, 도미니카공화국에서 노동조합이 조직된 산업에 고용된 여성 노동자는 수출자유지역에서 미조직된 여성 노동자보다 평균적으로 23퍼센트 더 높은 임금을 받는다. 국가가 외국인 직접투자에 의존하고 있다는 것은 노동자들이 국가의 법에 기댈 수 없다는 것을 의미한다. "정부는 수출자유지역에서 벌어지고 있는 일들은 그 소유주의 문제이므로, 정부가 관여할 수 있는 사항이 아니라고 말한다. 자유 지대는 그 자체로 하나의 국가가 된다"(McAfee 1989, 82).

우리는 이 산업 부문에서 젊은 여성들이 과다 대표되고 있는 것을 볼 수 있다. 트루옹에 따르면, 대만에서는 "20~24세 여성이 여성 노동자의 30~39퍼센트를 차지해 가장 다수를 구성한다"(Truong 1999). 가족 생계와 가구 소득에서 차지하는 여성 임노동의 가치가 커지면서, 그에 대한 통제의 필요성이 더욱 커지고 사회적 규제의 성별화된 체제는 노골적으로 그 억압성을 더해 간다. 예컨대 수출자유지역의 노동은 여성 노동자가 자신

---

20 예컨대 말레이시아 정부는 "선진국, 특히 유럽 국가들이 보장하고 있는 자유와 권리 개념은 개발도상국이 보장하는 자유와 권리 개념과는 다르다. …… 자유와 평등은 개발도상국의 정치 체계와 그 나라의 안보에 실용적이지 않다……"라고 주장한 바 있다(Adelman 1993, 203). 국제노동강령(International Labour Codes)과 초국적 기업을 위한 행동 강령(Codes of Conduct for TNCs)에 대한 논의를 위해서는, Barrientos(2002)와 Barrientos, McClenaghan and Orton (2000)을 참고하라.

의 출생 가족으로부터 받는 커다란 압박감에서 해방될 수 있는 물질적인 기반을 제공할 수도 있지만, 기존의 사회적 관계망 때문에 그 선택지는 그리 다양하지 못하고, 많은 경우 아버지의 가부장적 권위가 남편의 권위로 대체되는 결과로 이어지기도 한다. 이처럼 젠더 예속의 형태가 재구성되면서 여성의 고용은 불안정하게 되고, 여성의 기술과 개인적인 성격마저도 젠더의 문제처럼 인식되기도 한다. 수출자유지역에서 일하는 여성의 노동조건에 대한 조사에서 볼 수 있듯이(Fernandez-Kelly 1997; Lim 1990), 그렇게 젠더 관계가 새롭게 구성되면서 일터 내의 사회적 권력 체제가 정상화된다. 페르난데스-켈리는 멕시코의 마킬라도라maquiladoras(수출생산가공지대)에 대한 연구에서 "노동자들은 육아 휴직을 내거나 대출을 신청할 때, 감독관과 관리인이 개인적인 '호의'를 베푸는 대가로 곧잘 초과근무와 같은 '특별한 서비스'를 요구한다고 불평하지만, 그럼에도 불구하고 그들은 고용주에게 개인적으로 신세를 지고 있다고 생각한다"고 밝힌다(Fernandez-Kelly 1997, 205). 여기에서 우리는 임노동을 통한 여성해방의 한계를 재차 확인하게 된다(Elson and Pearson 1997).

전자 산업의 사례

〈표 4-3〉에서 볼 수 있듯이, 여성은 의류, 섬유, 전자 부문의 노동력에서 상당한 비율을 차지하고 있다. 이 산업 부문에서의 최근 여성 고용의 증가 경향을 검토해 보면, 지구화되고 있는 경제에서 여성은 어떤 선택을

할 수 있는가라는 질문에 답하는 것이 더욱더 어려운 과제가 되고 있음을 알 수 있다. 무엇보다 이 부문에서 일하는 대가가 상당히 크다는 점을 염두에 두어야 한다. 노동의 국내외적인 외주화로 인해 노동 장소의 공간적인 분절화가 일어나는데, 그 결과 소규모의 생산 공장은 불안정하고 비조직화된 여성의 일터가 된다. 그리고 그 가운데 일부는 세금 회피를 위해 고의로 은밀한 장소를 택하기 때문에 이런 공장을 규제하는 것은 쉽지 않은 일이다. 또한 소규모 생산 단위는 반복 사용 긴장성 손상 증후군과 같이 신新기술들과 관련된 건강을 해치는 새로운 위험 요소들에 무감한 편이다. 기존 법체계로 이런 문제에 대응하기는 역부족이며, 이런 상황에서 노동조합의 지원이 없다는 것은 심각한 문제가 되고 있다. 이에 더해 로히니 헨스만Rohini Hensman은 다음과 같이 지적한다. "신기술이 여성에게 새로운 일자리를 제공하는 것은 사실이다. …… 그러나 우선 우리는 [새롭게 고용 기회를 잡은] 이 여성들이 이전에 직장을 잃은 여성들과 같은 여성이 아니라는 점을 기억해야 한다. 이 여성들은 일반적으로 젊고, 미혼이며, 때로는 매우 교육 수준이 높거나 유능한 이들이다"(Mitter 1999, 8에서 재인용).[21] 이런 사실에 의거해 미터는 "이와 같은 복잡한 구조조정의 결과, 필수적인 교육과정을 못 마치고 훈련 기회를 갖지 못한 이들은 경제가 확장될 때조차 공식적인 영역에서 고용 기회를 갖지 못한다"는 결론을 내린다(Mitter 1999, 5). 여기에서 국가가 제공하는 교육의 필

---

21 중국 농촌에서 여성의 일을 연령에 기초해 분리하고 비교 분석한 연구로는 Rai and Zhang (1994)과 Jack(1996)을 참조하라.

요성은 자명하지만, 이는 국가의 복지 서비스 철회를 요구하는 압력과 불편하게 공존한다. 특히 교육과 보건 서비스를 국가가 제공해 온 역사가 깊지 않은 나라에서, 이런 복지 감축의 문제는 가난한 여성의 이해관계에 심각한 영향을 미친다. "국가와 가족의 다른 기회 제공 없이, 임노동의 기회가 많아지는 것만으로는 여성 노동의 지속 가능성과 질을 보장할 수 없다"(Mitter 1999, 11).[22] 그러나 3장에서 내가 주장했듯이, 국가 자체가 성별화된 지형으로 구성되어 있다는 점을 상기할 필요가 있다. 또한 민족국가는 이주의 성별화된 방식을 통해 자본을 형성하기도 한다. 예컨대 필리핀은 자국 내 빈곤을 줄이기 위해서 자국민들에게 이주를 적극 권장한 바 있다. 그리고 "이주 노동자들은 그들 수입의 30~70퍼센트를 반드시 송금해야 한다는 법에 의해 1992년 정부는 여권 수수료만으로 960만 달러를 거둬들였다"(Phizacklea 1999, 30).

이주와 성별화된 취약성

매년 2백만~3백만 명 사이의 사람들이 이주하는데, 이는 세계 인구의 2.3

---

22 Lim(1990)과 같은 학자들은 수출자유지역에서 여성의 일은 노동조건상 여러 문제들을 안고 있지만, 여성이 필요로 하는 많은 자원에 접근할 수 있는 기회를 제공하기 때문에 젠더 예속의 상황은 약화된다고 주장한다. 이 분석이 제기하는 문제들을 신중하게 논의한 글로는 Jackson and Pearson(1998)을 참고하라.

퍼센트를 차지할 정도의 규모이다(World Bank 2000, 37-8). 또한 주목해야할 점은 이런 이주의 흐름이 점차 여성화되어 가고 있다는 것이다. 이렇게 이주가 성별화된 채 매우 높은 수준으로 진행되고 있다는 점은 지구화의 한계를 시험하는 것이기도 하다. 사센이 지적하듯이, 비록 국가 경제는 국가의 경계에 구속되지 않는다 하더라도, "이민자와 망명자의 문제에서 …… 민족국가는 자신의 오래된 영광을 전면에 내세우면서 국경을 통제하는 주권을 역설한다"(Sassen 1995, 59). 이주와 관련해서, 여성은 매우 취약한 상황에 처한다. 남녀 모두에게 대부분의 이주는 자신들의 곤경에서 벗어나기 위해 농촌과 도시의 경계를 넘거나 광역적·국가적 경계를 넘는 생계형 이주이다. 많은 경우 합법적인 이주가 어려워서 여성이 '불법적인' 수단을 통해 다른 국가에 접근하고자 할 때, 이런 취약성은 더욱 심화된다. 그들은 '유입국'으로부터 분노를 사는 것은 물론 '지역사회' 주민으로부터 인종적으로 적대시되는 상황에 왕왕 직면하게 되는 것이다. 가족의 공간이자 공유된 역사가 오롯이 새겨진 공간, 그리고 생존경쟁을 같이 헤쳐 온 공동체의 공간을 떠나는 일은 극도로 복잡하고 고통스러운 과정이다.[23] 성적·육체적으로 혹사를 당할 수 있는 취약한 상황에 노출될 가능성의 증가, 가족을 남기고 온 데 따른 감정적인 스트레스, 그리고 가사 노동이나 성매매 또는 간호사 같은 저임금직으로 고용되는 그들의 이주 유형 때문에, 이런 차별화된 시장 개방은 여성에게 더 큰 영향을 미칠

---

[23] 이주의 과정은 이주자들의 삶을 재구성함 동시에 "양극화된 사회구조와 값싼 노동력을 풍부하게 보유한 새로운 체제의 도시가 출현하는 데 결정적인 역할을 한다"(Kofman 2000, 129를 보라). 글로벌 도시들은 이런 취약한 이민자 인구에 더욱더 의존하게 된다.

수밖에 없다(Chang and Ling 2000). 피자클레아는 여성이 "남성과 매우 다른 이유로 이주한다"고 주장한다(Phizacklea 1999, 30). 여성들은 억압적인 사회적 관계를 벗어나기 위해 적극적으로 이주를 선택하기도 하고, 구조적인 원인들, 곧 가정이 빈곤해서 혹은 유흥 산업이나 가사 서비스와 같이 여성 고용이 다수를 점하고 있는 특정 분야에 고용 기회가 열려 있어서 이주를 결심하기도 한다(Enloe 1989 또한 보라).

그런데 피자클레아에 따르면, 임금의 많고 적음과 같은 '추진'push 요인과 '유인'pull 요인 및 개인들의 합리적 선택을 강조하는 이주에 대한 신자유주의적 경제 분석은, 여성과 남성이 할 수 있는 선택의 성격과 실제 행하는 선택의 성격 사이의 차이를 설명하지 못한다. 사실 이주 양식에 대한 이런 신자유주의적 설명 방식은 "당연하게도 많은 개발도상국들이 채택하고 있는 이주 정책에 영향을 주었을 것이며, 필리핀은 이를 보여 주는 주요 사례라 할 수 있다"(Phizacklea 1999, 30). 국제적인 차원에서 보면, 신고전주의적인 설명은 이주 흐름의 역사를 반영하지 않는다. 더구나 그런 식의 설명은, 이주자들이 가진 기술력이 향상되지 못한다는 점은 고사하고 기술의 적합한 사용이라는 측면에서의 '유인' 요인조차 인종주의와 구조적 불이익이 겹쳐져 이주자들에게 별로 이득을 주지 못한다는 점을 전혀 고려하지 않는다(Phizacklea 1999, 30). 래드클리프는 페루의 안데스 산맥에 있는 가족들의 사례를 연구하면서 다음과 같이 언급한다. 미혼의 딸들이 가정 내 노동 외의 노동 교환에 참여하는 것을 허용하지 않는 성별 분업의 상황에서, "그들이 소작농을 그만두는 이유는 잠재적으로 더 높은 임금을 받을 수 있는 노동 때문이 아니다. 그것은 소작농 출신에다 여성이라는 이유로 그들의 노동 가치가 가장 낮게 취급되기 때문이다"(Phizacklea

1999, 34에서 재인용). 이주의 맥락에서 유출국과 '유입국'의 이민법은, 젠더 억압이 지역적·국가적·국제적 수준에서 재구성되는 방식들 가운데 하나 이다. 피자클레아의 관찰에 따르면, 1974년 이후 가족과 재결합하고자 이주한 경우를 제외하고 비전문직 이주자가 유입국을 찾는 일은 매우 어려워졌다. "그러나 가족과의 재결합을 이유로 유입국에 진입하는 이주자 들의 절대 다수는 여성이다. …… 이주 여성의 경험은 …… 여성을 남성 이 규제하는 사적 영역에 계속 가둬 두려는 이민 정책과 규제들로 중재된 다"(Phizacklea 1999, 41). 예컨대 델 로사리오가 수행한 네덜란드의 필리핀 성 노동자들에 대한 사례연구는, 성별화된 체제인 이민법을 피해 가는 대 가로 추방까지 당하는 사람은 성 노동 알선업자가 아니라 성 노동자라는 점을 보여 준다(del Rosario 1994; Pettman 1996 또한 보라). 그러나 여성이 억 압처인 가정을 떠날 수 있다면, 제한적이나마나 새로운 기회들이 열리는 것도 사실이다. 여성이 농촌에서 도시의 생산 현장으로 이주하든 한 국가 에서 국제 무대로 이주하든, 여성이 이주를 할 때, 그녀들은 쉽지 않은 선 택을 결정하는 행위 주체로서 행동한다(Gardiner-Barber 2002를 보라).

펠러린은 이주의 근거가 내적으로 일관될 필요가 없다는 것, 그리고 '세계 질서'를 가로지르는 이주에는 '경제적·정치적·이데올로기적 차원 의 사회적 실천'이 포함되어 있다는 것을 우리에게 상기시킨다. 또한 그 녀는 이주자들이 개인적으로든 집단적으로든 모두 '세계 질서'에 의해 영 향을 받고 있다는 점에서 세계 질서를 재구조화하는 데 참여하고 있는 참여자라고 주장한다(Pellerin 1998, 83). 하지만 피자클레아의 연구는, 여 성의 행위성은 그녀가 노동자이든 이주 노동자이든 간에 상관없이 고전 적인 마르크스주의의 관점에서 운위되는 자유로운 임금노동자의 그것이 아니라는 점을 역설한다. 여성 노동자는 그녀의 노동력을 단순히 그녀 자신의 상품으로 처분할 수 없다. 그 이유는 여성 노동자가 성별화된 사회적·경제적·법적 관계망에 얽혀 있기 때문인데, 이 관계망에서 그녀가 내린 일부의 선택은 허용되지만 다른 선택은 허용되지 않는다. 그녀는 자신의 노동력의 가치 실현을 가로막는 사회적 제약들로부터 자유롭지 못하다. 요컨대 노동의 재생산자라는 여성의 역할로 인해 여성은 남성보다 덜 자유롭다. 이런 노동력 재생산 역할이 여성이 마땅히 책임져야 할 몫으로 가정되고 나아가 (예컨대 법에 의해) 정상화되는 한, 자신의 삶을 선택할 수 있는 여성의 행위성은 제한될 수밖에 없다. 내가 앞서 주장했듯이 시장이 성별화된 공간이라면, 여성의 행위성에 대해 주의를 요하는 이런 시각은 분명 적절한 것이라 할 수 있다.

엘슨은 전반적으로 보아 여성 노동인구가 남성에 비해 더 오랜 노동시간을 견뎌 내고 있다는 점을 지적한다(Elson 1999). 이는 첫째, 노동 규제가 상대적으로 덜한 수출자유지역에 고용된 여성 노동인구의 수가 유달리 많기 때문이며, 둘째, 그에 더해 여성이 여전히 가사 노동을 일차적으로 책임지고 있기 때문이다. 셋째, 가족의 욕구를 충족함에 있어 여성의 임금노동 시장 진입으로 늘어난 여성 소득은 남성 소득의 감소로 인해 상쇄되기도 한다. 넷째, 게다가 여성 소득이 남성 가족 구성원에 의해 통제받고 있다는 증거도 존재한다. 다섯째, 노동시장에서 활동하게 되면서 여성은 훨씬 큰 위험에 노출되기도 한다. 곧 이전의 노동 구조가 탈안정화되어 여성의 노동 상황은 그녀가 통제할 수 없는 외부 요소에 좌우되는데, 특히 국가의 복지 서비스가 철회되고 초국적 기업의 자본도피 위협이 지속적으로 가해지는 상황에서 이런 위험은 더욱 가중된다. 여성의 노동에 대한 이런 분석을 바탕으로 페미니스트 경제학자들은 시장에 기초한 배제에 주목하게 되었다. 즉, 여성은 법과 시민권 담론을 통해 지속적으로 정상화되고 있는 사회적 관계들에 얽혀 있는 가운데 시장에서의 배제를 경험한다는 것이다.

6. 경제 이론과 페미니스트 비판, 그리고 시민권 논쟁

앞서 보았듯이, 시장 효율성 모델은 수요 측면의 억제와 공급 측면의 유연성, 즉 안정화와 구조 조정이라는 신자유주의 경제학의 교의에 기반하고 있다. 안정화 정책은 총수요의 감소에 의존하며, 복지 서비스나 공무원 월급 또는 투자에 대한 정부 비용의 절감이 이 정책의 일부를 이룬다. 화폐화된 경제에서, "돈은 가격과 임금을 통해 인간의 노고를 동원한다. …… 하지만 돈의 동원력은 완전하지 않다. …… '생산적인 일'을 위해 노동력을 동원하는 돈의 능력은, '재생산적인 일'을 위해 노동력을 동원하는 일련의 비화폐적인 사회적 관계의 운용에 의존한다." 그러나 이런 사회적 관계는 또한 "돈의 힘에 반응해 변화한다. 그럼에도 불구하고 화폐경제는 무급 노동의 투입과 젠더 관계의 구조에 의해 형성되는 투입물 없이 그 자체로 지속되지는 않는다"(Elson 1994, 40). 하지만 안정화 정책과 구조 조정 정책의 근거가 되고 있는 경제 이론은 이처럼 중층화된 화폐경제와 비화폐경제의 구조를 고려하지 않는다. 이런 '전략적인 침묵'이 문제시되어야 한다는 것이 바로 페미니스트 경제학이 주장하는 바이다 (Bakker 1994b).

　페미니스트 경제학자들은 폴라니의 배태성 개념을 더욱 심화시키고 "모든 시장을 둘러싸고 있으며 또 그 시장들을 구성하는 비시장적 관계"를 포함하도록 개념의 폭을 넓히면서 다음과 같이 주장한다. "시장 상품과 서비스는 정치적 구조와 시장의 사회적 관계를 통해 배분되며, 이는 교환 당사자들 사이의 지배와 종속을 강화할 수 있다"(Bakker 1994a, 4). 나아가 3장에서 주장했던 바와 같이, 비록 예전에 경제에서 배제되었던 사람들이 시장을 통해 경제에 접근할 수 있게 되었다 하더라도, 시장은 또한 "부존자원에 영향을 미치는 사회적으로 구성된 성별 노동 분업 및 기존의 자원 배분 방식을 반영하고 구체화할 가능성이 높다"(Bakker 1994a, 4). 시장에 대한 페미니스트의 이런 문제 제기는 완전경쟁 시장이라는 신고전주의적 개념에 대한 명백한 도전이다. 팔머가 주장했듯이, 남녀 사이의 불평등한 교환 조건에 기반을 둔 젠더 관계는 자원 배분의 왜곡을 초래한다(Palmer 1991). 이는 여성에게 부당하게 부과되는 세금으로 간주될 수 있으며, 이른바 '중립적인' 장場에서조차 체계적인 '시장 왜곡'으로 이어질 수 있다. 그럼에도 불구하고 그것은 왜곡이라고 인정되지 않고, 계속해서 시장 경쟁이나 시장 효율성의 수사에 애매하게 남아 있을 것이다. 라틴아메리카의 맥락에서 수행된 낸시 폴브레 등의 공동 연구와 OECD 국가들을 배경으로 한 고든의 저작은, 이렇게 인정되지 않은 구조적 과세의 결과로 여성이 경험하고 있는 시민권의 결핍을 분석한다(Folbre et al. 1992; Gordon 1990). 그들의 주장에 따르면, 시장에 기반한 불평등으로 인해 남성화된 경제적·정치적 시민권이 강화된다. 그것은 무급 노동을 인정하지 않는 불평등한 노동 분업 때문에, 남성과 여성이 사적·공적 세계 사이의 시간 배분에서 경험하는 불평등이 더욱더 커지기 때문이다. 복지 국가가 축소되고, 공공서비스에 대한 국가 지출이 구조 조정의 대상이 되며, 아무리 논쟁적이고 불완전할지라도 시장경제에 대한 케인스주의적 개입조차 그 정당성이 박탈당하고 있는 이 모든 상황은, 시민적 권리의 행사에서 남성과 여성 사이의 격차를 벌이는 데 일조한다.[24]

케인스주의가 주도했던 짧은 막간의 시기에는, 비록 국가와 자본의 관계가 불안정하고 수사만이 난무했을지라도(Magdoff 1998), 사회적 시민권이 강조되었다. 시민권에 대한 페미니스트 논쟁은, 복지국가로 인해 공적 공간이 확장되면서 여성이 사적 영역에만 제한되어 있는 상황에 도전할 수 있도록 여성이 이용할 수 있는 다른 가능성이 주어졌다는 것을 인정했다(Fraser 1989). 1장에서 보았듯이, 제3세계 여성의 경우 이 논쟁은 많은 민족주의적 엘리트들이 근대 자본주의 혹은 사회주의 규범을 따르는 사회적 관계를 재형성하기 위해 공적 공간의 확장을 주장한 민족주의와 탈식민화의 시기에 진행되었다. 북반구와 남반구 여성 모두에게, 성별화된 형태로 확장된 공적 영역은 대항해 싸워야 할 공적 가부장제이자 동시에 사회적 시민권을 넓힐 수 있는 가능성의 영역이었다. 그러나 전 지구적

---

24 프리드먼은 '구조적 빈곤과 싸우기 위한 시민적 권리의 십계명'에 전문가가 보조하는 출산, 안전하고 안정된 생활공간, 충분한 식사, 합당한 비용의 보건 서비스, 질 높고 실용적인 교육 서비스, 경제적으로 생산적인 삶, 실업에 대비한 사회 보호망, 자존감 있는 노년의 삶, 품위 있는 죽음 등을 포함시킨다(Friedman 1996, 169). 이 '십계명'에 대한 페미니스트 분석은 이것이 여성의 관심사, 특히 남반구 여성의 관심사 가운데 일부만이 여기에 반영되었다는 것을 지적할 것이다.

구조 조정의 상황에서 시민권 담론은 변화하고 있다. 페미니스트들이 보기에는 초기 자유주의가 주창한 '주권적 시민'sovereign citizen으로서의 개인은 언제나 공사의 경계를 단속하는 남성의 형상을 함축하고 있었다(Pateman 1985). 그런데 시민권 담론의 변화 과정에 바로 그 '주권적 시민'의 오래된 그림자가 다시금 드리워지고 있다. 그는 '다보스 맨'(3장을 보라)으로서 민족주의와 문화적·역사적 맥락성의 구속으로부터 자유로워진 개인주의자이며, 오직 이윤 추구의 동기에 의해서만 추동된다. 이런 이해에 근거해서 시장은 개별적 경제 행위자가 다른 개별적 행위자들과 경쟁할 수 있는 무대가 된다. 이와 관련해 재닌 브로디는 다음과 같이 지적한 바 있다. "구조 조정의 현재 순간은 바로 공과 사의 의미를 둘러싸고 벌어지는 담론적 투쟁이자 정치적 투쟁으로 간주될 수 있다. 지구화의 지지자들은 근본적으로 공적인 것, 즉 정치적 협상의 영역을 최소화하고, 동시에 민간 부문 및 사적 영역의 자율성을 확장하고 재확인하려고 한다"(Brodie 1994, 55). 시민권의 측면에서, 민영화 담론은 "국가 개입의 한계와 위험성을 인정하고 국가에 의존하는 대신 자립하기 위해 더 오래 그리고 더 열심히 일하는 자"를 "좋은 시민"으로 새롭게 개념화하는 결과를 낳았다(Drache, Brodie 1994, 57에서 재인용). 사적인 것과 공적인 것이 이런 식으로 재구성되면서 여성은 "일터와 집에 동시에 위치하게 된다. 이는 사회적 재생산의 위기에 대처하는 틀에 박힌 공식이다"(Brodie 1994, 58). 그러나 이로 인해 여성운동이 새로운 사회적 시민권을 위한 정치적인 요구를 내세울 수 있는 새로운 맥락이 조성되기도 한다.

이와 같이 신고전주의적 경제 이론에 대한 성별화된 비판을 통해 거시적인 분석과 미시적인 분석을 연결시키는 것은, 구조 조정 정책을 정당화하는 성 중립적인 수사에 도전하기 위해서 페미니스트들이 고안해 낸 중요한 방법이다(Elson 1994). 이 방법은 가족 내 여성의 역할(Afshar and Dennis 1991; Elson 1995), 일(Benería and Feldman 1992), 교육(Staudt 1998b), 건강(Owoh 1995; UNRISD 1995), 그리고 조직(Wieringa 1995)에 미친 구조 조정 정책의 영향을 분석하는 데 사용되었다. 하지만 엘슨의 분석이 시사하듯이, "한 사람이 경제적 개인으로 기능할 수 있는 것, 곧 상품과 서비스를 교환하는 자발적인 계약을 맺을 수 있는 개인의 바로 그 능력은 국가에 의해 구성된다. …… 경제적 계약을 맺을 수 있는 여성의 능력은, 일반적으로 여성을 완전하지 못한 시민으로 이해하는 국가의 법률에 의해 제약당한다"(Elson 1994, 35). 우리가 안정화 정책과 구조 조정 정책의 맥락에서 남성과 여성에게 가해지는 다양한 구조적 제약들을 온전하게 평가하고자 한다면, 바로 이 중위 수준의 분석에 대한 이론화 작업이 더욱 정교해져야 한다. 추상적인 정책 결정자의 마음을 바꾸는 데만 힘을 쏟는 정치, 그리하여 국가가 마치 구조 조정 과정의 밖에 있는 것인 양 가정하는 정치를 넘어서려면, 이런 중위 수준의 이론화 작업은 더없이 중요하다. 이럴 때에만 전 지구적 구조 조정의 다양한 맥락에서 여성이 직면하는 구조적 제약을 제대로 연구할 수 있을 것이다.

여기서 중요한 것은 실현 가능성feasibility과 자원 재분배 요구 사이의 긴장을 직시하는 것이다. 즉, 정책은 실제 현실의 삶에서 실질적인 차이를 만들며 여성의 삶을 바꿀 수 있기 때문에, 정치에 구애받지 않고 거시 경제를 성별화해야 한다는 주장과, 남녀 빈민 모두에게 거세지는 경제적 압박에 대응하기 위해서는 자원 재분배가 요구된다는 주장이 맞서고 있는 것이다. 『세계개발』World Development의 '젠더와 구조 조정' 특집호 서문에서 편집자들은 다음과 같이 쓴 바 있다. "이번 호의 논문 대부분은 신고전주의적 입장에서든 구조주의적 입장에서든 관계없이 거시경제적 모델과 젠더를 통합하는 것이 가능하다고 제안한다. 물론 거시경제적 과정이 젠더 불평등으로 구성되었다는 비판을 심화하고 경제의 페미니스트적 변혁 가능성을 모색하는 데 어떤 모델이 다른 모델보다 좀 더 유용할 수는 있을 것이다"(Çagatay, Elson and Grown 1995, 1829; Grown, Elson and Çagatay 2000 또한 보라). 다양한 접근법이 시도되고 있다는 것은, 하나의 입장이 다른 입장과 정치적으로 양립 불가능하다는 것, 곧 여러 모델 가운데 하나를 선택하는 것이 다른 모델에 대한 **반대**를 의미한다는 점을 인정하기를 주저하고 있다는 뜻다. [이런 배타적인 양립 불가능성을 주저 없이 이를] 인정한다는 것은, 주변화된 여성의 실질적·전략적 이해를 고려하기 위해서 지배적인 경제 모델과 제도 및 담론에 비판적으로 개입하는 것이 필요하다는 주장과는 사뭇 다른 태도라 할 수 있다.

7. 구조 조정 정책에서의 사회적 협약

시장이 확장되면서 나타나는 국가의 후퇴 현상은 전 지구적 구조 조정 정책과 그것을 둘러싼 정치학의 중심 주제이다. 경제에서 국가가 담당하는 역할의 정당성이 문제시되는 가운데, 시장 효율성에 대한 담론이 부상하고 있다. 또한 사회적 지출을 삭감하라는 거센 압력이 복지국가에 가해지면서, 여성을 복지의 수혜자로, 남성을 가치의 생산자로 투사하는 성별화된 언어가 횡행하고 있다. 이런 맥락에서, 어떻게 국가정책이 여성에 대한 이중적 기대를 드러내고 있는지 주목하는 것은 중요하다. 곧 여성을 노동자이자 가정 내에서 사회적 재화를 제공하는 존재로 규정하는 방식은 개별적인 국가정책에서나 국가정책 일반에서나 별반 차이가 없는 것이다. 이런 식의 여성에 대한 이중적 기대는, 교육이나 건강과 같은 인적 자본의 양성을 지원하는 예산에 대한 삭감 압박이 거세지는 와중에 분명하게 표출된다.

지구화는 민족국가의 경계 내에서 시민과 정부 사이에 안정적인 사회적 협약이 맺어져 있다는 관념에 압박을 가하고 있다(Kothari 1995; Lasch 1995; Figueroa 1996; Devetak and Higgot 1999; 이 책의 6장을 보라). 혹자는 많은 제3세계 국가들에서의 사회적 협약이란 기껏해야 수사적일 뿐이고, 최악의 상황에서는 매우 불안정하며, 그렇지 않다 하더라도 사회적 협약을 찾아볼 수조차 없는 위기 국면에 종종 처한다고 주장할 수 있다. 그에 반해, 어떤 이는 전 지구적 구조 조정의 압력 때문에 우리가 사회적 협약에 대해 생각했던 처음의 방식들이 근본적으로 바뀌고 있다고 주장할 수도 있다. 민영화 담론, 시장, 사회조직보다는 개개인의 노력에 대한 강조, 복지국가에 대한 재고찰 등은 모두 사회적 협약이 불안정화되어 나타난 통념들이다. 민족국가의 사회적 협약은 사실 성별화되어 있으며, 이는 민족주의적 사고와 담론의 토대와 관련되어 있다. 예컨대 브레너는 전 지구적 구조 조정과 미국의 복지국가의 축소에 대한 성별화된 단면들은 여성, 특히 노동자계급의 여성을 부당하게 압박한다고 주장한다(Brenner 1993).

전 지구적 구조 조정의 성별화된 본질을 강조하면서, 브레너는 또한 '2세대 페미니즘'에 대해 문제를 제기한다. 그녀의 주장에 따르면, "당대의 정치적 세력 균형 아래서 얻을 수 있었던 개혁에 대해 심각한 제약이 가해지고 있는 상황에서, 2세대 페미니즘의 생존자들은 …… 강력한 보수화의 압력에 무릎을 꿇었다"(Brenner 1993, 155). 여기서 나는 실현 가능한 정치, 즉 가능성의 정치와 변혁의 정치 사이에 존재하는 긴장에 대해 앞서 언급했던 것을 간략하게 되짚고 싶다. 혹자는 민족국가와 사회 기구들뿐만 아니라 국제금융기구들에 대해 정책 변화를 촉구하며 페미니스트들이 내놓는 자료들의 양이 급증하는 것을 보면서, 페미니스트들의 생각에 어떤 변화가 일어난 것은 아닌가 하고 의아해 할 수도 있다. 여기에서는 여성 내부의 차이, 페미니스트 내부의 차이가 다른 어떤 차이보다 중요해진다. 어떤 이들에게는 민족국가의 권력이 침식되고 있는 상황에서 세계은행과 같이 전 지구적 권력을 보유한 기구에 개입하는 것이 대단히 중요한 문제인 반면(Scholte with O'Brien and Williams 1998), 에코페미니스트처럼 지구화를 반자본주의적 입장에서보다 반산업적인 입장에서 해석하는 다른 그룹들은 지구화 자체에 반대하는 입장을 취할 수도 있다(Shiva 2000). 사회주의적 페미니스트의 관점에서 브레너는 다음과 같이 주장한다. 전 지구적 보수주의의 압력은 "페미니스트가 국가의 지배적인 이해관계에 대해 실천적으로 도전할 수 있을 때에야 비로소 전복될 것이다. …… 이런 도전은 훨씬 더 포괄적이고 새로우며 더욱 사회적이고 정치적인 형태의 노동조합 투쟁이나 전국적인 정치 조직(들)과 같은 민주적 권리를 위한 운동을 통합하는, 아래로부터의 광범위하고 전투적인 동원을 필요로 한다"(Brenner 1993, 155).[25] 그렇지만 다양한 부류의 반대의 정치 사이에 상당한 차이가 있다는 점을 고려할 때, 과연 그런 식의 광범위한 연합체가 가능할 수 있을까? 나는 다음 장에서 이 질문에 답하고자 한다.

25 1998년 11월, "지구화에 저항하고 우리의 권리를 주장하기 위해(Resist Globalization and Assert Our Rights) 22개국의 104개 조직을 대표하는 182명의 여성들이 쿨라룸푸르에서 만나", 다음과 같이 주장했다. 경제 위기로 인해 빈곤이 심화되고, 점점 더 많은 종(種)의 다양성이 사라지고 있다. 거대한 초국적 기업들과 엘리트들이 토지와 수자원을 전유함으로 인해 식량 불안 문제가 발생하고 대량 실업과 강제 이주가 야기된다. 아시아 지역의 지구화로 인해 제3세계 여성들이 가장 큰 고통을 받고 있다(Just Act 1998). 또한 그들은 아시아의 위기를 겪으면서 다음과 같이 목격했다고 주장한다. "서방 선진 7개국 정부들이 월가의 기업에는 긴급 구제 금융을 제공하면서도, …… 경제성장에 기여했던 노동자는 해고하고 이주 노동자는 강제로 추방시킨다. …… 우리의 국방 예산은 계속해서 팽창하고 군대는 노동자와 원주민 공동체, 소수 인종 집단, 민주주의 투쟁, 소작농과 학생의 불만을 진압하는 데 사용된다." 이에 더해 그들은 "보건의 민영화는 전반적인 복지에 대한 여성의 기본적인 인권을 침해하는 것"이라고 선언하고, "우리의 정부와 현지 엘리트 및 기업가들은 이런 의제의 협력자이자 실행자이다"라는 점을 끝으로 지적한다.

5장

젠더와 다층적 거버넌스
실현 가능한 정치와 변혁의 정치 사이에서

왜 …… 여성운동은, 아니 극소수의 일부 여성운동은 최대한
짧은 시간 안에 최대한 많은 여성을 만나려고만 할까?
여성에게 다가가는 대체로 힘겹고 느린 과정을 어떻게
단축시킬 수 있다고 생각하는 것인가?
[국가와의] '협력'의 비용은 그다지 중요하지 않은 것일까?

—

우마 차크라바르티
『세력화의 수사와 실체』 *Rhetoric and Substance of Empowerment*

1. 서론

3장에서는 거버넌스가 어떻게 지구화되고 있으며, 그 결과 민족국가의 위상이 어떻게 재편되고 있고 동시에 민족국가가 어떤 식으로 스스로를 재위상화하고 있는가에 대해 논했다. 그리고 4장에서는 실현 가능한 정치, 즉 가능성의 정치와 변혁의 정치 사이에 놓여 있는 긴장에 관해 몇 가지 질문들을 제기했다. 거버넌스의 성격과 권력의 접점들이 보여 주는 변화를 고려할 때, 여성운동은 변화를 위한 전략으로 어떤 답을 내놓고 있는가? 이 장에서는 이런 쟁점들과 그 문제들로 인해 어떤 긴장이 나타나는지를 살펴보겠다. 이를 위해 전 지구적·일국적·지역적 수준에서 벌어지는 정치적 전략들을 다층적으로 분석하고자 한다. 이런 분석을 통해 나는 이전 장에서 제기된 실현 가능성과 재분배의 문제들을 되짚어 보고, 그와 더불어 지구화된 생산과정이 어떻게 특정한 형태의 지구화에 대한 도전을 낳고 있으며, 어떤 조직들이 이런 도전을 조직화하고 있는가를 살펴볼 것이다. 그리고 이런 조직화의 결과로 나타나는 여성 내부의 차이는 물론 그런 여성들의 연대를 위한 조건을 강조할 것이다. 또한 나는 권력 개념을 탐구하면서, 페미니스트 실천에 유의미한 세력화 담론을 만들기 위해서는 일반적으로 여성의 행위성을 억압하고 여성 내부의 차이들을 만드는 구조적 제약들을 인식해야 한다는 점을 지적할 것이다. 나아가 세력화 개념을 심화시키기 위해서는, 여성의 이해관계와 그 이해관계 사이에 존재하는 차이 및 사회경제적 자원들을 재분배할 필요성을 인정하는 것이 필요하다는 것을 주장할 것이다.

여성운동과 여성 행동주의 및 페미니스트 담론으로 인해 '발전' 개념은 변화해 왔다. 그러나 경제학과 마찬가지로 발전 정책은 여전히 근대주의적인 성장 의제에 초점이 맞춰져 있다. 이와 관련해서 아가왈은 다음과 같이 지적한다. "젠더는 여전히 '특수한 이해관계'의 문제로 취급되기 때문에, 이런 인식에 기반해 젠더를 발전 분석과 개입 프로그램에 통합해 봤자 미미한 수준에 그칠 뿐이다. (정부 및 비정부 포럼에서) 발전경제학자들과 정책 결정자들 사이에 벌어지는 대부분의 논의에서 젠더는 아직도 고려 대상이 아니다"(Agarwal 1997, 1373). 이제 성장 의제는 초기의 발전 '전문가'들이 급진적이라고 여겼을 만한 언어로 이야기되고 있다. 예컨대 '성인지적', '사람 중심의', '지속 가능한', '세력화' 등의 어휘들은 모두 오늘날 발전 기구와 발전 전문가가 익숙하게 사용하는 단어들이 되었다. 그러나 민족국가의 경제정책에 매우 큰 영향력을 발휘하는 기구들은 대부분 이런 용어들에 책임을 지지 않는 것은 물론 특히 제3세계의 이해관계에 대해서는 여전히 무책임하다. 심지어 국제금융기구에 책임을 묻는 주체는 민족국가라기보다는 일반적으로 '시민사회조직'이나 '비국가 행위자'라고 불리는 조직들이라는 주장도 제기되고 있다. 이런 변화된 환경은 이와 같은 조직들과 행위자들에게 중대하고 어려운 문제를 안겨 준다.

변화의 지점	시장	국가	시민사회
거시 수준	국제금융기구와 초국적 기업을 포함한 전 지구적 경제	유엔과 지역 연합체 같은 정부 간 조직을 포함한 지구적 거버넌스	국제 NGO와 국제적 네트워크
중위 수준	국가 경제	정부	국가에 기반을 둔 NGO와 시민 단체를 포함한 국가 시민
미시 수준	지역 시장과 공동체 기반의 경제	친족이나 종교 혹은 종족과 같은 비공식적인 정치 구조를 포함한 지역적 거버넌스	도시와 농촌의 지역공동체

자료: DAWN(1995, 10)

"인간 사회의 모든 부문 그리고 모든 수준에서 다양한 변화의 지점이 만들어져야 한다"는 DAWN의 발언은 지구적 거버넌스가 확산되며 나타나는 이런 우려들 가운데 일부를 반영하고 있다(DAWN 1995, 10). 이런 변화의 지점들은 시장, 국가, 시민사회라는 세 개의 주요 부문과 미시적·중위적·거시적 수준에 위치시켜 볼 수 있다(〈표 5-1〉 참조). 이런 식의 다층적 분석은 유용하지만, 이 수준들이 분리되지 않고 중첩·중복된다는 점을 이해하는 것 또한 중요하다. 예컨대 지방 NGO는 왕왕 국가 기금이나 외부 재원에 의존한다. 이와 유사하게, 유엔이 주최하는 여러 회의 등을 통해 전 지구적 수준에서 형성되는 거버넌스에 대한 담론들은 국가 수준의 제도적 이니셔티브의 틀을 창출한다. 끝으로 지적하자면, 사회운동은 항상 모든 수준에서 중첩되어 나타난다는 점이다. 사회운동은 보편화된 담론의 관점을 형성시키는 데 기여할 뿐만 아니라, 때로는 한 국가 수준의 이니셔티브에 일조하거나 반대로 국가정책에 대항해 사람들을 동원하는 데 이바지한다. 또한 사회운동은 특정 사안을 두고 초국적 기업과 해당 국가에 저항하기도 하지만, 이를 통해 어떤 수준에서도 무시할 수 없는 사회경제적·정치적 행위의 규범을 창조하기도 한다. 여성·환경·인권 운동은 그런 사회운동의 예라 할 수 있다.

이처럼 다양한 수준에서 진행되는 거버넌스의 중첩적인 성격을 염두에 두면서, 나는 이 장에서 여성이 지구화의 압력에 저항하는 한편 새롭게 주어진 기회들을 활용해 개발해 온 다양한 전략들을 살펴볼 것이다. 이를 통해 나는 젠더와 발전의 정치학에 초점을 맞출 것이다. 이와 관련해 몰리뉴는 다음과 같이 지적한 바 있다. "다양한 종류의 이해관계가 존재한다는 것을 확인하는 것만으로도 …… 지금껏 발전을 다룬 문헌에서는 좀처럼 고려되지 않는 쟁점들이 부각된다. 즉, 여성이 갖는 다양한 이해관계들을 표출할 때 (단지 권력관계가 아닌) 어떤 정치가 작동하는가를 묻게 된다"(Molyneux 1998, 236). 구조 조정 정책하에서 신자유주의적 발전으로의 이행이 발전에 관한 유일한 담론인 것처럼 정상화되고 있는 이 시기에 정치적 분석의 문제는 더욱 중요하게 대두된다.[1] 그리고 마치 상식인 것처럼 또는 불가피한 것인 양 우리에게 일상적으로 주어지는 구조

---

1 한 예로, 『세계 빈곤을 제거하기: 빈민을 위한 지구화』(*Eliminating World Poverty: Making Globalisation Work for the Poor*)에 대한 "2000년 영국 정부 백서"를 보라. 이 백서에서 영국 정부는 "선진국과 개발도상국 모두가 무역 장벽을 꾸준히 제거하고, 개발도상국이 새로운 무역 기회를 이용할 수 있는 역량을 향상하도록" 지원하고, "체계적으로 빈곤을 감소시키기 위해 다른 정부들과 함께 지구화를 관리할 것"이라고 약속한다(DFID 2000, 11-12; 또한 이 책 4장, 122-126을 보라).

조정 정책의 제한조건들에 대해 여성운동이 제기할 수 있는 도전의 성격은, 이런 정치적 분석의 여하에 달려 있다.

나는 여성운동이 대표하는 여성의 이해관계라는 논란 많은 문제로부터 출발하고자 한다. 여성의 이해관계란 무엇인가? 우리는 어떻게 여성 내부의 차이라는 맥락에서 그 이해관계들을 이해理解할 수 있을까? 이런 질문들을 살펴본 뒤, 세 가지 수준의 거버넌스에 관한 사례들을 앞서 언급된 다양한 수준들이 중첩되는 방식으로 고려하면서 검토할 것이다. 첫 번째 사례로 세계은행 같은 다자 기구가 정책을 결정하고 집행하면서 성인지력의 문제에 봉착할 때 여성 단체와 NGO들이 수행하는 역할을 살펴본다. 두 번째 사례로는 '여성 지위 향상을 위한 국가기구'National Machineries for the Advancement of Women를 통해 유엔이 도모하는 '성주류화'를 검토할 것이며, 마지막으로 라자스탄Rajasthan 지방에서 인도 정부가 발의한 여성개발프로그램Women's Development Programme, WDP을 살펴볼 것이다. 이런 사례들에 기초해서 나는 지구적 경제 압력이라는 맥락에서 여성운동이 다자적 거버넌스와 상대하면서 직면하게 되는 새로운 기회와 제약이 무엇인지 질문할 것이다. 그리고 이 장의 결론에서는 여성 세력화의 담론을 논하면서, 우리가 권력 제도에 대한 개입의 가능성과 한계를 이해하려면, 여성의 이해관계를 표출하고 추구하는 데 작용하고 있는 구조적 제약과 여성의 행위성을 함께 고려해야 한다고 제안할 것이다.

2. 여성의 이해관계와 여성운동, 여성 NGO

나는 4장에서 여성운동이 권력에 대한 특정한 담론을 정상화하는 과정
에 참여하는 것을 비판적으로 검토해야 하며, 참여하지 않았을 때 발생
하는 전략적 결과를 면밀히 검토해야 한다는 주장으로 결론을 맺었다.
여기에서는 먼저 여성 행동주의의 토대를 이루는 여성의 이해관계를 분
석함으로써, 지구화 과정에서 여성의 세력화라는 주제를 탐구하고자 한
다. 이 점에서 여성운동이 특정한 맥락에서 대표하고자 하는 이해관계가
과연 무엇인가라는 질문이 중요해진다. 특히 지구화 과정에서 "도움이
필요한 이들에게 상품과 서비스를 전달하는 매체로서 여성운동이 지닌
잠재력이 현실화됨에 따라" 국가는 물론 국제 경제기구도 점차 여성운동
을 "정책적인 관심 대상"으로 간주하면서, 이 질문은 더욱 의미심장해진
다(Molyneux 1998, 221).

여성의 이해관계: 이론과 실천

지금까지 다수의 저작들이 여성의 이해관계를 개념화하기 위해 노력해
왔다(Molyneux 1985, 1998; Jónasdóttir 1988; Moser 1989; Alvarez 1990; Young
1990). 우선 다루어야 할 쟁점은 여성의 이해관계라는 개념이 두 개의 다
른 방식으로 다루어져 왔다는 것이다. 먼저 한편에서는 여성의 이해관계

가 종종 정체성의 정치나 특수주의적 요구와 동일시된다고 주장한다.[2] 반면 요나스도티르는 이런 비판을 반박하면서, 여성은 남성과 역사적으로 결정된 갈등적이고 종속적인 관계에 놓여 있기 때문에, 여성을 단순히 또 하나의 '이익집단'으로 볼 수 없다고 주장한다(Jónasdóttir 1988). 한편 아이리스 매리언 영은 '차이'와 '공존'togetherness을 함께 반영할 수 있는 정치를 제안하며 다음과 같이 말한 바 있다. "집단 차별적인 사회에서 억압을 줄이고 사회정의를 도모하기 위한 조직화 및 프로그램 운영을 위해서는 …… 노동자계급의 단결에 기반한 정치와 집단 인지적 정치group differentiated politics 모두가 요구된다"(Young 1995, 156). 영은 차이를 고정되어 있거나 불변하는 것이 아니라 다양한 맥락에서 중첩되고 변화하는 것으로 여기고, 따라서 '실체적인' 논리가 아닌 관계적인 것으로 이해한다. 그리고 영에 따르면, 지배 집단의 규범, 가치, 경험, 문화를 정상적인 것으로 간주한 채 '타자'를 판단하고, 그 타자가 결여하고 있는 것을 찾는 식의 '타자성'에 기초한 차이는 쓸데없는 이분법을 생산할 뿐이다. 차이에 대한 그런 식의 이해는 차이를 서로 배타적이고 완전히 대립하는 것으로 인식하며, 정체성을 상호 의존적이라기보다 상호 배타적으로 파악하는 '정체성의 논리'에 기반해 있다. 이것은 "한 집단의 속성에 대한 개

---

2 소련에서 이네사 아만드(Inessa Armand)와 같은 초기 페미니스트 활동가는 독립적인 여성 조직을 세우기 위해 공산당 당국에 맞서 투쟁을 벌여야만 했다. 계급 정치와 분리된 특수주의적 이해관계에 대한 비판은 마르크스의 "유대인 문제에 관하여"(Marx 1977)에서 제기되었고, 이것은 여성의 이해관계를 회의적으로 보는 근거가 되었다(Lapidus 1978; Rai, Pilkington and Phizacklea 1992). 동일한 입장을 인종주의적 맥락에서 주장한 연구로는 Wilson(1987)을 보라.

넘에서 그 집단의 고유한 특수성을 박탈"하며 '사회적 차이의 이질성'을 부정한다. 그러나 이질성을 받아들이지 않은 채, 이해관계를 이해한다는 것은 다음과 같은 점에서 문제적일 수밖에 없다. 첫째, 그것은 포섭의 과정으로 '타자'에게 동화될 것을 요구하는데, 이는 사실상 불평등을 영속화하는 경향을 갖는다. 둘째, 때로는 이와 같은 타자에 대한 동화 요구에 대한 반발로 분리주의 요구가 분출되기도 한다. 이런 요구가 이해할 법한 것이라 하더라도, 그 결과 집단 정체성은 특수한 경계 내에 갇히고 위에서 논한 중첩적인 정체성이란 아예 불가능한 것이 되고 만다(Young 1995, 158-164).[3]

그리고 또 다른 쟁점은 여성의 이해와 젠더 이해gender interests를 두고 벌어지는 논쟁에서 발생한다. 젠더 이해에 초점을 둔 논의는 여성과 남성 사이의 관계에서 제기되는 이해관계의 문제를 강조하는 반면, 여성의 이해에 주목하는 논의는 여성의 삶에 주안점을 두고 있다. 구체적으로 후자의 논의들은, 가정 안팎의 폭력으로부터의 보호, 쉼터, 건강 등 여성의 복지를 위해 최소한의 조건이 보장되어야 하며(Nelson and Chowdhury 1994), 여성의 선택권은 물론 그 선택이 실현될 수 있도록 개개인의 역량이 강화되어야 한다는(Kabeer 1999) 측면에서 여성의 이해를 주장해 왔다. 몇몇 페미니스트들은, 공정한 사회라는 일반 이익의 관점에서 실질적이고 전략적인 여성의 이해에 대한 틀을 세워야 한다고 주장한다. 그것이 좀 더 포괄적인 정치적 논쟁과 정책 생산과정에서 여성의 이해관계를 더

---

3 이런 식의 차이에 대한 관점을 기초로 전개된 정치에 대한 논의는 6장을 참고하라.

욱 현저하게 부각시키는 데 효과적이라는 것이다(Dietz 1992; Mouffe 1992). 이것은 성별화된 분석을 기존의 권력 패러다임에 단순히 덧붙이는 것과는 대조적으로 주류화의 효과적인 방법일 수 있다. 전 지구적 구조 조정으로 조성된 현재 상황은 그런 식으로 정책의 틀을 재편하기에 유리한 환경을 제공하고 있다. 그 예로, 전통적으로 '부드럽다'soft고 여겨지던 복지, 건강, 교육 등의 분야를 관장하던 정부 부서들이 이제는 자원 배분에 대한 근본적인 논쟁이 벌어지는 공간이 되었다는 점을 들 수 있다.

또한 여성의 이해관계는 실천praxis의 관점에서 이론화되기도 했다. 몰리뉴는 분석적인 차원에서 여성의 '실질적' 욕구와 '전략적' 욕구를 구별한다(Molyneux 1985). 실질적인 이해는 보다 나은 조건의 일, 동등한 기회, 보육, 주거, 물 등의 여성의 즉각적이고 제한된 요구들을 반영하지만, 이런 이해는 좀 더 큰 틀로 존재하는 권력의 가부장적 구조에 대해서는 도전하지 않는다. 그에 반해 전략적 이해는 권력 패러다임의 변화를 요구한다. "실질적 이해에는 기존 젠더 질서에 순응해야 한다는 가정이 포함되어 있지만, 전략적 이해는 기존 젠더 질서뿐만 아니라 그 질서에 순응하는 일부 여성에 대해서도 노골적으로 문제를 제기한다"(Molyneux 1998, 235). 이런 몰리뉴의 분석에 대해 일부는 일반적인 예속 상태를 가정해 여성의 이해관계를 읽어 냄으로써 여성 내부의 차이들을 모호하게 만든다는 이유로 비판했고(Marchand 1995; Wieringa 1995), 다른 일부는 실질적 이해와 전략적 이해를 너무 엄격하게 구분한다는 이유로 비판했다(Kabeer 1992). 그러나 몰리뉴는 이에 대해 "당연하게도, 특수주의적 이해관계를 갖는다는 것이 …… 더 큰 목표와 이익을 추구하는 전략과 반드시 상충하는 것은 아니며, 특수주의적 이해관계가 일반적인 원칙에 의거해 형성될 수도 있다"고 인정한다(Molyneux 1998, 239). 그러나 양자를 구분하는 것이 정치적 전략을 세우는 데 유용하다는 것이다. 덧붙여 몰리뉴는 다음과 같이 지적한다. "실질적 이해와 전략적 이해를 정치적으로 연결시키는 작업은 대화와 실천 및 토론을 통해서만 가능하다"(Molyneux 1998, 236).

요나스도티르는 구조와 행위성의 문제를 제기하면서, 여성의 이해관계를 어떤 식으로 개념화하든 행위성과 주체성이 반드시 인정되어야 한다고 주장한다(Jónasdóttir 1988). 바로 그 이유 때문에, 그녀는 젠더와 발전 문헌에서 혼용되고 있던 욕구와 이해관계를 구별한다(Moser 1989를 보라). 이런 비판적인 견해에 따르면, 이해관계는 표출되어야 하는 것이기 때문에 '의지적'인 반면, 욕구는 이미 존재하는 것이다. 그러나 프레이저는 '욕구 해석의 정치'라는 용어를 통해 두 개념이 지속적으로 중첩되는 것임을 시사한다(Fraser 1989). 즉, 욕구와 이해관계 모두 선택의 과정을 이루는 특정한 맥락 내에서 형성된다는 점에 주목하는 것이 중요하다(Jónasdóttir 1988; Kabeer 1999). 이와 같은 이해관계의 맥락성 때문에 우리는 최소주의적 의미가 아니라면 '여성의 이해관계'가 그럭저럭 하나로 수렴된다는 식의 주장을 받아들일 수 없다. 계급(Hoskyns and Rai 1998), 종교(Ali 2000; Lubeck 2000), 종족(Yuval-Davis and Werbner 1999) 등의 모든 쟁점들이 여성의 이해관계라는 범주를 침해하고 교란한다. 게다가 4장에서 살펴본 바에 따르면, 우리는 지구화와 경제적 구조 조정 과정이 여성의 이해관계와 젠더 이해관계를 둘러싼 논쟁과 조직화에 어떤 영향을 미치고 있는지에 대해서도 평가해야 한다. 오늘날 대부분의 여성의 행동주의가 여성의 전략적 이해보다 실질적 이해를 다루고 있다고 말할 수 있는가? 몰리뉴가 지적한 패러다임의 변화가 페미니스트 개입의 핵심 과제가 아니라고 말할 수 있는가?[4]

여성의 이해관계에 대한 질문과 마찬가지로 시민사회와 제도 정치를 통해 여성의 이해관계를 대표한다는 것도 여성에게는 논란의 여지가 많은 문제이다. 이에 더해 누가 어떤 수준에서 여성의 이해관계를 대표할 것인가의 문제도 풀어야 할 과제로 남아 있다. 이 모든 문제들을 관통하고 있는 쟁점은, 3장에서 논한 것처럼, 국가기구나 다른 권력 구조에 개입 또는 '협력'을 시도할 것인가, 말 것인가라는 좀 더 포괄적인 정치적 사안이다(Rai 1995, 1996b; 이 책의 6장을 보라). 나는 이 문제를 지역사회나 국가뿐만 아니라 국제적 또는 다자적 권력 기구에 대한 여성의 개입이라는 맥락에서 짚어 보고자 한다.

---

4 이에 관해, 예컨대 클락은 지구적 금융 기구들에 개입하고 있는 모든 NGO에게 다음과 같이 제안한다(Clark 2002). "특정 기구나 행사를 분명한 목표 대상으로 삼아 애초에는 복잡하고 형태가 뚜렷하게 드러나지 않는 이슈들을 구체화시키는 것, 그리하여 장기간의 투쟁에도 낙오되지 않을 동기를 부여받아 이길 수 있는 전투를 펼치는 것, 이것이 바로 훌륭한 캠페인의 전략이다. 예를 들어, 국제경제 질서를 개혁하는 것처럼 달성하기 어려운 목표를 추구하는 장기적인 캠페인은 '한 번에 하나씩 달성할 수 있는 작은 목표들'로 나뉘어야 한다." 클락은 NGO의 장기적인 의제라는 측면에서 '국제경제 질서의 개혁'을 언급할 때조차 그것이 변혁적인 의제가 아니라 개혁주의적인 의제나 실질적인 이해와 관련되어 있어야 한다는 것을 분명히 밝힌다.

여성운동은 여성의 이해관계를 대표하는가?

사회운동은 "권위적인 협상이나 가치 배분을 위한 공식적인 장에서 배제되었거나 거의 대표되지 않는 이해관계를 대표하기 위해 풀뿌리 수준에서 조직된 노력"으로 정의되어 왔다(Tétreault and Teske 2000, 9).[5] 그러나 기존 제도에 접근할 수 있도록 탄탄히 조직된 이익집단조차 점차 "새로운 지지층에 다가가고 자신의 요구 사항을 관철시키기 위해 사회운동의 형태를 차용한다"(Meyer 2000, 52). 논쟁의 여지는 있지만, 페미니즘과 여성운동을 포함한 '새로운' 사회운동이 1970년대와 1980년대에 출현했다. 이 시기는 경제적·재정적 위기를 거치면서 현재 우리가 전 지구적 구조 조정 정책이라고 부르는 정책들을 둘러싼 합의가 만들어졌던 시점이기도 하다(Boggs 1995; Lynch 1998). 새로운 사회운동은 당시 부상하고 있던 이런 수렴의 문제에 정면 대결하기보다는 관료적 국가의 경직성과 '낡은' 계급 운동을 비판하는 데 몰두했다(Giddens 1990). 그러나 코언과 라이는 "다른 사회운동의 역사와 복합성 그리고 그에 따른 발전 과정을 살펴보면, 단순히 '새로움'과 '낡음'으로 이원화하는 오류를 피할 수 있다"

---

5 예를 들어, 바르가스와 올레아는 페루의 페미니스트 운동을 다음과 같이 묘사한다. "역사적으로 페루의 페미니스트 운동은 자신이 좌파의 폭넓은 스펙트럼 내에 위치한다고 여겼다. …… 그것은 기본적으로 중산층 중심의 도시 운동이었지만 배타적이지는 않았으며, 페미니스트 운동과 함께 풀뿌리 여성운동이 강력하고 가시적으로 드러났던 시기에는, 풀뿌리 여성운동과도 강한 결속력을 형성하고 있었다. …… 또한 페미니스트 운동은 일종의 다원주의적 운동이었다. 즉, 내적으로 여러 차이를 갖고 있었지만 …… 큰 갈등이나 분열 혹은 지향점의 큰 변화를 겪지 않았던 것이다"(Vargas and Olea 1999, 249).

고 주장한다(Cohen and Rai 2000b, 6). 예를 들어, 노동운동과 인권 운동은 새로운 운동과 오래된 운동이 어떻게 뭉그러지고 변형되어 양자를 확연히 구별할 수 없게 되는지를 잘 보여 준다. 이처럼 무리하게 양자를 구별하려는 시도는 이런 사회운동의 발전이 지닌 유기적 성격을 부정하려는 것에 불과하다(Baxi 2000; Munck 2000). 한편 린치는 사회운동의 전개에 대해 다음과 같이 결론 내린다. "1970~80년대 사회운동에 대한 이론화는 두 가지 방향으로 전개되었다. 곧 한편으로는 자본주의에 대한 비판에서 권리, 평화, 민주주의라는 '더 높은 목표'로 사회운동의 관심이 이동했다는 것이며, 다른 한편으로는 '특수주의적' 운동에 초점을 맞추던 운동이 …… '보편주의적' 가치와 목적에 의해 추동되는 운동으로 변화했다는 것이다"(Lynch 1998, 162).[6] 이런 이중적인 전개로 인해 여성운동은 새로운 기회를 맞이하고 연대하게 되었다. 그러나 '전 지구적인 자매애'라는 구호가 계급, 피부색, 섹슈얼리티로 인해 도전받는 상황은 여성운동에 또 다른 난제를 제기했다(Sitenstra 2000).[7]

사회운동의 이론화에 관한 또 다른 쟁점은 지구화가 사회의 조직화에 어떤 영향을 미치는가의 문제이다. 코언과 라이는 다음과 같이 지적한 바 있다. "설령 사회운동 담론에 결함이 있다 할지라도, 사실 이 문제는 실천

---

[6] 그러나 이런 식의 범주화는 다양한 사회운동의 차별화된 특징을 고려하지 않는다. 이에 반해, 월슨은 운동을 네 가지 유형, 즉 변혁적, 개혁적, 보상적, 대안적 운동으로 정리한다(Wilson 1973). 이에 대한 충분한 논의를 보고 싶다면, Cohen and Rai(2000b)를 참고하라.

[7] 또 다른 흥미로운 사실은, 1980년대에 두드러지게 나타났던 차이를 근거로 여성운동에 대해 제기된 도전들이 경제적·사회적 위상의 문제보다는 '정체성'을 문제 삼았다는 것이다(Fraser 1997을 보라; Hoskyns and Rai 1998).

적인 차원에서 기인하는 것이다. 즉, 갈수록 전 지구적 규모로 동원되는 자본이 다수의 사회운동을 지역사회는 말할 것도 없고 국가적 수준의 반대와 대치 전선에서 급속하게 이탈하도록 압박하기 때문이다"(Cohen and Rai 2000b, 7).[8] 이제 전 지구적 사회운동은 지구화에 저항하기 위한 규범적인 틀을 제공하는 측면에서나 그것을 위한 정치적 실천을 조직하고 조율하는 면에서 우위를 점하고 있다. [이렇게 사회운동의 범위가] 한 국가에서 지구로 이동하게 된 배경에는 몇 가지 요인들이 있다. 첫째, 경제적·정치적 거버넌스 제도가 지구화되면서 사회운동은 부득이하게 그에 합당한 수준으로 개입할 수밖에 없게 되었다.[9] 둘째, 커뮤니케이션 네트워크의 발달은 지구적 범위에 걸친 조직들의 성장을 촉진했으며, NGO가 그전까지는 접근하기 어려웠던 민감한 문서와 정보에 접근하는 것을 용이하게 만들었다(Tinker 2000; Youngs 2002). 셋째, 부분적으로는 전 지구적 사회운동이 어느 정도 안정된 궤도에 진입함에 따라, 그리고 부분적으로는 자본주의의 전 지구적 확산에 따라, 사회운동이 국경을 넘어 동원할 수 있는 다양한 가치들이 민주화, 인권, 환경에 대한 관심 등으로 점차 수렴

---

8 롭 워커(Rob Walker)에 따르면, "사회운동과 세계 정치가 존재론적으로 구분되는 두 개의 영역을 나타내는 '내부'와 '외부'로 이해되는" 듯하지만, 정확하게 말해서 사회운동이 힘을 갖게 된 것은 [그것이 '내부'에 국한되는 것이 아니라] 사회운동의 복수성 및 사회운동이 다수의 장소에서 벌어지고 있다는 사실에서 기인한다(Marchand and Runyan 2000, 58에서 재인용).

9 몇몇 사회운동은 지구화로 인해 민족국가의 문화가 위협받고 있다는 생각 때문에 발생한다. 예컨대 근본주의는 지구화에 대한 그런 반응으로 등장한 사회운동이라 할 수 있다(Lubeck 2000). 이처럼 사회운동이 항상 해방적이거나 민주적인 것은 아니다. 시민사회가 여성에게 분절된 공간인 것과 마찬가지로, 사회운동도 분절되어 있다(Fine and Rai 1997; Teske and Tétreault 2000).

하는 현상이 나타나고 있다(Cohen and Rai 2000b, 10-11).

이런 전 지구적 사회운동의 등장은 과연 무엇을 의미하는가? 그것은 경제의 지구화 과정에서 정치적 행위자들 역시 지구화될 것을 요구하는 전 지구적인 공적 영역이 출현하고 있음을 시사하는가? 그렇다면 일국적·지역적 수준의 행동주의는 이제 어디에 남게 되는가? 이런 쟁점들 가운데 일부는 3장과 4장에서 이미 논했으므로, 이 장에서는 전 지구적·일국적·지역적 수준에서 정치적 행위자로서 비정부기구들이 수행하고 있는 변화된 역할을 검토하는 데 집중할 것이다.

비정부기구[10]: 행동하는 시민사회?

세계 무대에서 활동하고 있는 NGO는 기하급수적으로 증가하고 있다. 예컨대 케냐라는 한 국가에서 등록된 여성 단체의 수만 해도 2만3천 개에 달한다. 또 국경을 넘나드는 시민 단체의 수는 1997년 기준으로 전체 1만 6천 개에 이르는데, 이 수치는 1960년대와 비교해서 열 배 이상이 증가한

---

10 NGO에 대한 표준적 정의는 존재하지 않는다(Willetts 1995를 보라). 그럼에도 NGO를 정의해 보자면, 협의의 NGO는 정부로부터 일부 재정 지원을 받는다고 해도 국가 밖에 존재하는 조직, 그들이 관심을 갖는 특수한 쟁점을 옹호하기 위해서 정부와 함께 거버넌스 활동을 펼치기보다 개입하는 조직이라 할 수 있다. 그에 반해 광의의 NGO는 풀뿌리 조직, 지역공동체 조직, 시민사회단체들과 매우 유사해, 사실상 시민사회 그 자체와 거의 동일하다고 볼 수 있다. 여기서 나는 협의의 NGO를 지칭할 뿐, 절대로 시민사회 자체와 혼용하지는 않는다.

것이다(Scholte with O'Brien and Williams 1998, 4). 이런 NGO의 급격한 증가를 두고 '결사체 혁명'associational revolution이 운위되기도 했지만, NGO 공동체와 시민사회 개념 사이에는 간극이 발생하기도 했다. 한 예로, NGO는 '인민의 이해'를 대표하는 기구로 비춰지게 되었다. 그러므로 자본주의의 안정성에 너무도 중요한 도덕적 균형을 유지하기 위해 일국적 수준에서든 (유럽연합 집행위원회와 같은) 국제적 수준에서든 국가는 NGO와 논의할 필요가 있다는 것이다(Giddens 1991; Cohen 2000). 하지만 이런 간극은 점점 더 많은 이들에 의해 비판받았다. 한 동유럽 페미니스트는 다음과 같이 꼬집는다. "우리가 원한 것은 시민사회였지만, 우리가 얻은 것은 NGO뿐이다"(Einhorn 2000, 117).[11]

시민사회와 NGO 사이에 이런 간극이 생긴 데에는 여러 가지 이유가 있다. 정치적인 측면에서, 소련과 그 위성국가들이 몰락하던 시기에 그 사회들에는 시민적 공간이 결여되어 있었고 이는 민주화 세력에게 불리하게 작용했다. 따라서 권위주의 국가에서 민주주의국가로의 이행과 관련해서 자유주의의 핵심적인 관심사는 바로 시민사회의 건설이었다. NGO가 아니라 시민사회단체들이 그런 이행에 결정적인 역할을 했다. 시민사회단체들은 국정에 참여할 수 있는 권리를 주장함으로써 권력 기구에 맞서는 시민 단체의 중요성을 부각시켰다. 그렇지만 자연 발생적으

---

11 이와 관련해서 파인과 라이는 다음과 같이 주장한 바 있다. "시민사회의 구성 요소들이 각각 국가와 어떤 관계를 맺고 있는지를 부각시키기보다, 시민사회를 구성하는 욕구의 체계(시장)와 권리의 체계(법), 그리고 비(非)국가적 연합을 함께 묶어서 고려해야 할 필요가 있다"(Fine and Rai 1997, 2).

로 태동된 시민 단체들은 탄탄한 조직을 갖추지 못했으며, 따라서 시간이 경과함에 따라 불안정해질 수밖에 없었다. 일단 이행이 완료되자 대부분의 경우 그 단체들은 소멸해 버리거나 뚜렷한 목소리를 내지 못한 채 정체된 상태에 머물렀다. 그렇지 않을 경우에는 자체적으로 조직을 쇄신해 이른바 NGO 단체로 변모하거나 새로운 정당으로 탈바꿈했다. 더구나 이런 변화를 제도화하기 위해 이들 이행기 사회에 자원이 쏟아부어졌는데, 자금 제공자들이 형태를 제대로 갖추지 못한 운동이 아니라 한눈에 알아볼 수 있을 정도로 체계화된 단체를 상대로 사업을 펼치는 것은 일면 타당한 일이기도 했다.

이런 동유럽의 이행기에 대한 관심으로 인해 세계의 다른 편에 있는 나라들에서 일어난 민주화 과정에도 이목이 집중됐다. 발전 관련 NGO들이 몇몇 나라에서 이미 존재하고 있긴 했지만, 세계 정치 환경의 변화는 이 분야 전반에 새로운 자극을 주었다. 예컨대 1,500여 개의 NGO들이 유엔 경제사회이사회United Nations Economic and Social Council와 상의할 수 있는 지위를 갖게 되었고(Tinker 2000, 221), NGO와 세계은행 간의 상호작용도 활성화되었다. 이런 식으로 국가의 정치적 경계 밖에서 NGO를 비롯한 여타의 조직된 단체들이 행하는 '사사화私事化된 거버넌스'(Scholte 2000, 151)가 늘어나는 현상을 민주화 과정의 일부로 간주할 수도 있다. 그리고 이 단체들은 자신의 지지자들에게 서비스를 제공할 뿐만 아니라 그들에게 책임을 지도록 정부에 영향력을 행사할 수 있는 단체이자 시민사회의 대표로 여겨지기도 한다. 다양한 사회운동이 점차 강화되는 와중에 유엔이나 세계은행과 같은 국제기구들이 투명성 문제로 진상 조사 대상이 되었을 때, 그 기구들은 개혁의 한 방편으로 NGO와 손을 잡았다. 또한 세계 정치 환경이 변하면서 NGO들은 국제적·국가적 수준의 정책 결정 기구에 접근할 수 있게 되었다(Tinker 2000). 때로 NGO들은 국제기구나 포럼과 같이 그들이 활약할 수 있는 새로운 정치적 공간에서 자신들의 사안을 제기함으로써 민족국가가 쳐놓은 장애를 비껴갈 수 있었다. 게다가 이런 국제기구들에 대한 개입은 NGO들에게 상당한 수준의 자금을 지원받을 수 있는 기회를 제공했고, 그 자금 덕분에 NGO는 미리 계획과 전략을 세우고, 다른 단체들과 연계해 활동을 벌일 수 있었다. 또한 NGO는 자신의 지지자들에게 유형의 자원과 구체적인 성과를 제공할 수 있는 방안을 자체적으로 모색하기 시작했다(Baden and Goetz 1997; Mayoux 1998; Miller 1998; O'Brien et al. 2000, 1장을 보라). 나아가 국가의 정치적 경계가 NGO가 추구하는 관심사와 활동에 더 이상 적합하지 않게 되면서, NGO 스스로 시민권의 국제화를 위해 활동하고 있는 것 또한 볼 수 있다. WTO와 국제인권재판소International Court of Human Rights, 그리고 유엔이 후원하는 사회 발전, 환경, 여성 등에 대한 국제 대회들을 통해, 지구적 거버넌스는 점차 이런 국제적 시민권을 작동시키는 맥락과 메커니즘을 제공하게 된다.

다양한 수준에서 NGO와 권력 기구 사이의 관계가 돈독해지면서 발생하는 득과 실을 알기 위해서는, NGO들을 구별해 보는 것이 도움이 될 것이다. NGO는 통합주의자integrationist나 의제 설정자로 간주되어 왔다(Jahan 1995, 1; Scholte with O'Brien and Williams 1998).[12] 여기서 우리는 근본주의

---

12 숄테는 국제 조직에 개입하는 시민 단체들을 순응주의자, 개혁주의자, 급진주의자라는 세 부류로 구분한다(Scholte 2000, 8). 순응주의자들은 지구적인 경제적·사회적 체제의 지배적 담론을 수용하는 반면, 개혁주의자들은 여성에 대한 소액 융자나 투명성의 향상과 같은 정책들

우파 NGO가 수행해 온 의제 설정의 정치와 급진주의자들 편에서 마르크스주의적·사회주의적 NGO가 수행해 온 정치 사이의 차이를 구분할 필요가 있다(Baden and Goetz, 1997). 따라서 우리가 여성 단체와 NGO 사이의 관계에 대해 말할 때, 이런 구분을 명심하는 것이 중요하다. 모든 종류의 NGO는 여러 시민사회 집단이 갖는 이해관계들을 어느 정도 정당하게 대표한다. 하지만 그들이 국제적·일국적·지역적 수준의 경제적·사회적 기구에 부여해 주는 정당성은, 관련된 정치적 맥락에 따라 다른 무게를 지닐 수밖에 없다. 국제적 수준에서 다양한 집단들이 제공하는 정당성에 대한 질문은 답하기 곤란할 수 있지만, 상대적으로 일국적 맥락에서라면 특정 NGO와 단체의 정치적인 위치를 좀 더 잘 확인할 수 있을 것이다. 예를 들어, 근본주의 단체들의 경우에서 국제적 수준과 일국적 수준의 차이를 엿볼 수 있다. 일국적 수준에서와 달리, 국제 포럼에서 특정 사안이 '문화적 감수성'의 문제와 연결될 경우 문제가 되는 근본주의 단체에 이의를 제기하기 어려운 경우를 왕왕 볼 수 있는 것이다. 이런 상황에서 여성 NGO들의 참여와 영향력을 키울 수 있는 방안을 어떻게 마련할 수 있을까? 수 코언이 지적하듯, 여성 NGO들은 "거의 논박되지 않는 이데올로기 — 이론적으로나 실천적으로, 또는 과정상으로 — 에 [스스로] 헌신해 오지 않았는가?"(Cohen 2000, 12).[13] 그들은 자신들이 대표하고자 하는 이

및 그 운용 절차에서 변화를 추구하지만 그런 변화들이 만들어지기 위해 필요한 구조적인 틀에 대한 비판은 하지 않는다. 다른 한편, 급진주의자들은 지구적인 경제적·사회적 기구들이 작동하는 패러다임 자체에 저항한다.

13 코언은 유럽연합의 들로르 시기(Delors's period)[프랑스 경제학자이자 정치인인 자크 들

해 당사자들에 대해 얼마나 책무성을 갖고 일해 왔는가?

3. 변화를 위한 전략들

이 절에서는 전 지구적·일국적·지역적 수준의 발전 기구에 대한 여성 NGO들과 페미니스트 학자들의 개입에 관해 논의할 것이다. 그 개입의 근거는 무엇이었을까? 그리고 개입이 가져다 준 득실은 무엇이었을까? 반구라Yusuf Bangura는 개입의 문제에 대해 다음과 같이 지적한다. "성별화된 발전을 제도화하는 데 있어서 가장 높은 장벽은 아마도 지배적인 신자유주의 담론의 경직성일 것이다. …… 곧 신자유주의와 광의의 젠더 담론은 근본적인 전제, 가치, 목표에서 상당한 간극을 보이고 있는 것이다"(O'Brien et al. 2000, 47에서 재인용). 3장에서 나는 세계은행과 같은 지구적 경제기구는 이런 신자유주의적 성격을 갖고 있으며, 빈곤 철폐 담론이

로르(Jacques Lucien Jean Delors)가 유럽연합 집행위원회(European Commission) 회장을 맡은 1985~95년의 시기를 일컬으며, 그의 재임 시기에 주요한 예산이 개혁되었고 유럽 공동체의 단일한 시장을 도입하기 위한 초석이 마련되었다에 여성 NGO들이 유럽연합 집행위원회의 노동부(Directorate General for Employment, Industrial Relations and Social Affairs, DGV)와 함께 빈곤 문제에 대한 논의 과정에 참여했던 상황에 대해 다음과 같이 지적한다. "[그들이 제시한 의제들이 일반적으로] 위원회의 의제로 채택되었지만, …… 이런 조치들을 촉발했던 기저의 이데올로기가 가진 본질이나 그런 조치들을 실시하는 근본적인 이유 등은 거의 언급조차 되지 않았다"(Cohen 2000, 13; 또한 본문의 다음 절을 참고하라).

나 환경보호 담론 등을 둘러싸고 조직된 사회운동의 개입으로는 그 기구들의 핵심적인 특성을 변경시킬 수 없었다고 지적했다. 또 4장에서 살펴본 것처럼, 페미니스트 경제학자들이 신고전파 경제학에 대해 철저하게 반박했음에도 불구하고, 주류 경제학에 대한 페미니스트 경제학의 개입은 기껏해야 부분적인 성과를 올리는 데 그쳤을 따름이다. 이런 상황에서 여성운동이 지구적 경제기구들에 개입하는 것이 옳은 것일까? 지배적인 제도 정치의 미미한 변화가 "해방운동을 위한 전략적 행동의 공간을 제공해 줄 수 있을 것인가"(Cohen 2000, 34)? 지금까지의 경험은 과연 무엇을 보여 주는가?

세계은행과 여성운동

2장과 4장에서 본 바와 같이, 세계은행은 발전과 정책 결정에 대한 특정 담론들을 정상화하는 데 중추적인 역할을 해왔다. 그 역할은 1990년대 이후 크게 변화했다. 과거에는 구체적인 개발 사업에 자금을 지원하는 역할을 주로 맡았는데, 지금은 정책에 근거해 융자를 제공하는 것을 주된 역할로 삼고 있다. 이는 세계은행이 수혜국에 경제적 조건뿐만 아니라 정치적 조건까지 부과하게 되었음을 의미한다. 따라서 개발 사업과 경제정책 결정이 지니는 중요성으로 인해 세계은행은 NGO 활동의 주요 표적이 되었는데, 이 경우 좀 더 중요한 것은 후자라 할 수 있다. 밀러가 언급한 것처럼, "몇몇 페미니스트들이 제안한 '불참'[비개입] 전략은, 다자간 발전 기구가 지속적으로 발전 정책 과정에 영향력을 행사하는 한, 옹호될 수 없는 주장이다"(Miller 1998, 139).

세계은행에 개입하기로 결정한 NGO들이 성공적으로 그들의 뜻을 펼치기 위해서는 일종의 조직화된 구조와 교섭을 벌여야 한다.[14] 은행은 획일적으로 구성된 한 덩어리의 기구가 아니다. "그것은 항상 경쟁적인 두 개의 정체성 사이에서 어느 정도 분열되어 있다. …… 즉, 세계은행은 한편으로 '자본이 주도하는 성장 지향적인 대부에 우선적으로 대출금을 운용하는' 은행 기관이며, 다른 한편으로 경제성장을 통한 빈곤 퇴치라는 명목상의 목표를 가진 발전 기구이다"(O'Brien et al. 1997, 26). 이런 세계은행에 대한 개입을 가능하게 만드는 행위자로 다음의 세 가지 부류를 들 수 있다. 먼저 세계은행 총재는 세계은행의 공식적인 얼굴로서 은행 정책에 변화를 가져오거나 새로운 정책에 착수할 수 있다. 다음으로 세계은행 이사회는 북반구와 남반구 국가들의 권력관계에 근거해 자금을 운용한다. 마지막으로 페미니스트 관료, 곧 이른바 페모크라트femocrats는 내부 비판자로서 정책에 영향을 미치기 위해 노력한다.

세계은행에 대한 NGO의 개입이 가능해진 데는 다음과 같은 이유를

---

14 클락에 따르면, NGO가 세계은행을 비롯해 국제금융기구에 좀 더 일반적으로 개입하게 된 이유들은 다음과 같다(Clark 2002). 첫째, 선진 7개국(G7)과 유럽위원회와 같은 광역 조직들 및 여러 나라의 국회 등 NGO가 목표로 삼은 기구로 [개입 여부에 대한] 논쟁이 파급되었다. 둘째, 북반구는 원조 체제와 차관 체제가 실패했다는 것을 인정했을 뿐만 아니라 보수주의의 침체를 경험했다. 셋째, NGO는 여타의 투쟁에서 일부 승리를 이끌어 낸 경험을 바탕으로, 다른 분야의 주장과 캠페인들 또한 성공적으로 이끌 수 있을 것이라는 자신감을 가지게 되었다. 넷째, 남반구의 파트너와 비교해 보았을 때 상대적으로 북반구의 경제 행위자들이 합리적인 것으로 비춰졌다. 다섯째, 채무 위기로 인해 경제 정의가 조직화의 중요 쟁점으로 떠올랐다.

찾을 수 있다. 첫째, 개발 사업에 드는 자원을 실질적으로 빈민에게 전달하는 데는 NGO가 국가 관료보다 '상대적으로 우월'하다는 주장이 힘을 얻게 되었다. 둘째, 특정 사안에서는 여론을 상대로 한 NGO의 로비 활동이 상당한 영향력을 발휘했다(O'Brien et al. 1997, 29). 그리하여 1980년대에 NGO가 관여하는 세계은행의 사업은 매년 평균 15개 정도에 불과했으나, 1991~92년에는 전체 세계은행 사업 156개 가운데 89개를 차지할 만큼 늘어났다(O'Brien et al. 1997, 31). 이처럼 NGO들은 세계은행으로부터 인정을 받게 되었지만, 이는 NGO들이 신자유주의 경제학에 대한 페미니스트 비판에 맞서게 되는 셈이기도 했다. 세계은행과 관련해서 NGO와 페미니스트 운동이 보여 주는 이런 상충하는 두 측면은 어떤 식으로 중첩되고, 모순되며, 세계은행의 정책에 반영되는 것인가? 이것은 앞서 언급했던 여성의 '전략적' 이해와 '실질적' 이해의 구분에 해당하는 것인가?

세계은행 전前 총재인 제임스 울펀슨은 1995년에 베이징에서 열린 유엔 여성대회에 참석한 첫 번째 세계은행 총재였다. 그의 참석은 젠더 문제에 대한 은행의 접근법이 달라졌음을 예고했다. 이에 대해 900여 명의 여성 활동가들은 "은행을 보는 여성의 눈"Women's Eyes on the Bank이라는 제목의 청원서를 그에게 제출했다. 청원서에서 그들은 은행 정책과 관행에서 성인지적 변혁이 있어야 한다는 것과 은행이 베이징선언 및 행동강령에 책임져야 할 필요가 있음을 주장했다(Miller 1998, 141-142). 거기에는 경제적인 정책 결정에 대한 여성의 참여를 풀뿌리 수준에서부터 늘려 나갈 것, 젠더의 관점에 기반한 은행 정책의 기획과 실행을 제도화할 것, 여성에게 도움을 주는 방향으로 은행 투자를 늘릴 것, 은행의 여성 고위직 수를 늘리고 다양성을 반영할 것 등의 요구가 포함되어 있었다(O'Brien et al. 1997, 43). 그들의 이런 요구는 은행 정책의 골간, 조직적 구조 및 관료적 실행 체계에서 젠더를 주류화하려는 시도였다.[15] 그러나 은행의 페모크라트는 여성 NGO에게 유용한 자원이지만, 막상 여성 단체와 많은 접촉을 가질 수도 없을 뿐만 아니라 은행의 조직 문화에 따른 제약도 받는다.[16] 따라서 여성 NGO는 그들에게 많은 것을 기대하지만, 페미니스트 관료들 자신은 조직 내외부에서 고립무원의 처지에 빠져 있다고 느낀다(O'Brien et al. 2000).

거버넌스의 측면에서 주류화의 쟁점을 평가하면서, 자한은 단순한 조직적 변화뿐만 아니라 주류화 자체에 근본적인 변화를 가져올 변혁적인 접근법이 필요하다고 지적한다(Jahan 1995). 우리가 세계은행에 대한 여성 NGO들의 개입을 평가하려면, NGO가 그 조직에 대해서 어느 정도로 탐색하고 영향력을 미칠 수 있으며 그 한계는 무엇인지를 확실하게 인지해야 한다. 그러나 일부 성인지적 프로그램이 도입되었음에도 불구하고, 근본적으로 경제성장을 지향하는 접근법을 채택하고 시장에 기초한 신자유주의적 경제관을 지지하는 세계은행의 입장은 변하지 않았다. 반면 여성과 관련된 정책 결정에서는 도구주의적 관점이 팽배하다. 그 예로 특히 여성의 교육과 건강이 인구 조절 프로그램과 결부되어 다루어

---

15 주류화는 "정치·경제·사회의 제반 영역에서 정책과 프로그램의 기획, 실행, 감시, 평가에서 남성과 여성의 관심과 경험을 반영함으로써, 여성과 남성이 동등하게 혜택을 받고 불평등을 종식하려는 전략"으로 규정된다(ECOSOC, Staudt 2002에서 재인용).

16 나는 인도의 의회 선거의 맥락에서 이와 유사한 주장을 한 바 있다(Rai 1997).

진다는 점을 들 수 있다. 가나, 잠비아, 탄자니아, 우간다 등의 4개국에서 세계은행이 실시한 6건의 빈곤 평가에 대한 비교 연구에서 화이트헤드와 록우드는, "분석적인 차원에서나 정책적인 차원에서나 경제학에 월등한 우선순위를 두는 조직에서 WID나 젠더에 관련된 사안은 인사부처럼 이른바 부드러운 영역에 배치되는 경향이 있다"고 밝힌다(Whitehead and Lockwood 1999, 528). 세계은행의 평가들에서 젠더는 전체 사회구조와 동떨어진 별개의 문제로 취급되거나, 여성의 '사회적 지위'와 연관된 문화적 문제로 다루어지거나, '성별 노동 분업'과 관련해서만 논의된다. 그 결과 이는 성별화된 빈곤의 성격이라는 문제를 제기하는 방식에 있어서 다소 '우연적인' 다양성이 나타난다는 식의 평가에 그치는 경향이 있다(Whitehead and Lockwood 1999, 528-530).

이와 유사하게, 여성의 세력화에 대한 논의도 여성을 상업과 신용 대출 제도로 보호하려는 관점에서만 전개된다. 그리하여 여성 자신의 노동 생산물에 대한 통제권을 부정하는 성별화된 불평등이 지속되고 있다는 문제는 도외시된다. 예를 들어, 1991년 세계은행에서 작성한 "빈곤 퇴치에 관한 이행 지시서"Operational Directive on Poverty Reduction에서 빈곤 감축을 위한 방책은 다음과 같이 제시된다. "가격 왜곡 현상을 제거하고, 신용은 물론 공공 기반 시설과 기본적인 사회 서비스 및 사회 안전망을 제공함으로써 포괄적인 성장은 이루어질 수 있다"(Whitehead and Lockwood 1999, 532). 이 맥락에서 소액 융자 캠페인Microcredit Summit Campaign은 광범위한 빈민 고객을 상대로 한 34개의 소액 대출 프로그램에서 '대출자의 76퍼센트가 여성'이라는 점을 보여 준 바 있다(Van Staveren 2002). 여성의 '세력화'를 위한 이 전략은 1995년 세계여성은행World Women Banking의 설립으로 제도적인 기반이 마련되었다. 세계여성은행은 현재 40개국에서 운영되고 있으며 1천만 여성에게 융자금을 제공하고 있다(Van Staveren 2002, 24).

그러나 빈곤 퇴치에 대한 이런 식의 접근은 젠더 평등을 복지 증진의 문제에 종속시키는 결과를 낳는다(Jackson 1996). 그 결과 1990년대 후반부터 세계은행이 빈곤 측정과 감소에 관심을 보이면서 비록 허술하나마 존재했던, 젠더를 주류화하려는 노력들은 멈춰 버렸다(Whitehead and Lockwood 1999, 528). 그에 따라 '은행을 보는 여성의 눈' 캠페인 또한 어쩔 수 없이 담보 상태를 벗어나지 못하고 있다.[17]

그렇다면 여성 단체들이 세계은행에 개입하면서 얻어 낸 것은 전혀 없을까? 클락은 여러 NGO들과 함께 여성이 세계은행에 개입함으로써 이루어 낸 성과를 다음과 같이 정리한다(Clark 2002). 첫째, 부채 삭감은 이제 국가가 저지르는 금융의 부실 관리와 낭비를 조장하는 것이 아니라

---

[17] 클락은 이제 세계은행이 더 이상 NGO 운동의 초점이 되서는 안 된다고 주장하며, 그 이유를 다음과 같이 밝힌다(Clark 2002).

첫째, 세계은행은 우리가 생각하는 것처럼 지구적 금융의 참여자 가운데 큰 몫을 차지하고 있지 않다. …… 둘째, 세계은행이 펼치는 정책의 영향력은 다른 주체들, 특히 미국 정부와 의회, 유럽연합, 일본, 그리고 은행가 연합 및 다국적기업 대표의 영향력에 의해 위축되고 있다. ……. 셋째, …… 세계은행은 1990년대의 개혁을 거치면서 [좀 더 투명한 조직이 되었다]. …… 넷째, 제임스 울펀슨을 총재로 지명한 이후 …… 세계은행은 …… 기존 질서를 정비하려고 노력하고 있다.

이것은 다른 운동들 가운데에서도 성공적이었던 '은행을 보는 여성의 눈' 캠페인이 이제는 그 수명이 다했으며, 따라서 운동의 초점이 미국 정부나 IMF 또는 유럽연합에 대한 로비 활동으로 옮겨져야 한다는 것을 의미하는 것일까?

전 지구적 경제에 이로운 것으로 인식되고 있다. 즉, [부채 삭감이 경제의] 효율성을 증진시킨다는 논변이 성공적으로 자리를 잡게 되었다. 둘째, 구조 조정의 압력은 빈곤 퇴치와 같은 사회적 우선 과제들에 의해 어느 정도 완화되었다. 구조 조정이 특히 여성에게 과중한 압박을 가하고 있다는 증거는 사회복지에 대한 관심을 늘리고 경제정책을 그에 맞게 조정하는 데 결정적인 영향을 미쳤다. 셋째, 빈민(여성)에 대한 신용 대출은 이제 그들의 역량을 강화하고 경제적인 자립을 지원할 수 있는 중요한 정책적 수단으로 고려된다.

그럼에도 세계은행에 개입함으로써 야기된 이런 거버넌스의 변화가 갖는 한계에도 신중하게 주의를 기울이는 것이 중요하다. 한 예로 레어롭-폰더슨은 케냐와 카메룬에서 시행되고 있는 소액 융자 제도를 평가하면서 그 제도의 훈육적 권력 효과를 지적한다(Lairop-Fonderson 2002). 그 제도로 인해 개별 여성의 삶과 그들 가족의 삶에는 다소간 변화가 일어날 수 있지만, 그 제도는 또한 여성을 시장의 규칙에 더욱더 의존하게 만들면서 통합적 기능을 수행한다는 것이다. 그리고 고츠와 굽타는 방글라데시의 그라민 은행에 대한 연구에서 여성 대출자의 37퍼센트만이 그들이 빌린 돈에 대한 통제권을 유지한다는 것을 밝힌 바 있다(Goetz and Gupta 1996).[18] 3장에서 논했던 것처럼, 시장은 지배적인 사회적 관계에

---

18 여성의 종속이 지속되는 상황에 대한 이런 식의 해석을 비판한 연구로는 Kabeer(1999)를 참고하라. 카비르는 방글라데시에서 진행된 다른 연구에서, 신용 대출에 대한 접근 기회로 인해 여성의 자금 보유력 및 구매력이 개선되고, 여성의 정치 참여가 높아진 상관관계를 찾을 수 있다고 주장한다(Kabeer 1999, 455). 세력화를 측정하고 그에 대한 자료를 축적하는 과정은 쉽지 않은 일이다.

배태되어 있으며, 가난한 여성과 남성은 시장이 행사하는 규제적 규율이 만드는 결과에 영향력을 행사할 수 있는 자원을 갖고 있지 않다. 많은 경우 소액 대출 프로그램은 가족 내부의 권력관계는 전혀 바꾸지 않은 채 여성의 일 부담만 늘리기 일쑤이며, 여성이 시장 관계에 참여하면 여성의 역량을 강화할 수 있다는 식의 언어를 사용함으로써 여성이 대응책을 마련하고 생존 전략을 세우는 데 더할 나위 없이 중요한 보조금을 삭감하는 결과만을 낳을 수 있다(Goetz and Gupta 1996; Lairop-Fonderson 2002; Weber 2002).

여성 NGO와 활동가들은 세계은행에 개입하면서 몇 가지 어려운 문제들에 봉착하기도 했다. 세계은행에 대한 로비 활동은 경제학자들을 상대한다는 것을 의미하는데, 그 경제학자들이 항상 여성 NGO들이 제기하는 의제를 신뢰하고 있지도 않은데다 그들의 언어는 여성 활동가가 해독할 수 없을 정도로 난해하다. 따라서 여성 활동가는 시간과 에너지를 할애해서 그들의 언어를 배워야 한다. 하지만 대부분의 여성 활동가에게 가장 귀중한 것이 바로 시간과 에너지이다. 한편 세계은행이나 다른 주요 경제기구 대표자들과의 '상의' 과정에는 으레 권력 불균형이 작동하고 있으며, 이로 인해 여성 활동가가 소외되기도 한다(Cohen 2000). 그리고 이런 논의 자리에 세계은행 임원들이 들이미는 경제지표들에 이의를 제기하기 위해서 필요한 정보를 수집하는 과정 또한 다수의 제3세계 NGO들이 제공할 수 없는 자원과 훈련을 필요로 한다. 이런 이유로, 남반구의 많은 NGO들은 사실상 세계은행을 자금 마련을 위한 창구 정도로 여길 뿐이다. 그러나 치리보가가 지적했듯이, 이렇게 "재원을 마련할 가능성을 고려해 호의적인 말들을 나누는 와중에 후견-피후견 관계를 형성할 위험"이 있을 뿐만 아니라 이로 인해 국제적인 동지들과 북반구의 협력자들을 잃을 수도 있다(Chiriboga 2002). 따라서 NGO들이 지닌 각기 다른 자원 조달력과 접근성의 문제는 NGO들 간의 차이와 관련해 중요한 쟁점이 된다. "……현재까지 이루어진 [은행을 보는 여성의 눈] 캠페인의 발전 과정은 북반구와 남반구 여성운동이 지닌 힘의 차이, 지리적 위치의 중요성 및 주변화된 사회운동에까지 커뮤니케이션 기술이 확산되는 데는 시간이 좀 더 걸린다는 점 등을 분명하게 보여 준다"(O'Brien et al. 2000, 65).[19] 더욱이 여성 NGO가 다자 기구, 특히 구조 조정 정책의 시행과 관련된 조직에 개입할 때 추가적인 비용이 발생한다. 예컨대 남반구 여성은 종종 '외국' 조직과 관계를 맺는다는 것에 대한 비난을 듣기도 한다. 또한 다자 기구들에 대해 개입하는 NGO의 책무성에 대한 문제도 제기된다(Rai 2002b를 보라). 그리고 민족국가를 건너 뛰어 다자 기구에 접근하려는 시도가 민주적인 정치과정이나 민주주의를 쟁취하려는 현장의 투쟁을 약화시키는 결과를 빚기도 한다.

그럼에도 불구하고 NGO 활동이 확대되고 특히 유엔이 주최하는 여성과 관련한 대회의 포럼들이 많아지면서, 다자 기구들 또한 젠더 형평성에 대한 문제 제기에 동참하게 되었으며, 많은 민족국가들도 그들과

---

19 북반구와 남반구의 NGO들이 국제금융기구에 개입하면서 그 두 세계의 차이를 확인하게 되었던 과정에 대한 세심한 분석으로는 Chiriboga(2002)를 참고하라. 세계은행도 이런 차이를 만드는 데 상당 부분 기여했다(Clark 2002를 보라). 1999년의 시애틀 시위에서 본 것처럼, 현실적으로 여실히 드러난 이런 차이들을 국제금융기구가 '분리 통치'(divide and rule)를 통해 남용하도록 내버려 둘 것인가? 여성 NGO들은 이 차이들에서 비롯된 정치적 부산물에 정면으로 맞서 싸워 본 경험이 있는가? 이 분야에 대해서는 더 많은 연구가 필요하다.

마찬가지로 참여하게 되었다. 성주류화는 그 국가들이 채택하고 유엔이 지지하는 중요한 전략들 가운데 하나이다. 다음 절에서 나는 '여성 지위 향상을 위한 국가기구'national machineries for the advancement of women의 설립을 통한 성주류화 전략을 검토함으로써 이 중위적 수준의 거버넌스를 평가해 보고자 한다.

국가 페미니즘: 변화를 위한 수단인가?

여성의 이해관계를 주장하는 데 국가 중심의 전략들이 점점 더 중요해지고 있다. 흥미롭게도 이런 변화는 우리가 지구화 과정에서 민족국가의 지위가 바뀌고 있다는 점을 인식하고 있는 시기에 발생하고 있다. 혹자는 국가가 중위적 수준에서 지구화의 관리자이기는 하지만 이제는 여성을 위한 변화를 일구어 갈 행위 주체의 지위를 가질 수 없다고 주장한다. 반면 다른 이들은 지구적 경제 세력들이 우세해지고 있는 바로 이 시기에, 그들에 대항해 국가가 중재적 역할을 발휘할 것을 독촉하거나 각국의 정치적 조건에 의거해 민족국가가 국제적 의무에 준해 행동할 것을 촉구하기 위해서는, 여성이 민족국가에 개입할 필요가 있다고 주장한다.

[여성 지위 향상을 위한] 국가기구는 '정부 내의 정책을 조정하는 중앙 부서'로 정의될 수 있다. 유엔이 이 전략을 후원하고 베이징선언 및 행동강령(UN 1995b)의 일부가 되면서, 많은 국가들에서 여성 부처가 설립되는 등 이 전략은 정치적으로 상당히 가시적인 성과를 거두었다. 그에 따라,

지난 20여 년 동안 여성과 관련된 국가기구가 어떤 식으로든 존재하기는 했지만, 그 기구들은 1990년대 이후에 와서야 비로소 여성의 지위 향상을 위한 지구적 전략의 의미를 획득하게 되었다. 여성 국가기구가 담당하는 주요 업무는 "정부의 전체 부서에서 그리고 모든 정책 영역에서 젠더 평등의 관점을 주류화할 것을 지원"하는 것이다(UN 1995b, 201항). 국가기구는 이렇게 젠더 평등과 젠더 정의를 도모하기 위한 '촉매제'가 되었다(DAW 2000a, 10).[20] 그 결과 이 기구들의 조직과 업무에서도 전반적인 변화가 일어났다. 초기의 여성 기구들이 대체로 여성의 복지, 특히 국가 인구와 보건 사업에 역점을 두었던 반면, 지금은 정부 기관 전반에 걸쳐 국가정책들을 성별화하는 수단이 되도록 하는 데 초점을 둔다. 그러면서 이 모든 제도에서 여성 권리의 신장과 관련한 언어가 중요해졌다(McBride Stetson and Mazur 1995).

민족국가가 이런 제도적 메커니즘을 설치해 성주류화를 시도하는 배경에는 몇 가지 요인이 있다. 인도를 포함한 몇몇 나라에서는 강한 여성운동이 존재할 뿐만 아니라 그 운동 세력이 다양한 유엔 여성대회에 참여한 덕분에, 정부 안에서 WID나 GAD 부서의 제도화를 통한 주류화 전략이 가시화되고 상당수의 정부 인사들이 그 전략에 확신을 갖게 되었

---

20 오랜 역사를 지닌, 인도 공산당 산하의 여성 단체인 전국인도민주여성연합(All-India Democratic Women's Association)은 여성 국가기구에 대한 실천 강령 항목 H에서 다음의 내용을 따로 언급하지 않더라도 정부가 이를 실행해야 한다는 것을 지적한다. "① 정부 정책을 감시하는 자율적인 기구를 설립하고, 정부가 이 기구를 승인하지 않을 시에 선출된 입법기관에 설명서를 제출할 의무를 지우도록 권고한다. ② [그 기구는 정부의] 정치적 의지에 대해 중요한 문제를 제기한다. ③ 제반 주요 영역에서 젠더 격차를 줄힐 수 있도록 적극적 조치를 취한다"(1995, 12).

다. 예를 들어, 인도에서는 여성운동이 힘을 얻고, 공적인 삶에서 여성이 어떤 역할을 하고 있는지를 평가하기 위해 설립된 위원회들이 1975년과 1985년에 설립되면서 그 여세를 몰아 1990년에는 국가여성위원회National Commission for Women가 창설되었다. 또 각종 후원 단체들은 방글라데시, 자메이카, 모로코와 같은 제3세계 국가들도 성주류화를 위한 메커니즘과 절차를 제도화하도록 압력을 행사했다(Goetz 1998, 55). 한편 구조 조정 정책의 실행 이후 많은 여성이 노동시장에 진입하면서 발생한 노동시장의 거대한 변화를 민족국가들이 자각하게 된 것 또한 성주류화의 원인으로 작용했다. 이에 더해 복지 서비스의 공급은 가족 내 노동 분업에 직접적으로 영향을 미치는 논쟁적인 문제가 되었다. 그 결과 국가가 계획을 세우고 영향력을 미치며 규제할 필요가 있는 가족과 젠더 관계에 변화가 발생했다. 따라서 국가 입장에서도 젠더 문제에 관여하는 것, 여성운동과 여성의 이해관계를 대표하는 것으로 보이는 여성 NGO와 함께하는 것은 중요한 사안이 되었다.

젠더 평등을 위한 국가기구에 대한 유엔 전문가 회의UN Experts' Group Meeting on National Machineries for Gender Equality 보고서에 따르면, 여성 국가기구의 권한에는 정책 개발, 정책 홍보, 정책 조정 및 감시, 입법 제안 및 정책 제안에 대한 검토, 성인지적 법체계를 위한 개혁안 발의, 정책 실행 과정에 대한 성인지적 심의, 그리고 성인지적 관점에 입각한 헌법적 논의 보장 등이 포함되어야 한다(UN 1999, 10-11). 이처럼 여성 국가기구는 사람들의 '변화하는 선호 조합'changing preference sets 내에서 서로 다른 대화 공동체들을 인식하고, 그들의 목소리에 귀 기울이며, 인정해 주고, 그들이 융합될 수 있도록 도와주는 접점으로 상상되었다. 그리고 여성 국가기구는 이런 선호 변화도를 일국적·광역적·국제적 차원의 정책 결정자들에게 전하고 자 한다. 또한 이 기구는 시민사회와 국가 사이를 이어 주는 다리이며, 국제기구에서는 국가를 대변한다. 요컨대 다양한 수준에서 진행되고 있 는 거버넌스의 과정에서 여성의 이해관계를 대변하는 것이 여성 국가기 구의 중요한 업무 가운데 하나다. 따라서 이 기구들의 권한은 상당 부분 의제를 설정하는 역할에 방점이 찍혀 있다. 그들은 변화하는 여성의 이 해관계에 대한 시민사회의 논쟁을 정부의 정책 프로그램에 반영시킨다. 이 점에서 슈타우트는 다음과 같은 점을 강조하는 것이 중요하다고 지적 한다. "여성의 주류화는 관료적·정치적 맥락과 떨어질 수 없는 활동이다. 발전의 패러다임이 나라마다 다른 것처럼, 발전 패러다임을 합리화하는 외교정책의 의제도 다르다. **관건은 맥락이다**"(Staudt 1998b, 177-178). 따라 서 호주와 캐나다 및 북유럽 국가에서는 국가에 개입하려는 페미니스트 의 강력한 운동이 상당한 성공을 거두었던 반면(Hernes 1987; Watson 1990; Johnson 1999b; Sawer 1998), 인도의 여성 국가기구에 대한 나의 연구(Rai 1998b)나 우간다의 사례연구(Kwesiga 2002) 등은 다소 혼재되고 비관적인 그림을 보여 준다. 〈표 5-2〉는 여성 국가기구들의 특징을 정당성 수준과 규범 및 기능으로 유형화해 개괄한다.

구조 조정 정책이 실행되고 국가기구가 축소되면서, 우리는 여성의 이 해를 도모하기 위한 메커니즘으로서 여성 기구의 존재가 상당히 위축되 는 상황을 매우 자주 접할 수 있다. 여성 기구들은 이곳저곳 정부 부처들 산하를 떠돌고(심지어는 정부 청사 건물 내에도 자리를 잡지 못하고), 재원 — 결 코 충분한 적이 없던 — 은 더욱 축소되고, 이 여성 기구들을 이용해 보건 및 사회복지 예산을 삭감하는 것을 정당화하려는 압력이 거세진다(Goetz

〈표 5-2〉 국가기구의 유형

정당성의 유형	도구적 규범	주요 기능
공식적-실질적 상위 수준		
정부의 최고 수준에 위치하며, 기구가 내놓는 의제 실행을 강하게 책임지려는 국가 관료와 정기적인 만남을 가진다. 이는 여성 기구의 실질적인 감시 역할에서 확인될 수 있다. 스웨덴의 여성 기구가 이 유형에 속한다.	• 헌법상의 권한, 헌법에 준하는 법률, 행정 명령이나 국회 제정법에 존립 규정이 명시되어 있다. • 자체적인 예산을 가지고 있거나 소속 부서의 예산 가운데 일정액이 책정된다. • 행정 직원 51명 이상을 보유하고 있다.	감시 조율 규제 집행 홍보
공식적 상위 수준		
정부의 최고 수준에 위치하지만, 위상이 다소 불안정해 특히 국가 관료를 감시하는 기능은 약하다. 에콰도르와 우간다의 여성 기구가 이 유형에 속한다.	• 대통령령이나 최고 행정 명령 또는 국회 제정법에 존립 규정이 명시되어 있다. • 예산은 매년 정부에 의해 배분되거나 예산의 절반 이상이 국제 원조에 의존한다. • 행정 직원 50명 이하를 보유하고 있다.	조율 규제 홍보
공식적 중위 수준		
비록 상위 수준의 정부와 가까우나, 최고 수준의 정부에 위치하지 않는다. 인도와 영국의 여성 기구가 이 유형에 속한다.	• 행정 명령이나 정부 결의안, 또는 내각 명령에 존립 규정이 명시되어 있다. • 예산은 매년 정부에 의해 배분되거나 예산의 절반 이상이 국제 원조에 의존한다. • 행정 직원 50명 이하를 보유하고 있다.	조율 규제 집행 홍보
공식적 하위 수준		
배분된 자원이 매우 적고 정책 생산 관료와의 만남이 불규칙하며, 기구의 위상이 매우 낮다. 여러 동유럽 나라들이 이 유형에 속한다.	• 행정 명령이나 정부 결의안 또는 내각 명령에 의해 존립 규정이 명시되어 있다. • 예산은 매년 정부에 의해 배분되거나 반 이상이 국제 원조에 의존한다. • 행정 직원 50명 이하를 보유하고 있다.	조율 규제 집행 자문
개인 중심		
잘 알려진 개인이 자신의 실적을 쌓으면서 정부와 정책을 결정하는 관료 조직 내의 젠더 문제를 책임진다.	• 정부가 지시한 업무에 중점을 둔다. • 할당된 자원이 없다. • 한 개인의 활동에 국한된다.	홍보

자료: ECLAC(1998, 19)에서 재구성

1998; Kwesiga 2002). 나는 인도와 중국의 촌락 단위의 기구에 대한 여성의 정치 참여를 검토하면서, 지금까지 진행되어 온 발전 정책의 성과 및 발

전 담론의 구조에 대한 연구에서 "여성의 일상생활에 특정한 형태로 영향을 미치는 불평등의 구조를 설명할 수 있는 여지를 찾을 수 없다"는 결론을 내린 바 있다(Rai 1999, 247). 정부 구조의 일부를 이루는 여성 국가기구는 어떤 문제를 드러내는 데는 효과적일 수 있지만, 그렇다고 해서 모든 문제에 효과적인 것은 아니다. 게다가 정부 정책에 대한 비판자로서 그 여성 기구가 갖는 효과성은 그들에게 조성된 다양한 정치적 공간에 달려 있다. 정부의 '합리성'은 오히려 현재 상황을 변화시키는 데 요구되는 반대와 저항의 정치를 약화시킬 수도 있는 것이다. 예를 들어, 인도에서 국가여성위원회가 운영된 6년 동안 좌파 여성 단체들은 대부분 그 여성 기구와 거리를 유지했는데, 이는 그 기구가 엘리트의 관료 조직일 뿐만 아니라 다양한 정부 부처들의 손에서 놀아나고 있는 것처럼 여겨졌기 때문이다. 이렇게 변화를 위한 지구적 전략들이 오히려 무딘 칼날처럼 거버넌스의 정치에 무감각할 수 있고, 그 결과 이 전략들의 본래 계획을 정당화할 수도 있지만 외려 그 정당성을 훼손시킬 수도 있다(Rai 2002b).

여성이 삶을 영위하는 정치적 맥락의 차이를 살펴보면, 거버넌스 전략이 지구화되면서 발생한 문제들을 파악할 수 있다. 상이한 정치적 맥락에서 출발한 여성 국가기구들의 다양한 프로그램을 검토해 보면(UN 1999을 보라), 호주를 포함한 서구의 정치경제에서는 여성 국가기구들이 여성 시민사회단체들과 좀 더 안정적인 동맹을 맺을 수 있었던 것으로 보인다. 즉, 복지국가 체제와 공고화된 민주주의, 그리고 강한 여성운동의 결합은 정부 정책의 성주류화를 실행하도록 정부를 견인하는 밑거름이 되었다. 그러나 이것은 결코 쉽지 않은 일이었으며, 정치적 좌절 없이 얻어진 것도 아니었다. 그리고 이 기구들이 그 나라들의 거버넌스 구조에 아직 확실히 각인된 것도 아니다. 하지만 재분배의 쟁점들이 복지 논쟁에 포함되면서, 여성 국가기구들은 중요한 개입을 할 수 있게 되었다(Sawer 1998; Johnson 2000).

이와 대조적으로 대부분의 제3세계 국가에서 여성 국가기구가 처한 상황은 가변적이며, 사실 좀 더 비관적이다. 실질적인 복지국가 구조의 전적인 부재, 구조 조정 정책에 의해 유발된 국가의 사회 기반 시설에 대한 투자 철회 및 그로 인해 여성에게 가중되고 있는 압박, 일상화된 물자 부족과 만연한 빈곤을 배경으로 더욱 벌어지고 있는 경제적 격차, 많은 경우 취약하기 짝이 없는 민주주의 등 이 모든 여건은 여성 국가기구가 어떤 역할을 수행할 수 있을지에 대해 의구심을 품을 수밖에 없게 만든다(Kardam and Acuner 2002; Kwesiga 2002). 이런 상황에서 여성 국가기구와 함께 일하는 여성 단체들이 국가에 의해 선별적으로 흡수되어 그 단체 존립의 정당성을 잃거나 여타 시민사회조직과의 관계가 틀어질 위험은 점점 더 현실로 다가온다. 에콰도르의 맥락에서 실비아 베가는 다음과 같은 사실을 발견한다. "프로그램들이 아래로부터, 다시 말해 시민사회로부터 시작할 때, 훨씬 더 많은 사람들을 조직하고, 공적으로 더욱 가시화될 수 있으며, 여론에 더 큰 영향력을 행사할 수 있고, 여성의 참여 수준도 훨씬 더 높아질 수 있음을 경험이 말해 준다"(Vega 2002). 그렇지만 다른 많은 나라에 대한 조사 연구는, 시민사회단체와 국가기구의 관계가 그다지 긴밀하지 않으며, 특히 경제가 어려울 때에 그 관계는 더욱 소원해진다는 것을 보여 준다(Goetz 1995, 2002).

슈타우트는 여성 국가기구 앞에 놓인 장애물을 다음의 세 가지로 제시한다(Staudt 2002). 첫 번째 장애물로 그녀는 좋은 거버넌스의 부재를

든다. 여기서 좋은 거버넌스란 부패하지 않은 국가와 투명한 예산 과정 및 자금을 제공하는 후원자보다 시민사회의 이득을 더 중요시하는 평가 과정을 포괄한다. 두 번째 장애물은 빈약한 자원이다. 이는 모든 방면에 걸쳐 여성 국가기구의 구성원들을 적절하게 훈련시키는 데 필요한 자원 뿐만 아니라 예산을 배분하고 정치적 영향력을 발휘할 자원 역시 부족하다는 것을 의미한다. 슈타우트가 지적하는 마지막 장애물은 대부분의 국가가 패권을 장악하고 있는 신자유주의적 경제 모델을 따르고 있는데, 그 모델은 여성이 거의 전적으로 담당하고 있는 돌봄 경제를 전혀 고려하지 않는다는 점이다. 분명 경제적 영역에서 소액 융자 프로그램이 그러하듯이, 정치적 영역에서는 여성을 위한 국가기구가 젠더 문제를 다루어 나가는 데 중요한 자원이다. 하지만 여성 국가기구가 지배적인 사회적 관계에 배태되어 있다는 점 또한 간과해서는 안 될 사실이다. 이로 인해 다음과 같은 어려운 문제가 제기된다. 과연 여성 국가기구는 여성의 지위 향상을 위한 촉매제로 기능할 수 있을 것인가? 이 문제에 대해서 나는 DAWN의 창립 멤버인 데바키 자인의 다음과 같은 결론에 동의한다. 대부분의 "위계적이고 가부장적인 관료 제도에 배태되어 있는 국가기구들은 여성의 세력화와 젠더 형평성gender equity이 요구하는 변화를 위한 추동력을 만들어 낼 수 없다. …… 여성의 지위 향상을 위한 국가기구는 필요하지만, 그 기구는 저항, 반란, 적극적인 실천을 가능하게 하는 투쟁과 정치 및 법적·정치적 역사 속에서 탄생해야 한다"(Jain 1995, 31).

사틴, 국가, 그리고 사회 변화

성주류화라는 전 지구적 메시지를 국가 차원에서 이행하는 것은 각각의 민족국가가 놓인 정치적·사회경제적 맥락에 달려 있는 나름대로 어려운 문제라 할 수 있다. 그런데 정말로 심각한 문제는, 분절되었지만 배태된 국가에 지역적 차원에서 여성 단체가 개입할 때 발생한다.

전 세계 여성 대부분은 여전히 농촌에서 살고 있다. 4장에서 본 것처럼, 이들의 삶이 지구화 과정에서 다양한 모습으로 바뀌고 있지만, 토지에 대한 통제권은 이들에게 아직도 중요한 문제로 남아 있다. 여기서 여성의 투쟁은 한편으로 재산을 빼앗긴 '인민'의 투쟁이며, 다른 한편으로 토지 소유에 대한 여성 권리의 문제이기도 하다(Agarwal 1994를 보라). 1장에서 나는 발전의 문제를 고찰할 때 민족주의 수사학에 주목해야 한다고 주장한 바 있다. 많은 탈식민국가의 지배적인 문화 체제는 원래부터 여성의 토지소유권을 완전히 부정하거나 근대적인 평등권의 법적인 시행을 둘러싸고 그 권리를 부정했다. 아가왈이 지적하듯이, 실제로 "정부의 토지 분배 사업 때문에 경작 가능한 토지에 대한 통제권과 관련한 젠더 격차는 더욱 벌어졌다"(Agarwal 1997, 1375). 여성에게 이런 토지에 대한 권리는 여전히 심각한 문제로 남아 있지만, 4장에서 보았듯이, 토지 문제와 더불어 천연자원의 민영화도 여성에게 심대한 영향을 미치면서 점점 더 긴박한 사안이 되고 있다. 이처럼 젠더 관계는 다른 사회적 관계들과 마찬가지로 지구화의 압력을 받으며 변형되고 있다. 이에 대응해 여성, 환경 및 인권 단체들이 연대 투쟁을 벌여 가고 있는데, 농촌의 경우에는 대규모 댐 공사 사업으로 인한 강제 이주에 반대하는 운동을 일례로 들 수 있다. 연대를 통한 또 다른 대응으로는 국가기구나 정책과 연계하는 방식이 있는데, 아래에서 논의할 사틴 운동sathin movement이 여기에 해당한다. 그런데 후자와 같은 연대의 구축은 여성 단체가 제기하고자 하는 반대의 본질과 관련해 여러 가지 쟁점을 제기하고 있다. 여기서 나는 인도의 라자스탄 주에서 실시된 여성개발프로그램을 사례로 삼아 그 쟁점들을 조명할 것이다.

차크라바르티는 여성개발프로그램에 대한 면밀한 연구를 통해 여성운동과 NGO, 페미니스트 관료들과 학자들 사이의 긴장 관계를 상세하게 그려내고 있다(Chakravarty 1999). 그 연구는 또한 '남반구'의 여성 단체들 사이에 내적인 차이가 있다는 점을 지적하고 있는데, 이는 북반구의 다양한 여성 단체와 대화를 나누는 제3세계 여성을 한 덩어리의 획일적인 존재로 보는 시각이 잘못된 것이라는 점을 시사한다. 사실 남반구와 북반구의 정치적 공간들은 모두, 맥락의 차이는 있다 하더라도, 유사한 문제를 둘러싸고 내적으로 분할되어 있다.

여성개발프로그램은 유엔아동기금UNICEF의 지원을 받아 1984년 라자스탄 주의 6개 지방에서 시작되었다. 인도 정부가 이 프로그램에 착수할 것을 결정한 데는 1975년 여성 지위에 대한 보고서의 발표, 1970~80년대에 놀랄 만큼 성장한 여성운동 및 유엔 여성 10년UN Decade for Women[1976~85]의 개시 등이 배경을 이루고 있었다. 이 프로그램은 "가난한 농촌 여성들이 자기 자신에 대한 가치를 새롭게 발견하고, 사회적 쟁점 및 발전의 문제와 관련한 전략들을 스스로 개발할 수 있도록 그들의 의식을 고취시키는 것"을 목표로 내세웠다(Chakravarty 1999, 1-2). 이 목표를 이루기 위해서 유연하고 다양한 메커니즘이 동원되었다. 또한 이 메커니즘들은 발전 계획에 대한 여성의 참여, "특히 빈곤 지역 출신 여성의 참여"를 늘리는 데 초점을 맞추는 것이었다(Chakravarty 1999, 2). 이 계획에 따르면 변화의 행위 주체는 촌락 차원에서는 사틴sathin('친구'라는 단어의 여성형)이었으며, 지방 차원에서는 (세속적 전도사secular preacher를 의미하는) 프라체타pracheta 였다. 지방 차원에서 정부 당국을 대표하는 지방행정관이 이끄는 여성개발국, (자발적 조직인) 국가정보개발국, 라자스탄 주의 자이푸르Jaipur 지방에 위치한 자치 기관인 발전학연구소 등이 그 프로그램에 필요한 교육, 의사소통 및 모니터링 등을 위해 참여했다. "이런 구조는" 프로그램에 참여하는 "정부와 비정부 부문 사이의 힘의 균형을 맞추려는 시도"였으며, 여성개발프로그램을 설립하는 과정에서 조언을 했던 광범위한 여성 단체들의 관심사를 반영하고자 한 결과였다. 그러나 대부분의 여성 단체들이 이 프로그램을 지지했음에도 불구하고, 상당수는 "과연 국가와 여성운동이 협력해 어떤 형태로든 긍정적인 성과를 만들 수 있을지"에 대해서 회의적인 반응을 보였다(Chakravarty 1999, 3).

> 사틴은 특별한 일꾼, 즉 풀뿌리 수준에서 여성의 세력화를 도모할 수 있는 촉매제로 여겨졌다. 사틴은 여성이 집단적 힘과 협상력을 키울 수 있는 수단이자, 여성이 자신의 집단적 이해관계를 표출할 수 있도록 돕는 도우미였다. …… 그러나 사틴의 진정한 효과성은, 사틴이 그 과정을 거치면서 스스로 여성 지도자로 변모할 수 있을 것이라는 가정에 입각해 있었다(Chakravarty 1999, 3-4).

그러므로 사틴을 훈련시키는 것이 이 프로그램의 중요한 요소를 차지했다. 그 훈련의 핵심은 "모든 과정을 집단적으로 함께하는 데 있었다. 그것은 우선 촌락 수준의 강령에서부터 시작해서 보다 상층의 [정부] 수준에 이르기까지 여성의 관점을 분명히 표명할 수 있도록 하며, 그 다음 단계로 유사한 과정에 참여하는 다른 여성 집단과 함께하고자 활동 범위를 넓혀 가는 과정으로 이루어진다"(Chakravarty 1999, 3). 이런 과정 전반은 실질적 이해와 전략적 이해 모두를 위해 복무한다. 곧 프로그램은 최저임금, 약탈자에게 빼앗긴 토지 회복, 과부들의 토지소유권 문제, 여성의 고용 기회, 안전한 식수, 보건 등 "기근 구제 사업에서부터 모든 종류의 가부장적인 사회적 억압에 맞서 싸우는 것에 이르기까지" 포괄적인 문제들을 다루었다. 하지만 여성의 이해관계를 표출하고 여성을 조직화하는 과정에서 사틴이 촌락의 기성 사회적·정치적 위계질서와 갈등을 빚는 것은 불가피했다. "지방 기관과 자발적인 단체 및 정부 당국이 사틴을 후원했던 초기에, 그녀들은 활동을 벌여 나가는 동안 혼자가 아니었다. ······ 특히 지방 기관의 지원은 여성이 농촌 사회의 뿌리 깊은 카스트와 계급의 반대에 부딪혔을 때 결정적인 도움이 되었다"(Chakravarty 1999, 5). 그러나 1985년과 1988년 사이에 라자스탄 주에서 가뭄이 발생하고 극심한 흉작이 덮친 데다 당시 정부의 우선 과제가 '가족계획'으로 바뀌게 되자, 다층적 수준의 기관들 및 행위자들 사이의 협력에 기초한 이 여성개발프로그램의 조직 체계는 엄청난 중압에 시달리게 되었다.

정부가 추진하는 기근 구제 사업은 농촌 빈민의 주요한 생존 수단이 되었지만, 지방 정부의 관료에게는 가족계획의 일환으로 시행된 여성 불임 시술의 할당량을 채우는 수단이 되었다. 여성은 [기근에서 벗어나기 위해 정부의 구제 사업에 의탁할 수밖에 없었지만 그렇게 되면 불임 시술을 받아야 하는] 이중적인 압력이 초래한 진퇴양난의 상황에 빠졌다. 이에 사틴은 여성개발프로그램과 관련된 비정부 조직들의 후원을 받으며 이런 이중적인 억압에 대한 반대를 조직하기 시작했지만, 지방 정부는 이 문제에 대한 논의 자체를 거부했다(Chakravarty 1999, 7). 그런 반대 운동에 병행해 1986년에 각지의 촌락과 지방의 사틴들은 회합을 가지고 토지와 보건 문제가 여성 개발프로그램이 다뤄야 할 최우선 사항이라는 것을 확인했다. 이에 대해서 차크라바르티는 다음과 같이 언급한다. "여성의 건강에 대해 국가가 보이는 유일한 관심은 여성의 '출산'을 제한하는 데 있을 뿐이다. 이와 달리 여성들은, 아지메르Ajmer 지방에서 열린 보건 캠프에 참여한 여성들이 그랬듯, 자신의 몸에 관한 모든 문제에 관심을 보였다"(Chakravarty 1999, 8). 가족계획과 기근 구제가 연결되면서 발생한 문제를 둘러싸고 벌어진 분란이 보여 주는 것처럼, 다양한 부문들의 연대에 기반한 거번넌스는 경합하는 이해관계가 충돌하는 상황에 취약할 수밖에 없다. 그리고 이런 분쟁이 벌어지게 되면, 국가기구가 우세한 위치를 점하게 된다.

사틴들이 조합을 결성해 스스로 자원을 동원하려 시도하고, 공무원 수준의 고용 안정성과 적합한 임금을 보장받을 수 있도록 국가 구조 내에서 그들의 지위를 '정식으로' 인정해 달라고 요구했을 때, 이해관계의 충돌은 훨씬 더 골이 깊어졌다. 1990년, 사틴들은 이 문제로 파업에 돌입했다. 정부 기관들은 사틴이 공무원이 아니라 자원봉사자일 뿐인데다 교육을 받지 않은 문맹이기 때문에 정식 공무원이 될 수 있는 자격이 없다며 그들의 요구를 묵살했다. 애초에 여성개발프로그램이 가난한 하층 카스트에 속한 여성들의 참여를 프로그램 성공의 핵심으로 여겼다거나, 프로그램의 대상이 되는 여성들이 애당초 교육도 받지 않고 문자를 읽을 수 없었다는 사실은 정부 기관의 안중에 없었다. 구역 개발 담당관과 같은 지방 정부 공무원들은 사틴의 남편들에게 '당신네 부인이 제정신을 차리도록' 잘 가르쳐 달라거나 결과를 받아들이도록 알아듣게 이야기해 달라는 편지까지 보냈다. 이와 관련해서 차크라바르티는 다음과 같이 지적하고 있다. "임금이나 여타 관련된 문제를 둘러싸고 벌어진 사틴의 운동은, 사틴은 발전 정책의 '수동적인 수혜자'에서 성공적으로 탈피한 반면, 여성개발프로그램의 '상층부'는 여전히 계급에 얽매여 있고 프로그램에 대한 도구주의적 접근법에서 벗어나지 못하고 있음을 분명히 보여 준다"(Chakravarty 1999, 11). 여성개발프로그램의 이런 분열로 인한 갈등은 1992년에 반와리 데비Bhanwari Devi라는 한 사틴이 끔찍하게 윤간당한 사건에 대해 대법원이 "상층 카스트 남성이 카스트의 …… 차이를 무시하고 하층 카스트 여성을 강간하지는 않을 것이다"라는 논거를 대며 강간범들에게 무죄를 선고하면서 절정에 달했다(Chakravarty 1999, 16).

지난 몇 년 동안 사틴 프로그램은 관료화되었고, 재정난에 허덕였다. 이런 상황에 대해서 차크라바르티는 다음과 같이 결론 내린다. "정부가 원하는 역량 강화[세력화]는, 그 스스로를 포함해 무력한 이들에 대해 권력을 행사하는 이들의 권력을 침해하지 않는 선에 그친다. …… 사틴들이 법에 명시된 최저임금의 보장 및 사틴 프로그램의 존속과 확장을 위해 투쟁하는 동안, 정부는 그저 베이징, 비엔나, 제네바 등지에서 그 프로그램의 '성공'을 자축하며 명성을 얻으려 할 뿐이다"(Chakravarty 1999, 18).

이 이야기는 우리에게 많은 질문을 던진다. 여성운동의 참여는 그들 자신이 통제할 수도 없는 프로그램에 정당성만 더해 주는 위험을 안고 있다. 한편 유엔아동기금UNICEF과 같은 국제기구들에서 제공하는 훈련은 그 성격과 초점에 관련된 문제가 제기될 수 있다. 특히 정부의 고위층이나 촌락의 상층부 정치 행위자가 아니라 사틴만을 집중적인 훈련 대상으로 삼을 때, 정치 문화의 충돌은 불가피해진다. 그리고 비정부 조직이나 연구소는 국가가 주도하는 프로그램에 정당성을 더해 줄 수 있다는 문제와 더불어 이들이 과연 필요한 시기와 장소에 맞추어 적절한 수준의 지원을 사틴에게 제공할 수 있을 것인가의 문제를 갖고 있다. 사틴의 경우는 적절한 지원 없는 활동이 안고 있는 위험부담이라는 현실적 문제에 더해서 정치적 고위층이 권력 구조를 완전히 장악하고 있을 때 어떻게 의식의 고양을 실질적인 결과로 연결시킬 수 있을 것인가의 문제를 안고 있다. 이런 쟁점들은 이 책의 마지막 장에서 다시 논의할 것이다.

이제 사틴의 자주성은 퇴색되었고, 정부 사업에 좀 더 깊숙이 통합되었다. 용기 있는 많은 여성들이 그 프로그램에 계속해서 참여하고 있지만, 이 운동의 날카로운 칼날은 무뎌지고 말았다.

개입의 정치에 대한 평가

권력 기구에 대한 여성운동과 NGO의 다층적인 개입에 대한 이 연구는 무엇을 시사하는가? 여성 단체들은 위에서 논했던 전 지구적·일국적·지역적 수준의 권력 기구에 모두 개입하고 있다. 그러나 이런 전략에 대해서는 반대가 없지 않다. 많은 여성 NGO들은 그런 식의 개입이 굉장히 많은 문제를 갖고 있을 뿐만 아니라 정치적 오류를 범하는 것이라 생각한다.

이 장에서 제시된 사례연구들에 대한 분석을 통해 내가 주장하고자 하는 바는, NGO와 여성운동이 권력 기구들과 어떤 수준에서 일하든 지배적인 권력 패러다임에 의해 제약을 받을 수밖에 없다는 것이다. 첫째, 여성 단체들의 압력에 못 이겨 권력 기구들이 채택한 프로그램은 대부분 새로운 '의제 설정'이라기보다 기존의 프로그램에 '통합적'이라는 점을 지적할 수 있다(Jahan 1995). 이 점에서 차크라바르티가 제기한 [국가에 관여하면] 변화는 단명할 것이라는 문제는 의미심장하다. 지역의 정치기구들에 배태되어 있는 '문화적'·'사회경제적' 구조에 따라 여성 활동가들은 상당한 제약을 받을 수밖에 없다. 이 때문에 변화의 움직임은 제한될 수밖에 없을 뿐만 아니라 여성 단체가 권력과 영향력의 위계질서에 선별적으로 흡수되는 문제가 발생한다. 둘째, 앞서 본 모든 사례에서 여성 내부의 차이가 결정적인 요인으로 작용하고 있다. 북반구와 남반구의 NGO, 활동가와 페모크라트, 다자 기구나 국가기구에 개입하기로 결정한 이들과 그렇지 않은 이들, 다자 기구로부터 충분한 자금 지원을 받는 이들과 적게 받거나 전혀 받지 못하는 이들 등 여성 내부의 차이는 실로 다양하게 나타난다. 이런 차이는 누구의 목소리는 들리고 들리지 않느냐의 문제, 나아가 들리는 목소리만을 주류화함으로써 그 비판을 정상화해 버리는 식의 개입으로 파생되는 문제와 결부된다. 이와 연관된 세 번째 문제는 다자 기구나 국가기구에 여성이 개입하는 조건이 일반적으로 여성에게 호의적이지 않다는 것이다. 앞서 논했던 세 가지 사례 모두에서 우리는 개입을 통해 다양한 권력 기구들이 작동하는 패러다임 내부에 미미하나마 작은 변화가 생겨났다는 것을 볼 수 있었다. 예를 들어, 세계은행은 경제학에 대한 관점과 정책 결정에 대한 접근에서 작은 변화를 보였다. 그러나 동시에 우리는 많은 나라의 여성 국가기구가 각국의 정치경제적 맥락 내에 배태되어 있으며 그에 의해 제약을 받고 있다는 점과 지역 차원의 국가기구는 매우 협소한 범위에서만 여성 단체들과 공조할 뿐만 아니라 지배적인 사회적 관습에 도전하는 것을 매우 꺼린다는 점을 보았다. 넷째, 논의가 분분하지만 여성운동이 권력 기구에 개입할 때 치르게 되는 비용 문제를 들 수 있다. 그리고 이 비용은 북반구와 남반구 여성에 의해, 그리고 다른 사회경제적 계층에 속한 여성에 의해 다르게 체감된다. 우리가 논했던 모든 사례는 개입의 비용을 인식하는 것이 중요하다는 점을 일깨워 준다. 그 이유는 비록 권력을 지닌 다자 기구나 국가기구에 대해 불참[비개입] 전략이 옹호할 만한 것은 아닐지라도, 개입 전략에도 여성운동의 분열, 상이한 NGO들 사이에서나 각국의 다양한 단체들 사이에서 그리고 남반구와 북반구 사이에서 발생하는 대화의 균열과 같은 비용이 발생하기 때문이다. 게다가 우리가 앞서 본 것처럼 그 비용은 결코 적지 않으며, 그 비용의 부담이 공정하게 이루어지는 것도 아니다. 가장 가슴 아픈 예는 개인적으로 너무 큰 대가를 치른 반와리 데비와 같은 사턴을 들 수 있다. 국가기구에 대한 개입은 그녀와 같은 여성들을 보호하지 못한다. 왜냐하면 국가기구들은 현상 유지에 너무 얽매여 있는 한편, 국가 정치의 한도 내에서 활동하는 여성 단체들로서는 지배적인 권력에 효과적으로 도전하기에는 역부족이기 때문이다. 마지막으로 이런 사례들을 보면서 우리는 성주류화를 위한 국가기구뿐만 아니라, 국제적·국가적 포럼의 장에서 여성을 위해 목소리를 내는 여성 NGO가 갖는 정당성에 대해 질문하게 된다. 현장 활동가들이 변화를 만들기 위한 협력자라고 여긴 그 시스템에 의해 배반당했다고 느낄 때, 누가 그 활동가들의 고통과 혼란을 대변해 줄 수 있을 것인가?

4. 결론

개입의 정치가 지저분한 과정이라고 여겨진다면, 불참[비개입] 전략의 결과는 어떤지에 대해서도 고려해 볼 필요가 있다. 나는 다른 글에서 국가에 대한 개입은 부수적인 비용을 요구하지만, 국가에 개입하지 않는 것 또한 큰 대가를 치러야 할 것이라고 주장한 바 있다(Rai 1995). 또한 나는 국가 폭력이 만연하고 발전의 문제를 해결하지 못한 인도의 맥락에서 인도 대법원의 사법 적극주의judicial activism[21]를 연구하면서, 법의 양면성을 지적했다. 법은 국가에 대한 여성의 요구를 제약할 수 있는 상당한 힘을 지니고 있다. 하지만 동시에 법은 여성에게 더욱 억압적인 국가기구들에 대항해 동원할 수 있는 중요한 자원 ─ 그것이 설령 또 다른 위험부담을 안고 있다 하더라도 ─ 을 제공한다(Rai 1999). 예컨대 대부분의 인도 여성에게 국가기구들의 존재감은 미약할 뿐이지만, 그 존재가 크게 부각되는, 그것도 대부분 잔인하고 폭력적인 방식으로 부각되는 유일한 경우는 바로 여성이 공적이고 사적인 삶의 다양한 영역에다 이 기구들이 그어 놓은 경계선을 넘었을 때이다. 이런 맥락에서 보면, 다음과 같은 주장도 그럴듯해 보인다. "우리를 침해하고, 우리가 두려워하는 바로 그 권력에

---

21 [옮긴이] 법 해석과 판결에서 기존의 판례나 법문에 그치지 않고 정치적 목표나 사회정의 실현 등을 염두에 둔 적극적 법 형성 내지 법 창조를 강조하는 태도를 말한다. 사법부가 창조적인 헌법 및 법률 해석을 통해 정책 형성에 개입하거나, 입법부나 행정부의 입법 활동을 적극적으로 심사해 위헌 내지 무효로 판결함으로써 입법부 내지 행정부와의 관계에서 사법적 통제의 강도를 높이는 태도 또한 사법 적극주의라고 지칭한다.

의해 '보호받는다'는 것은, 다양하고 폭넓은 문화와 오랜 세월의 변천을 거치며 많은 여성들이 경험한 의존성과 무력함이라는 특정한 양식을 영속시키는 것이다"(Brown 1992, 9; Smart 1989, 1992 또한 보라). 하지만 폭압적인 국가 폭력에 직면했을 때, 그 폭력을 금지하라는 법원의 명령이 제공하는 '보호' 덕분에 개별 여성의 삶과 죽음이 갈릴 수도 있다(Williams 1991). 그런 점에서 박시는 인도 사법부를 구조 조정하려는 시도가 경제 자유화의 실행과 동시에 진행되었다는 점을 지적한다. 그의 주장에 따르면, 인도에서 "민중운동 앞에 놓인 중대한 과제는 어떻게 가장 민중 친화적인 거버넌스 기구(다시 말해, 사법부)가, 인도의 지구화를 주도하는 세력과 관리층 및 관련 의제에 맞서, 헌법상 구상된 인도의 발전 패러다임을 수행할 수 있는 기회를 얻고 또 그럴 만한 역량을 키울 수 있을 것인가이다"(Baxi 1997, 359).

그러므로 권력 기구에 개입할 것인가 말 것인가의 문제가 아니라, 일정 정도의 성과를 내기 위해서 어느 정도의 개입 과정이 필요한가의 문제가 논쟁의 주제가 되어야 한다. 간단히 말해 지배적 패러다임에 도전하기 위해서는 정치를 진지하게 고려해야 한다는 것이다. 하지만 이를 위해서는 젠더 정의의 실현에 막대한 걸림돌이 될 수 있는 구조적 권력에 대한 인식이 전제되어야 한다. 이와 같은 정치를 이해하는 데는 시민적 권리와 인타이틀먼트, 심의 민주주의, 그리고 역량 강화[세력화]라는 세 가지 정치적 개념이 중요하다. 따라서 나는 이 개념들을 간략하게 논하면서 이 장을 마치고자 한다.

시민권과 인타이틀먼트

시민권에 대한 헌법상의 변화와 논쟁은 여성운동이 전 지구적·일국적 차원에서 활동을 벌여 나가고, 다양한 유엔 대회들을 통해 국제적인 압력을 행사하며, 여성을 위한 국가기구를 설립하는 등의 노력을 전개한 끝에 젠더 평등을 위한 새로운 장으로 열릴 수 있었던 분야 가운데 하나이다. 많은 나라에서 진척된 법적·헌법적 개혁은 여성의 이해관계에 대한 이론적·전략적 논쟁을 촉발하고 시민권 분야를 연구하는 페미니즘 학계에 반향을 일으켰다. 우리는 시민적 권리에 대한 새로운 주장이 제기되거나 기존의 주장들이 확장되는 맥락을 배경으로 특정한 시민권들이 작동되고 있음을 목도한다(이 책 1장과 4장을 보라).

시민권은 역동적인 개념이자 점진적으로 전개되어 가는 개념이다. 시민이 된다는 것의 의미, 시민권이 형성될 수 있는 조건, 인구 구성원 내의 차이를 인정할 필요성, 동등한 시민권에 대한 요구, 특정한 정체政體의 경제적·사회적 변화 국면에서 만들어진 사회적 협약의 재개 등을 둘러싸고 투쟁이 벌어지며, 이 모두가 시민권의 의미를 조형해 가는 전개 과정의 일부를 이룬다. T. H. 마셜은 시민권을 세 단계로 구분하는데, 광의의 차원에서 이는 3세대에 걸쳐 발전해 온 인권의 개념, 즉 개인의 권리, 정치적 참여의 권리, 사회적·경제적 안전의 권리와 관련된다(Marshall 1950). 혹자는 여성운동이 이와 같이 점진적으로 전개되어 가는 시민권의 성격을 반영하고 있다고 주장하기도 한다. 즉, 20세기 초반부터 (현재까지 지속적으로 제기되는) 보편적인 정치적 권리에 대한 요구에서부터 정치제도와 경제적 정책 결정에서 성별화된 관점을 주류화할 것을 요구하는 현재의 주장에 이르기까지, 또 사회경제적 정의를 포괄하는 인타이틀먼트가 시민권에서 차지하는 중요성에 대한 논쟁에서부터 보편적인 인권과 지구적 시민권 개념에 대한 요구에 이르기까지 여성운동은 시민권과 관련한 논쟁의 발전과 궤를 같이했다(Peterson and Parisi 1998; Ali 2000; Blacklock and MacDonald 2000).

페미니스트 학자들은 시민권이 중요한 개념이자 논쟁적인 개념이라고 주장하면서 시민권에 대한 광범위한 저술 활동을 펼쳤다(Lister 1997, 3). 이들의 주장에 따르면, "근대적 시민권은 사회적 장場에 삽입되는데, 거기에서 자유와 자율성 및 차이에 대한 권리는 …… 근대성을 선도해 조절해 가는 세력 및 국가와 대치하지만, 민족주의, 종교, 가족 등과 관련된 이른바 '문화와 전통' 담론에 의해 결국 전도되어 버리고 만다"(Werbner and Yuval-Davis 1991, 1). 이처럼 시민권은 권리에 대한 보편적인 담론으로 나타나지만, 그와 동시에 특정한 맥락 내에 있는 지배적인 사회적 관계에 배태된다. 페미니스트 학자들은 이런 시민권의 모호함을 예리하게 짚으며 다음과 같이 지적한다. 시민권이라는 용어는 국가적 차원의 정치 무대에서 [보편적인 권리의] 더 높은 위상을 확보하기 위한 투쟁에서 자주 사용되지만, 또한 "종종 이와 동시에 민족 공동체의 다른 구성원들에 대한 배제를 정당화하는 기능을 수행한다"(Narayan 1997, 49). 시민권의 배타성은 두 가지 다른 방식으로 나타난다. 첫 번째 방식은 개인이 가진 국가의 시민권을 부정해 버리는 것으로서, 이는 그 권리가 부정된 이들이 제기하는 '인간적' 권리 주장을 거부하기 위해 이용된다. 두 번째 방식은 개인 중심의 시민권을 정착시키는 것으로서, 이는 시민권에 대한 집단적인 권리를 인정할 수 있는 정치적 공간을 제약하고, 따라서 역사적으로 배태

된 시민권에 대한 이해를 저해한다(Kymlicka 1995).[22]

시민권은 또한 젠더와 민주화에 대한 논의에서도 중요하게 다루어져 왔다. 아마도 우리는 다른 어떤 논의에서보다 이 논의에서 변화된 국제정치 환경을 잘 인식할 수 있을 것이다. 그리고 우리는 여성이 자신의 시민권을 협상해야 하는 상황을 살펴보면, 그것이 어떤 정치적 민주주의의 맥락 속에서 이루어지고 있는지, 곧 낡은 또는 새로운 민주주의인지, 이행기적 민주주의이거나 취약한 민주주의인지를 식별할 수 있게 된다. 이행기 사회에서 여성이 어떤 조건에서 정치적 삶에 포함되는가는 중요한 문제로 다루어져 왔다(Blacklock and MacDonald 2000; Zulu 2000). 그러나 시민권에 대한 이런 논쟁들은 이행기의 성격에 따라 다른 형태를 취하고 있다. 남아프리카공화국에서는 역사적으로 흑인이 정체에서 체계적으로 배제되어 온 조건하에서, 정치적 논쟁의 초점은 성별화된 시민권을 위한 헌법 조항에 맞춰져 있었다. 과테말라와 멕시코에서는 군사 독재의 경험으로 인해 여성운동의 논의가 시민권 중심의 담론에서 인권 중심의 담론으로 바뀌었다. 이와 같은 변화는 자유화가 환경, 인구 이동, 고용 조건 등을

---

22 킴리카는 집단적 권리의 중요성을 평가하면서, 별개의 문제이지만 똑같이 중요한 두 가지 지점을 언급한다. 그는 집단적 권리는 두 개의 상이한 관계와 관련된다고 말한다. 첫째는 인구의 소수와 다수와의 관계이다. 여기서 주장의 요지는 다음과 같다. "소수의 문화와 다수의 문화 사이에서 정의를 실현시키기 위해서는 모종의 '집단적 권리'가 필요하며, 그것은 다수의 결정에 대한 소수의 취약성을 감소시킬 것이다"(Kymlicka 1995, 14). 둘째는 한 집단의 개별 구성원들과 그 집단의 집단성 사이의 관계이다. 여기서 쟁점이 되는 주장은, 전통을 보전하기 위한 '집단적 권리'가 집단의 전통을 바꾸려고 하거나 거부하는 개인들의 권리를 제한할 수 있어야 한다는 것이다. 페미니스트들은 시민적 권리의 근거를 이루는 이 두 가지 주장 모두에 대해서 양가적인 입장을 취해 왔다(Young 1990; Phillips 1995).

둘러싼 분쟁을 유발하고 있는 여타 국가에서도 쉽게 찾아볼 수 있다. 동유럽처럼 이행 국면에 국가의 경제구조가 해체된 나라에서 시민권 논쟁은 불가피하게 새로운 경제적 현실에 역점을 둘 수밖에 없었다(Zareska 1998; Einhorn 2000). 즉, 시민권에서 인타이틀먼트의 문제는 더욱더 중요해졌다.

국제경제기구로부터 압력을 받은 국가 경제들에서 진행된 경제적 구조 조정이 계급과 젠더 및 인종에 따라 상이한 효과를 야기함에 따라, 시민권에서 사회경제적 인타이틀먼트가 갖는 의미에 대한 문제가 점점 더 그 중요성을 더해 가고 있다. 자원과 지역공동체의 관리에 대한 연구에서 아가왈이 지적한 중요한 지점은 "시민권보다는 구성원권membership이 [토지] 자원에 대한 접근권을 정의하는 기준이 되었다"는 것이다(Agarwal 1997, 1374). 그녀는 인도의 공동 삼림 관리Joint Forest Management 계획안에 대한 검토를 통해, "이 새로운 제도가 구성원권에 의거한 권리를 더욱 공식화한 체계"를 갖추고 있다는 점을 발견한다(Agarwal 1997, 1374). 이 경우 모든 촌락 구성원들이 가지고 있던 삼림 사용권은, 삼림 관리를 위해 설립된 공식적인 조직들의 구성원 자격을 획득한 사람들의 권리로 대체되고 있다. 구성원권에 기초한 권리 — 예컨대 토지소유권이나 토지 이용권 — 는, 시민권에 기초한 권리와 다르다. 후자에는 지역공동체에 속해서 자원을 이용할 권리가 포함된다. 이와 같은 사례를 통해 우리가 생각해 볼 수 있는 시민권의 성격은 구성원권의 성격과는 근본적으로 다르지만, 그렇다 하더라도 그것은 남성과 여성에게 상이한 결과를 초래한다. 이 점에서 페미니스트 이론가와 정책 분석가는 시민권의 사회경제적 기반과 정치적 기반을 구분하는 것의 중요성을 지적한다(Lister 1997; Yuval-Davis 1997). 그리고 경제적 참여와 정치적 참여를 구별할 것을 강조하면서, 일부 페미니스트들은 이를 인타이틀먼트 개념에 대한 연구로 발전시켰다.

정치적 평등을 일종의 기회 제공enablement으로서 강조하는 권리에 기반을 둔 관점은 시민권에 대한 접근법 가운데 하나이다.[23] 이와 다른 접근법으로는 경제적·정치적 자원들의 재분배를 가져올 수 있는 사회적 인타이틀먼트에 대한 주장을 들 수 있다. 우리가 2장에서 본 것처럼, 아마르티아 센은 "사적 소유의 경제에서 인타이틀먼트 분석은 (간단히 말해 원래부터 소유하고 있는 것을 지칭하는) '부존자원'과 (생산과 매매를 통해 가능한 교환을 반영하는) '교환 인타이틀먼트의 전반적 구조'exchange entitlement mapping라는 두 가지 기본적인 변수를 갖는다"고 말한다. 그는 또한 "인류 대다수에게 거의 유일하게 유의미한 부존자원은 노동력"이며, 따라서 "노동력의 교환을 지배하는 조건"(예를 들어, 고용과 임금 및 가격, 그리고 만약 있다면, 사회적 안정성 등)이 그런 인타이틀먼트 분석에 핵심적이라는 점을 지적한다(Sen 1990, 140-141).[24] 이를 근거로 센은 "가족에서 여성의 지위를 확실히 높일 수 있는 방법은 여성이 더 중요한 경제적 역할을 수행하는 것이다"라고 주장한다(Sen 1990, 144; Einhorn 2000).[25] 이에 대해서 아인혼은

---

23 키스는 페미니스트 학자들과 활동가들이 '권리의 문제'를 어떻게 생각하고 있는지에 대해 탁월한 분석을 보여 준다. 그는 "권리는 연금술인가 아니면 우둔한 자의 금덩어리인가?"라는 질문을 제기하면서, 권리에 기반한 담론을 거부하는 페미니스트 이론가들은 개념적으로 혼동하고 있거나 순진해서, "여성의 세력화와 젠더 정의를 위한 사회적 조건들을 만들고 유지"할 수 있는 권리의 중요성을 고려하지 않고 있다고 결론 내린다(Kiss 1995, 18).

24 시민적 권리와 '소득 기회'에 대한 논의에 대해서는 Shklar(1991)를 보라. 그녀는 생계를 꾸릴 수 없는 이들의 시민권이 거부되는 곳에서 시민권의 가치를 우선적으로 찾을 수 있고, 이런 이유로 영미권의 정치 이론에서는 "경제적 독립이나 자립적인 '소득 행위'를 민주적 시민권의 윤리적 기초로 보는 관점이 강력한 호소력을 가져 왔다"고 주장한다(Shklar 1991, 17).

다음과 같이 말한다.

인타이틀먼트 개념은 우리에게 법적·정치적 권리가 재산권, 경제권, 사회권과 상호작용한다는 점을 일깨워 준다. 다른 말로 하자면, 그 개념을 통해서 우리는 시장을 사회의 유일한 규제자로 취급하는 신자유주의적 패러다임이 제안하는 국가와 시장의 구분에 반대할 수 있다. 또한 그 개념은 (정치적 입법이나 사회정책 및 복지정책을 통해) 시장과 국가가 함께 작동해 개별 시민과 가족이 갖고 있는 사회적 권리와 기회에 미치는 영향을 개괄할 수 있게 해준다(Einhorn 2000, 119).

그녀는 다음과 같은 결론을 내린다. "젠더 불평등을 극복하고 여성을 위한 적극적 시민권을 촉진시키기 위해서는, 한편으로 국가적 차원의 정치와 지역적 차원의 풀뿌리 정치의 연결과, 다른 한편으로는 국가 간, 시장 간, 가정 간의 연결을 결합시키는 것이 필수적인 선결 조건이다"(Einhorn 2000, 120; Einhorn 1992; Randall 1998, 202를 보라).

지구화 과정은 시민권 개념에 대한 그 나름의 도전과 제약을 낳았다. 역사적으로 지구화가 민족국가의 경계에 배태되어 있는 것이 사실이지

---

25 이런 주장에 대한 반박으로는 Narayan(1997)을 보라. 그녀는 임노동을 이런 식으로 강조하게 되면, "여성에 의해 지배적으로 수행되는 비임금노동과 가사 노동 및 피부양자의 돌봄 노동이 상대적으로 더욱 하찮게 된다"고 주장한다(Narayan 1997, 51). 그녀는 임노동에 대한 강조가 중산층 페미니스트의 관점에서 파생되었다고 본다. 그리고 이는 최근의 페미니스트 의제에서 찾아볼 수 있는 "적극적 조치나 비교 가능한 노동, 직장에서의 희롱과 같은 문제들"이 중요하게 취급되는 이유를 설명해 준다고 지적한다. 그러나 우리가 4장에서 보았듯이, 이런 의제들은 사실 중산층 여성의 관심사일 뿐만 아니라, 세계 도처의 공장의 열악한 조건에서 일하는 수백만의 여성들에게도 매우 중요한 문제이다.

만, 그럼에도 불구하고 지구화는 편협한 시민권 개념에 도전하고 지구적 범위의 행동주의를 제안한다. 페미니스트 운동은 '자매애'가 지구적 성격을 가진다는 점을 오랫동안 강조해 왔지만, 우리는 자매애가 계급, 종족, 섹슈얼리티, 그리고 장애 여부(dis)ability에 따라 분절되어 있으며, 따라서 자매애가 국가적 맥락을 초월할 수 있을 것이라고 계속 낙관하기 어렵다는 것을 알고 있다. 하지만 현재 진행되고 있는 전 지구적 구조 조정이 과연 지구적 시민권이라 불릴 만한 좀 더 안정적인 지구적 행동주의를 여성에게 제공하고 있는가? '은행을 보는 여성의 눈' 캠페인의 성과를 어떻게 평가하든, 이 캠페인은 지구적 행동주의의 한 사례라 할 수 있다. 하지만 4장에서 우리는 전 지구적 구조 조정으로 인해 미미하게나마 제공되던 복지 서비스마저 사라질 위기에 처해지면서 여성의 일이 집 안팎에서 얼마나 힘겨워졌는지에 대해서도 살펴보았다. 페트먼이 시사하듯이, 전 지구적 구조 조정 과정은 여성 이주의 기하급수적인 증가를 초래했고, 이런 현상은 더 이상 특정한 민족국가에 뿌리내리고 있지 않은 시민권의 성격에 관한 문제를 제기하고 있다(Pettman 1996). 이처럼 증가하는 전 지구적 구조 조정의 압력으로 인해 NGO 활동이 확산되면서 여성의 활동이 활발해졌고, 주요한 다자 기구들은 그들의 활동을 인정하게되었다. 하지만 참여에 중점을 둔 시민권 개념이 과연 전 세계에서 여성이 봉착한 삶의 문제들을 해소하는 데 더 큰 도움이 될까?

이와 같이 상이한 맥락에서 진행되는 시민권에 대한 논의는 여성의 행동주의에 대한 다양한, 그러나 항상 조화로울 수만은 없는 문제들을 제기한다. 그렇지만 시민권이 의사소통과 행동주의, 집단적이고 개인적인 관심에 대한 정의, 그리고 권리 혹은 권리 주장과 의무의 토대를 이루기 위해서는, 면밀한 숙고 아래 이루어지는 '뿌리내리기와 옮기기'rooting and shifting[26]의 과정, 곧 변화의 구조적 한계와 가능성에 대한 인식이 수반되어야 할 것이다.

존재의 정치와 심의의 정치

권리 중심의 시민권에 대한 주장은, 논쟁의 여지가 있지만, '존재의 정치'politics of presence(Phillips 1995)와 '심의 민주주의'의 중요성을 인정하는 것을 전제로 한다. 안나 요나스도티르가 지적한 바와 같이, 존재에 대한 논의는 정치의 형식과 내용 모두와 관련되어 있다(Jónasdóttir 1988). 여기서 형식의 문제는, 의사 결정자 가운데 하나가 되겠다는 요구이자 사회문제

---

26 [옮긴이] 유발-데이비스는 본질적 집단적 정체성을 가정하는 정체성의 정치학을 비판하며 차이를 가로지르는 횡단의 정치를 주장했다. 이를 구성하는 두 가지 원리가 '뿌리내리기와 옮기기'이다. 두 원리의 핵심은 공통의 그룹을 형성하는 타자에 대한 관계의 측면에 있다. '뿌리내리기'는 자신의 입장과 가치 체계를 포기하지 않는 것을 의미하는 것이 아니라, 타자의 입장과 가치 체계를 존중하는 것을 의미하며 '옮기기'는 타자와의 관계 속에서 자신의 정치적 정체성을 변화시키는 것을 의미한다. 유발-데이비스는 이런 '횡단의 정치학'이 보편주의와 상대주의의 이분법을 극복하는 현실적 경로임을 주장한다.
하지만 유발-데이비스의 횡단의 정치학은 유사한 위치들의 점유를 통한 우정과 윤리의 체계로서의 폐쇄 체계에 기반을 둔 '인식론적 공동체'를 전제한다. 즉, 횡단의 정치학은 조정될 수 없는 갈등과 이해관계가 충돌하는 현장에서는 수용될 수 없는 연대의 원리, 현재 자신의 정체성과 멤버십에 기반을 두면서도(rooting) 그것을 본질화하지 않고 상대방의 상황으로 이동(shifting)할 수 있는 과정이 중요하다(이 책의 6장 4절도 참고).

를 공유하고 그 해결에 동참하겠다는 요구를 포함한다. 그리고 내용의 측면에서는 다양한 여성 집단의 욕구, 소망, 요구의 표출을 포함한다(Phillips 1995, 40). 필립스는 단순히 (정당 구조 내에 조직된 관념을 지칭하는) '관념의 정치'에서 (정치에서 여러 정체성들이 대표되는 것을 의미하는) '존재의 정치'로 이동하는 것은 문제적이라고 주장한다. 그녀에 따르면, "우리가 바랄 수 있는 좀 더 공정한 대표 체계는, 관념과 존재 사이의 허위적인 대립이 아니라, 관념과 존재 사이의 관계 맺음에서 찾을 수 있다"(Phillips 1995, 25).

한편 심의 민주주의를 옹호하는 이들은 정치적 개입을 통해 선호와 이해관계에 대해 각자가 가진 최초의 정치적 입장이 변할 수 있다는 가능성에 역점을 둔다.[27] 엘스터는 심의 민주주의가 세 가지 요소, 즉 과정과 결과 및 맥락으로 구성되며, 그 출발점은 "민주주의의 핵심은 단순히 선호들의 집합이 아니라 그것의 변화"라는 데 있다고 주장한다(1997, 1; Knight and Johnson 1997).[28] 이와 유사하게 페미니스트들도 과정과 결과의

---

27 심의 민주주의를 비판적으로 보는 이들은, 심의 민주주의란 단순히 결과를 정당화하기 위한 절차적 과정이며, "심의를 통해 신중하게 해결되기 어려운 이해관계나 가치 등 다루기 어려운 갈등에 대해서는" 침묵한다고 주장한다(McGrew 2000, 18-19). 우리가 본문의 다음 단락에서 볼 수 있듯이, 이런 비판은 다소 잘못된 비판인 것처럼 보인다. 심의의 관점에서 구조와 행위의 문제를 다룰 때 주의해야 할 사항들을 경고하고 있다 하더라도 말이다.

28 그러나 스콰이어즈는 이에 대해 심의 민주주의가 사실 민주주의 모델 가운데 하나가 아니라는 유용한 지적을 하고 있다(Squires 2002). 왜냐하면 그것은 사실상 심의 과정을 가진 선호 집합적 민주주의를 주장하는 것으로, 그렇게 함으로써 현재의 대의 민주주의 제도를 당연한 것으로 가정하기 때문이다. 그녀는 또한 심의 민주주의의 옹호자들이 심의뿐만 아니라 제도적 의사결정 과정 및 법치의 작동 과정에도 개입해야 한다고 역설한다. 그녀의 이런 주장은 강력한 호

연계에 기초한 정치를 주장한 바 있다. '뿌리내리기와 옮기기' 혹은 '횡단의 정치'에 대한 주장이나 맥락을 고려한 심의를 통해 특히 여성의 (혹은 여성적 성향의) 정치 방식에 적합한 민주적 성과를 이끌어 낼 수 있다는 주장을 그 예로 들 수 있다(Yuval-Davis 1997; Cockburn 2000을 보라). 이처럼 심의 민주주의의 관점은, 만약 다양한 이해관계와 이익집단들이 민주적인 조직이라는 맥락 내에서 만난다면, '공공선'이 분파적 이해관계를 압도할 것이라고 본다. 이런 관점으로부터 심의 민주주의는 잠재적으로 활용 가능한 해결책의 범위를 확장시키는 변혁의 정치와 구체적으로 실행할 수 있는 적응의 정치를 동시에 주장한다(Phillips 1995; Rai 2000b; 또한 이 책의 6장을 참고하라).²⁹ 열린 심의와 소통은 상이한 집단들이 대화에 참여할 수 있을 때에만 가능하다. 여기서 우리는 '자유의 수단'과 '자유의 정도'라는 두 요소를 모두 포괄하는 역량 구축capacity-building에 주목할 필요가

소력을 지니고 있으나, 나는 그녀의 주장이 제도 정치와 심의 정치의 이분법이라는 함정에 빠질 수 있다고 생각한다. 이에 대해 나는 앞서 논의된 실질적 이해와 전략적 이해의 연구에서 사용된 것과 유사한 논지가 유용할 것이라고 생각한다. 요컨대 제도 정치와 심의 정치 가운데 어느 하나를 추구하는 것은 (비록 특수한 정치적 맥락에 위치하고 있더라도) 불가피하게 다른 것과 연결될 수밖에 없으며, 특히 결정의 순간을 '실행의 순간'으로 이행시키기 위해서는 [두 정치의 상호작용을 이해하는 것이 더욱 중요하다].

29 나는 다른 글에서 인도의 판차야티 라지(Panchayati Raj)[인도의 정치 시스템으로, 전통적으로는 마을에서 선출된 연장자들로 구성되어 분쟁을 조정하는 역할을 담당했다. 근대 인도 정부가 다수의 행정 기능을 지방 마을 단위로 이전하면서, 선출된 판차야트(panchayat)들의 권한이 강화되었다] 기구들의 맥락에서 이 절에서 제기된 몇 가지 문제들을 검토해 보려 했다. 원래 이 기구는 심의 기능을 담당하는 비정당 정치 조직이었으나, 일정한 시기를 거치면서 그들의 영향력은 희미해졌다. 판차야트 제도의 부활 과정에서 도입된 여성 할당제는 심의 정치의 문제를 드러내고 있다(Rai 2000b).

있다.[30] 이 두 요소는 개개인이 심의 과정에 참여하는 방식은 물론 그들이 이용할 수 있는 정치적 자원을 그들의 이해관계에 부합하도록 가장 효과적으로 사용하는 방식에 영향을 미치기 때문이다(Sen 1992, 8[29-30쪽]). 그리고 '실질적인 평등'에 대한 관심은, 시민 개개인이 어떤 위협을 받을 위험부담이 없으며, 따라서 안전하게 정치적 행위자로서의 역량을 키울 수 있는 그런 심의 과정에 효과적으로 참여하는 데 적절한 개인적인 자원의 보유를 보장할 것이다(Knight and Johnson 1997, 293).

자유주의적 관점과는 대조적으로, 나는 이와 같은 역량 구축에 대한 강조가 단순히 심의에 필요한 적절한 역량에 그치지 않는다고 생각한다. 그것은 주변화되고 배제된 이들의 역량을 키우는 데 필요한 자원의 재분배에 대한 강조, 따라서 정치적 심의 과정이 작동하는 데 필요한 구조적 변화에 대한 강조로 확장될 수도 있는 것이다(Rai 2000b, 13). 그리고 이렇게 확장시켜 봄으로써, 우리는 이런 정치적 전략이 자유의 '정도'와 '실질적인 평등'을 억압하는 구조적 제약보다 심의에 참여하는 행위자의 행위성에 일차적인 초점을 두기 때문에 발생하는 전략적 한계도 인지할 수 있게 된다. 그렇게 되면 심의 민주주의에 대한 일부 비판자들이 염려하는 것처럼 심의의 과정을 거쳤다는 이유로 결과가 정당화되는 일은 없을 것이다(Stokers 1998). 또한 심의 과정 자체에서 정치적인 과정의 근간이

---

30 관련된 역량은 다음과 같다. 첫째는 진정한 선호를 표현할 수 있는 역량으로서, 여기서 진정성은 대표자들이 지니는 해석의 자유를 의미한다. 둘째는 문화적 자원을 효과적으로 사용할 수 있는 역량이며, 셋째는 불확실성을 줄이기 위해 반드시 필요한 정보를 획득할 수 있는 인지적 역량이다(Sen 1992, 148-149[259-262쪽]).

되는 권력관계가 드러나기 때문에, 정치의 경계를 확장하는 데 동원 가능한 공간이 열리게 될 것이다. 그럴 때라야 비로소 정치에서 다양한 집단이 존재해야 할 필요성과 정치적 의제의 변화를 가져올 수 있는 소통적 대화의 가능성이 공존할 수 있을 것이다.

5. 여성의 세력화

이와 같이 적극적인 시민권, 실질적인 평등, 심의의 정치는 여성의 세력화의 중심축이라 할 수 있다. 부의 생산과정에 참여하는 것과 마찬가지로 정치 담론에 참여하는 것은 여성의 세력화에 중요한 자원이 될 수 있다. 그렇지만 우리가 앞서 본 것처럼 참여 그 자체가 여성과 여성 단체에게 난관이 되기도 한다. 특히 참여의 결과로 여성의 세력화가 나타나지 않을 때는 더욱 그러하다.

여성의 세력화는 이제 모성처럼 발전과 관련한 문헌과 발전 관행에서 주요 다자 기구들에 의해 수용되고 장려되는 용어가 되어 버렸다(Parpart et al. 2001).[31] 페미니스트들도 여러 가지 이유로 '세력화'라는 용어에 매

---

31 찬드호크는 '시민사회'라는 용어의 보편적인 수용에 대해서 똑같은 우려를 표명한다. "그 개념에 대해 동의하지 않아야 할 집단들이 그것에 동의한다면, 이는 그 개념이 놀랄 만큼 무의미해져서 신뢰성을 잃었다는 것을 의미한다. 이제는 우리가 '시민사회'를 걱정해야 할 시기이

료되었는데, 특히 세력화라는 용어를 통해 억압하는 자들보다 억압받는 이들에게 초점을 두며, '~에 대한 권력'power over보다는 '~로의 권력'power to을 강조하고, 권력을 지배의 문제가 아니라 역량과 기회 제공의 문제로 접근할 수 있기 때문이었다(Bystydzienski 1992, 3). 정치에 대한 페미니스트 문헌에서 세력화는 발전의 과정으로 재차 강조된다. 예컨대 비스티드진스키는 세력화를 "억압받는 이들이 자신에게 직접적으로 영향을 미치는 문제에 더 많이 관여할 수 있게 하는 활동과 구조를 발전시키는 데 다른 사람과 함께 참여함으로써 자신의 삶에 대한 모종의 통제권을 얻는 과정"이라고 정의한다(Bystydzienski 1992, 3). 즉, 세력화는 과정이자 동시에 결과로 이해된다. 결과가 세력화를 증진시키기 위한 전략에 개입하는 이들이 책임져야 할 필수적인 부분인 것은 분명하지만, 명시된 목표의 성취를 그 집단 전체의 세력화와 혼동하지 않도록 주의하는 것 또한 중요한 일이다(Kabeer 1999).

1980년대 후반 DAWN은 남반구의 남성과 여성이 직면한 특수한 문제들에 대한 직접적인 대응책으로 집단행동에 대한 헌신에 근거한 세력화라는 비전을 제시하면서 그것은 "정치적 조직화, 법적 개혁, 의식의 향상, 대중 교육" 등을 통해 이루어질 것이라 진단한 바 있다(Sen and Grown 1985, 87). 1990년대에 세력화의 개념은 점차 넓어져서 '빈곤 퇴치', '복지', '공동체의 참여'와 같은 용어들을 대체하게 되었고(Batliwala 1993; Moser 1993), 대부분의 발전 기구에서 세력화는 기구 차원의 전략으로 수용되었

다"(Chandhoke 2001, 1).

다(이 장의 앞부분과 UN 1995b; CIDA 1999; Blair 2000을 보라). 이 장에서 살펴본 세 가지 사례연구를 통해 나는 '여성의 세력화'를 위한 전략들이 기존의 구조와 관행에 도전하고 그것을 바꿔 나가기보다 종종 현상 유지 수준에서 생산성 향상을 위한 수단으로 변질되었다고 주장했다. 즉, 세력화는 권력관계를 초월할 수 없으며, 사회의 모든 수준에서 권력관계와 얽혀 있다(Parpart et al. 2001). 그럼에도 불구하고 시민적 권리, 인타이틀먼트 및 심의 민주주의적 정치에 대한 논의를 살펴보면서 우리는 권력 기구에 대한 진지하고 현명한 개입이 여성의 세력화를 실현할 수 있는 잠재력을 가진다는 점을 엿볼 수 있었다. 이를 위해서 우리는 "구조와 행위성 간의 관계 및 '담론적인 정상성'의 한계를 초월하는 도전과 변혁에 집중해야 한다. …… 이를 통해 우리는 개인의 의식과 이해(곧 개별자 내의 힘power within)가 갖는 중요성과 그것이 집단행동(곧 더불어 갖게 되는 힘power with)에 대해 갖는 중요성을 함께 인식할 수 있는 권력 개념을 구체화해, 젠더의 위계질서에 대한 도전과 여성의 삶의 증진으로 나아갈 수 있는 힘power to을 조직하고 행사할 수 있게 된다"(Parpart et al. 2001).

민주적인 변화의 과정에 대한 여성의 개입과 여성이 제시하는 통찰력에 대한 이런 논의들은, 지배 구조를 반영할 뿐만 아니라 지배 구조의 일부를 이루는 권력 기구와 함께 일하고 있는 이들에게도 매우 중요하지만, 여성 단체들 사이에서 '연대의 정치'를 형성하는 데에도 결정적이다. 이 장에서 살펴보았던 충고성의 이야기들은 시간과 에너지 소모, 불안감 증대, 취약성 증가, 그리고 여성 내부의 갈등으로 인한 차이의 확대가 빚는 정당성의 훼손 등 여성 단체들이 펼치는 개입 전략이 치러야 하는 비용 등을 좀 더 신중하게 고려해야 한다는 교훈을 준다. 하지만 동시에 시민권에 대한 논의들은 [그런 개입의 비용에도 불구하고] 정치적 개입의 중요성을 역설한다. 이제 마지막 장에서는 지구적 거버넌스의 부상과 정치기구들에 대한 여성의 개입이 갖는 함의를 좀 더 면밀히 살펴보면서 결론을 맺고자 한다.

6장

비판적 개입
개입과 비개입의 이분법을 넘어서

당신이 만약 나를 도와주러 오는 것이라면,
당신은 그냥 돌아갈 수도 있을 것이다. 그러나 당신이
나의 투쟁을 당신 자신의 생존의 일부로 이해한다면,
아마 우리는 함께할 수 있을 것이다.
—

호주 원주민 여성
민중의 참여와 지속 가능한 발전에 대한 마닐라 선언

1. 서론

지구화 과정에서 여성은 많은 난관에 봉착한다. 갈수록 복잡해지는 전 지구적 경제와 지구적 거버넌스의 본질은 세계와 그 속에서 우리가 살고 있는 장소에 대해 생각하는 방식을 근본적으로 뒤바꾸고 있다. 냉전의 종식으로 인해 가시화된 새로운 기회의 장이 열렸으며, 냉전 시대의 이분법은 더 이상 우리의 공적·정치적 생활에서 그다지 큰 힘을 쓰지 못한다. 그러나 이처럼 전통과 경제가 변화했다고 해서, 대다수의 삶의 조건이 나아진 것 같지는 않다.[1] 그와 반대로 우리는 세계경제의 변화로부터 기인하는 불평등, 폭력, 불안정성의 증가를 목격한다. 지구화와 근대성에 대한 지적인 논쟁의 장에서는 이렇게 변화와 정체가 뒤섞인 환경에 대한 각양각색의 반응이 나타났다. 우리가 3장에서 본 바와 같이, 한편에서는 개인주의와 초남성성 및 개인의 행위성이 숭배되었고, 커뮤니케이

---

1 2000년 세계개발보고서는 "빈민의 수는 전 세계적으로 증가했고, 일부 지역에서는 빈민의 비율도 높아졌다"라고 밝힌다(World Bank 2000, 25).

선 테크놀로지의 비약적인 발전, 국경을 넘나드는 조직화의 기회 증가, 정보의 확산, 전략의 공유가 찬미되었다(5장도 참고하라). 다른 편에서 일부는 지구화의 규모를 제외하면 지구화에 새로운 것이 없다고 일축했고, 다른 일부는 지구화를 탈근대성이나 더 나아가 후기 탈근대성post-post-modernity이 출현하는 새로운 시대와 연관 짓기도 했다(3장). 민족국가를 우리가 거주하는 경제적·정치적 세계의 주요한 행위자라고 보는 관념 또한 도전받고 있다. 이 책의 논의는 탈식민지 시기의 민족주의 담론 및 민족주의 담론과 발전에 대한 관념의 중첩성을 분석하면서 시작했다(1장과 2장). 오늘날에도 여전히 민족주의 운동이 확산되고 오래된 국가들이 민족주의의 압력으로 인해 분열하고 있음에도 불구하고, 민족국가 및 민족주의에 대한 관념들은 시대에 뒤처진 것처럼 보인다. 여전히 새로운 민족이 오래된 민족으로부터 탄생해서 활기차게 움직여 가고 있지만, 그런 현상이 벌어지고 있는 공간은 과거와는 다른 변화된 세계인 것이다. 게다가 우리의 상상에서 민족국가가 다소 물러가고 있는 와중에, 우리의 삶에서 지역적 공간이 차지하는 비중은 더욱 커지고 있다. 최근에는 지역적인 것the local과 지구적인 것the global, 그리고 그 두 공간이 동시에 공존한다는 점을 지칭하는 새로운 개념인 '글로컬한 것'the glocal이 계속해서 언급되고 있다(Robertson 1992). 이는 민족국가가 이 두 공간 사이에서 발전하고 있는 상호 존중의 관계에 끼어들지 말아야 할 때를 모르고 성가시게 간섭하는 중개자에 불과하다는 점을 함축하고 있다. 따라서 이렇게 지역적 공간을 찬양할수록 민족국가에 대한 비관적인 반응이 더욱 조장되는 것은 당연하다.

　이 마지막 장에서 나는 지구화에 대한 비판 사이에서 스멀스멀 생겨나는 중앙집권적인 민족국가에 대한 향수를 경계해야 한다고 제안한다. 3장에서 주장한 것처럼, 민족국가는 여전히 국제정치경제에 결정적으로 중요한 행위자이다. 그러므로 민족국가는 단순히 지구화 세력들의 희생자인 것이 아니라 우리가 살고 있는 세계와 그 자신을 개조하는 과정의 참여자로 존재한다. 이 점에서 나는 민족국가에 대한 향수는 상당한 대가를 치르게 될 것이라 주장한다. 그러나 다른 한편으로 지역적인 것에 대한 찬양에 대해서도 주의가 필요하다. 내가 보기에 이 공간에 대한 이론화 수준은 때로 순진한 발상에 머물며, 그 공간의 기틀이 되는 권력 구조를 간과하는 정치적 위험성을 안고 있다. 물론 지역은 우리의 일상생활에서 매우 중요한 공간이지만, 바로 그렇게 가까이 있기 때문에, 무비판적으로 지역을 숭배하는 많은 이들과 달리 우리는 지역을 훨씬 더 조심스럽게 사유해야만 한다.

페미니스트들은 이런 새로운 지구화의 압력들에 대응해 왔으며, 이에 따라 성인지적 발전에 대한 새로운 의제들이 구체화되고 있다. 5장에서 본 것처럼, 1990년대 이후로 특히 1995년 베이징 세계여성대회를 전후해 나타난 주목할 만한 성과 가운데 하나는, 여성 단체들이 거시적·중위적·미시적 수준의 모든 방면에서 사회적·경제적 기구들에 개입하는 정도가 커지고 있다는 점이다. 여기서 나는 민족국가가 재편되고 지역적·지구적 공간들이 바뀌면서 여성운동이 어떤 어려움에 봉착하고 있으며, 또 더 나은 평등과 정의를 위한 투쟁으로 나아가는 데 어떤 기회가 새롭게 주어지고 있는지를 간략히 살펴보고자 한다. 나는 페트먼의 말을 빌려 다음과 같은 질문을 던지고 싶다. "여성에게 '강행군'을 종용하는 지구화된 정치경제에서 …… 더 많은 생각을 교류하며 네트워크를 발전시키고 여성 스스로의 운동을 강화시킬 수 있는 좀 더 국제적이고 다층적인 페미니스트 정치의 가능성은 과연 어디에 있는가?"(Pettman 1996, 212). 나는 비록 경제기구나 정치기구에 대한 지속적인 개입이 한계를 지니고 있음에도 불구하고, 개입의 중요성을 재차 강조하고 싶다. 그런 개입을 통해서 정치의 중요성이 상기될 뿐만 아니라, 여성 내부에 존재하는 차이의 문제를 부각시키면서도 동시에 연대를 구축할 수 있기 때문이다. 그리고 이런 생산적인 긴장감은 여성운동을 조직하는 데에서나 정의를 위한 여성의 투쟁을 지원할 수 있는 다른 형태의 해방운동을 모색하는 데에도 도움을 줄 것이다.

2. 민족국가에 대한 향수에 기초한 지구화 비판

피해자로서의 민족국가

지구화의 맥락에서 민족국가의 본질에 대한 논쟁은 권력관계의 변화무쌍한 성격에 대해 관심을 집중시켰을 뿐만 아니라, 그와 다르게 감상적인 반응 또한 불러일으켰다. 민족국가에 대한 '향수에 젖어 있는' 문헌들이 늘어나고 있으며, 거기에서 그런 향수는 지구화 과정하의 민족국가를 분석하는 와중에 어떤 경우에는 모호하게, 어떤 경우에는 분명히 드러나 있다. 이런 식의 논의가 여성에게 일정한 적실성을 가진다면, 이는 그 논의가 1장에서 살펴본 민족주의 운동이 만들어 낸 민족주의의 상징 가운데 일부를 차용하고 있기 때문이다. 하지만 다른 한편으로 향수에 기초한 논의는 실현 가능한 정치와 관련해서 해결하기 어려운 문제를 제기한다.

전후 시기에 민족국가는 발전을 향한 민족 열망의 체현이자 사회적 개입의 대표적인 지점이었다. 국가는 다양한 제3세계 국가에서 각기 상이한 형태를 갖추었지만, 어떤 맥락에서든 국가가 발전에서 핵심적인 역할을 담당하는 것으로 사고되었다. 국가가 사회적 정의에 관심을 기울이고 정치적 안정과 경제적 성장을 가져다주겠다는 약속을 지키는 데 실패했음에도 불구하고, 민족국가는 여전히 발전에 대한 이론적 비판의 핵심적인 대상이었다. 또한 정치적 압력을 통해 국가의 발전 궤도를 변경시키려 했던 국제 조직들도 국가를 핵심적인 존재로 여겼다. 냉전의 정치는 기이한 안정감을 제공했는데, 이는 비정부 조직들의 역할이 미미하고, 통제의 대상이었으며, 일반적으로 위기의 시기에만 긴급 구조용으로 한정되었다는 것을 의미했다. 이 시기에 다국적기업들은 어떤 제3세계 국가에서는 별 문제 없이 활동할 수 있었지만, 다른 국가에서는 매우 조심스럽게 운영해야 했고 활동의 공간에 큰 제약을 받았다. 초강대국의 '영향권'에서는 여타 국가의 권력이 일부 축소되었지만, 그 국가의 경계 안에서는 국가 권력에 대항하는 세력들이 제약받았다. 이런 맥락을 염두에 둔다면, 민족국가에 대한 향수가 급증하고 있는 현상은 오히려 지구화의 수사가 더 큰 힘을 얻고 있음을 반증하는 것으로 이해해야 한다.

코타리가 염려스럽게 지적하는 바에 따르면, "국가적 우선순위를 강제할 수 있는 권력이라는 측면에서 …… 국가와 국가 엘리트가 점차 무력해지고 있다는 사실은, 갖가지 방식으로 지구화가 침범해 오면서 국가가 점점 더 주변화되고 있다는 증거라 할 수 있다." 그는 지구화의 옹호 세력이 "나라의 문제들을 다루는 데 국가의 역할을 축소시키고 시장의 메커니즘에 모든 것을 넘겨주면서 '세계시장'에 더욱더 편입해야 한다고 한목소리를 내고 있다"며 힐난한다. 그는 이런 지구화 옹호 세력이 "자국 민이 제기하는 내부로부터의 압력과 요구를 외국 기업이 행사하는 압력 과 요구보다 훨씬 더 위험한 것"으로 간주하는 것에 개탄한다. 그리고 그 는 오랫동안 "민족 건설은 자동적으로 민족의 단결력을 강화하고, 국가 기구에 대한 시민의 관심과 참여를 높이는 과정으로 여겨졌다"는 것을 상기시킨다. 그러나 이제 "국가는 후퇴하고 동시에 민족은 침식되고 있 다. 국가는 지구적 '질서'와 '시장'이 장악해 버렸고, 민족은 심각한 내부 의 도전에 직면해 있다." 그는 민족국가가 대처 능력을 점점 더 상실하게 됨에 따라, 민족 엘리트들은 갈수록 "민족 건설에 기본적으로 내재하는 정치적 저항 및 그와 관련된 '발전'에 대한 경제적 저항을 외면"하게 될 것이라고 경고한다. 또한 그는 "이런 상황이 전개될 때, 시민사회의 자율 성은 축소되고 그와 함께 민주적 질서를 향한 근대적 모색도 퇴보할 것" 이라고 예견한다(Kothari 1995, 1593-1603). 이와 유사하게 래시는 북미의 맥락에서 민족국가의 축소가 민주주의에 미친 결과에 대해 다음과 같이 언급한다. "기업들이 탈민족화되면서 스스로를 '세계 시민'이라고 자칭하 지만, 어떤 정체政體에서의 시민권이 담지하는 …… 어떤 종류의 의무도 수용하지 않는 일종의 세계인만 양산되고 있을 따름이다"(Lasch 1995, 47). 그는 민족국가의 쇠퇴와 동반해 전 세계적으로 중산층이 줄어드는 현상 을 안타까워하면서 다음과 같이 경고한다. "그 결함이 무엇이든 간에 중 산층 민족주의는 준거가 되는 공통의 기반, 기준, 형태를 제공했다. ……

[그런 안정성에 기초하지 않은] 사회는, 미국 건국의 아버지들이 간파한 것처럼, 그저 경쟁적인 분파들의 모임으로 해체되고 말 것이다. 그것은 곧 만인에 대한 만인의 투쟁인 것이다"(Lasch 1995, 49).

민족국가에 대한 향수에 젖어 쓰인 글들을 꼼꼼히 읽다 보면 페미니스트와 여성운동에 대한 흥미로운 질문들이 떠오른다. 일부는 이런 민족국가에 대한 향수가 무력화에 대한 남성 지배적인 민족 엘리트들의 점증하는 공포, 곧 그들이 최근에야 탈식민화 과정에서 벗어나 얻었던 권력을 상실하고 다시 무력해질 수 있다는 두려움을 반영한다고 주장한다.[2] 1장에서 나는 식민 담론에서 전통적인 민족주의적 엘리트들이 '거세된' 맥락과 그들이 식민 권력에 맞서면서 남성성을 재획득했던 과정을 살펴보았으며, 그 과정은 또한 여성적 정체성을 고정시키고 민족 안의 '타자'를 여성화함으로써 대안적인 담론의 헤게모니를 구축하는 것이었음을 고찰한 바 있다. 칸디요티는 이 과정을 통해 가부장제의 민족주의화가 야기되었다며 다음과 같이 주장한다. "전통적으로 가부장적 권위는 주로 아버지나 남편 혹은 다른 남자 친척과 같은 특정 남성이 도맡아 행사해 왔지만, 특히 국가가 후원하는 종교적 근본주의의 지지 아래 정치의 공동체화communalization가 일어나면, 가부장적 통제권은 모든 남성에게로 확산된다"(Kandiyoti 1991a, 14). 이런 공적 가부장제의 맥락에서 민족국가의 국가 관료들은 그들 자신을 가부장제의 전통적인 형태와 대립하는 새로

---

2 나는 민족주의나 민족국가에 대한 페미니스트 학자들의 글 가운데서 그것에 대한 그 어떤 향수도 발견하지 못했다.

운 위상으로 설정함으로써 남성성을 다시 획득할 수 있었다. 대체로 평등에 근거하고 있는 지배적인 담론 내에서 그 국가 관료들은 식민 사회의 '전前 근대적인' 조건으로부터 여성이 해방될 수 있는 공간을 창출했다 (1장). 토착 남성 엘리트들은 민족 발전의 미래를 계획하는 합리적인 보호자라는 이미지를 만들면서 민족 발전의 의제들에 대한 통제권을 장악했고, 이는 그들에게 귀속되는 권력을 한층 더 강화시켰다. 우리가 2장에서 보았듯이, 이런 의제들은 근대화와 기계화 및 산업화라는 관념들과 연동되어 있었으며, 여기에서 여성의 존재는 매우 미미하게 드러날 뿐이었다. 시바와 같은 에코 페미니스트들이 지적했듯이, 이처럼 근대화 엘리트들이 전개한 과학과 합리성의 담론적 틀은 발전 과정에서 여성을 주변화하는 데 일조했다(Shiva 1989).

한편 다른 일부는 이렇게 민족국가의 관료들이 새롭게 만들어 낸 자의식이 전 지구적인 시장의 운영에 의해 거세당할 위협에 처해 있다고 주장한다. 예컨대 말레이시아의 무다Muda 지방의 젠더 관계에 대한 연구에서 하트는 다음과 같이 언급한다. "무엇보다도 남성은, 여성은 대부분 배제되는 정치적 후원 관계에 포섭되어 있다. 이에 더해 남성은, 원칙적으로는 스스로를 여성을 책임지는 우월한 존재라고 규정하지만, 가정에서 이를 물질적으로 실현시키는 데 무능력하다는 문제에 봉착하고 있다"(Hart 1991, 115). 민족적 가부장제는 지구적 경제 세력을 상대할 때에나 자국 주민을 상대할 때 이와 유사한 상황에 처해 있다. 내가 이런 논지를 짚는 목적은 코타리와 래시가 보여 준 민족국가에 대한 염려가 완전히 무용하다는 것을 말하기 위해서가 아니다. (4장에서 논의된) 인도와 같이 민주주의가 좀 더 공고화된 사회의 사례들에서 확인한 것처럼, 민족주의 엘리트들은 지구적 자본주의의 요구에 순응하라는 엄청난 압력을 받고 있다. 민족주의의 기치를 걸고 지구적 자본주의 압력에 가시적으로 저항하고자 하는 곳에서조차 별다른 뾰족한 수를 쓸 수 있는 여지가 점점 더 좁아지고 있으며, 이로 인해 지배 엘리트와 시민 사이의 거리가 더욱 멀어져 사회적 갈등이 고조되고 정치적 불안정이 팽배해지고 있는 실정이다. 또한 점점 더 명백해지고 있는 사실은, 자본도피의 위협이 국가와 투자자 사이의 관계를 규정하는 핵심 축으로서 민족국가 내에서 이루어지는 의제 설정 과정을 지배하고 있다는 점이다. 그러나 여기서 내가 주장하고자 하는 바는 이렇게 민족주의 엘리트가 거세게 압박을 받는다고 해서 그들의 발전 전략이 완전히 새로운 단계로 재편되는 것은 아니라는 점이다. 더구나 민족국가의 영광스러운 날들을 회고하는 것은 소모적인 향수를 불러일으킬 뿐만 아니라 정직한 기억도 되지 못한다.

이렇게 무력해진 국가는 전 지구적 시장 세력들에게 희생당한 불운한 피해자로 그려진다. 그러나 이런 식의 묘사는 마치 국가가 관리 부실이나 탐욕 및 무능력에 의해서든 아니면 정책의 변화를 통해서든 무슨 수를 써서라도 전 지구적 시장 세력들에게 시장을 '개방'하고 있는 현실과 전혀 무관한 듯이 말한다. 더 나아가 민족국가를 방어하려는 이들은 민족국가와 엘리트들이 대체로 인자한 존재로서, 인종적·공동체적·종교적 증오의 역사적 부담을 짊어지고 투쟁을 펼쳐 나가고, 무질서한 사회에 질서를 세우려고 노력하며, 그들이 등장하기 전까지는 민족의 목적의식이라고는 전무했던 전통적 선입견에 맞서 계몽 활동을 펼치고 있다는 식으로 묘사한다. 이와 관련해 코타리는 다음과 같이 말하고 있다. "새로운 민족이 그 이전의 정체성을 어느 정도 초월했다고 할 수도 있지만, 그렇다 하더라도 더욱 분명한 사실은 새로운 민족이 기존의 정체성들을 아우르고 있었으며, 어떤 점에서는 그 정체성들을 모두 합성해서 '재현'하고 있었다는 점이다"(Kothari 1995, 1594). 그러나 민족적 실체와 정체성을 합성하는 데 소요되는 비용은 여성이 중요한 일부를 이루고 있는, 주변화된 집단이나 하위 주체 집단 혹은 지배에서 배제된 집단들에 의해 지불되었다. 게다가 인자한 모습의 변혁적인 민족주의 엘리트들을 내세울 수 있는 근거도 매우 빈약하다. 인도, 탄자니아, 이집트와 같은 몇몇 나라들만이 성공적인 민족주의 투쟁과 그 이후 정치적 안정성이 유지된 시기를 경험했으며, 거기에서 민족주의적인 국가는 어느 정도 지속적으로 정당성을 확보할 수 있었다. 이 나라들의 국가 엘리트들은 기존의 권력관계를 변화시키고자 노력했지만, 이곳에서조차 사회적 불평등과 경제적 빈곤은 상당히 심각했다. 그리고 종속이론가들이 지적하는 것처럼, 그 이외의 많은 국가 경제는 지구적 자본주의 시장 세력에 의존했으며, 국가 엘리트들은 시민의 욕구와 열망으로부터 단절되어 있었다. 많은 민족 엘리트들이 지구적 경제기구의 요구에 부응하고자 절치부심하고 있는 당금의 현실은, 민족국가가 전반적인 시장화와 지구화 과정에 어떻게 연루되어 있는지를 잘 보여 준다.

국가의 안팎에서

5장에서 본 것처럼, 페미니스트들에게 민족국가는 항상 중대한 지적·전략적 도전이 되어 왔다. 일부 페미니스트는 "국가는 …… 무엇보다도, 관료화되고 의존적이며 훈육된 그리고 성별화된 …… 국가 주체를 양산"하기 때문에 국가에 대한 개입은 어떤 식으로든 문제적일 수밖에 없다고 생각한다(Brown 1992, 9; Allen 1990 또한 보라). 페미니스트 운동 안에서도 국가기구가 갖는 권력의 징발적expropriatory 속성에 대한 논쟁이 계속되고 있다(Ehrenreich and Piven 1983; Brown 1992; Pringle and Watson 1992; Rai 1995). 이에 관해 다양한 입장들이 존재하는데, 일부는 국가기구와 '상대하는 것'을 전적으로 거부하며, 다른 일부는 국가를 '안과 밖' 양쪽에서 접근하는 것을 제안하기도 하고, 또 다른 일부는 국가기구와 함께 일할 때 생기는 이득을 연구하기도 한다. 나는 다른 곳에서 주변화된 다른 집단들과 마찬가지로 여성에게도 국가와 시민사회는 모두 복합적인 지형을 갖고 있다고 주장한 바 있다. 곧 국가와 시민사회는 분절화되어 있고 억압적이며 위협적일 수 있지만 동시에 투쟁과 협상을 위한 공간을 제공하기도 하는 것이다. 이런 투쟁과 협상의 양상과 성과는 장단기적인 여성의 이해관계를 표출하고 있는 다양한 여성 집단이 어느 나라에서나 국가를 구성하는 권력관계의 다중성multiplicity이라는 맥락 속에서 어떤 위상을 갖고 있는지에 달려 있다. 역으로 국가와 국가기구는 그런 투쟁의 형태와 성과에 의해 구체적인 '모양새'를 갖추게 된다. 국가가 어떤 의도를 가지고 있다고 가정하는 것이나 연대를 맺어 국가에 대항하는 투쟁을 벌여 나가는 데 있어서 일관성이 반드시 필요하다는 생각은 거부되어야 한다. 그렇지만 여성의 이해관계를 반영하는 여성의 조직화를 위해 어떤 다양한 공간들이 있을 수 있는지에 대해 판단하기 위해서는 제3세계 국가들 특유의 특성들이 검토될 필요가 있다.

일례로, 나는 인도의 국가에 대한 여성의 투쟁과 개입을 연구하면서, 국가기구와 집권 정당들이 여성 대표성의 대의명분을 그들이 지지하는 근대성의 일반화된 담론의 일부로 내세웠지만, 그 담론이 통일된 것은 아니라는 점을 보여 준 바 있다. 그렇기 때문에, 국가를 구성하는 일부 집단은 평등과 세력화를 위한 여성의 투쟁에 적극적인 태도를 취할 수 있었다. 이로 인해 국가의 다양한 분파들 사이에 모순이 야기되었고, 그 결과 여성의 이해관계를 표출하고 여성이 주도할 수 있는 협상과 투쟁이 벌어질 수 있는 가능성이 높아졌다. 다른 한편 경제와 정치적 하부구조의 취약성, 부패의 만연은 정책을 실행하고 법을 집행할 수 있는 국가의 역량을 약화시키고, 이는 다시 정부와 정치 체계의 정당성을 실추시킨다. 이런 역량의 결핍 때문에 국가 내부의 갈등은 한층 더 고조된다(Rai 1995). 따라서 국가는 통일된 실체로 간주될 수 없고, 그렇게 간주하게 되면 개입할 여지도 없어진다. 국가는 일종의 분절화된 영역이며, 따라서 여성 단체와 여성운동은 국가에 대해 복잡한 방식으로 대응할 필요가 있는 것이다.

이 때문에 나는 이전의 연구에서 여성운동이 국가의 '안팎'에서in and against 작동해야 한다고 주장한 바 있다(Rai 1995, 1996b, 1999). 국가에 대한 개입은 중요성의 무게를 견줘 단순히 여러 가지 선택지 가운데 하나로 고려될 문제가 아니다. 그것은 필수 불가결한 문제이다. 나는 여성이 그들의 이해를 실현할 목적으로 국가의 다양한 분파들과 맞서 싸우거나 그들을 활용하기 위해서는, 국가에 내재한 분열의 복합성과 투쟁 전략의 다중성을 인식하는 것이 필요하다고 주장해 왔다. 비판적이고 신중하게 권력 기구에 개입하기 위해서는, 한편으로 기존의 사회적 관계로부터 국가의 여러 분파들이 지니는 상대적 자율성과 사회적 기반을 구축할 수 있는 역량을 이해해야 하고, 다른 한편으로 사회적 관계에 대한 국가의 배태성과 그런 배태성이 여성에게 미친 결과들을 이해하는 것이 필요하다. 특정한 투쟁의 경험들에 대한 분석에 기초한 이런 식의 접근법은 또한 지역적·일국적·전 지구적 수준의 권력 구조에 대한 개입과 그것에 대항하는 조직화 사이에서 생산적인 긴장을 유지하는 전략이 어떤 잠재력을 지녔는지를 보여 준다. 게다가 지구화 과정을 통해 '신자유주의적 틀'이 공고해졌다는 점에서, 나는 변화를 위한 이런 식의 전략화가 지니는 중요성이 더욱더 커졌다고 생각한다(Runyan 1999). 기술과 정보의 네트워크를 통해 사회적·정치적 운동의 범위가 전 지구적으로 확장되고, 국제 무역과 시장의 압력이 국가 경제를 심각하게 침식하고 있으며, 그 결과 민족국가는 파편화되고 그 지위 또한 변하고 있으며, 지역의 투쟁과 사회 운동 및 민족국가의 관계가 끊임없이 재편되고 있다(Cohen and Rai 2000a; Stienstra 2000).

나는 여기에서 권력 구조에 대한 비판적 개입을 위해서는 '개입'과 같은 용어들이 분명하게 사유되어야 한다는 점을 덧붙이고 싶다. 5장에서 본 바와 같이, 이런 용어들이 전적으로 혹은 상당 부분 여성운동에 의해 결정되는 것은 아닐지라도, 우리가 권력 기구의 의제와 권력 구조를 변화시킬 수 있는 가능성을 현실적으로 가늠하려면 문제가 되는 사안들을 민감하게 받아들이는 것이 여전히 중요하다. 끝으로 나는 권력 구조에 대한 개입이 그 구조에 대한 강력한 반대 운동을 배제해서는 안 되며, 오히려 개입은 그런 반대 운동에서 출발해야 한다고 주장하고자 한다. 이런 이중 운동 없이는 개입으로 인해 지배 담론 안으로 그리고 권력의 구조적 체제에 의해 선별적으로 흡수되고 말 것이라는 초기의 페미니스트들이 갖고 있던 염려들이 매우 현실적인 문제가 될 것이다. 이와 같은 체계화된 권력 구조의 '안팎'에 대한 분석은 "한편으로 국가와 정치경제 안에서의 재현[대표, 대의]과 다른 한편으로 주체 이론에서의 재현 사이의 구분이 유동적이라는 것"을 고려해야 한다(Spivak 1988, 275-276).[3] 이는 실현 가능한 정치와 변혁의 정치 사이의 긴장의 문제를 제기하는 데 필요한 출발점이 될 수 있을 것이다.

그러나 정치기구만이 이런 투쟁의 대상이 되는 것은 아니다. 시민사회 자체도 일국적 수준과 지구적 수준 모두에서 민주화될 필요가 있다. 시민사회는 조직화의 공간을 제공하지만, 또한 성별화된 권력에 대한 지배 담론에 저항하는 이해관계를 형성하고 조직하는 것을 제약하는 공간이기도 하다. 따라서 정치기구와 시민사회가 맺는 관계 속에서 협상과 투쟁을 위한 중요한 무대가 조성된다. 정치기구가 시민사회 및 이를 장악한 '정상 조직의 이해관계'에 깊숙이 '배태되어' 있을 경우, 그 집단들이 반대할 수 있는 정책을 제시하는 데는 제약이 따르기 마련이다.[4] 그렇지만 그들은 근대화의 기획에 대한 지지를 표명하고 있기 때문에, 여성운

---

3 스피박은, 마르크스가 "루이 보나파르트의 브뤼메르 18일"에서 '노동자계급'에 대해 제시한 논의를 이용해, 주체는 항상 분열되어 있고 혼란스러우며 "그 구성 요소는 더 이상 연속적이지도 일관되지도 않는다"는 중요한 주장을 제기한다. 설령 "수백만의 가족들이 자신들의 생활양식을 …… 다른 계급의 생활양식에서 잘라 내서 [서로 적대적으로 대치하는] 경제적 조건에서 살아가는 한 …… 그들은 하나의 계급을 구성한다" 해도 말이다(Spivak 1988, 276).
4 예컨대 대부분의 인권 및 시민의 권리에 대한 국제 협약들에 포함되어 있는 '기피'(opt-out) 조항은 그런 타협의 징후라 할 수 있다.

동이 제기하는 쟁점을 전부 모른 척하기만 할 수는 없으며, 따라서 일부 지배적인 이익집단에 이의를 제기할 수밖에 없다. 그 결과는 기껏해야 정책 체계와 그 시행의 일부를 손보는 것으로 끝날 수 있지만, 이를 통해 국가의 여러 분파들이 기존의 정책들을 효과적으로 실행할 수 있도록 그들의 역량을 키우고 개혁 범위를 확장하기 위한 투쟁을 이끌어 낼 수 있는 다른 일련의 가능성을 기대할 수도 있다(Rai 1995).

일부 분석가들은 지구적 거버넌스에 대한 논의에서 민족국가와 국가 엘리트들이 주변화되는 것을 안타까워하는 반면, 다른 일부는 지구화의 정치경제에서 '지역적인 것'이 가지는 해방적인 잠재성에 주목한다. 이런 식의 '지역적인 것'에 대한 찬미에는 많은 페미니스트들도 동참해 왔다. 그들은 여성이 자신의 삶을 개선하기 위해 가장 잘 참여할 수 있는 투쟁은 어디에서 일어나는 것인지를 묻고 있는 것일까? 페미니스트 정치에서 핵심적인 개념인 참여는 지역 수준에서 가장 효과적이라고 가정되어 왔다. 바로 그런 이유에서 일부 나라에서는, 정책이 대상으로 삼는 사회집단의 폭넓은 참여로 지지받지 못할 때 발전 정책은 최적의 성과를 내지 못한다는 근거를 내세우며, 입법을 통해 지역 수준의 정치적 참여를 제도화하려는 투쟁들이 벌어졌다(Robinson and White 1998; Blair 2000). 예를 들어, 볼리비아에서는 국민참여법Law of Popular Participation이 1994년에 시행되었다. 그리고 인도에서는 제73·74차 헌법 개정안에 따라 촌락 수준의 거버넌스 기구인 판차야트Panchayats에 좀 더 큰 권력과 많은 자원이 주어졌으며, 이렇게 새롭게 탄생한 기구는 여성 대표에게 33퍼센트의 할당제를 보장했다. 이처럼 여성의 정치적 참여에 대한 논쟁의 주요 연구 대상이 되는 첫 번째 기관은 촌락 수준의 기구이다. 지구화의 맥락에서, NGO의 활동도 이런 지역 수준의 정치적 공간을 중심으로 강조되고 있으며, 실제 효과적으로 운용되고 있는 NGO도 대부분 지역에서 활동하고 있다(5장을 보라). 이와 같이 정치적 담론에서 민족국가는 때로 지역의 확장에 의해 대체되고 있다. 따라서 다음 3절에서는 민족국가와 지구적 거버넌스 사이의 잃어버린 고리가 아니라 여성이 기능해야만 하는 문제적인 지형 구조로서 지역을 개념화해 보려 한다. 그런 지역의 재개념화를 통해 우리는 여성이 지역 경제에 접근하고 그를 넘어서는 방식들을 살펴볼 수 있을 것이다. 이렇게 지역의 개념을 재검토하는 것은, 탈근대적 발전 및 국가 역할의 변화와 축소에 대한 논쟁이 남성과 여성의 삶에 어떤 영향을 미치고 있는지 살펴보는 데 유의미한 작업이 될 것이다.

3. 도피처로서의 지역?

여성의 일이 공과 사의 분리에 도전하고 있다면, 여성의 삶은 또한 그들이 차지하고 있는 지역적 공간의 중요성에 대한 질문을 제기한다. 기본 욕구 이론가, 환경주의자, 지속 가능성 그룹, 페미니스트, 그리고 인권 논쟁의 참여자 등 발전과 민주주의의 문제와 관련된 다양한 유형의 집단들이 구사하는 어휘 가운데 '지역적인 것'은 특권적인 위치를 점한다. 여기에는 몇 가지 원인이 있다. 첫째, 지역을 강조함으로써 주요 산업화 프로젝트에 초점을 맞추는 정치적 엘리트들의 민족주의적 의제에 대한 비판이 가능해진다. 피어슨이 말하듯, 이런 산업화 프로젝트에서는 남성이 노동자로 상정된다. 그 결과 우리는 브라질과 인도 같은 나라에서 1960년대와 1970년대의 급속한 산업화 기간 동안 공적 영역에서 여성 고용이 줄어드는 것을 보았다(Pearson 1998). 둘째, 지역에 초점을 두게 되면 지역적 지식과 패러다임의 중요성을 상기시킬 수 있으며, 이를 통해 근대화의 뼈대를 이루는 과학적 담론의 보편주의에 도전할 수 있게 된다. "뵈메Gernot Böhme가 연구했던 산파들의 출산 기술이 알려 주는 것은 지역적 지식의 존재이다. …… 그리고 테일러주의 전략이나 이른바 '탈근대적 산업'의 노무관리 전략이 전유와 통제의 대상으로 삼는 것 역시 바로 노동자에 의해 생산되는 **지역적 지식이다**"(Kloppenburn 1991, 14; Berry 1991; Esteva and Prakash 1997 또한 보라). 지역에 대한 관념은 사람들의 삶의 맥락에 닿아 있다. "맥락이나 배경이라는 주제는 [얼마나 멀고 가까운가를 가리키는] 거리라는 관념과 연관되어 있다. 그리고 이런 거리 관념에는 사회적·감정적·지리적 차원이 포함되는데, 이를테면 …… 저자와 대상 사이, …… 원주민First Nation과 디아스포라 여성Diaspora women 사이에는 이런 거리가 있는 것이다"(Marchand and Parpart 1995, 7). 셋째, 지역에 중심을 둠으로써 사람들이 자기 지역공동체의 정치적·경제적 삶에 참여할 수 있는 여건을 조성하게 된다. "독점적인 …… 경제의 손아귀에서 벗어나기 위해서 굳이 '큰 생각'이 필요한 것은 아니라는 점을 수천 개의 작은 풀뿌리 집단들은 깨닫고 있다. 그들은 처음 들어갔을 때처럼 제 발로 나올 수 있다"(Esteva and Prakash 1997, 280). 마지막으로, 지역에 초점을 둔다는 것은 탈중앙집권화와 자율성의 신장을 도모함으로써 권위주의에 도전한다는 것을 의미한다. 이 견해에 따르면, 지역은 민주적이고 포용적이며, 따라서 전 지구적인 권력과 일국적인 권력의 접점들에 저항할 수 있는 실현 가능한 정치를 위한 거점이 된다.

발전 기금을 지원하는 단체에서도 최근에는 '풀뿌리'를 강조하며 그들의 의제로 삼고 있다. 이는 현재 '지역'의 개념이 더욱 중요해지고 있음을 입증한다. 이런 담론의 경향은 시민사회의 일부를 이루는 NGO에서도 환영받고 있다. 이런 담론에서 제기되는 주장들은 다음과 같다. 우선 지역적인 것은 사람들의 삶에 좀 더 밀착되어 있을 뿐만 아니라 지역의 생태계에 더욱 민감하게 만든다. 따라서 그것은 사람들에게 좀 더 책임감을 부여하고 적극적인 참여를 유도할 수 있다(World Bank 1994). 그리고 지역적인 것에 대한 강조를 통해 자유주의적 권리 담론의 소유적인 개인주의에 반박하는 것 또한 가능하게 된다. 권리에 대한 보편적인 언어로는 지역공동체에서 사람들을 세력화하는 문화적 실천의 복합성이 역사적으로 뿌리내리고 있다는 사실을 읽어 낼 수 없으며, 지역적인 것은 이런 주장의 토대가 되기 때문이다. "라틴아메리카와 아시아 또는 아프리카 지역의 대다수 촌락에서는 집단적 권리와 공동의 권리가 사적 권리와 **개인**의 권리에 대해 명백한 우위를 점하고 있다. (예를 들어, 연장자 우선의) 위계질서가 평등보다 우선하는 것이 타당하고, …… 추상적으로 보편화될 수 있는 법보다 구체적인 관습으로 인해 공동체의 유대감이 지속되고 사회적 지원이 체계를 갖추게 된다"(Esteva and Prakash 1997, 282; Sachs 1997, 290).

지역에 중심을 둔다는 것은 발전 이론과 실천의 근본적인 준거가 되었던 많은 것들에 강력한 도전을 감행한다는 것이었다. 그 도전은 곧 권력의 탈중앙화를 옹호함으로써, 민족국가가 좀 더 자신의 책임을 다하도록 만들고, 인민들, 특히 여성의 참여를 좀 더 용이하게 하며, 사람들의 삶의 맥락을 좀 더 가시화시키고, 과학의 보편주의가 지닌 획일성을 약화시키려는 시도였다. 그렇지만 이 지점에서 우리는 경계의 목소리를 경청해야 한다. 이런 경계의 목소리는 다양한 우려들로 나타난다. 첫째, 지역 공간의 특권화는 대개 민족국가의 역량 문제와 연결되어 있다는 점이다. 세계은행과 IMF가 민족국가에 경제적·정치적 제한조건들을 점점 더 많이 부과하고 있으면서 그와 동시에 지역 공간을 강조하는 것은 흥미로운 일이다(4장). 일국적 시장 경계의 강제적 개방으로 인해 한 나라 안의 인구 및 지리적인 구조가 변경되고 있다. 이렇게 시장이 개방되면서 제3세계 국가들은 처음으로 거대한 이주 흐름을 경험하게 되었다. 이런 이주의 물결은 불가피하게 농촌에서 도시 중심부로 향한다. 그리고 경제자유구역Free Economic Zone이 설립되면서 여성이 이런 이주의 물결에 대거 동참하는 것을 볼 수 있다(4장). 농촌의 지역 공간은 도시의 풍경이 바뀐 것만큼이나 엄청나게 변화했다. 이런 맥락에서 지역의 개념 자체가 확장되고 있다. 이런 상황에서 이주 여성에게 터전은 과연 어디를 의미하는 것일까? 그녀가 떠나온 고향집과 그녀가 현재 자리 잡고 있는 장소 가운데 어떤 곳이 그녀에게 집이 아닐 수 있을까? 이런 전치[원래 자리로부터의 이동]displacement로 인해 여성은 더욱 취약하게 되었다(4장). 한편 경제 자유화 과정에 있는 많은 나라에서 성폭력과 경제적 착취가 증가하고 있다. 이런 현상은 병원, 학교, 쉼터 및 여타 사회적 서비스들이 폐쇄·축소되거나 민영화되는 등 국가가 제공하는 사회적 공공 기반이 무너지는 것과 동시에 벌어지고 있다.[5] 이런 맥락에서 탈중앙화는 어려운 문제가 된다. 경제정책은 국제적인 영역에서 기획되고 있는 반면, 그 정책의 결과는 지역적 수준에서 체감되고 감내되고 있다. 이 맥락에서 민족국가의 역할은 필수적인 것이 된다. 민족국가는 때로 사회의 '글로컬화'glocalization의 공범자가 되기도 하고(Robertson 1992), 때로는 지역적인 것과 지구적인 것 사이의 매개자가 되기도 한다. 이는 민족국가를 주안점으로 두지 않는다면, 민족국가의 역할과 영향력을 간과하는 결정적인 실수를 저지르게 될 것이라는 점을 시사한다.

내가 경고하고자 하는 두 번째 문제점은 지역 담론 자체에서 연유한다. 나는 촌락이 여성에게 언제나 자유롭거나 안전한 공간이 아니라는 점을 지적하고 싶다. 우리가 인도 라자스탄의 여성개발프로그램을 논하면서 살펴본 것처럼, 실제로 여성들이 촌락에서 경험하는 문화적으로 승인된 억압, 배제, 성폭행, 감시의 수준은 상당히 높다(5장). 마르크스주의적 유물론자들은 산업화에서 유래된 도시화로 인해 사회의 귀속적인 역할들은 해체될 것이지만, 이는 특히 여성에게는 제한적인 영향을 미칠 것이라고 주장해 왔다(Desai 1989). 반면 나는 도시화가 그 자체의 문제점과 투쟁 거리를 안고 있는 것은 사실이지만, 도시화로 인해 여성들은 고향의 터전에서는 왕왕 제약받았던 활동의 자유를 상대적으로 더 누릴 수 있게 된다는 점을 지적하고 싶다. 더 나아가 나는 2세대 페미니즘의 등장 이래 광범위한 산업화와 도시화로 인해 지역과 도시는 함께 가는 것이라면서 '지역화를 통한 세력화'를 주장하는 담론 역시 서구화된 담론으로

5 물론 그렇다고 해서 지구화의 압박이 심해지기 전에는 지역 공간이 여성에게 덜 억압적이었다는 뜻은 아니다. 하지만 지금보다는 상대적으로 좀 더 안정적이었을 것이며 일부 여성들은 좀 더 안전하다고 여겼을 것이다.

볼 수 있다는 점을 덧붙이고 싶다.[6] 이런 담론이 대다수의 제3세계 여성이 있는 농촌 지역에 옮겨 적용될 때, 상이한 문화적 맥락이라는 사실을 무시하고 이루어지는 지역 개념에 대한 가치 부여는 더욱 문제적이다. 이는 여성의 삶에서 지역이 차지하는 중요성을 무시하려는 것이 아니라, 지역을 단순히 더 자유롭고, 더 가까운 공간, 그렇기에 여성의 세력화에 더 적합한 공간으로 특권화하는 것에 의문을 제기하는 것이다. 우리가 지역의 정치성을 복원시키고자 한다면, 지역을 일면적으로 동질적이고 협력적이며 민주적인 공간으로 취급할 것이 아니라, 바로 이런 식의 문제 제기가 반드시 전제되어야 한다.[7] 지역은 국가나 전 지구적 공간과 마찬가지로 분절화되어 있다. 지역에도 기존의 권력관계를 지키고 반대 세력을 억압할 수 있는 자원을 가진 나름의 권력의 위계질서가 작동되고 있다. 그러므로 지역 역시 민주적 투쟁이 조직될 필요가 있는 공간이지, 그 자체로 삶을 민주화시키는 수단인 것은 아니다.

우리가 5장에서 본 바와 같이, 여성의 세력화에 대해 쏟아져 나오는 문헌들은 지역 공간을 참여의 정치에 적합한 무대로 간주한다.[8] 그러나

6 나는 이 점을 상기시켜 준 캐서린 호스킨스(Catherine Hoskyns)에게 감사를 표하고 싶다. 산업화된 서구에서 지역은 여성이 일하기에 좀 더 다양하고 익명성을 지닌 활동적인 공간이다. 그렇지만 이렇게 좀 더 호의적인 환경에서조차 페미니스트들은 여성이 지역 정치에 참여할 때에도 계급과 종족에 따라 차등적 비용을 지불해야 한다는 점에 대해 우려를 표명해 왔다(Phillips 1993).

7 이런 식의 문제의식을 전혀 갖지 않고 시민사회를 바라보는 시각도 넘쳐 난다(Fine and Rai 1997, 서문; Chandhoke 2001).

8 블레어는 여성의 참여를 증진시키기 위한 6개국 지방자치기구의 입법 활동을 연구하면서 다음과 같은 결론을 도출한다. "거기에서 하나의 집단으로서 의식적으로 활동하는 여성들이 지역

발전 담론 및 관행에서 참여나 지역은 탈정치화되어 있었으며, 책임 있는 발전이 화두에 오를 때면 참여나 '분권화된 공간'이 만병통치약인 것처럼 운위되어 왔다. 블레어에 따르면, "1990년대 중반에 이르러 미국 국제개발처United States Agency for International Development, USAID는 약 60가지 [민주적인 지방정부] 활동들을 지원했고 …… [유엔개발계획은] 다양한 나라에서 250개가 넘는 분권화된 활동들을 보조했다"(Blair 2000, 22). 지역적이고 분권화된 발전 관행의 사례로 발전 기구들 사이에서 특히 인기가 좋은 로버트 챔버스Robert Chambers의 참여 농촌 조사Participatory Rural Appraisal, PRA를 살펴보도록 하자.

이 방법론 또한 국가가 주도하는 발전의 하향식 접근법에 대한 불만족에서 출발했다. "이 접근법은 서구의 전문가들에 대해 매우 비판적이며, 발전에 대한 하향식 접근법을 지양해야 할 필요성을 강조한다. 그리고 이 접근법은 빈민의 교육 수준과 상관없이 빈민이 가진 지식과 분석적 기술이 참여라는 방법을 통해 발현되고 강화될 것이며, 이를 통해 진정한 역량 강화[세력화]와 발전이 이루어질 것이라고 가정한다"(Parpart 1999, 260). 이 접근법은 이론적인 추상성보다 경험에 근거한 쇄신을 강조하며, 가장 혜택을 받지 못하는 계층을 포용하는 것을 하나의 중심축으로 삼고 있다. 그러나 파파트는 이 방법론을 성별화된 관점에서 비판하면서, 참여 농촌 조사의 실무자들이 가부장적 규범에 깊숙이 물들어 있다는 점을 지적하는 한편, "지역에도 마찬가지로 권력 구조가 존재한다"는 점을 역설한다(Parpart 1999, 264; Kabeer 1995; Tiessen 1997도 참고하라). 나아가 그녀에 따르

사회의 공적 사안에 큰 영향을 미치고 있다는 조짐은 전혀 없었다"(Blair 2000, 24).

면, "지식에 대한 통제가 종종 지역 권력 구조의 핵심으로 작용하며, 지역 엘리트들은 이를 토론거리로조차 여기지 않을 정도의 당연한 것으로 받아들이고 있다"(Parpart 1999, 265). 그러므로 참여 농촌 조사 프로그램의 일환으로 주변화된 이들의 목소리를 드러내는 것은, 오히려 다양한 집단과 개인들, 특히 여성의 무력화를 초래하는 위협적인 일이 될 수도 있다. 게다가 젠더에 특화된 훈련은 일반적으로 참여 농촌 조사 프로그램의 일부로 포함되지 않았으며, 이 프로그램이 공식화하고 있는 기술 공유 프로그램은 왕왕 여성의 노동 유형에 적합하지 않았다(Parpart 1999, 266-267). 마지막으로, 이 방법론은 구조적인 경제 권력에 대한 이해를 상당히 결여하고 있을 뿐만 아니라, 정체성에 기초한 정치에 대한 이해마저 부족하다. 그러나 정체성은 남성과 여성이 내리는 선택 자체는 물론 그들이 자신들에게 열려 있다고 느끼는 선택지에도 큰 영향을 미치는 것이다(Parpart 1999, 269-271). "[이런 식의] 참여는 참여에 대한 NGO의 접근법 가운데 [국가와 국제기구개] 가장 다루기 쉬운 프로젝트 방법론이 된다"(P. J. Nelson 1996, 624). 이와 같이 참여 농촌 조사는 지역의 세력화를 위한 정치적 도전의 과정이 아니라, '새로운 관리주의'의 일부로서 효율적인 정책 실행의 기술이 된다. 그리고 국가 및 다자 기구들은 그것을 참여적 발전이라는 미명하에 광범위하게 활용한다(P. J. Nelson 1996; McMichael 2000).

내가 주장하는 바는, 이렇게 개념에서 정치를 탈각시킴으로써 목적과 수단을 도구적으로 혼동하게 되고, 이는 현상 유지에 복무하는 결과만을 초래하게 된다는 것이다. 5장에서 우리는 지난 몇 년간 NGO 활동이 급증한 것을 살펴보았다. 그것은 한편으로는 민족국가가 역량을 결여하고 있다는 것을 반증하지만, 다른 한편으로는 사회복지가 민영화되고 있다는 점을 시사한다(Arrellano-Lopez and Petras 1994; Craske 1998). 국가가 책무를 이행하지 않는 것은 비난의 대상이 되나, NGO 부문이 책임지지 않는 것은 대체로 무시된다. 카비르는 NGO들이 자체적인 프로그램을 통해 성인지력을 증진하려고 시도할 때조차 종종 지역의 제도적 구조에 큰 영향을 미치지는 못한다는 것을 밝힌 바 있다(Kabeer 1995). 지구화의 조건에서 NGO의 활동이 갖는 중요성은 매우 커졌지만, 다른 측면에서는 대중적인 운동을 탈정치화하는 데 활용되는 수단으로 비춰질 수도 있는 것이다(Craske 1998). 그리고 국제 NGO들은 지구적인 것과 지역적인 것의 구분을 이어 주는 역할을 수행하면서 새로운 유형의 문제들과 마주치기도 한다. 또한 고츠가 지적하는 것처럼, 국가로부터 재정 후원 및 관리를 받는 지역 조직들이 때로 지역의 관습과 사회적 관계에 더 민감하게 반응하기 때문에, 지역 환경에 낯선 국제 NGO보다 젠더 관련 의제를 전개하는 데 훨씬 더 유리할 수도 있다(Goetz 1996). 이와 같이 지역이라는 공간은 국가나 지구적 공간만큼이나 여성들이 젠더의 위상을 협상하는 데 있어서 많은 과제를 안고 있다. 여성의 위상을 향상시키기 위해 각기 다른 공간과 정치 수준을 활용하는 데에는 복잡한 협상 과정이 연루될 수밖에 없다.

스피박은 "집단성 자체의 가능성은 여성 행위성의 조작을 거치면서 끈질기게 봉쇄된다"고 말한다(Spivak 1988, 283[429]). 우리는 민족주의 이데올로기를 통해서(1장), 그리고 생산과 정치에 대한 지구화된 담론이 정상화되는 과정을 통해서(4장과 5장) 이런 가능성의 폐쇄가 일어난다는 것을 보았다. 또한 스피박에 따르면, 서구의 지식인들은 이런 과정에 가담함으로써 가능성의 폐쇄를 유지하는 데 공모하고 있다. 그럼에도 불구하고,

지구적인 연대의 정치의 타당성에 대한 믿음은 매판 국가들에서 '국제 페미니즘'에 관심을 보이는 사회 지배층 여성 사이에 만연해 있다. …… 국제 노동 분업의 맞은 편에 있는 착취의 주체는 여성 착취가 담겨 있는 텍스트를 알 수 없고, 또 그것에 대해 말할 수도 없다. 설령 여성에게 말할 수 있는 공간을 만들어 줄 뿐 자신은 나서지 않겠다는[대표/재현하지 않는] 지식인의 부조리한 시도가 성공한다 해도 말이다. 여성은 이중으로 그림자 속에 있다(Spivak 1988, 288[441]; Liddle and Rai 1998 또한 보라).

그렇다면 우리는 5장에 살펴본 수많은 국제 회담들, 여성 국가기구의 정치, 인도 농촌 사틴들의 개별적·집단적 투쟁 등을 하위 주체 여성들이 창조될 수는 있지만 그들이 말할 수는 없는 공간으로 간주할 것인가? 스피박의 논쟁 대상은 행동주의의 문제에 대한 '해결책'이다. 그 해결책은 "획일적인 집단성을 가진 '여성'을 억압받는 이들의 목록에 포함시키면서, 그 여성은 분절되지 않은 주체성을 지니고 자신들과 똑같이 획일적인 '동일한 체계'에 맞서 스스로를 대변할 수 있다고 간주한다"는 것이다(Spivak 1988, 278[416]). 연대를 달성하기 위한 수단으로서 심의 민주주의에 대해 많은 페미니스트와 여성 활동가들이 논쟁을 벌이고 있는 것은 바로 이런 긴장을 해소하기 위해서이다(5장).

4. 비판적 개입: 심의와 연대

예이트먼은 연대의 정치가 가능하게 하기 위해서는, "모든 종류의 해방 운동의 편에 설 태세를 갖추어서, 억압에 반대하는 자신의 특수한 이해 관계가 어떻게 상이한 종류의 억압에 반대하고 있는 다른 운동의 이해관 계와 연결될 수 있고 또 그것을 지지할 수 있는지를 보여 주는 것"이 필 요하다고 주장한다(Yeatman 1993, 231). 다른 정치 운동에 개입할 태세를 갖춘다는 것은 결국 차이에 대한 인정에 기반해야 한다. 그리고 차이에 대한 인정은, 다양한 이해를 어떻게 대표할 것인가라는 문제에 대한 이 론적 탐색의 기초가 된다(Young 1990; Phillips 1995). 이런 접근법은 실용 적인 장점도 갖고 있다. 예컨대 이 접근법은 정책 결정의 장에서 여성이 더욱 가시화될 수 있게 만드는 수단으로 적극적 조치의 전략을 재고할 수 있게 해준다(Rai and Sharma 2000; Åseskog 2002). 하지만 이런 접근법에 대한 비판도 존재한다. 비판의 핵심은, 정체성을 본질화하거나 고정된 것으로 보고, 특정 집단에 기반한 정체성을 특권화하는 한편 다른 집단 의 정체성을 배제하며, 책무성을 달성하지 못하게 된다는 등 차이를 강 조할 때 발생하는 문제점을 지적하는 데 있다(Phillips 1993; Shadmi 2000).

리스터는 '차이에 기초한 연대의 정치'를 위해 필요한 세 가지 요소를 제시하는데, 이는 심의 민주주의 또는 대화적 민주주의의 정치를 이루는 기반이자 차이와 연대를 둘러싼 논쟁을 진일보시키는 방안이라 할 수 있 다. 무페의 주장에 동조하면서(Mouffe 1992), 리스터는 그 첫 번째 요소로 "시민이 정치에 개입할 수 있는 토대를 마련하기 위해서 필요한 일정한 유형의 정치적 가치들에 대한 '동의의 틀' 또는 '정치적 행위의 문법'"을 든다(Lister 1998, 77). 여기서 동의를 어떤 식으로든 합의의 정치로 이해해서는 안 된다. 그것은 결과보다는 과정에 가깝다. 발전의 측면에서 그런 동의의 틀은 한편으로 여성의 배제를 용인하는 것을 의미할 수도 있지만, 다른 한편으로 '여성의 이해관계'가 어떻게 정의되든 간에 그것이 대표될 수 있는 가능성을 열어 두는 대화의 과정일 수도 있다. 리스터가 제시한 연대의 정치를 위한 두 번째 요소는 "차이에 가치를 부여하려는 헌신"이다. 그녀는 이를 "정치적 주체가 집단들에 내재한 복합적인 차이를 반영하는 유동적인 복수의 정체성들로 구성된다는 것을 나타내는 비본질주의적 개념"이라고 설명한다(Lister 1998, 77). 이렇게 차이에 가치를 부여함으로써 여성운동은 대화의 창구를 새롭게 열고, 복수의 구성원 자격을 인정함으로써 다른 해방운동과 소통할 수 있게 될 뿐만 아니라, 여성운동 구성원들 사이의 차이 또한 인정할 수 있게 된다. 이 연대의 정치에서 세 번째이자 마지막 요소는 대화 또는 심의의 소통 윤리이다. 페미니스트들은 하버마스의 개념을 확장해 "그런 공적인 대화의 장이 다양한 목소리들, 특히 일반적으로 간과되는 목소리가 표출될 수 있는 공간이 된다"는 점을 강조한다(Lister 1998, 78; Benhabib 1992; 그리고 이 책의 5장도 보라). 유발-데이비스는 이탈리아 페미니스트들의 연구에 기초해 이런 소통적 윤리를 '뿌리내리기와 옮기기'의 정치라고 부른다(Yuval-Davis 1997). 이 개념은 "대화에 참여하는 모든 여성이 각자 자신의 구성원 자격과 정체성에 뿌리를 내리려 하면서도, 동시에 다른 구성원 자격과 정체성을 가지고 있는 여성과 나눌 수 있는 위치로 옮기려고 노력한다"는 것을 의미한다(Cockburn 1998, 8-9). 그 결과는 '횡단의 정치'로 나타난다. "횡단의 정치에 참여하는 이들이 지닌 각각의 특수한 위상은 물론, 그런 각자의 맥락에 따른 위상에서 기인하는 '불완전한 지식'도 인정받게 된다. ······ 그리고 횡단적 대화의 경계는 전달자messenger보다는 전달하고자 하는 내용message에 의해 결정된다"(Yuval-Davis 1997, 130-131).

그런 횡단의 정치에 대한 상상은 우리에게 흥미진진한 가능성을 열어 준다. 이를 통해 우리는 오랫동안 페미니스트들의 뇌리를 떠나지 않았던, 여성을 본질화하지 않는 새로운 형태의 정치를 고찰할 수 있게 된다(Goetz 1991; Benhabib 1992; Tripp 2000을 보라). 또한 우리는 그 과정에서 대의 정치의 중요성을 강조할 수도 있다. 대의 정치는 대표자가 일정 수준의 자율성을 가질 것을 요구하고, 대표자는 이 자율성 덕택에 정책 결정에 대한 논쟁에서나 유권자에 대한 책무성에서 일정 정도 '옮기기'를 시도할 수 있게 된다. 그렇지만 이런 '옮기기'는 여성을 대표자로 선출한 공동체에 '뿌리내리기'와 균형을 이루어야 한다. 그렇게 되면 평등의 영역이 성이나 다른 정체성의 징표들을 가진 집단으로 확장되어야 한다는 주장이 대의 정치 체계 내에서 중요하게 다루어질 것이며, 이를 바탕으로 적극적 조치나 할당제와 같은 정책을 발의함으로써 공식 정치에서 배제된 집단의 존재를 부각시킬 수 있게 될 것이다. 마지막으로, 인권과 같은 메타 규범들이 변화의 전략들로 이용될 수 있다. [메타 규범에 입각한] 심의의 과정은 배제를 재생산하는 뿌리 깊은 문화적 설명을 바꿀 수 있을 것이다. 그리고 국경을 넘나들며 소통을 촉진하기 위해서는 다른 어휘들과 구별되는 특별한 어휘들이 필요하다는 점도 깨닫게 될 것이다. 그러나 리스터는 그런 정치가 항상 가능한 것은 아니라는 점을 다음과 같이 정확히 지적한다. "이해관계가 상충할 때 이런 방식으로 화해할 수 없는 상황도 일부 존재하며, 사실 대부분의 정치 체계는 그런 대화를 위한 시간과 공간을 제공하지 않는다"(Lister 1998, 78).⁹ 이와 같이 심의 민주주의의 가능성이 지닌 한계를 인지하는 것은 중요하다. 첫째, 심의 민주주의는 재화의 희소성이 일반화되지 않은 곳에서 성공할 가능성이 높다. 설령 민주적 실천을 위해 불가결한 자원을 둘러싸고 경쟁이 벌어진다 하더라도, 경쟁 대상이 되는 자원이 상대적으로 풍부하다면, 심의의 요소를 좀 더쉽게 확보할 수 있다. 반면 [재화의 희소성에 따른] 불안정성은 이익을 지키려는 경계심을 강화하고, 심의를 통한 문제 해결 방식을 선택하게 할 동기부여를 줄인다. 둘째, 심의 민주주의는 정치적 삶이 폭력으로 얼룩진 곳보다 민주적 실천이 공고화된 곳에서 성공할 가능성이 높다. 셋째, 체계 자체의 변화와는 무관한 문제를 다루는 정책 결정 과정에서 심의 과정을 택할 가능성이 더 높다.

이처럼 차이에 대한 질문은 그 차이를 메우려는 무수한 시도들이 보여 주는 것처럼 여성운동의 핵심적인 문제였다(Fuss 1989; Young 1990; Mohanty 1991; Phillips 1993). 여성운동에서 인정 투쟁은 대체로 문화적 정

---

9 정치 체계로부터 적절한 지원을 받지 않은 채, 갈등의 경계들을 넘어 대화를 시도할 때 발생하는 문제의 복합성과 비용에 대한 자세한 묘사로는 Cockburn(1998)을 참고하라. 그녀는 아일랜드 벨파스트 지방의 여성지원네트워크(Women's Support Network), 이스라엘과 팔레스타인 지방의 밧 샬롬 예루살렘 연대(Bat Shalom Jerusalem Link), 보스니아 헤르체고비나 지방의 여성의료연합(Medical Women's Association) 등 분쟁 지역에서 활동하는 세 부류의 여성들이 모든 난관에도 불구하고, 연대의 네트워크를 형성했던 과정을 상세히 보여 준다. 그리고 그녀는 이 여성들이 발전시킨 기술들이 경계를 넘는 접촉을 유지하는 등 다른 맥락에서도 유용하게 쓰일 수 있다고 결론 내린다. 분쟁 지역이나 국경을 넘어가며 일하는 여성에 대한 아프리카의 관점으로는 Tripp(2000)을 보라.

체성 투쟁의 일환이었다. 그러나 러벌이 지적하듯이, "문화는 …… 탐욕적인 개념이다. 그것은 사람과 사물, 행동과 실천의 세계 전체를 집어삼키고 떠안는다." 그녀는 "개념화의 대상이 되는 모든 것을 …… '문화'라는 단일한 범주에 …… 모아 놓는 것은 사회 이론에 어떤 효과를 미치는가?"라고 묻는다. 그녀는 "그 효과는 마르크스주의나 다른 유물론적 관점에서 제기되었던 문제를 해소하는 것이 아니라 재구성하는 것"이라고 결론 내린다(Lovell 2000, 23). 그렇다고 해서 정체성의 차이를 제기하는 것을 회피하고 계급에 기반한 물질적 박탈에 역점을 두어야 한다는 뜻은 아니다. 이는 물질적이고 체화된 주변성의 경계들을 좀 더 복잡하게 재설정하고 확장해야 한다는 뜻이다. 이 책의 전반에 걸쳐서 우리는 주체로서의 여성이 연대를 맺으려 시도해 왔으며, 차이가 갖는 위력으로 인해 그 연대가 교란되고 저해되었음에도 불구하고, 이처럼 차이를 중재하려는 여성의 시도는 끊임없이 지속되었음을 살펴보았다. 한편으로 뿌리내리면서도 다른 한편으로 옮겨 가는 차이의 경계들이 지닌 성격을 이해하는 것은 지금껏 페미니스트의 정치적 실천에서 중요한 과제였던 것이다.

캐서린 호스킨스와 나는 다른 글에서 다음과 같이 주장한 바 있다. "전략적인 이유에서든 실질적인 이유에서든, 여성은 따로 분리해 조직하는 전략을 취해야만 했다. …… [하지만] 자본주의적 생산과 교환의 구조적 불평등을 근본적으로 시정하고자 하는 재분배 정책들의 중요성이 충분히 주목받지 못하는 현재 상황에서는, [이런] 페미니스트의 분리주의적 저항에는 제약이 따를 수밖에 없다"(Hoskyns and Rai 1998, 362). 나는 4장에서 다음과 같은 질문을 던졌다. 젠더가 계급을 회복할 수 있을까? 스피박이 지적한 바와 같이, 나는 재분배의 중요성을 인지함으로써 "(자본주적인) 경제적 영역과 (세계사적인 행위성이 발휘되는) 정치적 영역 모두에서 …… 그 구성 요소가 더 이상 연속적이지도 일관되지도 않은, 오히려 분리되고 혼란스러운 주체의 모델을 구성"할 수 있다고 주장하고자 한다 (Hoskyns and Rai 1998, 276). 그리고 이런 혼란들과 비연속성들이야말로 정치경제와 담론을 장악하고 있는 권력 회로 내에서 변혁을 추구하는 여성의 행위성이 발생하는 진원지가 된다. 그리고 특히 현재 상황에서 그 적실성은 더욱 커지고 있다. 현재 지구화 과정에서 구조 조정 정책이 실행되고 복지가 삭감되면서 다양한 사회적·공간적 경계들을 가로질러 엄청난 중압감과 불평등이 생겨나고 있다. 그리고 이렇게 불평등이 증가했음에도 불구하고 계급에 기반을 둔 운동은 약화되었는데, 이는 그 운동이 계급 이외의 문제로 인해 발생하는 사회적 배제를 인정하지 못했기 때문이었다.

결론적으로 나는 "사회의 권력관계를 바꾸기 위해서, 다음 단계의 여성운동은 자원 재분배의 문제를 좀 더 핵심적으로 내세워야 한다"는 점을 강조하고자 한다(Hoskyns and Rai 1998, 363). 현재의 국면에서 여성과 다른 사회집단 사이의 제휴, 그리고 해방을 추구하는 다양한 사회운동 사이의 연대는 더욱 필요할 뿐만 아니라 그 실현 가능성도 높아지고 있다. 그런 제휴와 연대는 젠더 행동주의와 다른 형태의 변혁의 정치 사이의 연결점을 확장시킬 것이다.

옮긴이 후기

1

인도에서 태어나고 교육받은 시린 라이는 마오쩌둥 사후 중국에서의 학생운동을 박사논문 주제로 삼아 중국의 정치 참여 현실과 천안문 사태의 징후들을 밝히면서 학자로서의 삶을 시작했다. 저자가 서론에서도 밝히고 있듯이 이와 같은 기초가 이 책의 자양분이 되었으며, 이에 입각한 제3세계적 관점은 페미니스트로서 민주화, 발전, 거버넌스, 지구화 등으로 연구 영역을 넓혀 가는 과정에서도 일관되게 유지되고 있다. 또한 그녀의 저작들은 국제정치경제적 동학이 제3세계 여성 및 인민의 현실에서 어떻게 작동하는지, 대항 운동의 한계와 가능성은 무엇인지 등에 대한 분석을 통해 제도와 현실의 간극을 예리하게 짚어 내고 독자들에게 실현 가능한 정치적 활로를 모색하는 동시에 변혁적 전망을 품을 수 있는 통찰의 계기를 제공한다. 저자는 왕성한 저술 활동을 통해 한편으로는 몰성적인 정치학 연구에 젠더 관점을 투영하고, 다른 한편으로는 탈정치화된 페미니스트 연구에 정치학의 유용성을 상기시키며, 페미니스트 정치학의 연구 영역을 확장하는 데 일조하고 있다.

이 책은 탈식민 시대 새로운 민족국가 건설의 정치적 기획으로 이루어졌던 '발전'에서부터 전 지구적인 구조 조정을 통해 시장 주도하에 이루어지고 있는 '발전'에 이르기까지 발전의 정치경제학을 살펴보면서 여성과 여성운동이 위치한 맥락과 그들이 마주한 역설을 입체적으로 그려낸다. 탈식민 시대 여성은 민족국가 건설을 위한 민족 정체성을 형성하는 데 핵심적인 위치에 놓여 있었으며, '시민'이라는 보편적 구성물에 포함되어 민족주의적 대의에 헌신하도록 동원되었다. 하지만 한편으로 민족주의적 기획이었던 발전 과정에서 소외된 채 민족의 또 다른 이름인 '가정' 안에 갇히게 되었다. 이후 지구화 과정에서 여성은 점점 팽창하는 시장에 적극적으로 통합되었지만, 전 지구적 구조 조정으로 인해 발생하는 비용을 감당하기 위해 자신들의 노동시간을 최대한 연장하고 있다. 저자는 이렇게 탈식민화부터 지구화에 이르기까지 발전 과정에서 남성과 다른 위치에 놓인 여성의 삶에 주목하며 발전의 정치경제학이 성별화되어 온 과정을 보여 주고, 발전 패러다임이 변화하는 과정에서 첨예하게 부각된 여성 내부의 차이와, 그 긴장 속에서 여성운동이 마주한 정치적 조건들을 예리하게 지적한다.

이 책의 핵심 질문 중 하나는 국가를 어떻게 할 것인가의 문제이다. 양면적인 민족국가 건설 과정에서 민족주의적 기획과 페미니즘의 양립은 불가능한 것처럼 보였으며, 여성운동은 점차 민족주의 운동에 대해 불참[비개입] 전략을 취하게 되었고, 그 결과 민족주의는 평등과는 점점 더 요원한 것이 되어 갔다. 하지만 비록 발전 의제가 민족주의 엘리트들이 지닌 젠더 및 여타 사회적 관계에 의해 위계화되었더라도 여성 또한 발전의 희망을 공유했다는 점 역시 기억해야 한다. 민족 건설 과정에서 발전은 불가피한 사명이자 여성을 비롯한 모든 인민의 공통된 소원이었다. 그 점에서 저자는 민족주의에 대한 페미니스트의 불참[비개입] 전략이 과연 타당한가 되물으며, 불참[비개입]의 대가 또한 고려해야 한다고 지적한다. 저자는 한편으로는 여성운동 세력들이 개입engagement에 치러야 하는 비용 — 예컨대 시간과 에너지 소모, 불안감 및 취약성의 증가, 그리고 내부 갈등으로 인한 차이의 확대가 빚는 정당성의 훼손 등 — 을 고려해 정치적 개입의 중요성을 역설하는 시민권 논의에 좀 더 신중해야 한다고 이야기하면서도, 다른 한편으로 국가 안팎에서의 비판적 개입은 선택 사항이 아니라 필수 조건임을 강조한다.

1990년대부터 국가 주도적 발전 패러다임이 국제정치 무대에서 시장 주도형으로 변화하며 민족국가 고유의 위상은 다층적 수준의 거버넌스에 의해 대치되었고, 대신 국제 무대와 지역의 현장이 여성운동에 새로운 협상 가능한 정치적 공간으로 등장했다. 예컨대 베이징선언 및 행동강령이나 세계은행을 견제하는 '은행을 보는 여성의 눈'의 활동들은 여성운동이 이룩한 중요한 성과이다. 하지만 다른 한편으로는 전 지구적 구조 조정 과정을 거치며 약화된 민족국가에서 국가가 제공하던 공적 서비스는 시장에 맡겨지고 그 결과 사회적 불평등의 격차가 더욱 벌어지면서 여성 내부의 차이도 커지고 있다. 이 과정에서 대다수 여성들은 집 안팎에서 초과 노동을 요구받으며 자신의 행위성을 실현할 수 있는 정치적 조건들을 끊임없이 제약받고 있다. 저자는 한편으로 민족국가의 약화된 위상에 대한 향수 어린 담론에 주의할 것을 요구하면서도 이런 시장 주도적 발전을 제어할 수 있는 책임정치는 지역 수준의 NGO나 국제기구가 아니라 결국 민족국가 단위에서 이루어질 수밖에 없다는 점에서 소위 풀뿌리 지역 정치에 대한 낭만화나 국제기구 역할에 대한 환상을 경계해야 한다고 말한다. 국가가 분절되었지만 젠더 관계에 배태된 만큼 시민사회 또한 분절되고 배태된 영역이라는 점은, 국가와 마찬가지로 지역적·지구적 시민사회 또한 민주화의 대상이며 여성운동이 비판적 개입을 확장해야 할 문제적 공간임을 시사한다. 이에 저자는 비판적 개입에 대한 논쟁의 중심을, 권력 기구에 개입할 것인가 말 것인가의 문제에서 일정 정도의 성과를 내기 위해서 어느 정도의 개입이 필요한가의 문제로 전환할 것을 주장하며, 여성운동이 정치를 진지하게 고려해야 한다고 역설한다. 즉, 실현 가능한 정치와 변혁의 정치 사이의 긴장 관계에서 더욱 두드러지는 여성 및 페미니스트 내부의 차이를 연대로 전환하기 위해, 저자는 여성 내부의 차이를 만드는 구조적 제약을 인지하면서 인정의 정치에서 재분배의 정치로 선회할 것을 제안한다.

2

이 책이 한국에서 발전과 국가, 여성운동 담론에 전달하는 메시지는 중요하고 유용하다. 탈식민 시기부터 지구화 과정의 발전 맥락을 다룬 이 책을 통해서 우리는 세계 최초로 유일하게 개발원조 수원국에서 증여국으로 변모한 한국의 발전이 갖는 의미를 국제정치경제 발전의 계보 안에서 찾을 수 있으며, 이는 한국 페미니즘 담론이 국가와 발전, 정치를 다룰 때 그런 정치경제적 맥락에서 출발할 수 있도록 도움을 줄 수 있을 것이다. 또한 이 책을 통해 한국의 발전 경험을 평가할 때 경제 성장에 치른 사회적 비용을 무시하며 보내는 무비판적 찬사와 경제 성장이 가져온 전반적인 삶의 질 향상에 대한 부주의한 냉소 사이에서 균형을 찾을 수 있을 것이며, 이런 균형감 있는 시각은 한국 여성의 위치와 여성운동의 성과 및 한계를 객관적으로 평가할 수 있도록 할 것이다. 그리고 이 책이 견지하는, 제3세계 국가의 여성과 남성의 관점을 기반으로 젠더와 계급, 종족 등의 불평등한 사회적 관계에 배태된 발전 과정의 불균등성 문제를 비판적으로 고찰할 수도 있을 것이다.

한국의 탈식민 시대 민족국가 건설 과정에서 여성은 남성과 동등하게 참정권을 획득했고, 일반 남성과 마찬가지로 냉전하의 권위주의 국가에 의해 종속된 시민사회에서 제한된 시민권밖에 누릴 수 없었다. 그러나 그 과정에서 채택된 정치적 기획인 발전 국가는 젠더 관계에 배태되었고 철저하게 성별화된 전략을 구사했다. 생산의 측면에서 한국의 경제 성장은 여성이 다층적인 수준에서 기여한 노동과 그 일에 대한 낮은 보상에 의존한 것이다. 주지하다시피 1960년대 수출 집약적 산업에 종사하며 저임금과 장시간 근로, 비인간적 대우와 폭압적 노사 관계를 감내한 어린 여성 노동자들은 산업 역군으로서 발전 국가의 주춧돌을 만드는 데 기여했을 뿐만 아니라, 그들의 임금 대부분은 농촌 지역에 있는 가족을 부양하고 남성 가족 구성원을 교육하는 데 사용되었다. 다른 한편, 재생산의 측면에서 여성은 출산력 감소뿐만 아니라 근검절약을 실천하는 합리적 가정 경영 주체로서 발전의 근대성을 체화하는 어머니로 호명되었다. 비록 여성이 수출 역군으로서 발전 국가의 생산 경제에 깊숙이 통합되었음에도 불구하고, 냉전 체제 아래 권위주의적 병영국가 체계가 더욱 공고화될수록 여성은 모성주의적 프레임에 갇히게 되어 여성의 재생산자 위치성은 더욱 강화되었다.

경제 성장 중심의 발전 모델은 가족과 가족주의에 절대적으로 의존하면서도 가족을 생산과정에서 분리된 영역으로 간주해 국가의 비개입 영역으로 남겨 두면서, 여성은 생산 경제를 유지하기 위해 필요한 사회적 재생산 비용을 온전히 떠맡았다. 그러나 한국의 경제 성장 요인을 분석하는 데 주요한 이론적 틀이 되어 온 발전 국가 담론은 경제 발전 과정에 핵심으로 작용하지만 비개입 영역으로 남겨진 가족을 분석 수준에서 제외함으로써 재생산 노동을 통한 여성의 발전에 대한 기여를 삭제한다. 이는 경제 발전 과정을 통합적으로 설명하는 데 실패할 뿐만 아니라, 발전 국가의 성별성을 간과해 발전 패러다임에 대한 젠더 불평등을 재생산하는 데 일조한다. 이 점에서 저자가 말한 정치학과 여성학이 서로에게 학문적 보완물이 될 수 있다는 주장의 유용성 또한 확인할 수 있다.

이렇게 여성이 감당하는 사회적 재생산 역할은 가족의 범위를 넘어 가족계획 사업과 새마을운동 등을 통한 지역개발 사업이나 여성 단체 및 종교 단체, 민간 복지 단체 등을 통해 지역의 취약한 이들을 보살피는 사회 서비스 제공에 동원되어 발전 국가의 확장된 비개입 영역을 메웠다. 이는 한편으로 공적 영역에서 여성이 제한적으로나마 동등한 시민의 위상을 인정받을 수 있는 토대를 만들었다고 볼 수도 있으나, 가부장적인 국가의 온정주의에 기대게 되는 한편, 재생산 역할에 기반한 여성의 공적 위치는 취약해질 수밖에 없었다. 이런 권위주의적이고 가부장적인 국가와 공모하는 여성 주체와 단절을 선언하며 독자적으로 성장한 여성운동은 민주화 투쟁에 적극 동참해 발전 국가의 권위주의적인 속성을 해체하는 데 일정 부분 성공했으며, 민주화 과정에서 생겨난 정치적 기회 구조는 여성운동이 정부와 거버넌스 구성에 참여할 수 있는 공간을 열어주었다. 다른 한편, '남성=생산자, 여성=재생산자'의 이념형 모델과 달리 현실의 이원화된 노동시장은 여성으로 하여금 생산 경제에 참여할 것을 끊임없이 독촉했고, 이와 더불어 여성의 교육 수준이 향상되며 여성의 노동시장 참여율은 점진적으로 증가해 왔다. 그에 따라 기존의 성별 분리에 기초한 젠더 레짐에는 점차 균열이 생겼고, 여성운동의 성장으로 젠더 불평등에 대한 국가 역할에 대한 요구가 거세지며 젠더 관계는 점진적으로 재편성되어 왔다.

그러나 특히 1990년 대 말 경제 위기를 전후로 발전 국가의 성별화된 불균등한 발전 패러다임이 지구화 과정에서 신자유주의로 덮어씌워져 국가가 본래 지니고 있던 규제 및 공공재 제공 역할마저 점차 축소되었다. 시장 주도적 발전 패러다임은 더욱 노골적으로 남성과 여성의 차이, 여성 간의 차이들을 공략하며 젠더 불평등을 포함한 사회적 불평등을 가중시켰고, 출산율의 감소, 자살률의 증가, 경쟁적 교육 체제의 심화, 여성의 일 부담 증가 및 그로 인한 가족 내 긴장의 증가 등 사회적 재생산의 위기를 더욱 심화시키고 있다. 이런 신자유주의적인 흐름에서 여성부의 설립과 성주류화 및 여성 할당제 등의 도입을 통해 여성운동은 국가에서 개입할 수 있는 공간을 좀 더 확보할 수 있었다. 이는 여성운동의 중요한 성과이자 도약의 발판이 되었지만, 다른 한편 사회 양극화 과정에서 생존의 문제가 보다 절박해진 일반 여성들의 경제적 삶과는 이반되는 과정이기도 했다. 그 결과 이런 신자유주의적인 국가의 조직 재편 및 기존의 성장 중심 발전 패러다임에 대항해 다양한 사회운동이 촉발되고 있고, 여성들은 그 대안적 움직임에서 핵심 주체로서 새로운 생활 세계 및 지역공동체를 창조하고 있다. 이는 국가를 투쟁의 중심으로 삼았던 기존의 전략에 대한 반성의 결과이기도 하지만, 이 책의 저자가 우려를 표하듯이, 국가에 대비해 지역이라는 공간을 낭만화하며 국가와 제도에 불참[비개입]하는 전략의 징후로도 해석될 수 있다. 이에 저자가 제시한, 실현 가능한 정치와 변혁의 정치 사이의 불가피한 긴장에 대한 이해는 여성운동이 국가의 정치와 지역의 정치를 연결하고 다양한 여성 주체들의 삶의 현장에 기초한 개입의 정치에 대한 전략적 판단과 제휴, 연대를 가능하게 해주는 정치적 문법의 기초를 마련해 줄 것이다.

여성운동의 정치적 문법이란, 저자가 결론으로 제시한 시민권, 심의 민주주의, 세력화를 목적이자 동시에 수단으로 삼는 과정에서 탄탄하게 만들어질 수 있을 것이다. 라이는 시민권 개념이 정치적 참여에 국한된 협소한 접근에서 경제적·정치적 자원들의 재분배에 기초한 사회적 인타이틀먼트로 확장되어야 한다고 주장하면서, 이는 심의 과정을 통해 이루어질 수 있다고 본다. 그리고 이것은 각자가 지닌 선호와 이해의 위치를 이동할 수 있는 가능성에 역점을 두는 심의 민주주의에 대한 믿음에 기초한다. 더불어 이런 심의의 과정은 개인 및 집단에 대한 인식과 이해를 바탕으로 젠더 위계질서를 전복하고 주체적인 삶을 이끌 수 있는 힘을 얻는, 즉 세력화의 과정과 동반되어야 한다. 이런 심의의 방식으로 각 여성 주체가 민주적인 변화의 과정에 대한 여성의 개입과 여성이 제시하는 통찰력을 논의할 때, 여성 단체들 사이에서 '연대의 정치'를 형성할 수 있고 여성의 정치 세력화 가능성은 커질 것이다. 그리고 이 점에서 저자가 재차 강조하는 것은 지배 구조의 변화 가능성과 한계를 인식하는 것이다.

이런 저자의 주장들은 곧잘 여성의 정치적 대표성의 문제가 여성의 정치 세력화와 동일시되는 상황을 경계해야 한다는 점을 시사한다. 실현 가능한 정치로서 여성의 정치적 대표성 강화는 여성의 정치 세력화라는 변혁의 정치로 자동적으로 전환될 수 없으나, 여성의 정치 세력화라는 변혁적 과제는 여성의 정치적 대표성 확대라는 구체적인 실천을 통해 매개될 수밖에 없다는 점에서, 여성의 정치적 대표성은 항상적이자 전략적으로 사유되어야 할 문제이다. 특히 한국의 여성운동이 정치경제적 발전의 경로와 상호작용하며 형성된 복수의 여성 주체들이 차별화된 이념과 의제로 경합하고 있는 복잡한 지형의 젠더 정치를 구성하고 있는 현재, 라이의 저작은 재분배의 정치로 선회하여 젠더 불평등을 극복하고 여성의 적극적인 시민권을 촉진하기 위해 여성운동이 일국적·국제적 연대의 정치적 문법을 마련하는 데 유용한 담론이자 구체적인 정치 실행서가 될 수 있을 것이다.

3

끝으로 이 책을 기다린 독자들에게 먼저 미안함을 표하고 싶다. 이 책의 번역을 마치기까지 개인적으로 상당한 변화가 있었다. 영어로 쓰인 박사

학위논문을 받아 보시고 난감한 표정을 지으셨던 아버지께 번역본이나마 딸 이름이 한글로 새겨진 책을 드리고 싶은 욕심이 있었다. 하지만 그러기에는 아버지께 남은 시간도 나의 능력도 부족해, 이 책을 보시지 못하고 돌아가신 아버지께 죄송스럽다. 내 게으름을 차치하고서라도, 내 자원과 역량보다 더 많은 일에 욕심을 부리느라 번역은 자주 뒷전이 되기도 했고, 이 책이 저자의 야심찬 계획이었던 만큼 방대한 내용을 담고 있어 번역하는 데 상당히 오랜 시간이 걸리기도 했다.

많은 이들의 헌신적 도움 덕에 이 책이 결국 세상에 나올 수 있었다. 이 책은 하리, 하나 두 아이 모두에게 고된 태교가 되었다. 나의 엄마이자 내 아이들의 또 다른 엄마인 황규익 여사의 도움이 없었다면 이 책의 번역은 아주 오래전에 포기했을지도 모른다. 그리고 이 책의 번역 때문에 집에서 내 빈 자리를 메꿔 주고 어려운 문장에 막힐 때마다 숨통을 틔워 준 신랑, 마크에게 미안함과 감사함이 크다. 그리고 서강대학교 정치외교학과 강정인 교수님은 변방 국가에서 지식인의 이중 부담을 힘겹게 감내하시며 좋은 번역과 훌륭한 학자의 모범을 보여 주셨고, 이 책이 후마니타스 출판사에서 번역될 수 있도록 중재해 주셨다. 또 이 책의 번역 제안을 선뜻 받아 주고 오랜 시간 기다려 주었을 뿐만 아니라 문장의 오류를 예리하게 짚어 내고 세심한 교정과 훌륭한 문장을 제안해 준 후마니타스 편집진에게도 큰 고마움을 표하고 싶다. 서강대학교 정치외교학과 박사과정의 이지윤 선배님은 이 책을 번역하면서 모국어 앞에 절망하며 학문적 국외자를 경험하고 있는 내게 사려 깊고 꼼꼼하게 무성의한 실수와 참혹한 오류들을 지적하고 정정해 주었는데, 감사함을 표할 마땅한 언어가 없다. 그의 성실하고 겸손한 학문적 자세와 친절한 도움 덕분에 정치학에서 여성학을 공부하면서 소아적 사고에 빠져 있던 내가 세상 밖으로 좀 더 발을 내딛을 용기를 갖게 되었다. 마지막으로 나의 지도 교수이자 이 책의 저자, 시린 라이 선생님께 감사함을 표하고 싶다. 이 책뿐만 아니라 박사 학위논문도 오래 기다리게 해드렸는데, 침착하게 믿고 격려해 주시고 지도해 주셨다. 이 책을 수차례 읽으면서 그녀가 이 책을 쓰면서 경험했을 엄청난 긴장감을 체감한 이제야, 그녀와 함께 수학할 수 있었던 것이 얼마나 큰 행운이었는지 깨닫는다. 이렇게 많은 사람들의 도움에도 불구하고 울퉁불퉁한 번역문을 읽을 독자들에게 미안함과 위로를 전한다.

참고문헌

Addison, Tony, 1998, *Underdevelopment, Transition and Reconstruction in Sub-Saharan Africa*, Helsinki: WIDER.

Adelman, Sammy, 1993, 'The International Labour Code and the Exploitation of Female Workers in Export-Processing Zones', in Sammy Adelman and Abdul Paliwala(eds), *Law and Crisis in the Third World, London: Hans Zen Publishers.*

Adelman, Sammy with Espiritu, Caesar, 1993, 'The Debt Crisis, Underdevelopment and Limits of the Law', in Sammy Adelman and Abdul Paliwala(eds), *Law and Crisis in the Third World*, London: Hans Zen Publishers.

Adelman, Sammy and Paliwala, Abdul(eds), 1993, *Law and Crisis in the Third World*, London: Hans Zen Publishers.

Afshar, Haleh and Dennis, Carolyne(eds), 1991, *Women and Adjustment Policies in the Third World*, London: Macmillan.

Agarwal, Bina, 1992, 'The Gender and Environment Debate: Lessons from India', *Feminist Studies*, vol. 18, no. 1(Spring), pp. 119-58.

Agarwal, Bina, 1994, *A Field of My Own: Gender and Land Rights in South Asia*, Cambridge: Cambridge University Press.

Agarwal, Bina, 1995, 'Gender and Legal Rights in Agricultural Land in India', *Economic and Political Weekly*, 25 March.

Agarwal, Bina, 1997, 'Editorial: Re-sounding the Alert - Gender, Resources and Community Action', *World Development*, vol. 25, no. 9, pp. 1373-80.

Agnihotri, Indu and Mazumdar, Veena, 1995, 'Changing Terms of Political Discourse: Women's Movement in India, 1970-90', *Economic and Political Weekly*, 22 July.

Alavi, Hamza et al., 1982, *Capitalism and Colonial Production*, London: CroomHelm.

Albrow, Martin, 1996, *The Global Age*, Cambridge: Polity.

Ali, Shaheen Sardar, 2000, 'Law, Islam and the Women's Movement in Pakistan', in Shirin M. Rai(ed.), *International Perspectives on Gender and Democratization*, Basingstoke: Macmillan.

Allen, J., 1990, 'Does Feminism Need a Theory of the State?', in S. Watson(ed.), *Playing the State*, London: Verso.

All-India Democratic Women's Association, 1995, 'The UN "Platform for Action" Draft(May 1995): A Brief Critique from the All-India Democratic Women's Association', New

Delhi.

Alvarez, Sonia, 1990, *Engendering Democracy in Brazil: Women's Movements in Transition Politics*, Princeton, NJ: Princeton University Press.

Amin, Samir, 1976, *Unequal Development: An Essay on the Social Formations of Peripheral Capitalism*, Hassocks: Harvester Press.

Amin, Samir, 1994, *Re-reading the Postwar Period: An Intellectual Itinerary*, New York: Monthly Review Press.

Amin, Samir, 1997, *Capitalism in the Age of Globalization: The Management of Contemporary Society*, London: Zed Books.

Amin, Samir, 1998, *Spectres of Capitalism: A Critique of Current Intellectual Fashion*, New York: Monthly Review Press.

Anand, Sudhir and Sen, Amartya, 1996, *Sustainable Human Development: Concepts and Priorities*, New York: United Nations Development Programme.

Anand, Sudhir and Sen, Amartya, 2000, 'Human Development and Economic Sustainability', *World Development*, vol. 28, no. 12, pp. 2029-49.

Anderson, Benedict, 1991, *Imagined Communities: Reflections on the Origin and Spread of Nationalism*(revised and extended), London: Verso[『상상의 공동체: 민족주의의 기원과 전파에 대한 성찰』, 윤현숙 옮김, 나남, 2002].

Andriof, Jörg and MacIntosh, Malcolm(eds), 2001, *Perspectives on Corporate Citizenship*, Sheffield: Greenleaf.

Anthias, Floya and Yuval-Davis, Nira, 1989, *Woman-Nation-state*, London: Routledge.

Appadurai, Arjun, 1990, 'Disjuncture and Difference in the Global Cultural Economy', *Theory, Culture & Society*, vol. 7, pp. 295-310.

Arrellano-Lopez, Sonia and Petras, James F., 1994, 'NGOs and Poverty Alleviation in Bolivia', *Development and Change*, vol. 25, pp. 555-68.

Áseskog, Birgitta, 2002, 'National Machinery for Gender Equality in Sweden and Other Nordic Countries', in Shirin M. Rai(ed.), *National Machineries for Women: Mainstreaming Gender, Democratising the State?*, Manchester: University of Manchester Press.

Baden, Sally and Goetz, Anne-Marie, 1997, 'Who Needs [Sex] When You Can Have [Gender]? Conflicting Discourses of Gender at Beijing', *Feminist Review*, no. 56, Summer, pp. 3-25.

Bakker, Isabella, 1994a, 'Introduction: Engendering Macro-economic Policy Reform in the Era of Global Restructuring and Adjustment', in I. Bakker(ed.), *The Strategic Silence: Gender and Economic Policy*, London: Zed Books.

Bakker, Isabella(ed.), 1994b, *The Strategic Silence: Gender and Economic Policy*, London: Zed Books.

Bald, Suresht R, 1995, 'Coping with Marginality: South Asian Women Migrants in Britain', in Marianne Marchand and Jane L. Parpart(eds), *Feminism/Postmodernism/Development*,

London: Routledge.

Barber, Benjamin, 1996, *Jihad vs. McWorld*, New York: Ballantine Books[『지하드 대 맥월드』, 박의경 옮김, 문화디자인, 2003].

Bardhan, Pranas, 1983, 'Economic Growth, Poverty and Rural Labour Markets in India: A Survey of Research', Working Paper 54, Rural Employment Policy Research Programme, ILO.

Barlow, Tani(ed.), 1993, *Positions: East Asia Cultures Critique Volume 1: Part 2, Making Histories*, Durham, NC: Duke University Press.

Barrett, Jane, Dawber, Aneene, Klugman, Barbara, Obery, Ingrid, Shindler, Jennifer and Yawitch, Joanne, 1985, *South African Women on the Move*, London: Zed Books.

Barrett, Michele and Phillips, Anne(eds), 1992, *Destabilizing Theory*, Cambridge: Polity.

Barrientos, Stephanie, 2002, '"Flexible" Female Employment and Ethical Trade in the Global Economy', in Peter Newell, Shirin M. Rai and Andrew Scott(eds), *Development and the Challenge of Globalisation*, London: IT Publishers.

Barrientos, Stephanie, McClenaghan, Sharon and Orton, Liz, 2000, 'Ethical Trade and South African Deciduous Fruit Exports: Addressing Gender Sensitivity', *European Journal of Development Research*, vol. 12, no. 1, pp. 140-58.

Bar-Tal, Daniel and Staub, Ervin(eds), 1997, *Patriotism in the Lives of Individuals and Nations*, Chicago: Nelson-Hall.

Barwa, Sharmishta and Rai, Shirin M., 2002, 'Gender Matters: Intellectual Property Rights Under Globalisation', in Peter Newell, Shirin M. Rai and Andrew Scott(eds), *Development and the Challenge of Globalisation*, London: IT Publishers.

Basu, Amrita with McGrory, C. Elizabeth(ed.), 1995, *The Challenge of Local Feminisms: Women's Movements in Global Perspective*, Boulder, CO: Westview.

Batliwala, Srilatha, 1993, 'The Meaning of Women's Empowerment: New Concepts from Action', in Gita Sen, A. Germain and L.c. Chen(eds), *Population Policies Reconsidered: Health, Empowerment and Rights*, Boston: Harvard University Press.

Baxi, Upendra, 1996, '"Global Neighborhood" and the "Universal Otherhood: Notes on the Report of the Commission on Global Governance', *Alternatives*, no. 21, pp. 525-49.

Baxi, Upendra, 1997, 'Judicial Activism: Usurpation or Re-democratisation?', *Social Action*, vol. 47, October-December.

Baxi, Upendra, 2000, 'Human Rights: Suffering between Movements and Markets', in Robin Cohen and Shirin M. Rai(eds), *Global Social Movements*, London: Athlone Press.

Bayart, Jean-François, 1993, *The State in Africa: The Politics of the Belly*, London: Longman.

Beasley, Chris and Bacchi, Carol, 2000, 'Citizen Bodies: Embodying Citizens-a Feminist Analysis', *The International Feminist Journal of Politics*, vol. 2, no. 3, pp. 337-58.

Beck, Ulrich, 1992, *Risk Society: Towards a New Modernity*, London: Sage Publications[『위험사회: 새로운 근대성을 향하여』, 홍성태 옮김, 새물결, 2006].

Beck, Ulrich, 1997, *The Reinvention of Politics: Rethinking Modernity in the Global Social Order*, Cambridge: Polity[『정치의 재발견』, 문순홍 옮김, 거름, 1998].

Becker, Gary, 1981, *A Treatise on the Family*, Cambridge, MA: Harvard University Press.

Ben-Amos, Avner, 1997, 'The Uses of the Past: Patriotism Between History and Memory', in Daniel Bar-Tal and Ervin Staub(eds), *Patriotism in the Lives of Individuals and Nations*, Chicago: Nelson-Hall.

Beneria, Lourdes(ed.), 1985, *Women and Development: The Sexual Division of Labor in Rural Societies*, New York: Praeger.

Beneria, Lourdes, 1995, 'Toward a Greater Integration of Gender in Economics', *World Development*, vol. 23, no. 11, pp. 1839-50.

Beneria, Lourdes, 1999, 'The Enduring Debate over Unpaid Labour', *International Labour Review*, vol. 138, no. 3, pp. 287-309.

Beneria, Lourdes and Feldman, Shelley, 1992, *Unequal Burden: Economic Crises, Persistent Poverty, and Women's Work*, Boulder, CO: Westview.

Beneria, Lourdes and Sen, Gita, 1997, 'Accumulation, Reproduction and Women's Role in Economic Development: Boserup Revisited', in Nalini Visvanathan, Lynn Duggan, Laurie Nisonoff and Nan Wiegersma(eds), *The Women, Gender and Development Reader*, London: Zed Books.

Benhabib, Seyla, 1992, *Situating the Self: Gender, Community and Postmodernism in Contemporary Ethics*, Cambridge: Polity.

Benhabib, Seyla, 1999, 'Sexual Difference and Collective Identities: The New Global Constellation', *Signs: Journal of Women in Culture and Society*, vol. 24, no. 2, pp. 335-62.

Bereswill, Mechthild and Wagner, Leonie, 1998, 'Nationalism and the Women's Question: The Women's Movement and Nation', *The European Journal of Women's Studies*, vol. 5, pp. 233-47.

Berger, Peter L., 1976, *Pyramids of Sacrifice: Political Ethics and Social Change*, London: Allen Lane.

Bergere, M.e. and Chesneaux, J.(eds), 1977, *China from the Opium Wars to the 1911 Revolution*, Hassocks: Harvester Press.

Berry, W., 1991, 'Out of Your Car, Off Your Horse', *Atlantic Monthly*, February.

Bhaduri, Amit, 1986, 'Forced Commerce and Agrarian Growth', *World Development*, vol. 14, no. 2, pp. 267-72.

Bianco, Lucien, 1971, *Origins of the Chinese Revolution 1915-1949*, Stanford: Stanford University Press.

Blacklock, Cathy and MacDonald, Laura, 2000, 'Women and Citizenship in Mexico and Guatemala', in Shirin M. Rai(ed.), *International Perspectives on Gender and Democratisation*, Basingstoke: Macmillan.

Blair, Harry, 2000, 'Participation and Accountability at the Periphery: Democratic Local Governance in Six Countries', *World Development*, vol. 28, no. 1, pp. 21-39.

Block, Fred, 1990, *Postindustrial Possibilities: A Critique of Economic Discourse*, Berkeley, University of California Press.

Blom, Ida, Hagemann, Karen and Hall, Catherine(eds), 2000, *Gendered Nations: Nationalisms and Gender Order in the Nineteenth Century*, Oxford: Berg.

Blumberg, Rae Lesser, Rokowski, Cathy A., Tinker, Irene and Monteon, Michael(eds), 1995, *Engendering Wealth and Well-Being: Empowerment for Global Change*, Boulder, CO: Westview.

Boggs, Carl, 1995, 'Rethinking the Sixties Legacy: From New Left to New Social Movements', in Stanford M. Lyman(ed.), *Social Movements: Critiques, Concepts, Case-Studies*, Basingstoke: Macmillan.

Bohman, James and Rehg, William(eds), 1997, *Deliberative Democracy: Essays on Reason and Politics*, Cambridge, MA: MIT Press.

Boserup, Ester, 1989, *Woman's Role in Economic Development*(new edn), London: Earthscan.

Bouatta, Cherifa and Cherifati-Merabtine, Doria, 1994, 'The Social Representation of Women in Algeria's Islamist Movement', in Valentine M. Moghadam(ed.), *Identity Politics and Women: Cultural Reassertions and Feminisms in International Perspective*, Boulder, CO: Westview.

Braidotti, Rosi, Charkiewicz, Ewa, Hausler, Sabine and Wieringa, Saskia, 1994, *Women, the Environment and Sustainable Development: Towards a Theoretical Synthesis*, London: Zed Books in association with INSTRAW.

Braudel, Fernand, 1985, *Wheels of Commerce: Civilization and Capitalism, 15th-18th Century, Vol. 2*(new edn), London: Fontana[『물질문명과 자본주의 2: 교환의 세계』, 주경철 옮김, 까치글방, 1996].

Brenner, Johanna, 1993, 'The Best of Times, the Worst of Times: US Feminism Today', *New Left Review*, no. 200, July/August, pp. 101-60.

Brenner, Robert, 1977, 'On Sweezy, Frank and Wallerstein', *New Left Review*, no. 104, July-August.

Brett, April, 1991, 'Introduction: Why Gender is a Development Issue', in Tina Wallace with Candida March(eds), *Changing Perceptions: Writings on Gender and Development*, Oxford: Oxfam.

Brodie, Janine, 1994, 'Shifting the Boundaries: Gender and the Politics of Restructuring', in Isabella Bakker(ed.), *The Strategic Silence: Gender and Economic Policy*, London: Zed Books.

Bromley, Simon, 1999, The Space of Flows and Timeless Time: Manuel Castells's *The Information Age'*, *Radical Philosophy*, no. 97, SeptemberOctober, pp. 6-17.

Brown, Wendy, 1992, 'Finding the Man in the State', *Feminist Studies*, vol. 18, no. 1, pp. 7-34.

Brundtland, Gro Harlem, 2000, 'Health and Population', Reith Lectures 2000, BBC <http://news.bbc.co.uk/hi/english/static/events/reith_2000/lecture4.stm>.

Burnell, Peter, 1997, *Foreign Aid in a Changing World*, Buckingham: Open UniverSity Press.

Burnham, Peter, 1999, 'The Politics of Economic Management in the *1990s'*, *New Political Economy*, vol. 4, no. 1, pp. 37-54.

Butalia, Urvashi, 1998, *The Other Side of Silence: Voices from the Partition of India*, New Delhi: Penguin Books India.

Butler, Judith and Scott, Joan W.(eds), 1992, *Feminists Theorize the Political*, London: Routledge.

Bystydzienski, Jill M., 1992, 'Introduction', in Jill M. Bystydzienski(ed.), *Women Transforming Politics: Worldwide Strategies for Empowerment*, Bloomington: Indiana University Press.

Bystydzienski, Jill M. and Sekhon, Joti(eds), 1999, *Democratization and Women's Grassroots Movements*, Bloomington: Indiana University Press,

Cable, Vincent, 1995, 'The Diminished Nation-State: A Study in the Loss of Economic Power', *Daedalus: Journal of the American Academy of Arts and Sciences*, Spring, pp. 23-54.

Çagatay, Nilufer, Elson, Diane and Grown, Caren, 1995, 'Introduction', *World Development*, vol. 23, no. 11, pp. 1827-36.

Cairncross, A. K., 1975, *Home and Foreign Investment*, New York: Harvester.

Campbell, 8., 1989, 'Indebtedness in Africa: Consequence, Cause or Symptom of the Crisis?', in 8. Onimode(ed.), *The IMF, the World Bank and the African Debt*, Volume 2, London: Zed Books.

Carr, Marilyn, 2002, 'Challenging Globalisation: The Response of Women Workers and Entrepreneurs to Trade and Investment Policies', in Peter Newell, Shirin M. Rai and Andrew Scott(eds), *Development and the Challenge of Globalisation*, London: IT Publishers.

Castells, Manuel, 1996, *The Information Age, Vol. 1: The Rise of the Network Society*, Cambridge, MA: Blackwell[『네트워크 사회의 도래』, 김묵한 옮김, 한울, 2003].

Cerny, Philip, 1990, *The Changing Architecture of Politics: Structure, Agency, and the Future of the State*, London: Sage.

Cerrutti, Marcela, 2000, 'Economic Reform, Structural Adjustment and Female Labour Force Participation in Buenos Aires, Argentina', *World Development*, vol. 28, no. 5, pp. 879-91.

Chakravarty, Uma, 1999, 'Rhetoric and Substance of Empowerment, Women, Development and the State' unpublished manuscript.

Chandhoke, Neera, 2001, 'The Civil and the Political in Civil Society', *Democratization*, vol. 8, no. 2, Summer, pp. 1-24.

Chang, Kimberly A. and Ling, L.H.M., 2000, 'Globalization and Its Intimate Other: Filipina Domestic Workers in Hong Kong', in Marianne Marchand and Anne Sissons Runyan (eds), *Gender and Global Restructuring*, London: Routledge.

Charlesworth, Hilary and Chinkin, Christine, 2000, *The Boundaries of International Law: A Feminist Analysis*, Manchester: Manchester University Press.

Charlesworth, Hilary, Chinkin, Christine and Wright, Shelly, 1991, 'Feminist Approaches to International Law', *American Journal of International Law*, vol. 85, October, pp. 613-45.

Charlton, Roger and Donald, David, 1992, 'Bringing the Economy Back In: Reconsidering the Autonomy of the Developmental State', paper presented at the Annual Conference of the Political Science Association(UK), Belfast, 7-9 April.

Chatterjee, Partha, 1993a, *The Nation and Its Fragments: Colonial and Postcolonial Histories*, New Delhi: Oxford University Press.

Chatterjee, Partha, 1993b, 'The Nationalist Resolution of the Women's Question', in Kumkum Sangari and Sudesh Vaid(eds), *Recasting Women: Essays in Colonial History*, New Delhi: Kali: for Women.

Chaudhuri, Maitrayee, 1996, 'Citizens, Workers and Emblems of Culture: An Analysis of the First Plan Document on Women', in Patricia Uberoi(ed.), *Social Reform, Sexuality and the State*, New Delhi: Sage.

Chazan, Naomi, 1990, 'Gender Perspectives on African States', in Jane L. Parpart and Kathleen Staudt(eds), *Women and the State in Africa*(2nd edn), Boulder, CO: Lynne Rienner.

Chinkin, Christine, 2000, 'Human Rights', in Hilary Charlesworth and Christine Chinkin(eds), *The Boundaries of International Law: A Feminist Analysis*, Manchester: Manchester University Press.

Chiriboga, Manuel, 2002, 'The International Finance Institutions and the Latin American NGOs: The Quest for a Regional Agenda', in Jan Aart Scholte and Albrecht Schnabel(eds), *Civil Society and Global Finance*, Tokyo: United Nations University Press.

Chossudovsky, Michel, 1998, *The Globalisation of Poverty: Impacts of IMF and World Bank Reforms*, London, Zed Books[『빈곤의 세계화』, 이대훈 옮김, 당대, 1998].

Chowdhry, Geeta, 1995, 'Engendering Development? Women in Development(WID) in International Development Regimes', in Marianne Marchand and Jane L. Parpart(eds), *Feminism/Postmodernism/Development*, London: Routledge.

Christiansen, Flemming and Rai, Shirin M., 1996, *Chinese Politics and Society: An Introduction*, Hemel Hempstead: Harvester Wheatsheaf.

CIDA(Canadian International Development Agency), 1999, *Gender Equality and Development*, Ottawa: CIDA.

Clark, John, forthcoming, 'Civil Society and Global Finance: Evolving Experience of the World Bank', in Jan Aart Scholte and Albrecht Schnabel(eds), *Civil Society and Global Finance,* Tokyo: United Nations University Press.

Cockburn, Cynthia, 1998, *The Space Between Us: Negotiating Gender and National Identities in*

Conflict, London: Zed Books.

Cockburn, Cynthia, 2000, 'The Women's Movement: Boundary-Crossing on Terrains of Conflict', in Robin Cohen and Shirin M. Rai(eds), *Global Social Movements,* London: Athlone Press.

Cohen, Nick, 1999, 'U-Turns in the U-Bend', *The Observer,* 6 June.

Cohen, Robin and Rai, Shirin M.(eds), 2000a, *Global Social Movements,* London: Athlone Press.

Cohen, Robin and Rai, Shirin M., 2000b, 'Global Social Movements: Towards a Cosmopolitan Politics', in Robin Cohen and Shirin M. Rai(eds), *Global Social Movements,* London: Athlone Press.

Cohen, Sue, 2000, 'Social Solidarity in the Delors Period: Barriers to Participation', in Catherine Hoskyns and Michael Newman(eds), *Democratizing the European Union: Issues for the Twenty-first Century,* Manchester: Manchester University Press.

Commission on Global Governance, 1995, *Our Global Neighbourhood,* New York: Oxford University Press.

Connelly, Patricia M., Li, Tania Murray, MacDonald, Martha and Parpart, Jane L., 2000, 'Feminism and Development: Theoretical Perspectives', in Jane L. Parpart, Patricia M. Connelly and V. Eudine Barriteau(eds), *Theoretical Perspectives on Gender and Development,* Ottawa: IDRC.

Coole, Diana, 1997, 'Is Class a Difference That Makes a Difference?', *Radical Philosophy,* no. 77, May-June, pp. 17-25.

Corporate Watch, 1999, 'Facts from the Corporate Planet: Ecology and Politics in the Age of Globalization' <http://www.corpwatch.org/trac/feature/planet/fact_1.html>.

Cowen, M.P. and Shenton, R.W., 1995, *Doctrines of Development,* London: Routledge.

Cox, Robert with Sinclair, Timothy, 1996, *Approaches to World Order,* Cambridge: Cambridge University Press.

Crafts, Nicholas, 2000, 'Globalization and Growth in the Twentieth Century', IMF Working Paper, JEL Classification Numbers: NI0, F43, OID.

Craske, Nick, 1998, 'Remasculinization and the Neoliberal State in Latin America', in Vicky Randall and Georgina Waylen(eds), *Gender, Politics and the State,* London: Routledge.

Crenshaw, Kimberley, 1993, 'Whose Story Is It, Anyway? Feminist and Antiracist Appropria-tions of Anita Hill', in Toni Morrison(ed.), *Race-ing Justice, En-gendering Power: Essays on Anita Hill, Clarence Thomas and the Construction of Social Reality,* London: Chatto and Wind us.

CRIAW/ICREF(Canadian Research Institute for the Advancement of Women/Institut Canadien de Recherche sur les Femmes), 2000, 'Why are More Women Poor?' <http://www. criaw-icref.ca/Poverty_fact_sheet.htm> 18/07/00.

Crocker, David, 1995, 'Functioning and Capability: The Foundations of Sen's and Nussbaum's

Development Ethic', in Martha Nussbaum and Jonathan Glover(eds), *Women, Culture and Development*, Oxford: Clarendon Press.

Croll, Elizabeth, 1978, *Feminism and Socialism in China*, London: Routledge and Kegan Paul [『중국여성해방운동』, 김미경 옮김, 사계절, 1985].

Crosby, Christina, 1992, 'Dealing with Differences', in Judith Butler and Joan W. Scott(eds), *Feminists Theorize the Political*, London: Routledge.

Crush, Jonathan(ed.), 1995, *The Power of Development*, London: Routledge.

Dahbour, Omar and Ishay, Micheline R.(eds), 1995, *The Nationalism Reader*, Atlantic Highlands, NJ: The Humanities Press International, Inc.

Davies, Miranda(compiled by), 1983, *Third World, Second Sex*, Vols 1 and 2, London: Zed Books.

Davin, Delia, 1992, 'Population Policy and Reform: The Soviet Union, Eastern Europe and China', in Shirin M. Rai, Hilary Pilkington and Annie Phizacklea(eds), *Women in the Face of Change: Eastern Europe, the Soviet Union and China*, London: Routledge.

DAW(Division for the Advancement of Women, UN), 1998, 'National Machineries for Gender Equality - A Global Perspective', background paper prepared by Division for the Advancement of Women for the Experts Group Meeting, 31 August-4 September.

DAW(Division for the Advancement of Women, UN), 1999, *World Survey on the Role of Women in Development*, New York: UN.

DAW(Division for the Advancement of Women, UN), 2000a, 'Commission on the Status of Women: Agreed Conclusions on the Critical Areas of Concern of the Beijing Platform for Action', New York: UN.

DAW(Division for the Advancement of Women, UN), 2000b, 'Women in Politics 2000: Situation in March 2000 as per official data', UN Map no. 4136.

DAWN(Development Alternatives with Women for a New Era), 1995, *Securing Our Gains and Moving Forward to the 21st Century*, paper produced for the UN Conference on Women, Beijing.

del Rosario, Virginia O., 1994, *Lifting the Smoke Screen: Dynamics of Mail Order Bride Migration from the Philippines*, The Hague: Institute of Social Studies.

Dennis, Caroline, 1991, 'Constructing a "Career" under Conditions of Economic Crisis and Structural Adjustment: The Survival Strategies of Nigerian Women', in H. Afshar(ed.), *Women, Development and Survival in the Third World*, London: Longman.

Denny, Charlotte, 2000, 'Third World Debt May Soon Lose the Spotlight', *Guardian*, 4 October.

d'Entreves, Maurizio Passerin(ed.), 2002, *Democracy as Public Deliberation: New Perspectives*, Manchester: Manchester University Press.

Desai, A.R., 1989, *The Social Background of Indian Nationalism*, Bombay: Popular Prakashan.

Devetak, Richard and Higgott, Richard, 1999, 'Justice Unbound? Globalisation, States and the

Transformation of the Social Bond', University of Warwick, CRGR Working Paper, 29/99.

DFIO(Department for International Development), 1998, *World Poverty: A Challenge for the 21st Century*, White Paper on International Development <http://www.globalisation.gov.uk/>.

DFIO(Department for International Development), 2000, *Eliminating World Poverty: Making Globalisation Work for the Poor*, <http://www.globalisation.gov.uk/>.

Diamond, Irene and Orenstein, Gloria(eds), 1990, *Reweaving the World: The Emergence of Eco-feminism*, San Francisco: Sierra Club.

Dietz, Mary, 1992, 'Context is All: Feminism and Theories of Citizenship', in Chantal Mouffe (ed.), *Dimensions of Radical Democracy*, London: Verso.

Drèze, Jean and Sen, Amartya, 1989, *Hunger and Public Action*, London: Clarendon Paperbacks.

Drèze, Jean and Sen, Amartya, 1990a, *The Political Economy of Hunger, Volume 1: Entitlement and Well-Being*, Oxford: Clarendon.

Drèze, Jean and Sen, Amartya(eds), 1990b, *The Political Economy of Hunger, Volume 2: Famine Prevention*, Oxford: Clarendon.

Dube, Shyama Charan, 1988, *Modernization and Development: The Search for Alternative Paradigms*, London: United Nations University; Zed Books.

Dworkin, Andrea, 2000a, *Scapegoat: The Jews, Israel and Women's Liberation*, London: Virago.

Dworkin, Andrea, 2000b, 'What I Believe', *The Guardian Weekly*, 13 May.

Earle, Rebecca, 2001, 'Creole Patriotism and the Myth of the Loyal Indian', *Past and Present*, in press.

ECLAC(economic Commission for Latin America and the Caribbean), 1998, 'The Institutionality of Gender Equity in the State: A Diagnosis for Latin America and the Caribbean', LC/R 1837.

Economic and Social Council, UN, 2000, *Review and Appraisal of the Implementation of the Beijing Platform for Action, Report of the Secretary General*, 19 January, New York: UN

Economist 1997, 'In Praise of the Davos Man', 2 January, p. 18.

Ehrenreich, Barbara and Piven, Frances Fox, 1983, 'Women and the Welfare State', in Irving Howe(ed.), *Alternatives: Proposals for America from the Democratic Left*, New York: Pantheon.

Einhorn, Barbara, 1992, *Cinderella Goes to the Market*, London: Verso.

Einhorn, Barbara, 2000, 'Gender and Citizenship in the Context of Democratisation and Economic Reform in East Central Europe' in Shirin M. Rai(ed.), *International Perspectives on Gender and Democratisation*, Basingstoke: Macmillan.

Eisenstein, Zillah(ed.), 1979, *Capitalist Patriarchy and the Case for Socialist Feminism*, New York: Monthly Review Press,

Eisenstein, Zillah, 1998, *Global Obscenities: Women of the World Unite*, New York: New York

University Press.

Elson, Diane, 1989, 'How is Structural Adjustment Affecting Women?', *Development*, vol. 1, pp. 67-74.

Elson, Diane, 1994, 'Micro, Meso, Macro: Gender and Economic Analysis in the Context of Policy Reform', in Isabella Bakker(ed.), *The Strategic Silence: Gender and Economic Policy*, London: Zed Books.

Elson, Diane, 1995, 'Male Bias in Macro Economics: The Case of Structural Adjustment', in Diane Elson(ed.), *Male Bias in the Development Process*, Manchester: Manchester University Press[『발전주의 비판에서 신자유주의 비판으로: 페미니즘의 시각』, 이선화 옮김, 공감, 1998].

Elson, Diane, 1998a, 'Talking to the Boys: Gender and Economic Growth Models', in Cecile Jackson and Ruth Pearson(eds), *Feminist Visions of Development*, London: Routledge.

Elson, Diane, 1998b, 'The Economic, the Political and the Domestic: Businesses, States and Households in the Organisation of Production', *New Political Economy*, 3:2, pp. 189-208.

Elson, Diane, 1999, 'Labor Markets as Gendered Institutions: Equality, Efficiency and Empowerment Issues', *World Development*, vol. 23, no. 3, pp.611-27.

Elson, Diane and Pearson, Ruth, 1997, 'The Subordination of Women and the Internationalization of Factory Production', in Nalini Visvanathan, Lynn Duggan, Laurie Nisonoff and Nan Wiegersma(eds), *The Women, Gender and Development Reader*, London: Zed Books.

Elster, Jon, 1997, 'The Market and the Forum: Three Varieties of Political Theory', in James Bohman and William Rehg(eds), *Deliberative Democracy: Essays on Reason and Politics*, Cambridge, MA: MIT Press.

Elster, Jon(ed.), 1998, *Deliberative Democracy*, Cambridge: Cambridge University Press.

Engels, Dagmar, 1989, 'The Limits of Gender Ideology: Bengali Women, the Colonial State, and the Private Sphere 1890-1930', *Women's Studies International Forum*, vol. 12, no. 4.

Enloe, Cynthia, 1989, *Bananas, Beaches and Bases: Making Feminist Sense of International Politics*, London: Pandora Press[『바나나, 해변, 그리고 군사기지: 여성주의로 국제정치 들여다보기』, 권인숙 옮김, 청년사, 2011].

Escobar, Arturo, 1995a, *Encountering Development: The Making and Unmaking of the Third World*, Princeton, NJ: Princeton University Press.

Escobar, Arturo, 1995b, 'Imagining a Post-Development Era', in Jonathan Crush(ed.), *Power of Development*, London: Routledge.

Esteva, G., and Prakash, M.S., 1997, 'From Global Thinking to Local Thinking', in M. Rahnema with V. Bawtree(eds), *The Post-Development Reader*, London: Zed Books; Dhaka: University Press Ltd; Halifax, NS: Fernwood Publishing; and Cape Town: David Philip.

Evans, Alison, 1993, 'Contracted-out: Some Reflection on Gender, Power and Agrarian Institutions', *IDS Bulletin*, vol. 24, no. 3, July, pp. 21-30.

Evans, Harriet, 1997, *Women and Sexuality in China*, Cambridge: Polity.

Evans, Tony(ed.), 1998, *Human Rights Fifty Years On: A Reappraisal*, Manchester: Manchester University Press.

Evers, Barbara and Bernard Walters, 2000, 'Extra-Household Factors and Women Farmers' Supply Response in Sub-Saharan Africa', *World Development*, vol. 28, no. 7, pp. 1341-5.

Fanon, Frantz, 1990, *The Wretched of the Earth*, London: Penguin[『대지의 저주받은 사람들』, 남경태 옮김, 그린비, 2010].

Ferber, Marianne A. and Nelson, Julie A.(eds), 1993, *Beyond Economic Man: Feminist Theory and Economics*, Chicago: University of Chicago Press.

Fernandez-Kelly, Maria Patricia, 1997, '*Maquiladoras*: The View from the Inside', in Nalini Visvanathan, Lynn Duggan, Laurie Nisonoff and Nan Wiegersma(eds), *The Women, Gender and Development Reader*, London: Zed Books.

Figueroa, Adologo, 1996, 'The Distributive Issue in Latin America', *International Social Science Journal*, no. 148, June, pp. 231-44.

Fine, Robert and Shirin M. Rai, 1997, *Civil Society: Democratic Perspectives*, London: Frank Casso

Folbre, Nancy, Bergmann, Barbara, Agarwal, Bina and Floro, Maria, 1992, *Issues in Contemporary Economy*, Vol. 4: Women's Work in the World Economy, Proceedings of the Ninth World Congress of the International Economics Association, Basingstoke: Macmillan in association with International Economics Association.

Frank, Andre Gunder, 1969, *Capitalism and Underdevelopment in Latin America: Historical Studies of Chile and Brazil*, New York: Monthly Review Press.

Fraser, Nancy, 1989, *Unruly Practices: Power, Discourse and Gender in Contemporary Social Theory*, Minneapolis: University of Minnesota Press; Cambridge: Polity.

Fraser, Nancy, 1997, 'From Redistribution to Recognition? Dilemmas of Justice in a "Poststructuralist" Age', *New Left Review*, no. 212, July-August[『분배냐, 인정이냐?: 정치철학적 논쟁』, 김원식 외 옮김, 사월의책, 2014].

Friedman, John, 1996, 'Rethinking Poverty: Empowerment and Citizen Rights', *International Social Science Journal*, no. 148, June, pp. 161-72.

Fukayama, Francis, 1991, *The End of History and the Last Man*, New York: Free Press[『역사의 종말』, 이상훈 옮김, 한마음사, 1992; 『역사의 종언: 이후의 시대 공산주의는 끝났다』, 함종빈 옮김, 헌정회, 1989].

Fuss, Diana, 1989, *Essentially Speaking: Feminism, Nature and Difference*, London: Routledge.

Gardiner-Barber, Pauline, 2002, 'Agency in Philippine Women's Migration and Provisional Diaspora', in Jane L. Parpart, Shirin M. Rai and Kathleen Staudt(eds), *Rethinking Empowerment in a Global/Local World*, London: Routledge.

Gedalof, Irene, 1999, *Against Purity,* London: Routledge.

Geiger, Susan, 1997, *TANU Women: Gender and Culture in the Making of Tanganyikan Nationalism,* 1955-1965, Oxford: James Currey.

Gellner, Ernest, 1983, *Nations and Nationalism: New Perspectives on the Past,* Oxford: Blackwell [『민족과 민족주의: 역사를 보는 새로운 관점』, 최한우 옮김, 한반도국제대학원대학교출판부, 2009].

Gellner, Ernest, 1997, 'A Reply to My Critics', *New Left Review,* no. 221, Jan.1 Feb., pp. 81-118.

Giddens, Anthony, 1987, *Nation-State and Violence,* Cambridge: Polity[『민족국가와 폭력: 진덕규 옮김, 삼지원, 1991』].

Giddens, Anthony, 1990, *Consequences of Modernity,* Cambridge: Polity.

Giddens, Anthony, 1991, *Modernity and Self-identity: Self and Society in the Late Modern Age,* Cambridge: Polity[『현대성과 자아정체성』, 권기돈 옮김, 새물결, 2001].

Giddens, Anthony, 1999, *Runaway World: How Globalization is Reshaping Our Lives,* London: Profile[『질주하는 세계』, 박찬욱 옮김, 생각의나무, 2000].

Gilmartin, C. L. Rofel and Tyrene White, 1994, *Engendering China: Women, Culture and the State,* Cambridge, MA: Harvard University Press.

Goetz, Anne-Marie, 1991, 'Feminism and the Claim to Know: Contradictions in Feminist Approaches to Women in Development', in Rebecca Grant and Kathleen Newland(eds), *Gender and International Relations,* Bloomington: Indiana University Press.

Goetz, Anne-Marie, 1996, 'Dis/Organising Gender: Women Development Agents in State and NGO Poverty-Reduction Programmes in Bangladesh', in Shirin M. Rai and Geraldine Lievesley(eds), *Women and the State: International Perspectives,* London: Taylor and Francis.

Goetz, Anne-Marie(ed.), 1997, *Getting Institutions Right for Women,* London: Zed Books.

Goetz, Anne-Marie, 1998, 'Mainstreaming Gender Equity to National Development Planning', in Carol Miller and Shahra Razavi(eds), *Missionaries* and Mandarins: Feminist Engagement with Development Institutions, London: IT Publishers.

Goetz, Anne-Marie, 2002, 'National Women's Machinery: State-based Institutions to Advocate for Gender Equality', in Shirin M. Rai(ed.), *National Machineries for the Advancement of Women: Mainstreaming Gender, Democratising the State?,* Manchester: Manchester University Press.

Goetz, Anne-Marie and Gupta, Rina Sen, 1996, 'Who Takes the Credit? Gender, Power and Control over Loan Use in Rural Credit Programmes in Bangladesh', *World Development,* vol. 24, no. 1, January, pp. 45-64.

Gordon, Linda(ed.), 1990, *Woman's Body, Woman's Right: Birth Control in America,* New York: Penguin.

Grant, James P., 1977, 'Foreword' to International Labour Organization(ILO), *Employment, Growth and Basic Needs: A One-World Problem,* London: Praeger.

Grant, Rebecca and Newland, Kathleen(eds), 1991, *Gender and International Relations,* Bloomington: Indiana University Press.

Gray, John, 1995, *Enlightenment's Wake,* London: Routledge.

Gray, John, 1999, *False Dawn: The Delusions of Global Capitalism,* London: Granta Books[『전 지 구적 자본주의의 환상』, 김영진 옮김, 창, 1999].

Greer, Jed and Singh, Kavaljit, 2001, 'A Brief History of TNC's'<http://www.igc.org/trac/ globalization/corp/history.html>.

Grieder, Jerome B., 1981, *Intellectuals and the State in Modern China: A Narrative History,* New York: Free Press.

Griesgraber, Jo Marie and Gunter, Bernhard G.(eds), 1995, *Promoting Development: Effective Global Institutions for the Twenty-First Century,* London: Pluto Press with Centre of Concern.

Griesgaber, Jo Marie and Gunter, Bernhard G.(eds), 1996, *Development: New Paradigms and Principles for the Twenty-First Century,* London: Pluto Press.

Griffin, Keith and McKinley, Terry, 1994, *Implementing a Human Development Strategy,* Basing stoke: Macmillan.

Group of Lisbon, 1995, *Limits to Competition,* Cambridge, MA: MIT Press[『경쟁의 한계』, 채수환 옮김, 바다출판사, 2000].

Grown, Caren, Elson, Diane and Çagatay, Nilufer, 2000, 'Introduction', *World Development,* vol. 28, no. 7, pp. 1145-56.

Grusky, Sara, 2000, 'The World Bank and IMF Initiate a New Reform Package', *Participation,* <http://www.worldbank.org/participation/bread.htm>.

Guha, Ranajit(ed.), 1982, *Subaltern Studies: Writings on South Asian History and Society,* Vol. 1, Delhi and Oxford: Oxford University Press.

Guha, Ranajit(ed.), 1997, *A Subaltern Studies Reader 1986-1995,* Minneapolis and London: University of Minnesota Press.

Gunew, Sneja and Yeatman, Anna(eds), 1993, *Feminism and the Politics of Difference,* St Leonards, NSW: Allen and Unwin.

Haddad, L., Brown, L., Richter, A. and Smith, L., 1995, 'The Gender Dimensions of Economic Adjustment Policies: Potential Interactions and Evidence to Date', *World Development,* vol. 23, no. 6, pp. 881-96.

Hall, Catherine, 1992, *White, Male and Middle-Class: Explorations in Feminism and History,* Cambridge: Polity.

Halliday, Fred, 1999, 'The Pertinence of Imperialism', conference paper, Workshop on Historical Materialism and Globalisation, University of Warwick, 15-17 April.

Haq, Mahbub Ul, 1997, 'Employment in the 1970s: A New Perspective', *Development,* vol. 40, no. 1, pp. 57-62.

Harriss-White, Barbara, 1998, 'Female and Male Grain Marketing Systems: Analytical and Policy Issues for West Africa and India' in Cecile Jackson and Ruth Pearson(eds), *Feminist Visions of Development,* London: Routledge.

Harstock, Nancy, 1990, 'Foucault on Power: A Theory for Women?', in L.J. Nicholson(ed.), *Feminism/Postmodernism,* London: Routledge.

Hart, Gary, 1991, 'Engendering Everyday Resistance: Gender, Patronage and Production Politics in Rural Malaysia', *Journal of Peasant Studies,* voL 19, no. 1, p. 93.

Hartmann, Betsy, 1997, 'Women, Population and the Environment: Whose Consensus, Whose Empowerment?', in Nalini Visvanathan, Lynn Duggan, Laurie Nisonoff and Nan Wiegersma(eds), *The Women, Gender and Development Reader,* London: Zed Books.

Harvey, David, 1993, 'Class Relations, Social Justice and the Politics of Difference', in Michael Keith and Steve Pile(eds), *Place and the Politics of Identity,* London: Routledge.

Held, David, McGrew, Anthony, Goldblatt, David and Perraton, Jonathan, 1999, *Global Transformations: Politics, Economics and Culture,* Cambridge: Polity[「전 지구적 변환」, 조효제 옮김, 창작과비평사, 2002].

Helie-Lucas, Marie, 1991, 'Women in the Algerian Liberation Struggle', in Tina Wallace with Candida March(eds), *Changing Perceptions: Writings on Gender and Development,* Oxford: Oxfam.

Hellum, Anne, 1993, 'Gender and Legal Change in Zimbabwe: Childless Women and Divorce from a Socio-cultural and Historical Perspective', in Sammy Adelman and Abdul Paliwala(eds), *Law and Crisis in the Third World,* London: Hans Zell Publishers.

Heng, Geraldine, 1997, 'A Great Way to Fly: Nationalism, the State and the Varieties of Third-World Feminism', in Jacqui M. Alexander and Chandra Talpade Mohanty(eds), *Genealogies, Colonial Legacies, Democratic Futures,* New York: Routledge.

Hernes, Helga Maria, 1987, *Welfare State and Women Power: Essays in State Feminism*, Oslo: Norwegian University Press.

Hewitt, Tom, Johnson, Hazel and Wield, David(eds), 1992, *Industrialization and Development,* Oxford: Oxford University Press in association with the Open University.

Hewson, Martin and Sinclair, Timothy J.(eds), 1999, *Approaches to Global Governance Theory,* New York: State University of New York Press.

Higgott, Richard, 1998, 'Reviewing "Globalisation"', report for the Economic and Social Research Council.

Higgott, Richard and Reich, Simon, 1997, 'Intellectual Order for the Global Order: Understanding Non-State Actors and Authority in the Global System', paper presented at the Inaugural Conference, Warwick University-ESRC Centre for the Study of Globalization and Regionalization, 31 October-I November.

Hirst, Paul and Thompson, Graham, 1996, *Globalisation in Question: The International Economy and Possibilities*, Cambridge: Polity.

Hobsbawm, Eric, 1991, *Nations and Nationalism since 1780: Programme, Myth, Reality,* Cambridge: Cambridge University Press[「1780년 이후의 민족과 민족주의」, 강명세 옮김, 창 작과비평사, 1994].

Hobsbawm, Eric and Ranger, Terence(eds), 1983, *The Invention of Tradition,* Cambridge: Cambridge University Press[「만들어진 전통」, 박지향 옮김, 휴머니스트, 2004].

Hoffman, Paul, 1997, 'The Challenge of Economic Development', *Development,* vol. 40, no. 1, pp. 19-24.

Honig, Emily and Hershatter, Gail, 1988, *Personal Voices: Chinese Women in the 1980s,* Stanford, CA: Stanford University Press.

Hoogvelt, Ankie, 1997, *Globalisation and the Postcolonial World*, Basingstoke: Macmillan.

Hoogvelt, Ankie, 2001, 'Dependency Theory in the Age of Globalization: The Legacy', paper prepared for the Key Theme Panel of the 42nd Annual Convention of the International Studies Association at Chicago, 21-4 February.

hooks, bell, 1981, *Ain't I a Woman? Black Women and Feminism,* Boston: South End Press.

Hooper, Charlotte, 2000, 'Masculinities in Transition: The Case of Globalization', in Marianne H. Marchand and Anne Sissons Runyan(eds), *Gender and Global Restructuring,* London: Routledge.

Hopkins, Terence K. and Wallerstein, Immanuel(eds), 1980, *Processes of the World-System, Volume 3: Political Economy of the World-System Annuals*, London: Sage Publications.

Hoskyns, Catherine and Newman, Michael(eds), 2000, *Democratizing the European Union: Issues for the Twenty-first Century,* Manchester: Manchester University Press.

Hoskyns, Catherine and Rai, Shirin M., 1998, 'Gender, Class and Representation: India and the European Union', *European Journal of Women's Studies,* vol. 5, nos 3-4.

Hunt, Diana, 1989, *Economic Theories of Development: An Analysis of Competing Paradigms,* Hemel Hempstead: Harvester Wheatsheaf.

Huntington, Samuel P., 1968, *Political Order in Changing Societies,* New Haven, CT and London: Yale University Press[「정치발전론」, 민준기 옮김, 을유문화사, 1995].

Huntington, Samuel P., 1995, *The Clash of Civilizations and the Remaking of World Order,* New York: Simon and Schuster[「문명의 충돌」, 이희재 옮김, 김영사, 1997].

ILO(International Labour Organization), 1977, *Employment, Growth and Basic Needs: A One-World Problem,* London: Praeger.

ILO(International Labour Organization), 1979, *Report of the Director-General: Growth, Employment and Basic Needs in Latin America and the Caribbean,* Eleventh Conference of American States, Geneva, ILO.

IMF(International Monetary Fund), 1995, International Monetary Fund, Conference, 1994: 'Fifty Years after Bretton Woods: The Future of IMF and the World Bank', Washington,

DC: International Monetary Fund.

IMF(International Monetary Fund), 2001, 'The IMF's Poverty Reduction and Growth Facility(PRGF), A Factsheet', March <http://www.imf.org/external/np/exr/facts/prgf.htm>.

Jacka, Tamara, 1996, 'Working from Within: Women and the State in the Development of the Courtyard Economy in Rural China', in Shirin M. Rai and Geraldine Lievesley(eds), *Women and the State: International Perspectives*, London: Taylor and Francis.

Jackson, Cecile, 1996, 'Rescuing Gender from the Poverty Trap', *World Development*, vol. 24, no. 3, pp. 489-504.

Jackson, Cecile and Pearson, Ruth(eds), 1998, *Feminist Visions of Development*, London: Routledge.

Jahan, Raunaq, 1995, *The Elusive Agenda: Mainstreaming Women in Development* London: Zed Books.

Jain, Devaki, 1995, 'The United Nations Needs Structural Adjustment: Some Experiences in Working Together', in *Women, Gender and the United Nations: Views from NGOs and Activists*, report of the NGLS Panel held at the NGO Forum on Women, 1995, Huairou.

Jayawardena, Kumari, 1986, *Feminism and Nationalism in the Third World*, London: Zed Books.

Jeffrey, Patricia and Roger, 1998, 'Silver Bullet or Passing Fancy? Girls' Schooling and Population Policy', in Cecile Jackson and Ruth Pearson(eds), *Feminist Visions of Development*, London: Routledge.

Johnson, Carol, 1996, 'Does Capitalism Really Need Patriarchy?', *Women's Studies International Forum*, vol. 19, no. 3, pp. 193-202.

Johnson, Carol, 2000, 'The Fragility of Democratic Reform: New Challenges to Australian Women's Citizenship', in Shirin M. Rai(ed.), *International Perspectives on Gender and Democratisation*, Basingstoke: Macmillan.

Johnson, Kay Ann, 1983, *Women, the Family and Peasant Revolution in China*, Chicago: University of Chicago Press.

Jónasdóttir, Anna, 1988, 'On the Concept of Interest: Women's Interests and the Limitations of Interest Theory', in Anna Jónasdóttir and Kathleen Jones(eds), *The Political Interest of Gender: Developing Theory and Research with a Feminist Perspective*, London: Sage.

JustAct(Youth ACTion for Global JUSTice), 1998, Statement of the Third Women's Conference Against APEC, 8-9 November, Kuala Lumpur: 'Women Resist Globalisation! Assert Women's Rights'.

Kabeer, Naila, 1992, 'Triple Roles, Gender Roles, Social Relations: The Political Subtext of Gender Training', IDS Discussion Paper no. 313, Brighton: Institute of Development Studies, University of Sussex.

Kabeer, Naila, 1994, *Reversed Realities: Gender Hierarchies in Development Thought*, London: Verso.

Kabeer, Naila, 1995, 'Targeting Women or Transforming Institutions? Policy Lessons from

NGO Anti-Poverty Efforts', *Development and Practice*, vol. 5, no. 2, pp. 1OB-16.

Kabeer, Naila, 1999, 'Resources, Agency, Achievements: Reflections on the Measurement of Women's Empowerment', *Development and Change*, vol. 30, pp. 435-M.

Kamal Pasha, M., 1996, 'Globalisation and Poverty in South Asia', *Millennium*, vol. 25, no. 3, Special Issue on 'Poverty in World Politics: Whose Global Era?', pp. 635-56.

Kandiyoti, Deriz, 1988, 'Bargaining with Patriarchy', *Gender and Society*, vol. 2, no. 3, pp. 274-90["가부장제와 교섭하기",『페미니즘 왼쪽 날개를 펴다: 사회주의 페미니스트 35인의 여성 노동계급 이야기』, 유강은 옮김, 메이데이, 2013].

Kandiyoti, Deniz, 1991a, 'End of Empire: Islam, Nationalism and Women in Turkey', in Deniz Kandiyoti(ed.), *Women, Islam and the State*, Basingstoke: Macmillan.

Kandiyoti, Deniz(ed.), 1991b, *Women, Islam and the State*, Basingstoke: Macmillan.

Karam, Azza, 2000, 'Democrats without Democracy: Challenges to Women in Politics in the Arab World', in Shirin M. Rai(ed.), *International Perspectives on Gender and Democratisation*, Basingstoke: Macmillan.

Kardam, Nuket and Acuner, Salma, 2002, 'National Women's Machineries: Structures and Spaces', in Shirin M. Rai(ed.), *National Machineries for Women: Mainstreaming Gender, Democratising the State?*, Manchester: Manchester University Press.

Kaul, Inge, Grunberg, Isabelle and Stern, Marc A.(eds), 1999, *Global Public Goods: International Cooperation in the 21st Century*, Oxford: Oxford University Press.

Keduourie, Elie(ed.), 1970, *Nationalism in Asia and Africa*, London: Frank Casso

Keith, Michael and Pile, Steve(eds), 1993, *Place and the Politics of Identity*, London: Routledge.

Kennedy, Mary, Lubelska, Cathy and Walsh, Val(eds), 1993, *Making Connections: Women's Studies, Women's Movements, Women's Lives*, London: Taylor and Francis.

Khor, Martin, 1996, 'The WTO and the Proposed Multilateral Investment Agreement: Implications for Developing Countries and Proposed Positions', Briefing Paper, Third World Network, Malaysia <http://www.cepr.net/globalization/bibl2.html>.

Kiss, Elizabeth, 1995, 'Alchemy or Fool's Gold? Assessing Feminist Doubts about Rights', in Mary Lyndon Shanley and Uma Narayan(eds), *Reconstructing Political Theory: Feminist Perspectives*, Cambridge: Polity.

Klein, Naomi, 2001, *No Logo*, London: Flamingo[『슈퍼 브랜드의 불편한 진실: 세상을 지배하는 브랜드 뒤편에는 무엇이 존재하는가』, 이은진 옮김, 살림비즈, 2010].

Kloppenbum, J., Jr, 1991, 'Social Theory and the De/reconstruction of Agricultural Sciences: Local Knowledge for an Alternative Agriculture', *Rural Sociology*, vol. 56, no. 4, pp. 519-48.

Knight, Jack and Johnson, James, 1997, 'What Sort of Political Equality Does Deliberative Democracy Require?', in James Bohman and William Rehg(eds), *Deliberative Democracy: Essays on Reason and Politics*, Cambridge, MA: MIT Press.

Koertge, Noretta(ed.), 1998, *A House Built on Sand: Exposing Postmodernist Myths about Science*, Oxford: Oxford University Press.

Kofman, Eleanor, 1998, 'Feminism, Gender Relations and Geopolitics: Problematic Closures and Opening Strategies', in Eleanor Kofman and Gillian Youngs(eds), *Globalization, Theory and Practice*, London: Pinter.

Kofman, Eleanor, 2000, 'Beyond a Reductionist Analysis of Female Migrants in Global European Cities: The Unskilled, Deskilled and Professional', in Marianne Marchand and Anne Sissons Runyan(eds), *Gender and Global Restructuring*, London: Routledge.

Korten, David C., 1990, *Getting to the 21st Century: Voluntary Action and the Global Agenda*, West Hartford, CT: Kumarian Press.

Kothari, Rajini, 1995, 'Under Globalization: Will the Nation State Hold?', *Economic and Political Weekly*, 1 July.

Kumar, Radha, 1989, 'Contemporary Indian Feminism', *Feminist Review*, no. 3, Autumn, pp. 20-9.

Kwesiga, Joy, 2002, The National Machinery for Gender Equality in Uganda: Institutionalised Gesture Politics?', in Shirin M. Rai(ed.), *National Machineries for the Advancement of Women: Mainstreaming Gender, Democratising the State?*, Manchester: Manchester University Press.

Kymlicka, Will, 1995, 'Introduction', in Will Kymlicka(ed.), *The Rights of Minority Cultures*, Oxford: Oxford University Press.

Laclau, Ernesto, 1971, 'Feudalism and Capitalism in Latin America', *New Left Review*, no. 67, May-June.

Laffey, Mark, 1992, 'Ideology and the Limits of Gramscian Theory in International Relations', paper presented at the International Studies Association annual meeting, Atlanta, Georgia, 1-4 April.

Laffey, Mark, 1999, 'Globalization and the Rule of Law: Reconstituting Property, Capital and the State', Workshop on Historical Materialism and Globalization, University of Warwick, 15-17 April.

Lairop-Fonderson, Josephine, 2002, The Disciplinary Power of MicroCredit: Examples from Kenya and Cameroon', in Jane L. Parpart, Shirin M. Rai and Kathleen Staudt(eds), *Rethinking Empowerment in a Global/Local World,* London: Routledge.

Lapidus, Gail, 1978, *Women in Soviet Society: Equality, Development and Social Change*, London: University of California Press.

Lasch, Christopher, 1995, *The Revolt of the Elites and the Betrayal of Democracy,* New York: W.W. Norton.

Lash, Scott and Urry, John, 1987, *The End of Organized Capitalism,* Cambridge: Polity.

Lehman, David, 1997, 'An Opportunity Lost: Escobar's Deconstruction of Development', *The Journal of Development Studies,* vol. 33, no. 4, April, pp. 568-78.

Lenin, V. I., *Imperialism: the Highest Stage of Capitalism,* Moscow: Progress Publishers["제국주의: 자본주의 발전의 최고 단계",『국제관계론강의 2: 국제정치경제 편』, 김우상 외 옮김, 한울, 2009].

Liddle, Joanna and Joshi, Rama, 1985, 'Gender and Imperialism in British India', *Economic and Political Weekly,* 26 October.

Liddle, Joanna and Joshi, Rama, 1986, *Daughters of Independence,* London: Zed Press.

Liddle, Joanna and Rai, Shirin M., 1993, 'Between Feminism and Orientalism', in Mary Kennedy, Cathy Lubelska and Val Walsh(eds), *Making Connections: Women's Studies, Women's Movements, Women's Lives,* London: Taylor and Francis.

Liddle, Joanna and Rai, Shirin M., 1998, 'Feminism, Imperialism and Orientalism: The Challenge of the "Indian Woman"', *Women's History Review,* vol. 7, no. 4, pp. 495-520.

Lim, L., 1990, 'Women's Work in Export Factories: The Politics of a Cause', in Irene Tinker(ed.), *Persistent Inequalities,* Oxford: Oxford University Press.

Ling, L. H. M., 1997, 'The Other Side of Globalization: Hypermasculine Developmentalism in East Asia', paper presented at the International Studies Association Meeting, Toronto, 18-22 March.

Ling, Lily, 2000, 'Hypermasculinity', in *Routledge Encyclopedia of Women's Studies,* New York: Routledge.

Lister, Ruth, 1997, *Citizenship: Feminist Perspectives,* Basingstoke: Macmillan.

Lister, Ruth, 1998, 'Citizenship and Difference: Towards a Differentiated Universalism', *European Journal of Social Theory,* vol. 1, no. 1, 1 July, pp. 71-90.

Lovejoy, Tom, 2000, 'Biodiversity', Reith Lectures 2000, BBC <http://news.bbc.co.uk/hi/english/static/events/reith_2000/lecture2.stm>.

Lovelt Terry, 2000, 'Feminisrns Transformed? PoststructuraHsm and Postmodernism', in Bryan S. Turner(ed.), *The Blackwell Companion to Social Theory*(2nd edn), Oxford: Blackwell.

Lovett, Margot, 1990, 'Gender Relations, Class Formation, and the Colonial State in Africa', in Jane L. Parpart and Kathleen Staudt(eds), *Women and the State in Africa,* Boulder, CO: Lynne Rienner.

Lubeck, Paul, 2000, 'The Islamic Revival: Antinomies of Islamic movements under Globalization', in Robin Cohen and Shirin M. Rai(eds), *Global Social Movements,* London: Routledge.

Luckham, Robin and White, Gordon, 1996, *Democratization in the South: The Jagged Wave,* Manchester: Manchester University Press.

Lynch, Cecelia, 1998, 'Social Movements and the Problem of Globalization', *Alternatives: Social Transformation and Humane Governance,* vol. 23, no. 2, April-june, pp. 149-74.

Lyotard, Jean-François, 1984, *The Postmodern Condition: A Report on Knowledge,* Manchester: Manchester University Press[『포스트모던의 조건』, 유정완 옮김, 민음사, 1992;『포스트모던적 조건: 정보사회에서의 지식의 위상』, 이현복 옮김, 서광사, 1992].

McAfee, Anne, 1989, *Storm Signals: Structural Adjustment and Development Alternatives in the Caribbean*, London: Zed Books in association with Oxfam America.

McBride Stetson, Dorothy and Mazur, Amy G., 1995, *Comparative State Feminism*, London: Sage.

McClintock, Anne, 1993, 'Family Feuds: Gender, Nationalism, and the Family', *Feminist Review*, no. 44, Summer, pp. 61-80.

McGrew, Tony, 2000, 'Transnational Democracy: Theories and Prospects', paper circulated at the Centre for the Study of Globalization and Regionalization, University of Warwick.

Mackenzie, Fiona, 1995, 'Selective Silence: A Feminist Encounter with Environmental Discourse in Colonial Africa', in Jonathan Crush(ed.), *Power of Development*, London: Routledge.

McMichael, Philip, 2000, *Development and Social Change: A Global Perspective*(2nd edn), Thousand Oaks, CA: Pine Forge Press.

Magdoff, Harry, 1998, 'A Letter to a Contributor: The Same Old State', *Monthly Review*, vol. 49, no. 8, pp. 1-10.

Mainstream, 1995, 'Summary of Documents Adopted at Social Summit', March 25, pp. 31-5.

Mani, Lata, 1993, 'Contentious Traditions: The Debate on Sati in Colonial India', in Kumkum Sangari and Sudesh Vaid(eds), *Recasting Women: Essays in Indian Colonial History*, New Delhi: Kali for Women.

Mann, Michael, 1986, *The Sources of Social Power, Volume 1: A History of Power from the Beginning to A.D. 1760*, Cambridge: Cambridge University Press.

Mao Zedong, 1965, 'On Contradictions', in Selected Works, Volume 2, Beijing: People's Publishing House.

Marchand, Marianne, 1995, 'Latin American Women Speak on Development: Are We Listening Yet?', in Marianne Marchand and Jane L. Parpart(eds), *Feminism/Postmodernism/Development*, London: Routledge.

Marchand, Marianne and Parpart, Jane L.(eds), 1995, *Feminism/Postmodernism/Development*, London: Routledge.

Marchand, Marianne and Runyan, Anne Sissons(eds), 2000, *Gender and Global Restructuring*, London: Routledge.

Marshall, T. H., 1950, *Citizenship and Social Class, and Other Essays*, Cambridge: Cambridge University Press.

Marx, Karl, 1973, *English Selections, Marx's 'Grundrisse'*, St Albans: Paladin[『공산당선언』, 이진우 옮김, 책세상, 2002].

Marx, Karl, 1977, 'On the Jewish Question', in David McLellan(ed.), *Karl Marx: Selected Writings*, Oxford: Oxford University Press["유태인 문제에 대하여," 『마르크스의 초기 저작』, 전태국 외 옮김, 열음사, 1996].

Massey, Doreen, 1984, *Spatial Divisions of Labour: Social Structures and the Geography of Product*, London: Macmillan.

Maunaguru, Malthi, 1995, 'Gendering Tamil Nationalism: The Construction of "Woman" in Projects of Protest and Control', in P. Jeganathan and Q. Ismail(eds), *Unmaking the Nation: The Politics of Identity and History In Modern Sri Lanka*, Colombo: Social Scientists' Association.

Mayoux, Linda, 1998, 'Gender Accountability and NGOs: A voiding the Black Hole', in Carol Miller and Shahra Razavi(eds), *Missionaries and Mandarins: Feminist Engagement with Development Institutions*, London: IT Publishers.

Mba, Nina, 1990, 'Kaba and Khaki: Women and the Militarized State in Nigeria', in Jane L. Parpart and Kathleen Staudt(eds), *Women and the State in Africa*, Boulder, CO: Lynne Rienner.

Mehdid, Malika, 1996, 'En-Gendering the Nation-State: Women, Patriarchy and Politics in Algeria', in Shirin M. Rai and Geraldine Lievesley(eds), *Women and the State: International Perspectives*, London: Taylor and Francis.

Meinzen-Dick, Ruth S., Brown, Lynn R, Sims Feldstein, Hilary and Quisumbing, Agnes R, 1997, 'Gender, Property Rights and Natural Resources', *World Development*, vol. 25, no. 8, pp. 1303-15.

Merchant, Carol, 1980, *The Death of Nature: Women, Ecology and the Scientific Revolution*, New York: Harper and Row.

Metcalf, TR, 1995, *Ideologies of the Raj*, Cambridge: Cambridge University Press.

Meyer, David S., 2000, 'Creating Communities of Change', in Robin L. Teske and Mary Ann Té treault(eds), *Conscious Acts and the Politics of Social Change: Feminist Approaches to Social Movements, Community and Power, Volume 1*, Columbia: University of South Carolina Press.

Meyer, Mary K. and Prügl, Elisabeth(eds), 1999a, *Gender Politics in Global Governance*, Lanham, MD: Rowman and Littlefield.

Meyer, Mary K. and Prügl, Elisabeth, 1999b, 'Introduction: Gender Politics in Global Governance', in Mary K. Meyer and Elisabeth Prügl(eds), *Gender Politics in Global Governance*, Lanham, MD: Rowman and Littlefield.

Mies, Maria, 1982, *Lace Makers of Narsapur: Indian Housewives Produce for the World Market*, London: Zed Books.

Mies, Maria, 1986, *Patriarchy and Accumulation on a World Scale: Women in the International Division of Labour*, London: Zed Books[『가부장제와 자본주의: 여성 자연 식민지와 세계적 규모의 자본축적』, 최재인 옮김, 갈무리, 2014].

Mies, Maria and Shiva, Vandana, 1993, *Ecofeminism*, London: Zed[『에코 페미니즘』, 손덕수·이난아 옮김, 창작과비평사, 2000].

Mies, Maria, Bennholdt-Thomsen, Veronika and von Werlhof, Claudia, 1988, *Women; The Last Colony*, London: Zed Books[『여성, 최후의 식민지』, 강정숙 옮김, 한마당, 1987].

Miller, Carol, 1998, 'Gender Advocates and Multilateral Development Organizations: Promoting Change from Within', in Carol Miller and Shahra Razavi(eds), *Missionaries and Mandarins: Feminist Engagement with Development Institutions*, London: IT Publishers.

Miller, Carol and Razavi, Shahra, 1998, 'Introduction', in Carol Miller and Shahra Razavi(eds), *Missionaries and Mandarins: Feminist Engagement with Development Institutions*, London: IT Publishers.

Mitter, Swasti, 1999, 'Globalization, Technological Changes and the Search for a New Paradigm for Women's Work', *Gender Technology and Development*, vol. 3, no. 1, January-April, pp. 1-18.

Moghadam, Valentine M.(ed.), 1994a, *Gender and National Identity: Women and Politics in Muslim Societies*, London: Zed Books.

Moghadam, Valentine M.(ed.), 1994b, *Identity Politics and Women; Cultural Reassertions and Feminisms in International Perspective*, Boulder, CO: Westview.

Moghadam, Valentine M., 1995, 'Gender Dynamics of Restructuring in the Semiperiphery', in RL. Blumberg, CA. Rokowski, I. Tinker and M. Monteon(eds), *Engendering Wealth and Well-Being: Empowerment for Global Change*, Boulder, CO: Westview.

Moghadam, Valentine M.(ed.), 1996, *Patriarchy and Economic Development: Women's Positions at the End of the Twentieth Century*, Oxford: Clarendon Press.

Moghissi, Haideh, 1999, *Feminism and Islamic Fundamentalism; The Limits of Postmodern Analysis*, London: Zed Books.

Mohan, Giles, 1996, 'Globalization and Governance: The Paradoxes of Adjustment in Sub-Saharan Africa', in Eleanor Kofman and Gillian Youngs(eds), *Globalization; Theory and Practice*, London: Pinter.

Mohanty, Chandra Talpade, 1991, 'Under Western Eyes: Feminist Scholarship and Colonial Discourses', in Chandra Talpade Mohanty, Ann Russo and Lourdes Torres(eds), *Third World Women and the Politics of Feminism*, Bloomington: Indiana University Press.

Mohanty, Chandra Talpade, Russo, Ann and Torres, Lourdes(eds), 1991, *Third World Women and the Politics of Feminism*, Bloomington: Indiana University Press.

Molyneux, Maxine, 1979, 'Beyond the Domestic Labor Debate', *New Left Review*, no. 115, July-August.

Molyneux, Maxine, 1982, *State Policies and the Position of Women Workers in the People's Democratic Republic of Yemen, 1967-77*, Geneva: International Labour Organization.

Molyneux, Maxine, 1985, 'Mobilization without Emancipation? Women's Interests and the State in Nicaragua', *Feminist Studies*, vol. 11, no. 2, pp. 227-54.

Molyneux, Maxine, 1998, 'Analysing Women's Movements', *Development and Change*, vol. 29, pp. 219-45.

Monteón, M., 1995, 'Gender and Economic Crises in Latin America: Reflections on the Great Depression and the Debt Crisis', in Rae Lesser Blumberg, Cathy A. Rokowski, Irene Tinker and Michael Monteon(eds), *Engendering Wealth and Well-Being: Empowerment for Global Change*, Boulder,CO: Westview.

Morrison, Toni, 1993, *Race-ing Justice, En-gendering Power: Essays on Anita Hill, Clarence Thomas and the Construction of Social Reality*, London: Chatto and Windus.

Moser, Caroline O.N., 1989, 'The Impact of Recession and Structural Adjustment on Women: Ecuador', *Development*, vol. 1, pp. 75-83.

Moser, Caroline O.N., 1993, *Gender, Planning and Development: Theory, Practice and Training*, London: Routledge[『여성 정책의 이론과 실천』, 장미경 옮김, 문원출판, 2000].

Mouffe, Chantal(ed.), 1992, *Dimensions of Radical Democracy*, London: Verso.

Munachonga, Monica L., 1990, 'Women and the State: Zambia's Development Policies and Their Impact on Women', in Jane L. Parpart and Kathleen Staudt(eds), *Women and the State in Africa*(2nd edn), Boulder, CO: Lynne Rienner.

Munck, Ronaldo, 2000, 'Labour in the Global: Challenges and Prospects', in Robin Cohen and Shirin M. Rai(eds), *Global Social Movements*, London: Athlone Press.

Munck, Ronaldo and O'Hearn, Denis(eds), 1999, *Critical Development Theory: Contributions to a New Paradigm*, London: Zed Books.

Myrdal, Gunnar, 1997, 'The Widening Income Gap', *Development,* vol. 40, no. 1, pp. 25-30.

Nairn, Tom, 1981, *The Break-up of Britain: Crisis and Neo-Nationalism*(2nd edn), London: Verso.

Nanda, Meera, 1998, The Epistemic Charity of the Social Constructivist Critics of Science and Why the Third World Should Refuse the Offer', in Noretta Koertge(ed.), *A House Built on Sand: Exposing Postmodernist Myths about Science*, Oxford: Oxford University Press.

Nanda, Meera, 1999, 'In Search of an Epistemology for Third World Peoples' Science Movements', *Rethinking Marxism*, June.

Nandy, Ashis, 1983, *The Intimate Enemy: Loss and Recovery of Self under Colonialism*, New Delhi: Oxford University Press.

Narayan, Uma, 1997, 'Towards a Feminist Vision of Citizenship: Rethinking the Implications of Dignity, Pohtical Partlcipation and Nationallty, In Mary Lyndon Shanley and Uma Narayan.(eds), *Reconstructing Political Theory: Feminist Perspectives*, Cambridge: Polity.

Nehru, J. L., 1990, *The Discovery of India*, Oxford: Oxford Unlversity Press[『인도의 발견』, 김종철 옮김, 우물이있는집, 2003].

Nelson, Barbara J. and Chowdhury, Najma, 1994, *Women and Politics Worldwide*, New Haven, CT: Yale University Press.

Nelson, Julie A., 1993, 'The Study of Choice or the Study of Provisioning? Gender and the Definition of Economics', in Marianne A. Ferber and Julle A. Nelson(eds), *Beyond*

Economic Man: Feminist Theory and Economics, Chicago: University of Chicago Press.

Nelson, Julie A., 1996, *Feminism, Objectivity and Economics*, London: Routledge.

Nelson, Paul J., 1996, 'Internationalizing Economic and Environmental Politics: Transnational NGO Networks and the World Bank's Expanding Influence', *Millennium*, vol. 25, no. 3, pp. 605-35. Special Issue on 'Poverty in World Politics: Whose Global Era?'.

Newell, Peter, 2000, 'Environmental NGOs and Globalization: The Governance of TNCs', in Robin Cohen and Shirin M. Rai(eds), *Global Social Movements*, London: Athlone Press.

Newell, Peter, Rai, Shirin M. and Scott, Andrew(eds), 2002a, *Development and the Challenge of Globalisation*, London: IT Publishers.

Newell, Peter, Rai, Shirin M. and Scott, Andrew(eds), 2002b, 'Introduction: Development and the Challenge of Globalisation', in Peter Newell, Shirin M. Rai and Andrew Scott(eds), *Development and the Challenge of Globalisation*, London: IT Publishers.

Nijeholt, G.L., 1992, *Women and the Meaning of Development: Approaches and Consequences*, Institute of Development Studles Sliver Jubllee Paper, Falmer, Sussex.

Nussbaum, Martha, 1995, *Sex and Social Justice*, Oxford: Oxford University Press.

Nussbaum, Martha, 1999, 'Women and Equality: The Capabilities Approach', *International Labour Review*, vol. 138, no. 3, pp. 227-45.

Nussabaum, Martha and Glover, Jonathan(eds), *Women, Culture and Development*, Oxford: Clarendon Press.

Nussbaum, Martha and Sen, Amartya(eds), 1993, *The Quality of Life: A Study Prepared for the World Institute for Development Economlcs Research(WIDER) of the United Nations University*, Oxford: Clarendon Press.

Nyerere, J.K., 1973, *Freedom and Development: A Selection from Writings and Speeches*, Dar Es Salaam: Oxford University Press.

Nzomo, Maria, 1995, 'Women and Democratization Struggles in Africa: What Relevance to Post-Modernist Discourse?', in Marianne Marchand and Jane L. Parpart(eds), *Feminism/Postmodernism/Development*, London: Routledge.

O'Brien, Robert, Goetz, Anne-Marie, Scholte, Jan Aart and Willams, Marc, 1997, *Complex Multilateralism: The Global Economic Institutions-Global Social Movements Nexus*, report prepared for the UK Economic and Social Research Council, Global Economic Institutions Programme, University of Sussex.

O'Brien, Robert, Scholte, Jan Aart, Goetz, Anne-Marie and Williams, Marc, 2000, *Contesting Globalisation*, Cambridge: Cambridge University Press.

O'Hanlon, Rosalind and Washbrook, David, 1991, 'Histories in Transition: Approaches to the Study of Colonialism and Culture in India', *History Workshop Journal*, vol. 32, pp. 110-27.

O'Hearn, Denis, 1999, 'Tigers and Transnational Corporations: Pathways from the Periphery?', in Ronaldo Munck and Denis O'Hearn(eds), *Critical Development Theory: Con-*

tributions to a New Paradigm, London: Zed Books.

O'Leary, Brendon, 1989, *The Asiatic Mode of Production: Oriental Despotism, Historical Materialism and Indian History*, Oxford: Basil Blackwell.

Ong, Aihwa, 1987, *Spirits of Resistance and Capitalist Discipline: Factory Women in Malaysia*, Albany: State University of New York Press.

Onimode, Bade(ed.), 1989, *The IMF, the World Bank and the African Debt*, Volume 2, London: Zed Books.

Owoh, Kenna, 1995, 'Gender and Health in Nigerian Structural Adjustment: Locating Room to Maneuver', in R. L. Blumberg, C. A. Rokowski, I. Tinker and M. Monteón(eds), *Engendering Wealth and Well-Being: Empowerment for Global Change*, Boulder, CO: Westview.

Oxaal, Zoë with Baden, Sally, 1997, 'Gender and Empowerment: Definitions, Approaches and Implications for Policy', *Bridge*, University of Sussex.

Palan, Ronen, 1999, 'Global Governance and Social Closure', in Martin Hewson and Timothy J. Sinclair(eds), *Approaches to Global Governance Theory*, New York: State University of New York Press.

Palmer, Ingrid, 1991, *Gender and Population in the Adjustment of African Economies: Planning for Change*, Geneva: International Labour Organization.

Papanek, Hannah, 1994, 'Ideal Woman and Ideal Society: Control and Autonomy in the Construction of Identity', in Valentine M. Moghadam(ed.), *Identity Politics and Women: Cultural Reassertions and Feminisms in International Perspective*, Boulder, CO: Westview.

Parpart, Jane L., 1999, 'Rethinking Participation, Empowerment and Development from a Gender Perspective', in J. Freedman(ed.), *Transforming Development*, Toronto: University of Toronto Press.

Parpart, Jane L. and Marchand, Marianne, H., 1995, 'Exploding the Canon: an Introduction/ Conclusion', in Marianne H. Marchand and Jane L. Parpart(eds), *Feminism/Postmodernism/ Development*, London: Routledge.

Parpart, Jane L. and Staudt, Kathleen, 1990a, *Women and the State in Africa*(2nd edn), Boulder, CO: Lynne Rienner.

Parpart, Jane L. and Staudt, Kathleen, 1990b, 'Women and the State in Africa', in Jane I.. Parpart and Kathleen Staudt(eds), *Women and the State in Africa*(2nd edn), Boulder, CO: Lynne Rienner.

Parpart, Jane L., Connelly, Patricia M. and Barriteau, V. Eudine(eds), 2000, *Theoretical Perspectives On Gender and Development*, Ottawa: IDRC.

Parpart, Jane L., Rai, Shirin M. and Staudt, Kathleen(eds), 2002, *Rethinking Empowerment in a Global/Local World*, London: Routledge.

Patel Reena 1999, 'Labour and Land Rights of Women in Rural India, with particular'reference to Western Orissa', unpublished PhD dissertation, University of Warwick.

Pateman, Carole, 1985, *The Sexual Contract*, Cambridge: Polity[『남과 여 은폐된 성적 계약』, 이충 훈 옮김, 이후, 2001].

Pathak, Zakia and Sunder Rajan, Rajeswari, 1992, 'Shahbano', in Judith Butler and Joan W. Scott(eds), *Feminists Theorize the Political*, London: Routledge.

Pavri, Tinaz, 1997, 'The Enron Case and India's New Economic Policy:New Asian Tiger or Leopard With Old Spots?', paper presented at the International Studies Association Conference, Toronto, 18-22 March.

Payer, Cheryl, 1989, 'Causes of the Debt Crisis', in B. Onimode(ed.), *The IMF, the World Bank and the African Debt, Volume 2*, London: Zed Books.

Pearson, Ruth, 1998, '"Nimble Fingers", Revisited: Reflections on Women and Third World Industrialization in the Late Twentleth Century', in Cecile Jackson and Ruth Pearson(eds), *Feminist Visions of Development*, London: Routledge.

Pearson, Ruth and Cecile Jackson, 1998, 'Introduction: Interrogating Development, Feminism, Gender and Policy', in Cecile Jackson and Ruth Pearson(eds), *Feminist Visions of Development*, London: Routledge.

Pearson Ruth and Theobald, Sally, 1998, 'From Export Processing to Erogenous Zones: International Discourses on Women's Work in Thailand', *Millennium*, vol. 27, no. 4, pp. 983-93.

Pellerin, Helen, 1998, 'Global Restructuring and International Migration:Consequences for the Globalization of Politics', in Eleanor Kohnan and Gillian Youngs(eds), *Globalization: Theory and Practice*, London: Pinter.

Peterson, V. Spike, 2003, 'Analytical Advances to Address New Dynamics', in Mary Ann Té treault, Robert A. Denemark, Kurt Burch and Kenneth P. Thomas(eds), *New Odysseys in International Political Economy*, London: Routledge.

Peterson, V. Spike and Parisi, Laura, 1998, 'Are Women Human? It's Not an Academic Question', in Tony Evans(ed.), *Human Rights Fifty Years On: A Reappraisal*, Manchester: Manchester University Press.

Peterson, V. Spike and Runyan, Anne Sissons, 1999, *Global Gender Issues*,(2nd edn), Boulder, CO: Westview.

Pettman, J.J., 1996, *Worlding Women: A Feminist International Politics*, London:Routledge.

Phillips, Anne, 1993, *Democracy and Difference*, Cambridge: Polity.

Phillips, Anne, 1995, 'Democracy and Difference: Some Problems for Feminist Theory', in Will Kymlicka(ed.), *The Rights of Minority Cultures*, Oxford: Oxford University Press.

Phizacklea, Annie, 1999, 'Gender and Transnational Labour Migration', in Robert Barot, Harriet Bradley and Steve Fenton(eds), *Ethnicity, Gender and Social Change*, Basingstoke: Macmillan.

Phizacklea, Annie and Wolkowitz, Carol, 1995, *Homeworking Women: Gender, Racism and*

Class at Work, London: Sage.

Picchio, Antonella, 1992, *Social Reproduction: the Political Economy of the Labour Market*, Cambridge: Cambridge University Press.

Picciotto, Sol, 1996, 'Fragmented States and International Rules of Law', Inaugural Lecture delivered at Lancaster University, 31 March.

Picciotto, Sol, 2000, 'Liberalization and Democratization: The Forum and the Hearth in the Era of Cosmopolitan Post-Industrial Capitalism', *Law and Contemporary Problems*, vol. 63, no. 4, Autumn.

Pieterse, Jan Nederveen, 1997, 'Going Global: Futures of Capitalism', *Development and Change*, vol. 28, pp. 367-82.

Pieterse, Jan Nederveen, 1998, 'My Paradigm or Yours? Alternative Development, Post-Development, Reflexive Development', *Development and Change*, vol. 29.

Pieterse, Jan Nederveen(ed.), 2000, *Global Futures: Shaping Globalization*, London: Zed Books.

Polanyi, K., 1944, *The Great Transformation: The Political and Economic Origins of Our Time*, Boston: Beacon Press[『거대한 전환: 우리 시대의 정치경제적 기원』, 홍기빈 옮김, 길, 2009].

Pollert, Anna, 1996, 'The Challenge for Trade Unionism: Sectoral Change, "Poor Work" and Organizing the Unorganized', in Leo Panitch(ed.), *The Socialist Register*, London: Merlin Press.

Prazniak, Roxann, 1997, 'Mao and the Woman Question in an Age of Green Politics: Some Critical Reflections', in Arif Dirlik, Paul Healy and Nick Knight(eds), *Critical Perspectives on Mao Zedong's Thought*, Atlantic Highlands, NJ: Humanities Press.

Prebisch, Raul, 1963, *Towards a Dynamic Development Policy for Latin America*, New York: United Nations[『라틴아메리카의 역동적인 발전 정책에 대해』, 하상섭 옮김, 지만지, 2011].

Pringle, Rosemary and Watson, Sophie, 1990, 'Fathers, Brothers, Mates: The Fraternal State in Australia', in Sophie Watson(ed.), *Playing the State: Australian Feminist Interventions*, London: Verso.

Pringle, Rosemary and Watson, Sophie, 1992, 'Women's Interests and the Poststructuralist State', in Michele Barrett and Anne Phillips(eds), *Destabilizing Theory*, Cambridge: Polity.

Prügl, Elisabeth and Meyer, Mary K., 1999, 'Gender Politics in Global Governance', in *Gender Politics in Global Governance*, Lanham, MD: Rowman and Littlefield.

Raghavan, K. Leena Sekhar, 1996, *Proceedings of the National Conference on Poverty and Employment: Analysis of the Present situation and Strategies for the Future*, New Delhi: Institute of Applied Manpower Research/New Age International.

Rai, Satya M., 1996, 'Partition and Women', paper presented at the 28th Punjab History Conference, Punjabi University, Patiala, 12-14 March.

Rai, Shirin M., 1991, *Resistance and Reaction: University Politics in Post-Mao China*, Hemel Hempstead, Harvester Wheatsheaf.

Rai, Shirin M., 1995, 'Negotiating Boundaries: Women, State and Law in India', *Social and Legal Studies*, vol. 4, pp. 391-410.

Rai, Shirin M., 1996a, 'Gender and Democratization: Ambiguity and Opportunity', in Robin Luckham and Gordon White(eds), *Democratization in the South: The Jagged Wave*, Manchester: Manchester University Press.

Rai, Shirin M., 1996b, 'Women and the State: Issues for Debate', in Shirin M. Rai and Geraldine Lievesley(eds), *Women and the State: International Perspectives*, London: Tay and Francis.

Rai, Shirin M., 1997, 'Gender and Representation: Women MPs in the Indian Parliament', in Anne-Marie Goetz(ed.), *Getting Institutions Right for Women*, London: Zed.

Rai, Shirin M., 1998a, 'Engendered Development in a Global Age', *Centre for the Study of Globalization and Regionalization Working Paper* no.20/98, December.

Rai, Shirin M., 1998b, 'National Machineries for Women: The Indian Experience', paper presented at the UN Experts' Group Conference on National Machineries for the Advancement of Women, Santiago, Chile.

Rai, Shirin M., 1999, 'Developing Explanations for Difference(s): Gender and Village-Level Democracy in India and China', *New Political Economy*, vol. 4, no. 2, July, pp. 233-50.

Rai, Shirin M.(ed.), 2000a, *International Perspectives on Gender and Democratisation*, Basingstoke: Macmillan.

Rai, Shirin M., 2000b, 'Looking to the Future: Panchayats, Women's Representation and Deliberative Democracy', paper presented at the conference 'Women and the Panchayati Raj', New Delhi, 13 April.

Rai, Shirin M., 2002a, 'Institutional Mechanisms for the Advancement of Women: Mainstreaming Gender, Democratising the State', in Shirin M. Rai(ed.), *National Machineries for the Advancement of Women: Mainstreaming Gender, Democratising the State?*, Manchester: Manchester University Press.

Rai, Shirin M.(ed.), 2002b, *National Machineries for the Advancement of Women: Mainstreaming Gender, Democratising the State?*, Manchester: Manchester University Press.

Rai, Shirin M., 2013, *Gender and International Political Economy in Oxford Handbook of Gender and Politics*, Oxford: Oxford University Press.

Rai, Shirin M. and Sharma, Kumud, 2000, 'Democratising the Indian Parliament: The "Reservation for Women" Debate', in Shirin M. Rai(ed.), *International Perspectives on Gender and Democratisation*, Basingstoke: Macmillan.

Rai, Shirin M. and Zhang, Junzuo, 1994, 'Competing and Learning: Women and the State in Contemporary Rural Mainland China', *Issues and Studies*, vol. 30, no. 3, pp. 51-66.

Rai, Shirin M., Pilkington, Hilary and Phizacklea, Annie(eds), 1992, *Women in the Face of Change: Eastern Europe, the Soviet Union and China*, London: Routledge.

Ramusack, Barbara, 1990, 'Cultural Missionaries, Maternal Imperialists, Feminist Allies: British Women Activists in India 1865-1945', *Women's Studies International Forum*, vol. 13, pp. 309-23.

Ramusack, Barbara N. and Sievers, Sharon, 1999, *Women in Asia: Restoring Women to History*, Bloomington: Indiana University Press.

Randall, Vicky, 1998, 'Gender and Power: Women Engage the State', in Vicky Randall and Georgina Waylen(eds), *Gender, Politics and the State*, London: Routledge.

Razavi, Shahra, 1999, 'Gendered Poverty and Well-Being: Introduction', *Development and Change*, vol. 30, pp. 409-33.

Robertson, Roland, 1992, *Globalisation: Social Theory and Global Culture*, London: Sage.

Robinson, Mark and White, Gordon(eds), 1998, *The Democratic Developmental State: Politics and Institutional Design*, Oxford: Oxford University Press.

Rocheleau, Diane, Thomas-Slayter, Barbara and Wangari, Esther, 1996, 'Gender and Environment, A Feminist Political Ecology Perspective', in Dian Rocheleau, Barbara Thomas-Slayter and Esther Wangari(eds), *Feminist Political Ecology: Global Issues and Local Experiences*, London: Routledge.

Rogers, B., 1982, *The Domestication of Women*, London: Tavistock Publications.

Ronquillo-Nemenzo, Ana Maria, 1995, 'International Activism and National Activities', in *Women, Gender and the United Nations: Views from NGOs and Activists, report of the NGLS Panel held at the NGO Forum on Women*, Huairou.

Rosenau, James N., 1992, 'Citizenship in a Changing Global Order', in James N. Rosenau and Ernst-Otto Czempiel(eds), *Governance Without Government: Order and Change in World Politics*, Cambridge: Cambridge University Press.

Rostow, Walt Whitman, 1979, *Getting from Here to There*, London: Macmillan.

Rowlands, Jo, 1997, *Questioning Empowerment: Working with Women in Honduras*, Oxford: Oxfam.

Rubery, Jill, 1988a, 'Introduction', in Jill Rubery(ed.), *Women and Recession*, London: Routledge and Kegan Paul.

Rubery, Jill, 1988b, 'Women and Recession: A Comparative Perspective', in Jill Rubery(ed.), *Women and Recession*, London: Routledge and Kegan Paul.

Rueschemeyer, Marilyn, 1994, *Women in the Politics of Postcommunist Eastern Europe*, London: M.E. Sharpe, Inc.

Runyan, Anne Sissons, 1999, 'Women in the Neoliberal "Frame"', in Mary K. Meyer and Elisabeth Prilgl(eds), *Gender Politics in Global Governance*, Lanham, MD: Rowman and Littlefield.

Ryan, Mary P., 1979, 'Femininity and Capitalism in Antebellum America', in Zillah Eisenstein (ed.), *Capitalist Patriarchy and the Case for Socialist Feminism*, New York: Monthly

Review Press.

Sachdev, Radhika, 2000, 'Is China Threat Real?' <http://www.hindustantimes.com/nonfram/ 211100/HTH02.asp> 21 November.

Sachs, Wolfgang, 1997, 'The Need for the Home Perspective', in M. Rahnema with V. Bawtree(eds), *The Post-Development Reader*, London: Zed Books; Dhaka: University Press Ltd; Halifax, NS: Fernwood Publishing; and Cape Town: David Philip.

Safa, Helen I., 1995, 'Gender Implications of Export-Led Industrialisation in the Caribbean Basin', in RL. Blumberg, CA. Rakowski, I. Tinker and M. Monteon(eds), *Engendering Wealth and Well-Being: Empowerment for Global Change*, Boulder, CO: Westview.

Said, Edward, 1978, *Orientalism*, London: Routledge and Kegan Paul[『오리엔탈리즘』, 박홍규 옮김, 교보문고, 2007].

Sangari, Kumkum and Sudesh Vaid(eds), 1993, *Recasting Women: Essays in Indian Colonial History*, New Delhi: Kali for Women.

Sarkar, Sumit, 1983, *Modern India, 1885-1947*, Delhi: Macmillan India Ltd.

Sarkar, Tanika and Urvashi Butalia(eds), 1995, *Women and the Hindu Right: A Collection of Essays*, New Delhi: Kali for Women.

Sartre, Jean-Paul, 1990, 'Preface' to Frantz Fanon, *The Wretched of the Earth*, Harmondsworth: Penguin["1961년판 서문", 『대지의 저주받은 사람들』, 남경태 옮김, 그린비, 2010].

Sassen, Saskia, 1995, *Losing Control? Sovereignty in an Age of Globalization*, New York: Columbia University Press.

Sassen, Saskia, 1998, *Globalization and Its Discontents*, New York: New Press.

Sawer, Mariane, 1998, 'The Life and Times of Women's Policy Machinery in Australia', paper presented at the UN IDAW 'Experts' Group Meeting on National Machineries for Women', Santiago, Chile, 31 August-4 September.

Scholte, Jan Aart, 2000, *Globalisation: A Critical Introduction*, Basingstoke: Macmillan.

Scholte, Jan Aart and Albrecht Schnabel(eds), 2002, *Civil Society and Global Finance*, Tokyo: United Nations University Press.

Scholte, Jan Aart with O'Brien, Robert and Williams, Marc, 1998, 'The WTO and Civil SOCiety', Centre for the Research of Globalization and Regionalization Working Paper no. 14/98.

Scott, Alan, 1990, *Ideology and the New Social Movements*, London: Routledge.

Scott, Joan W., 1992, 'Experience', in Judith Butler and Joan W. Scott(eds), *Feminists Theorize the Political*, London: Routledge.

Seager, Joni, 1997, *The State of Women in the World Atlas*, Harmondsworth: Penguin.

Seguino, Stephanie, 2000, 'Gender Inequality and Economic Growth: A Cross-Country Analysis', *World Development*, vol. 28, no. 7, pp. 1211-30.

Sen, Amartya, 1987a, 'Gender and Cooperative Conflicts', Working Paper no. 18, World

Institute for Development Economics Research(WIDER).

Sen, Amartya, 1987b, *On Ethics and Economics*, Oxford: Basil Blackwell[『윤리학과 경제학』, 박순성 외 옮김, 한울, 2009].

Sen, Amartya, 1990, 'Gender and Cooperative Conflicts', in Irene Tinker(ed.), *Persistent Inequalities*, Oxford: Oxford University Press.

Sen, Amartya, 1992, *Inequality Reexamined*, New York: Russell Sage Foundation; Oxford: Clarendon Press[『불평등의 재검토』, 이상호 외 옮김, 한울, 2008].

Sen, Amartya, 1995, 'Gender Inequality and Theories of Justice', in Martha Nussbaum and Jonathan Glover(eds), *Women, Culture and Development*, Oxford: Clarendon Press.

Sen, Amartya, 1999, *Development as Freedom*, Oxford: Oxford University Press[『자유로서의 발전』, 박우희 옮김, 세종연구원, 2001].

Sen, Anupam, 1982, *The State, Industrialization and Class Formations in India: A Neo-Marxist Perspective*, London: Routledge and Kegan Paul.

Sen, Gita and Grown, Caren, 1985, *Development, Crises and Alternative Visions: Third World Women's Perspectives*, London: Earthscan.

Sen, Gita, Germain, Adrienne and Chen, Lincoln C.(eds), 1994, *Population Policies Reconsidered: Health, Empowerment and Rights*, Boston: Harvard Center for Population and Development Studies.

Senghor, Leopold sedar, 1995, 'On African Socialism', in Omar Dahbour and Micheline R. Ishay(eds), *The Nationalism Reader*, Atlantic Highlands, NJ: The Humanities Press International, Inc.

Shadmi, Erella, 2000, 'Between Resistance and Compliance, Feminism and Nationalism: Women in Black in Israel', *Women's Studies International Forum*, vol. 23, no. 1, pp. 23-34.

Shanin, Teodor, 1983, *Late Marx and the Russian Road: Marx and the 'Peripheries of Capitalism'*, London: Routledge and Kegan Paul.

Shanley, Mary Lyndon and Narayan, Uma(eds), 1997, *Reconstructing Political Theory: Feminist Perspectives*, Cambridge: Polity.

Shiva, Vandana, 1989, *Staying Alive: Women, Ecology and Development*, London: Zed Books[『살아남기』, 강수영 옮김, 솔, 1998].

Shiva, Vandana, 2000, 'Poverty and Globalisation', Reith Lectures <http://news.bbc.co.uk/reith_2000>.

Shiva, Vandana and Holla-Bhar, Radha, 1996, 'Piracy by Patent: The Case of the Neem Tree', in Jerry Mander and Edward Goldsmith(eds), *The Case against Global Economy*, San Francisco: Sierra Club Books[『위대한 전환: 다시 세계화에서 지역화로』, 윤길순 옮김, 동아일보사, 2001].

Shklar, Judith, 1991, *American Citizenship: The Quest for Inclusion*, Cambridge, MA: Harvard University Press.

Singh, Ajit and Zammit, Ann, 2000, 'International Capital Flows: Identifying the Gender Dimensions', *World Development*, vol. 28, no. 7, pp. 1249-68.

Smart, Carol, 1989, *Feminism and the Power of Law*, London: Routledge.

Smart, Carol, 1992, 'The Woman of Legal Discourse', *Social Legal Studies*, vol. 1, no. 1, pp. 29-44.

South Commission, 1990, *The Challenge to the South/The Report of the South Commission*, Oxford: Oxford University Press.

Spivak, Gayatri c., 1988, 'Can the Subaltern Speak?', in Cary Nelson and Lawrence Grossberg(eds), *Marxism and the Interpretation of Culture*, Basingstoke: Macmillan["서발턴은 말할 수 있는가", 『서발턴은 말할 수 있는가: 서발턴 개념의 역사에 관한 성찰들』, 태혜숙 옮김, 그린비, 2013].

Squires, Judith, 2002, 'Deliberation and Decision-Making: Discontinuity in the Two-Track Model', in Maurizio Passerin d'Entreves(ed.), *Democracy as Public Deliberation: New Perspectives*, Manchester: Manchester University Press.

Stacey, Judith, 1983, *Socialism and Patriarchy in Communist China*, Princeton, NJ: Princeton University Press.

Staudt, Kathleen, 1991, *Managing Development: State, Society, and International Contexts*, London: Sage.

Staudt, Kathleen A., 1998a, *Free Trade? Informal Economies at the U.S.-Mexico Border*, Philadelphia, PA: Temple University Press.

Staudt, Kathleen, 1998b, *Policy, Politics and Gender: Women Gaining Ground*, Bloomfield, CT: Kumarian Press.

Staudt, Kathleen, 2002, 'The Uses and Abuses of Empowerment Discourse', in Jane L. Parpart, Shirin M. Rai and Kathleen Staudt(eds), *Rethinking Empowerment in a Global/Lacal World*, London: Routledge.

Stein, Howard, 1994, 'Theories of Institutions and Economic Reform in Africa', *World Development*, vol. 22, no. 2.

Stein, Howard, 1999, 'Globalisation, Adjustment and the Structural Transformation of African Economies? The Role of International Financial Institutions', Centre for the Study of Globalization and Regionalization Working Paper no. 32, May.

Stewart, Ann, 1993, The Dilemmas of Law in Women's Development' in Sammy Adelmann and Abdul Paliwala(eds), *Law and Crisis in the Third World*, London: Hans Zen Publishers.

Stewart, Frances, 1998, 'Adjustment and Poverty in Asia: Old Solutions and New Problems', Queen Elizabeth House Working Paper Series QEHWPS20, October.

Stichter, Sharon B. and Parpart, Jane L.(eds), 1988, *Patriarchy and Class: African Women in the Home and the Workforce*, Boulder, CO and London: Westview.

Stienstra, Deborah, 1994, *Women's Movements and International Organizations*, Basingstoke: Macmillan.

Stienstra, Deborah, 2000, 'Making Global Connections among Women, 1970-1999', in Robin Cohen and Shirin M. Rai(eds), *Global Social Movements*, London: Athlone Press.

Stiglitz, Joseph, 2000, 'Capital Market Liberalization, Economic Growth, and Instability', *World Development*, vol. 28, no. 6, pp. 1075-86.

Stokes, Susan, 1998, 'Pathologies of Deliberation', in Jon Elster(ed.), *Deliberative Democracy*, Cambridge: Cambridge University Press.

Stolcke, Verera, 1994, 'Invaded Women: Sex, Race and Class in the Formation of Colonial Society', *European Journal of Development Research*, vol. 6, no. 2, pp. 7-21, Special Issue on 'Ethnicity, Gender and the Subversion of Nationalism'.

Strange, Susan, 1995, 'The Defective State', *Daedalus: Journal of the American Academy of Arts and Sciences*, Spring, pp. 55-74.

Stromquist, Nelly, 2002, 'Education as a Means for Empowering Women',. in Jane L. Parpart, Shirin M. Rai and Kathleen A. Staudt(eds), *Rethinking Empowerment in a Globall Lacal World*, London: Routledge.

Sylvester, Christine, 1999, '"Progress" in Zimbabwe: Is "it" a Woman?', *International Feminist Journal of Politics*, vol. 1, no. 1, pp. 89-118.

Talwar, V.B., 1993, 'Feminist Consciousness in Women's Journals in Hindi: 1910-1920', in Kumkum Sangari and Sudesh Vaid(eds), *Recasting Women: Essays in Indian Colonial History*, New Delhi: Kali for Women.

Teske, Robin L. and Tétreault, Mary Ann(eds), 2000, *Conscious Acts and the Politics of Social Change: Feminist Approaches to Social Movements, Community and Power*, Volume 1, Columbia: University of South Carolina Press.

Tétreault, Mary Ann and Teske, Robin L., 2000, 'Introduction: Framing the Issues', in Robin L. Teske and Mary Ann Tétreault(eds), *Conscious Acts and the Politics of Social Change: Feminist Approaches to Social Movements, Community and Power*, Volume. I, Columbia: University of South Carolina Press.

Thomas, Caroline, 1998, 'International Financial Institutions and Social and Economic Rights: An Exploration', in Tony Evans(ed.), *Human Rights Fifty Years On: A Reappraisal*, Manchester: Manchester University Press.

Thomas, Caroline and Wilkin, Peter(eds), 1997, *Globalization and the South*, Basingstoke: Macmillan.

Thomson, Bob, 1995, 'An Unauthorized History of Fair Trade Labels' <http://www.web.net/ fairtrade/who/unauthor.htm>.

Tiessen, R., 1997, 'A Feminist Critique of Participatory Development Discourse: PRA and Gender Participation in Natural Resource Management', paper presented at the

International Studies Association Conference, Toronto, 19 March.

Tinberger, Jan, 1976, *Reshaping the International Order: A Report to the Club of Rome*, New York: E.P. Dutton.

Tinker, Catherine, 2000, 'Parallel Centres of Power', in Robin L. Teske and Mary Ann Té treault(eds), *Conscious Acts and the Politics of Social Change: Feminist Approaches to Social Movements, Community and Power*, Volume 1, Columbia: University of South Carolina Press.

Tinker, Irene, 1997, 'The Making of a Field: Advocates, Practitioners and Scholars', in Nalini Visvanathan, Lynn Duggan, Laurie Nisonoff and Nan Wiegersma(eds), *The Women, Gender and Development Reader*, London: Zed Books.

Tomlinson, John, 1999, *Globalization and Culture*, Chicago: University of Chicago Press.

Toth, James F., 1980, 'Class Development in Rural Egypt, 1945-1979', in Terence K. Hopkins and Immanuel Wallerstein(eds), *Processes of the World-System*, Volume 3: Political Economy of the World-System Annuals, London: Sage Publications.

Treiman, Donald J. and Hartmann, Heidi I.(eds), 1981, *Women, Work, and Wages: Equal Pay for Jobs of Equal Value*, Washington, DC: National Academy Press.

Tripp, Aili Mari, 2000, 'Rethinking Difference: Comparative Perspectives from Africa', *Signs: Journal of Women in Culture and Society*, vol. 25, no. 3, pp.649-75.

True, Jacqui, 2000, 'Gendering Post-Socialist Transitions', in Marianne Marchand and Anne Sissons Runyan(eds), *Gender and Global Restructuring*, London: Routledge.

Truong, Thanh-Dam, 1990, *Sex, Money and Morality: Prostitution and Tourism in Southeast Asia*, London: Zed Books.

Truong, Thanh-Dam, 1999, 'The Underbelly of the Tiger: Gender and the Demystification of the Asian Miracle', Working Papers Series 269, Institute of Social Studies.

Turner, Bryan S.(ed.), 2000, *The Blackwell Companion to Social Theory*(2nd edn), Oxford: Blackwell.

Uberoi, Patricia(ed.), 1996, *Social Reform, Sexuality and the State*, New Delhi Sage.

Udayagiri, Mridula, 1995, 'Challenging Modernization: Gender and Development, Postmodern Feminism and Activism', in Marianne Marchand and Jane L. Panpart(eds), *Feminism/Postmodernism/Development*, London:Routledge.

UN(United Nations), 1995a, *Platform for Action*, New York: United Nations.

UN(United Nations), 1995b, Beijing Declaration and Platform for Action.

UN(United Nations), 1999, *World Survey on the Role of Women in Development: Globalization, Gender and Work*, New York: United Nations.

UN(United Nations), 2010, Report on the State of the World's Women.

UN(United Nations), 2013, Report of the Special Rapporteur on extreme poverty and human rights.

UNCTAD(United Nations Conference on Trade and Development), 2000, 'UNCTAD/World Bank Partnership' Last update: November <http://lwww.unctad.org/en/subsites/dmfas/english/worldbank.htm>.

UNDP(United Nations Development Programme), 1994, *Human Development Report*, New York: Oxford University Press.

UNDP(United Nations Development Programme), 1998 'Social Impacts of the Asian Crisis: Policy Challenges and Lessons', Occasional Paper 33 <http://www.undp.org/hdro/oc33d.htm>.

UNDP(United Nations Development Programme), 2000, *Overcoming Human Poverty* <http://www.undp.org/povertyreport/chapters/chapterindex.html>.

UNESCO, 2000, *World Culture Report* <http://www. unesco.org/culturelworldreport/>.

UNRISD(United Nations Research Institute for Social Development), 1995, *States of Disarray: The Social Effects of Globalization*, New York: UNRISD and Banson.

Van Staveren, Irene, 2002, 'Global Finance and Gender', in Jan Aart Scholte and Albrecht Schnabel(eds), *Civil Society and Global Finance*, Tokyo: United Nations University Press.

Vargas, Virginia and Olea, Cecilia, 1999, 'The Tribulations of the Peruvian Feminist Movement', in Nira Yuval-Davis and Pnina Werbner(eds), *Women, Citizenship and Difference*, London: Zed Books.

Vega, Silvia, 2002, 'The Role of the Women's Movement in Institutionalizing a Gender Focus in Public Policy: The Ecuadonan Expenence' in Shirin M. Rai(ed.), *National Machineries for Women: Mainstreaming Gender, Democratising the State?*, Manchester: Manchester University Press.

Vidal, John, 1999, 'The Seeds of Wrath', *The Guardian Weekend*, 19 June.

Visvanathan, Nalini, Duggan, Lynn, Nisonoff, Laurie and Wiegersma, Nan(eds), 1997, *The Women, Gender and Development Reader*, London: Zed Books.

Vos, Rob, 1994, *Debt and Adjustment in the World Economy: Structural Asymmetries in North-South Interactions*, New York: St Martin's Press in association with the Institute of Social Studies.

Walby, Sylvia, 1990, *Theorizing Patriarchy*, Oxford: Basil Blackwell[『가부장제 이론』, 유희정 옮김, 이화여자대학교출판부, 1996].

Walby, Sylvia, 1997, *Gender Transformations*, London: Routledge.

Wallace, Tina with March, Candida(eds), 1991, *Changing Perceptions: Writings on Gender and Development*, Oxford: Oxfam.

Wallerstein, Immanuel, 1979, 'The Rise and Future Demise of the World Capitalist System', in Immanuel Wallerstein(ed.), *The Capitalist World Economy*, Cambridge: Cambridge University Press.

Warburton, Peter, 1999, *Debt and Delusion: Central Bank Follies That Threaten Economic*

Disaster, London: Allen Lane/Penguin Press.

Ware, Vron, 1992, *Beyond the Pale: White Women, Racism and History*, London: Verso.

Waring, Marilyn, 1988, *If Women Counted: A New Feminist Economics*, San Francisco: Harper and Row.

Watson, Sophie(ed.), 1990, *Playing the State: Australian Feminist Interventions*, London: Verso.

Waylen, Georgina, 1997a, *Gender in Third World Politics*, Buckingham: Open University Press.

Waylen, Georgina, 1997b, 'Women's Movements, the State and Democratization in Chile: The Establishment of SERNAM', in Anne-Marie Goetz(ed.), *Getting Institutions Right for Women*, London: Zed Books.

WCED(World Commission on Economic Development), 1987, *Our Common Future*, New York: Oxford University Press.

Weber, Cynthia, 1995, *Simulating Sovereignty: Intervention, the State and Symbolic Exchange*, Cambridge: Cambridge University Press.

Weber, Heloise, 2002, *The Global Political Economy of Micro-Credit and Poverty Reduction*, Ph.D. dissertation.

WEOO(Women's Environment and Development Organization), 1998a, 'Global Survey Finds Progress on Women's Rights and Equality Compromised by Economic Globalization' <http://www.wedo.org/monitor/mapping.hlm>.

WEOO(Women's Environment and Development Organization), 1998b,'Key Findings', *Mapping Progress: A WEDO Report Assessing Implementation of the Beijing Platform* <http://www.wedo.org/monitor/findings.hlm>.

Werbner, Pnina and Yuval-Davis, Nira, 1999, 'Women and the New Discourse of Citizenship', in Nira Yuval-Davis and Pnina Werbner(eds), *Women, Citizenship and Difference*, London: Zed Books.

White, Gordon, 1993, 'Towards a Political Analysis of Markets', *IDS Bulletin*, vol. 24, no. 3, July, pp. 4-11.

Whitehead, Ann and Lockwood, Matthew, 1999, 'Gendering Poverty: A Review of Six World Bank African Poverty Assessments', *Development and Change*, vol. 30, pp. 525-55.

Whyte, Robert Orr and Whyte, Pauline, 1982, *The Women of Rural Asia*, London: Westview.

Wieringa, Saskia(ed.), 1995, *Subversive Women: Historical Experiences of Gender and Resistance*, London: Zed Books.

Willetts, Peter(ed.), 1995, *The Conscience of the World: The Influence of NonGovernmental Organizations in the UN System*, London: C. Hurst.

Williams, Patricia, 1991, *The Alchemy of Race and Rights, Cambridge*, MA: Harvard University Press.

Wilson, John, 1973, *Introduction to Social Movements*, New York: Basic Books.

Wilson, William J., 1987, *The Truly Disadvantaged*, Chicago: University of Chicago Press.

Wolfe, Margery, 1985, *Revolution Postponed: Women in Contemporary China*, London: Methuen.

Women's Feature Service, 1993, *The Power to Change: Women in the Third World Redefine Their Environment*, London: Zed Books.

Women Working Worldwide, 2000a, 'A Preliminary Note Highlighting the Conceptual and Policy Links Between Gender and Trade' <http://www.poptel.org.uk/women-ww/gender_trade_and_the_wto.htm#Prelim>.

Women Working Worldwide, 2000b, 'World Trade is a Women's Issue!'<http://www.poptel.org.uk/women-ww/women_workers_and_social_clauses.htm>.

World Bank, 1990a, *Bangladesh: Strategies for Enhancing the Role of Women in Economic Development*, Washington, DC: World Bank.

World Bank, 1990b, *World Development Report*, Washington, DC: World Bank.

World Bank, 1991, *World Development Report*, Washington, DC: World Bank.

World Bank, 1994, *Good Governance*, Washington, DC: World Bank.

World Bank, 1999a, 'The Gender Dimension of Development', in *The World Bank Operational Manual: Operational Policies* <http://www.worldbank.org>.

World Bank, 1999b, *World Development Report: Entering the 21st Century*, Oxford: Oxford University Press.

World Bank, 2000, *World Development Report: Attacking Poverty*, Oxford: Oxford University Press.

World Bank, 2012, The World Development Report.

WRPE(Women's Role in the Planned Economy), 1947, (The Sub-Committee on Women's Role in the Planned Economy), Bombay: Vora.

Yearly, Stephen and Forrester, John, 2000, 'Shell: A Sure Target for Global Environmental Campaigning?', in Robin Cohen and Shirin M. Rai(eds), *Global Social Movements*, London: Athlone Press.

Yeatman, Anna, 1993, 'Voice and Representation in the Politics of Difference', in Sneja Gunew and Anna Yeatman(eds), *Feminism and the Politics of Difference*, St Leonards, NSW: Allen and Unwin.

Young, Iris Marion, 1990, *Justice and the Politics of Difference*, Princeton, NJ: Princeton University Press.

Young, Iris Marion, 1995, 'Together in Difference: Transforming the Logic of Group Political Conflict', in Will Kymlicka(ed.), *The Rights of Minority Cultures*, Oxford: Oxford University Press.

Young, Iris Marion, 1997, 'Unruly Categories: A Critique of Nancy Fraser's Dual Systems Theory', *New Left Review*, no. 222, March-April, pp. 147-60.

Young, Kate, 1997, 'Gender and Development', in Nalini Visvanathan, Lynn Duggan, Laurie Nisonoff and Nan Wiegersma(eds), *The Women, Gender and Development Reader*, London: Zed Books.

Youngs, Gillian, 2002, 'Feminizing Cyberspace: Rethinking Technoagency', in Jane L. Parpart, Shirin M. Rai and Kathleen Staudt(eds), *Rethinking Empowerment in a Global/Local World*, London: Routledge.

Yuval-Davis, Nira, 1996, *Background paper for the Conference on Women and Citizenship*, Greenwich University, London, 1&-18 July.

Yuval-Davis, Nira, 1997, 'Women, Citizenship and Difference', *Feminist Review*, vol. 57, Special Issue 'Citizenship: Pushing the Boundaries', pp.4-27.

Yuval-Davis, Nira and Werbner, Pnina(eds), 1999, *Women, Citizenship and Difference,* London: Zed Books.

Zalewski, Marysia and Parpart, Jane L.(eds), 1997, *The 'Man' Question in International Relations*, Boulder, CO: Westview Press.

Zareska, Zuzana, 1998, 'Gender Awareness and National Machineries in Central and Eastern Europe: The Problems of Transitional Societies', paper presented at the UN/DAW 'Experts' Group Meeting on National Machineries for the Advancement of Women', Santiago, Chile.

Zirakzadeh, Cyrus Ernesto, 1997, *Social Movements in Politics: A Comparative Study,* London: Longman.

Zulu, Lindiwe, 2000, 'Institutionalising Changes: South African Women's Participation in the Transition to Democracy', in Shirin M. Rai(ed.), *International Perspectives on Gender and Democratisation*, Basingstoke: Macmillan.

Zwarteveen, M.Z., 1997, 'Water: From Basic Need to Commodity: A Discussion on Gender and Water Rights in the Context of Irrigation', *World Development,* vol. 25, no. 8, pp. 1335-49.

찾아보기